CE DOCUMENT A ÉTÉ MICROFILMÉ
TEL QU'IL A ÉTÉ RELIÉ

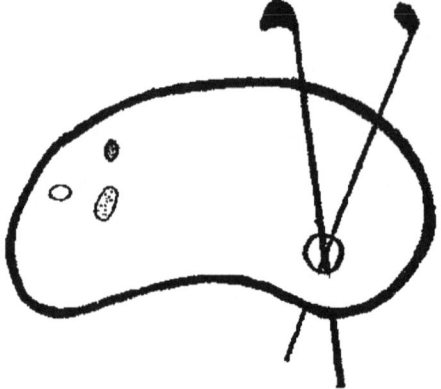

ORIGINAL EN COULEUR
NF Z 43-120-8

ÉTUDES HISTORIQUES
ET STATISTIQUES
SUR
LE NOUVION-EN-THIÉRACHE
SON CANTON
ET LES COMMUNES LIMITROPHES

(Oisy, Étreux, Buironfosse, Fontenelle, Prisches (Nord))

SUIVIES DE

NOTICES MONOGRAPHIQUES

SUR CHACUNE DES LOCALITÉS DU CANTON

OUVRAGE ORNÉ DE CARTES, DE DESSINS D'ÉGLISES ET D'UNE VUE DU NOUVION EN 1870

Par L.-H. CATRIN, Instituteur

AVEC LA COLLABORATION DE SES COLLÈGUES

A VERVINS
AUX LIBRAIRIES TOUSSAINT & BACHELET
ET AU NOUVION
CHEZ L'AUTEUR ET A LA LIBRAIRIE JUNIET

1870-1871

ÉTUDES
HISTORIQUES & STATISTIQUES
SUR
LE NOUVION-EN-THIÉRACHE
SON CANTON
ET LES COMMUNES LIMITROPHES

Guise. — Imp. BERTHAUT & BARE, Lithographes.

ÉTUDES HISTORIQUES
ET STATISTIQUES
SUR
LE NOUVION-EN-THIÉRACHE
SON CANTON
ET LES COMMUNES LIMITROPHES
(Oisy, Étreux, Buironfosse, Fontenelle, Prisches (Nord))
SUIVIES DE
NOTICES MONOGRAPHIQUES
SUR CHACUNE DES LOCALITÉS DU CANTON

OUVRAGE ORNÉ DE CARTES, DE DESSINS D'ÉGLISES ET D'UNE VUE DU NOUVION EN 1870

Par L.-H. CATRIN, Instituteur

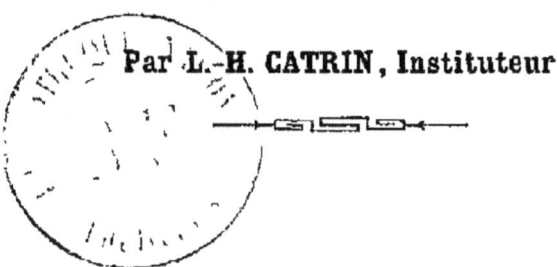

A VERVINS
AUX LIBRAIRIES TOUSSAINT & BACHELET
ET AU NOUVION
CHEZ L'AUTEUR ET A LA LIBRAIRIE JUNIET
—
1870-1871

AVERTISSEMENT

Ce n'est pas sans une juste défiance de nous-même que nous nous sommes décidé à publier ces *Études*, qui sont le résumé et comme la mise en ordre des notes historiques, géographiques et statistiques que nous avions patiemment recueillies pour l'usage de nos élèves. Aussi ce recueil n'est-il destiné ni aux savants, ni aux personnes qui ont beaucoup de temps à consacrer à la lecture : ce n'est pas une histoire proprement dite, ce n'est pas davantage un tout complet, car nous ne pouvions prétendre renfermer en quelques pages l'ensemble des faits de toute nature concernant même un seul de nos cantons actuels. Mais il nous a paru qu'on pouvait exposer, dans un cadre assez raccourci, l'historique du nord de notre Thiérache, en s'attachant, de préférence, à faire revivre la mémoire des grands personnages et celle des hommes qui, à divers titres, ont travaillé au bien de ce pays; à raviver le souvenir des fondations, des institutions importantes ou seulement utiles, qui ont disparu, mais qui attestent, jusque dans leurs ruines, la salutaire influence qu'elles ont exercée sur les âges précédents.

Quoi de plus intéressant et de plus instructif à présenter à ceux qui sont nés dans un pays, à la génération qui s'élève, que le souvenir de ceux qui l'ont honoré par leurs talents ou leurs vertus? — Quand on sait que dans les lieux mêmes qu'on habite aujourd'hui, ont vécu autrefois des hommes animés d'un noble dévoûment à la chose publique, on éprouve tout à la fois une douce satisfaction et une sorte d'émulation salutaire qui nous porte à imiter ces grands exemples. Une ville, un bourg, quelquefois même un village de médiocre étendue, a aussi ses titres dans le souvenir des temps passés ; et on ne peut trop souvent les rappeler, afin que ceux qui habitent ces lieux soient sans cesse portés à imiter ces devanciers qui, par leurs services ou leurs vertus, ont su marquer leur place dans nos éphémerides locales.

Certes, ce travail aurait pu sortir d'une plume beaucoup plus exercée, émaner d'une autorité qui en eût rehaussé le mérite : mais nous osons l'affirmer, et c'est là notre seule vanité, nul ne l'eût écrit avec plus d'amour et plus de respect pour notre vieux et noble pays, et nul n'eût goûté plus de bonheur à en offrir l'hommage à ses concitoyens.

L'ouvrage est divisé en trois parties :

La première renferme des notions historiques sur l'ancienne Thiérache et notamment sur la portion qui a formé depuis les cantons de Wassigny, Le Nouvion et La Capelle ;

La seconde offre la description topographique, agricole, industrielle et commerciale du canton du Nouvion, suivie de remarques statistiques et de renseignements divers sur nos institutions anciennes et modernes ;

La troisième se compose des notices monographiques de nos dix communes.

Des notes justificatives ou explicatives font suite aux deux premières parties et ajoutent souvent, par leur étendue, un nouvel intérêt à l'exposé des faits historiques ou géographiques.

En mentionnant ici les ouvrages et les documents qui ont fourni les matériaux nécessaires à la rédaction de ce livre, nous croyons rendre hommage à leurs auteurs. Le lecteur qui voudra consulter ces œuvres remarquables y trouvera des indications de sources nombreuses auxquelles il pourra au besoin avoir recours. Les voici classées par ordre alphabétique :

J.-B. Brayer. — *Statistique du département de l'Aisne;*

Eug. Bouly. — *Histoire de Cambrai;*

Colliette. — *Mémoires du Vermandois;*

Dr Chérubin. — *Lettre sur l'histoire de Guise;*

J.-F.-L. Devisme. — *Manuel historique du département de l'Aisne;*

Dom Lelong. — *Histoire civile et ecclésiastique du diocese de Laon;*

An. Duchesne. — *Histoire de la maison de Châtillon et ses Preuves;*

Ch. Gomart. — *Essai historique sur la ville de Ribemont et son canton;*

A. Legrand de Lalou. — *Mémoire pour la communauté du Nouvion;*

A. Matton. — *Dictionnaire topographique du département de l'Aisne;*

Melleville. — *Dictionnaire historique du département de l'Aisne;*

Michaux aîné. — *Notices historiques sur les seigneurs de la terre d'Avesnes;*

Mien-Péon. — *Le canton de Rozoy-sur-Serre;*

L. Papillon. — *La Thiérache, Recueils de documents concernant l'histoire, les beaux-arts, les sciences naturelles et l'industrie de cette ancienne division de la Picardie;*

Am. Piette. — *Itinéraires Gallo-Romains et histoire de Foigny;*

L'abbé Pécheur. — *Histoire de la ville de Guise et de ses environs,* ouvrage très-remarquable et qui nous a servi comme de modèle pour notre partie historique;

J.-Z. Piérart. — *Excursions archéologiques et historiques sur le chemin de fer de Saint-Quentin à Maubeuge;*

Archives de l'ancien duché de Guise (au château du Nouvion). — Documents de toute sorte que MM. de la Fontaine et Meslier de Rocan ont bien voulu mettre à notre disposition;

Archives municipales de Guise. — Cartulaire de l'ancienne abbaye de Fesmy, et autres travaux et documents d'une importance plus secondaire.

Nous ne pouvons nous dispenser d'exprimer ici toute notre gratitude aux nombreux souscripteurs qui ont bien voulu coopérer à la publication de ces Études. Nous remercions en particulier M. Parmentier, conseiller général du canton, maire du Nouvion, et l'administration municipale, dont les encouragements ont été pour nous la preuve d'une confiance que nous nous sommes efforcé de mériter.

Merci également à l'honorable rapporteur du Comice agricole de Vervins, M. Tanneur-Rocq, de La Motte (Guise), vice-président.

Comice Agricole de l'Arrondissement de Vervins

CONCOURS DU 25 AOUT 1872
A AUBENTON

COMMISSION DES MÉTHODES NOUVELLES ET AMÉLIORATIONS PRATIQUES

Rapporteur : M. TANNEUR-ROCQ, Vice-Président

« MESSIEURS,

« Je viens vous faire connaître le résultat du travail de la commission à laquelle vous avez confié le soin d'apprécier les ouvrages ou rapports concernant l'agriculture, déposés sur le bureau de notre Comice.

« Nous avons eu à examiner un livre dû à la plume laborieuse de M. Catrin, instituteur au Nouvion; ce livre, qui s'occupe exclusivement du canton du Nouvion et des communes limitrophes, a un caractère encyclopédique; rien n'a échappé à M. Catrin, qui sait son canton sur le bout du doigt. Il le possède au point de vue historique, il en connaît toutes les richesses industrielles et agricoles, et quiconque lira cette œuvre, sera bien vite convaincu que son auteur a beaucoup observé, qu'il a lu et retenu ceux qui, comme lui, se sont occupés de notre belle Thiérache. Nous ajoutons, Messieurs, que cet ouvrage, fruit d'études longues et sérieuses, est écrit dans un style dont la concision n'exclut pas la clarté.

« Notre désir était de vous en donner à cette place un résumé succinct, mais la tâche nous a paru lourde, et puis, il nous a semblé que nous allions nuire à l'auteur, en déflorant une œuvre qui se recommande à tant de titres, et dont la place est marquée dans toutes les bibliothèques. Nous nous bornons donc, Messieurs, à la signaler à votre attention, en vous disant que la Commission a décidé unanimement de décerner à l'auteur une médaille d'argent. »

(Extrait du Journal de Vervins)

N. B. — Malgré le soin apporté à la rédaction de ce travail, il n'est pas impossible que des erreurs s'y soient glissées. Nous prions les personnes qui en découvriraient de vouloir bien nous le signaler. Nous nous tenons au-dessus des taquineries mesquines; mais nous recevrons avec reconnaissance les observations d'une sage critique.

L.-H. CATRIN.

Le Nouvion, 15 décembre 1871.

AGENCEMENT TYPOGRAPHIQUE

Les notes de la première partie sont annoncées dans le texte par un chiffre placé entre crochets, ainsi [5];

Celles de la deuxième, par une majuscule entre parenthèse (**B**).

AVIS AU RELIEUR.

La carte du canton devra être placée à la suite de la page grand titre de la deuxième partie. — Quant aux vues d'églises, elles appartiennent aux Notices monographiques de la troisième partie, et elles doivent figurer respectivement en tête de chacune comme frontispice.

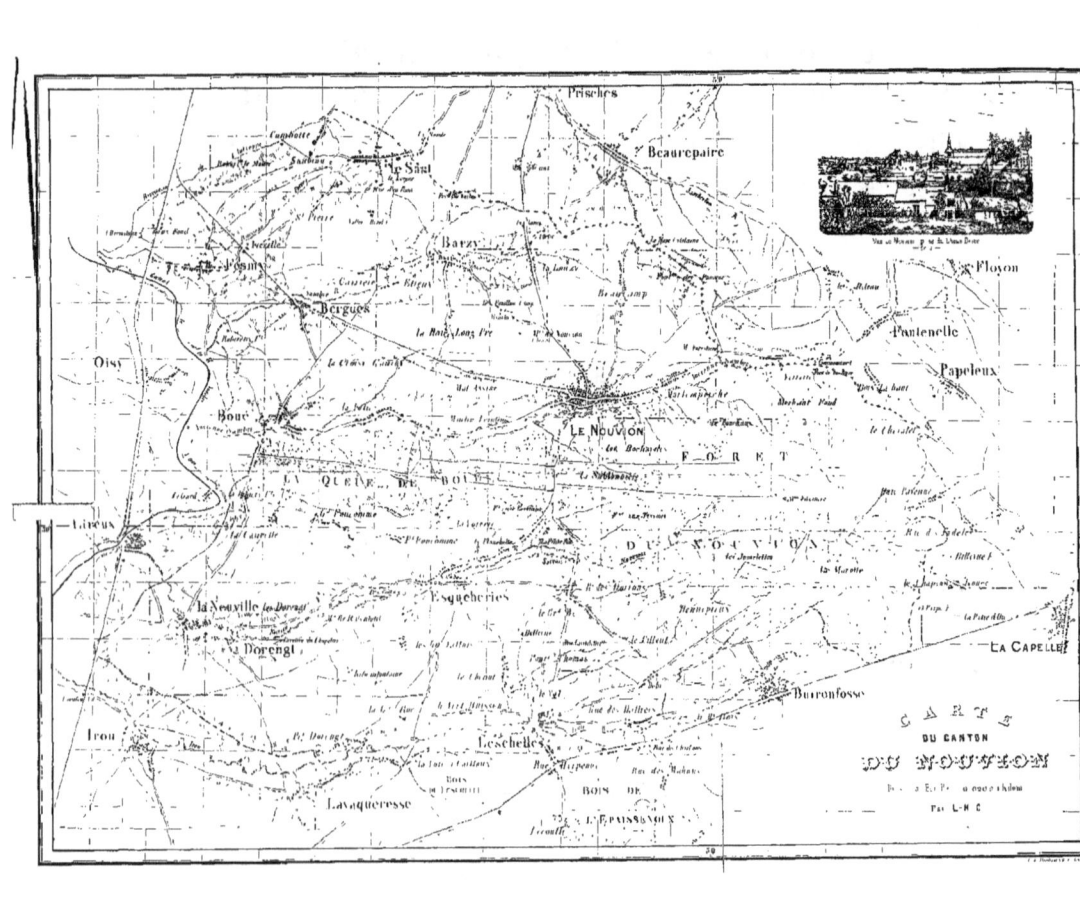

PREMIÈRE PARTIE

NOTIONS HISTORIQUES
SUR
L'ANCIENNE THIÉRACHE
NOTAMMENT
SUR LA PORTION QUI A FORMÉ DEPUIS LE CANTON
DU NOUVION

PÉRIODE CELTIQUE OU GAULOISE

I

Temps obscurs.

Forêts de la Gaule-Belgique. — Premiers habitants. — Genre de vie. — Division de la population. — Croyances religieuses : Druidisme. — Limites du pays qui devait recevoir plus tard le nom de *Thiérache*. — Mœurs, coutumes, arts des Gaulois-Belges. — Expéditions lointaines.

« Bien souvent, dit un auteur contemporain, la hutte d'un pâtre sur un rocher, au coin d'un bois ou sur le bord d'une rivière, a fixé par hasard l'attention d'une famille nomade et solitaire, qui a fini par construire dans le lieu même son obscur toit de chaume. Bientôt, le voyageur errant s'est arrêté dans la cabane, et, séduit lui-même par les charmes du site ou la fertilité du sol, il a élevé auprès de ses hôtes une habitation nouvelle. Peu à peu la petite tribu s'est multipliée, et durant des temps plus ou moins longs a existé paisible et ignorée, jusqu'à ce qu'un événement imprévu ait révélé ou fait remarquer son existence. Alors, un conquérant, un homme puissant, un peuple tout entier peut-être s'est emparé de la modeste bourgade, et après l'avoir agrandie et fortifiée, lui a donné une place dans l'histoire.

« Mais à quelle époque, où seule dans la nuit du temps, la hutte du pâtre dormait ainsi ignorante de ses destinées? Mais quels étaient ces hommes qui les premiers trouvèrent en ce lieu un asile et des tombeaux? nul ne le sait, jamais nul ne le saura (1). »

Tel est le sort de beaucoup de cités illustres ou obscures ; tel est en particulier celui du Nouvion et des localités qui en composent aujourd'hui le canton. Une profonde nuit règne sur les premiers temps de notre pays, et ses commencements ne paraissent dater que de l'époque où la civilisation, après s'être étendue peu à peu dans le nord de la Gaule, finit par pénétrer dans les régions boisées de la Thiérache, à la suite de l'agriculture.

Des bords de l'Oise à ceux de l'Escaut et de la Sambre, la contrée était dans l'origine couverte d'épaisses forêts enveloppant, dans leurs ombres séculaires, les sources de ces rivières et de quantité de ruisseaux. Ces bois primitifs reçurent plus tard le nom de *Forêt de Thiérache,* et ils n'étaient qu'une sorte de prolongement de l'immense forêt de l'Ardenn qui étendait ses bras gigantesques des rives du Rhin jusque vers la mer du Nord [1].

A travers ces bois immenses de la Thiérache *(Terra-Sylva)* une multitude de ruisseaux, presque tous tributaires de l'Oise *(Isara)* et de la Serre *(Sara)* promenaient dans des vallées verdoyantes leurs eaux limpides et ignorées. C'étaient le Noirieu *(Niger-rivus),*

---

(1) E. Bouly, *Histoire de Cambrai 1842.*

l'Aube (*Alba*), la Brune (*Bruina*) ainsi nommés sans doute de la couleur de leur limon; l'Artoise, le Gland, le Ton, et tant d'autres dont on ne peut nier l'étymologie forestière (1).

On ne voyait alors que peu d'habitations dans ces parages abandonnés aux bêtes fauves. Çà et là, quelques huttes gauloises, dispersées dans les vallons ou les clairières, abritaient une population descendue on ne sait à quelle époque des plateaux de la Haute-Asie, et appartenant à cette grande famille des Galls ou Celtes (*habitants des forêts*), dont le nom devait rester à la contrée envahie.

Plusieurs tribus de Germains nomades ayant franchi le Rhin deux siècles avant notre ère, la plupart s'établirent le long du fleuve; mais celles des Nerviens (*Nervii*), des Vermandois (*Veromandui*), des Rémois (*Remi*), et d'autres encore traverserent la Meuse (*Mosa*) et vinrent se fixer à l'extrémité nord-ouest de la forêt de Thiérache, après en avoir détruit ou chassé les habitants (2).

L'établissement de ces hordes errantes eut de la stabilité, et sous la dénomination de *Belges* (belliqueux) qui leur était commune à toutes, elles occupèrent toujours le nord de la Gaule.

Comme toutes les peuplades qui font de la chasse et de la pêche leur principale occupation, les premiers habitants de nos forêts avaient dû choisir pour s'y arrêter, les lieux qui les mettaient le mieux à la portée des bois et des eaux. Ils trouvaient dans ces grands bois où dominaient alors le châtaignier, le chêne, le hêtre

---

(1) *Histoire de Guise*, de M. l'abbé Pécheur, 1851.
(2) Marlot; — Carlier; — Brayer; — Adriani Valesii.

et le pommier sauvage, et sur le bord des ruisseaux et des marais profonds, une grande quantité de glands, de faînes, de fruits, de roseaux et d'herbages pour eux et leurs troupeaux.

Il est à croire que les mœurs de nos ancêtres n'étaient pas moins rudes que leur pays, où la profondeur des bois, la quantité des eaux et un sol naturellement froid, argileux et humide contribuaient à entretenir les rigueurs du climat. Les Gaulois-Belges vivaient cependant à demi-nus au milieu de leurs forêts, où ils consacraient leur temps à la chasse et à la pêche, quand ils n'étaient pas en guerre avec leurs voisins. Précédés de leurs troupeaux, ils parcouraient sans cesse les bois presque sans issue de la Thiérache et de l'Ardenn, n'habitant guère que le creux des rochers ou des huttes faites de branchages, de terre, et couvertes de roseaux, qu'ils élevaient dans leurs haltes au milieu des bois ou au bord des eaux et des marais [2].

On ne sait presque rien de ces premiers peuples de la Thiérache avant la conquête romaine. Quelques lignes tombées de la plume d'un guerrier composent à peu près toute l'histoire de leurs tribus. Jules César nous a transmis dans ses commentaires quelques rares détails sur l'état de notre pays après qu'il y eut pénétré à la tête de ses légions.

Nous savons par son témoignage que ces peuples guerriers et peu civilisés avaient cependant une religion, des lois et des coutumes religieusement observées; qu'ils formaient une grande confédération sous le patronage de ceux qui pouvaient le plus par leurs forces guerrières ou par leurs richesses. Chez eux, le pauvre devenait le client d'un riche patron, un Etat faible obtenait la protection d'un Etat plus fort. Mais le travail régulier, qui est le fondement des sociétés, était pour eux impossible. La vie agricole et industrielle manquait; on vivait à l'état guerrier et pastoral [3].

La nation comprenait trois ordres de citoyens : les prêtres ou *druides*, les nobles ou guerriers et le peuple proprement dit.

Les druides habitaient des forêts profondes qu'ils tenaient pour sacrées; ils étaient les ministres de la religion et les dépositaires des anciennes traditions. Ils enseignaient l'immortalité des âmes et leur transmigration perpétuelle, jusqu'à ce qu'elles eussent mérité d'être admises dans les demeures célestes. Il paraît qu'ils étaient aussi versés dans la philosophie naturelle. César nous apprend qu'ils instruisaient la jeunesse de la marche des astres, de la grandeur de l'univers, aussi bien que de la nature des choses et du pouvoir des dieux immortels. Les druides présidaient à des sacrifices dans lesquels on immolait souvent des victimes humaines; interprêtes des augures, juges des procès, chargés de l'instruction de la jeunesse, ils exerçaient l'influence la plus puissante sur les affaires de l'Etat : aucune décision n'était prise contre leur avis.

Adeptes d'un culte que leurs prêtres enveloppaient d'un mystère impénétrable, c'est dans les profondeurs des bois que les Gaulois-Belges avaient placé leurs dieux. Les vieux chênes des forêts, à cause du respect qu'inspiraient leurs troncs séculaires, recevaient leurs offrandes et leurs sacrifices, et c'est sous le sanctuaire ombragé des hautes futaies qu'ils aimaient à faire déposer leurs dépouilles mortelles [4]. — Ils reconnaissaient encore d'autres divinités et déifiaient les montagnes, les eaux, les sources, les fontaines, les rivières, qui avaient chacune leur génie particulier : l'Oise (Isara Æsia), qui tirait son étymologie de *Esus,* le Mars des Gaulois; l'Escaut (Scaldis), la Sambre (Sabis), etc., seraient des noms de divinités belges latinisés lors de l'occupation romaine (1). Les bords des rivières et des ruisseaux qui arrosent les frais vallons de notre Thiérache, ses larges et mystérieuses clairières furent sans doute plus d'une fois témoins des sacrifices sanglants offerts à des dieux impitoyables.

Les guerriers convoquaient le peuple aux assemblées, déclaraient la paix ou la guerre, appelaient les citoyens aux armes et les conduisaient aux combats. Presque absolus dans la guerre, ces princes, durant la paix, se trouvaient soumis, comme le reste de la nation, à l'autorité despotique des druides, qui furent longtemps tout-puissants dans le pays. Chaque peuplade avait une sorte de corps équestre militaire, composé de nobles ou de chevaliers. Autour d'eux se groupaient les clients : ceux-ci escortaient partout le patron, le suivaient à la guerre, et en échange de la protection et des biens qu'ils en attendaient, se dévouaient à sa personne encore plus qu'à sa fortune, prêts à mourir comme à vivre pour lui. Le rang d'un noble ou d'un chevalier s'estimait d'après le nombre des clients dont il marchait environné.

Le peuple était réduit à un état voisin de l'esclavage. Il ne participait guère aux affaires que dans les révolutions, et celles-ci, causées surtout par la rivalité des chefs, des prêtres et des nobles, étaient aussi fréquentes que les querelles et les guerres entre les diverses tribus. Toutefois, malgré ces haines de peuplades à

---

(1) Pécheur, *Histoire de Guise.*

peuplades, le sentiment d'une nationalité commune existait dans le pays, et à certaines époques, des députés de toutes les tribus se réunissaient en assemblée pour veiller aux intérêts de la grande patrie.

La Gaule, suivant la division que nous en a donnée Jules César, comprenait trois parties principales : la Belgique au nord, la Celtique au centre et l'Aquitaine au midi. C'est à la Gaule-Belgique qu'appartenait la Thiérache. Entourée par les territoires des Nerviens, des Vermandois, des Rémois, elle formait comme un centre commun à ces peuplades qui en occupaient les parties le plus à leur disposition. Cette contrée forestière ne faisait donc pas alors un *pagus* (pays) distinct; ce n'est que plus tard, et lorsque la forêt commença à s'éclaircir, que l'étendue de pays qu'elle laissa à découvert put avoir de véritables limites, renfermant des habitants distingués des peuples voisins par quelques variantes de mœurs et de coutumes (1). Suivant Dom Grenier, le pays de Thiérache était borné au nord par le Hainaut, au midi par le Laonnois, dont il était séparé par la rivière de Serre, et au couchant par le Vermandois. Il avait bien, dit-il, vingt lieues de long, sur sept, huit et neuf de large, suivant les endroits. Guise en était la capitale.

Nos aïeux primitifs formaient des tribus en tout semblables à celles de l'Amérique, et défendaient à outrance, contre tout empiétement, leurs circonscriptions territoriales; mais ils n'avaient point de villes, point de bourgs. La population était disséminée par groupes peu nombreux au bord des ruisseaux ou dans quelques vallées fertiles; point de routes; de simples

---

(1) N. Lelong. — H. Martin. — Adriani Valesii.

sentiers tracés au milieu des bois et des broussailles étaient les seuls moyens de communication (1).

Sans arts, sans commerce, sans industrie, nos pères se trouvaient donc entièrement soumis aux dures conséquences de l'état de nature [5]. Telles sont généralement les couleurs sous lesquelles les historiens se sont plu à dépeindre les habitants de nos contrées et du reste de la Gaule. Elles sont vraies, sans doute, si on les applique aux tribus primitives; mais on se tromperait étrangement, si on confondait dans ce tableau la population du pays au moment de la conquête romaine.

On sait qu'à diverses époques les Gaulois, entraînés par leur esprit aventureux et l'excès de la population, avaient vu leurs hordes guerrières parcourir l'Asie-Mineure, camper sur les ruines de Rome, traverser l'Espagne et toucher la terre d'Afrique. Le contact des nations policées avait adouci leurs mœurs et réformé leurs goûts; ils avaient rapporté de loin, dans leurs retraites boisées, des idées nouvelles qui ne pouvaient tarder à porter des fruits. Ce n'était pas encore la civilisation, mais un état social qui s'en rapprochait beaucoup, et qui devait les disposer à recevoir et à s'approprier les mœurs et les usages de l'Italie qu'allait leur apporter le peuple conquérant (2).

---

(1) Am. Piette, Itin. Gallo-Rom.
(2) Am. Piette, id.

PÉRIODE GALLO-ROMAINE

II

Le pays de Thiérache à l'époque de la conquête romaine

(57 ans avant J.-C., à 418 ap.)

> Guerre des Gaules. — César pénètre dans les régions boisées de la Thiérache. — Résistance des Nerviens. — Leur armée anéantie sur les bords la Sambre. — Soumission de la Gaule. — Provinces romaines. — La Thiérache fait partie du Rémois, puis du Laonnois. — Débris de l'époque gallo-romaine. — Chaussées. — La forêt s'éclaircit; — les colons romains y établissent des cultures : métairies, — villas, — hameaux. — Origine probable de Guise et du Nouvion. — Le Christianisme dans la Thiérache.

Jules César s'est plu à rendre hommage à la valeur de nos ancêtres, qui opposèrent la plus vive résistance à la marche de ses légions. Ce fut l'an de Rome 698, ou 55 ans avant J.-C., que le célèbre général pénétra dans la Tiérache, dont les habitants, à cette époque, devaient en grande partie se confondre avec les célèbres Nerviens [6]. Retranchés au fond de leurs forêts, ils auraient pu échapper longtemps aux atteintes de ce puissant ennemi; mais leur humeur guerrière et leur férocité naturelle les firent se précipiter au devant du péril. César avait paru sur leurs frontières à la tête de 60 mille combattants bien aguerris; les Belges lui en opposèrent près de 300 mille; et vaincus une première fois à Bibrax (Laon), ils allèrent se faire écraser sur les bords de l'Aisne, qui charria leurs cadavres. Cette déroute amena la dispersion de leur armée, composée de tant de peuples divers (1) et pleins de courage, mais sans ordre, sans discipline, et surtout sans chefs capables de lutter contre la fortune de César. Celui-ci poursuivit le cours de ses conquêtes, et après avoir soumis les Suessiones, les Bellovaci et les Ambiani, il résolut de marcher contre les Nerviens et leurs voisins, qui avaient adopté le plan d'une résistance désespérée.

Venant des bords de la Somme, César pénétra sur leur territoire et s'avança, la hache et la serpe à la main, à travers les bois, les pâturages enclos de haies vives et épaisses dont le sol, alors comme aujourd'hui, était entièrement couvert[6]. Après une marche extrêmement pénible (2), il arriva sur les bords de la Sambre. Pendant ce temps les Nerviens, réunis aux Atrebates et aux Veromandui, et conduits par un chef nommé Boduognat, avaient abrité au sein de marécages inaccessibles (entre la rivière de l'Hèpre et Fesmy) leurs femmes, leurs enfants, leurs vieillards, leurs richesses, et étaient venus, à l'aide de transfuges, surveiller la marche des Romains. Sans attendre les Atuatiques, qui s'étaient aussi mis en route pour se joindre à eux, les Nerviens résolurent d'attaquer le conquérant et de périr tous jusqu'au dernier plutôt que d'accepter le joug romain. Ils choisirent pour le moment de l'attaque,

---

(1) Bellovaci, les habitants de Beauvais ;
  Suessiones, les Soissonnais ;
  Nervii, les Nerviens, habitant le Hainaut et la Flandre ;
  Atrebates, les habitants de l'Artois ;
  Ambiani, les peuples de l'Amiénois ;
  Veromandui, ceux du Vermandois (Saint-Quentin), etc.

(2) Suivant les itinéraires gallo-romains, César, dans cette marche, aurait traversé la partie nord des cantons actuels de Bohain, Wassigny et Le Nouvion.

celui où six légions romaines, marchant à l'avant-garde, étaient séparées de deux autres qui formaient l'arrière-garde avec les bagages de l'armée. Voyant les premiers travailler à la construction d'un camp au sommet d'une colline qui s'allongeait en pente douce jusqu'à la rivière, ils se rangèrent en bataille dans un bois qui, à 200 pas de l'autre côté de la rivière, s'élevait au sommet d'une semblable colline. Tandis qu'un grand nombre de soldats romains étaient éparpillés, les uns pour escarmoucher en éclaireurs, les autres pour fourrager, les Barbares descendirent tout à coup de leur retraite, traversèrent la *Sambre* à la nage sur trois colonnes et enveloppèrent les Romains. A droite étaient les Atrebates, au centre les Veromandui, à gauche les Nerviens. Prises au dépourvu, les légions eurent à peine le temps de se rallier sous les premières enseignes venues, et chaque cohorte, ne prenant pour guide que son courage, se mit en devoir de combattre au lieu où le hasard l'avait placée et où César courut la haranguer.

Au premier choc, les Atrebates, après une courte résistance, prirent la fuite, entraînant au delà de la rivière les 9ᵉ et 10ᵉ légions. Les Veromandui firent la même chose, et ne s'arrêtèrent qu'au fond de la vallée pour opposer quelque résistance aux 8ᵉ et 11ᵉ légions. Mais par suite de ces mouvements, une grande trouée s'offrit entre ces légions et les 7ᵉ et 12ᵉ qui, à l'aile droite, occupaient plus spécialement l'emplacement du camp. Les Nerviens, jusque-là inébranlables et combattant en masses serrées, allongèrent alors leur ligne de ce côté, séparèrent l'aile droite ennemie des autres légions et l'enveloppèrent tout à fait; ce que voyant, les valets de l'armée qui s'étaient avancés sur la trace des légions pour dépouiller les morts, se mirent à fuir épouvantés dans toutes les directions. La panique s'étendit bientôt aux troupes légères, que la première agression de l'ennemi avait repoussées vers le camp. Tous, dit César, frondeurs baléares, archers crétois, cavaliers numides et trévires, s'enfuirent à toute bride, ces derniers vers leur pays, annonçant partout sur leur route la défaite des Romains.

Le carnage essuyé par ces derniers en cette rencontre fut horrible. Quand le général romain arriva de son centre à sa droite, à travers les conducteurs de bagages effrayés, il trouva la plupart des centurions tués ou blessés, les enseignes mêlées, confondues ou prises par l'ennemi, les soldats s'embarrassant les uns les autres pour combattre et reculant plein de découragement, tandis que les Nerviens s'avançaient toujours d'une manière irrésistible, couvrant à la fois de leur masse le bas, les flancs, le sommet de la colline et l'entrée du camp. Dans cette situation désespérée, le Consul aux abois arrache le bouclier d'un soldat, se multiplie sur tous les points, court ranimer les cohortes par sa présence et ses exhortations, rapproche les légions, les adosse l'une à l'autre pour les empêcher d'être débordées, fait ouvrir leurs rangs afin qu'elles puissent se servir de l'épée et les amène à tenir, pendant quelque temps encore, tête à l'ennemi. Alors il donne le signal d'un effort suprême et désespéré. Pendant quelque temps, le combat est terrible et le carnage affreux. Des deux côtés, personne n'avance, personne ne recule. Tous combattent, s'étreignent et s'égorgent au lieu du premier choc. Mais c'en était fait de César et de sa fortune, sans l'arrivée subite des deux légions de son arrière-garde, celles qui marchaient à la suite des bagages de l'armée. Ces dernières furent bientôt renforcées par la 10e légion qui avait aperçu les dangers que couraient le général. A la faveur de ces secours inattendus, le combat se rétablit. Enveloppés à leur tour, les Nerviens virent fléchir, devant le nombre et la science militaire, leur bravoure inexpérimentée. Mais loin de fuir, ils combattirent avec le courage du désespoir. Quelques-uns d'entre eux tombaient-ils au premier rang, ceux qui les suivaient prenaient leur place, montaient sur leurs corps et se défendaient. De ces cadavres amoncelés, ils se faisaient un rempart d'où ils lançaient leurs traits et renvoyaient aux Romains leurs javelots. Enfin, la bataille cessa faute de combattants. L'armée des Nerviens était réduite de 60,000 guerriers à 500, et de leurs 60 chefs il n'en restait plus que trois. Le Consul rendit compte de sa victoire à Rome dans une lettre où il exalte en termes pompeux le courage du peuple qu'il venait de vaincre, d'un peuple composé d'hommes qui, dit-il, dans leur âme magnanime, avaient trouvé facile de franchir une large rivière à la vue de l'ennemi, de gravir des rives escarpées et de combattre dans une position désavantageuse. Le Sénat romain ordonna des prières et des réjouissances publiques pendant quinze jours, pour remercier les dieux d'avoir préservé l'illustre général d'un danger imminent, le plus grand de tous ceux qu'il ait courus dans sa carrière.

Tel fut le combat terrible dans lequel César extermina à peu près ce peuple remarquable entre tous les Belges (54 ans av. J.-C.). — Comme il n'indique pas d'une manière précise le lieu de la rencontre, un vaste champ a été ouvert à ce sujet aux conjectures. Selon les uns, elle aurait eu lieu sur la Sambre, aux confins de la Thiérache, non loin de la forêt de Mormal (1); d'autres historiens pensent que la bataille se livra sur les bords de l'Oise, près de Lesquielles. D'après ces derniers, un tertre que l'on voit encore dans ce village serait le tombeau d'un officier de l'armée de César, nommé Sextus Baculus. Les détails que fournit César sur ce sanglant épisode sont contraires à cette dernière hypothèse, puisqu'ils disent expressément qu'il se donna sur la Sambre, rivière bien éloignée du territoire de Lesquielles.

César, ému de pitié, n'usa point, paraît-il, des droits de la victoire. Les vieillards nerviens, retirés dans les marais, et les enfants, lui envoyèrent des députés pour implorer sa clémence; il se laissa fléchir, prit les vaincus sous sa protection et leur laissa le pays qu'ils possédaient.

En moins d'un an, le général romain eut soumis toute la Gaule-Belgique; mais si les Remi et les Suessiones, qui avaient fait leur soumission au début de la guerre, demeurèrent fidèles alliés des Romains, il n'en fut pas de même des autres Belges, Nerviens, Atuatiques, Eburons, et autres peuplades du Nord. A la voix d'Ambiorix, chef des Eburons, un soulèvement éclate, et César est obligé d'accourir d'Amiens à travers le Hainaut pour délivrer son lieutenant Cicéron, frère de l'orateur, que les Belges assaillent dans son camp (probablement à Rouvroy, près Maubeuge). Une nouvelle bataille, livrée dans ces parages, rétablit heureusement les affaires des Romains; ils exterminèrent, dans cette

---

(1) L'opinion la plus accréditée place le lieu du combat contre les Nerviens dans l'arrondissement d'Avesnes, aux environs de Hautmont et de St-Remi-Mal-Bâti.

nouvelle rencontre, tous ceux qu'ils purent atteindre et mirent les autres en fuite. Ceux qui purent s'échapper à la faveur des bois et des eaux fangeuses dont ces lieux sauvages étaient remplis, se dispersèrent.

Quoique décimés de nouveau, les Nerviens, plus animés par leurs défaites même, entrèrent peu après avec les Trévires, les Senons, les Carnutes et les Atuatiques, dans la confédération que formèrent ces peuples pour se délivrer de la domination des Romains. Mais cette détermination eut pour les premiers un résultat funeste. Induciomare, le chef des Trévires, qui devait commander les confédérés, ayant été battu par Labienus et tué dans sa fuite, César surprit les Nerviens avant qu'ils fussent en armes, ravagea leurs terres, incendia leurs habitations, enleva les hommes et les troupeaux et les distribua à ses troupes (an 52 av. J.-C.).

L'armée, que toutes les nations gauloises envoyèrent au secours d'Alésia (Alise ou Sainte-Reyne, Côte-d'Or), contenait des Nerviens. Elle se réunit sur les terres des Edues qui, les premiers, avaient pris les armes. On y comptait 8,000 cavaliers, le nombre des gens de pied était de 240,000. Elle fut vaincue, et avec elle s'évanouit la liberté de la Gaule entière (an 51 av. J.-C.) (1).

La politique habile des Romains, en soumettant la Gaule à leur puissance, laissa aux habitants leur religion, leurs usages, leurs mœurs, leurs propriétés; et les Gaulois, sous leurs nouveaux maîtres, continuèrent à vivre comme sous leur ancien gouvernement. Ce ne fut que sous Auguste et les empereurs qui lui succédèrent que la Gaule fut soumise à un gouvernement régulier.

---

(1) César. Com

Le pays fut alors partagé en provinces subdivisées en circonscriptions administratives nommées *cités* (civitates) comprenant elles-mêmes plusieurs *pays* (pagi) ou cantons secondaires. Dans cette nouvelle division, la Thiérache (pagus Teoracensis) appartint à la *deuxième Belgique* qui avait Reims pour capitale. Lors de l'établissement du christianisme dans ces régions, la division ecclésiastique coïncida avec la division administrative; chaque cité régie par un *comte* (comes) forma un *diocèse* administré par un *évêque* (inspecteur), et chaque province régie par un gouverneur (prœses), devint le siége d'un évêque métropolitain (archevêque (1).

Lors de la formation du diocèse de Laon, la Thiérache fut distraite de la cité métropolitaine de Reims et fit partie du nouveau diocèse, dont elle forma le second archidiaconé.

Cependant, l'influence de la civilisation romaine ne tarda pas à se faire sentir; on vit bientôt les arts de l'Italie s'implanter et fleurir dans la Gaule; des camps, des forteresses ne tardèrent pas à s'élever dans les lieux les plus remarquables; des voies de communication s'établirent et les anciennes villes furent embellies et réparées.

Les Romains ont laissé sur plusieurs points de notre Thiérache des traces remarquables de leur séjour dans cette contrée. Le camp de Labienus ou de Maquenoise [7], sorte de forteresse où s'était cantonnée une légion romaine, et dont on découvre encore de précieux vestiges; le lieu nommé *Terva*, entre Origny-en-Thiérache et La Hérie (Hirson), célèbre dans le pays

---

(1) N. Lelong, *Histoire du diocèse de Laon.*

par les débris d'antiquités qu'on y trouve et qui fut, selon la tradition, une villa romaine; les tombeaux, les urnes sépulcrales, les médailles qu'on rencontre partout avec profusion dans nos localités, sont autant de témoins irrécusables de la conquête et de l'occupation romaine.

Aux portes du Nouvion même, dans la forêt, à 8 ou 900 mètres de Marlemperche, en un lieudit la Fontaine des Comtesses, on découvrit, en 1823, une tombe formée de quatre pierres plates en parfait état de conservation. On n'y trouva pas d'ossements; mais on recueillit à côté plusieurs poteries fines parmi lesquelles deux vases lacrymatoires en verre vert, avec des fragments d'un miroir métallique et quantité de monnaies de Trajan et d'Antonin. — A Malassise, au lieudit le Mont de Câtillon, situé sur la droite de la route nationale (1), on découvre encore, à quelques centimètres sous l'herbage, de nombreux débris de constructions anciennes, — pierres de taille, carreaux, tuiles, — qui, à en juger par la forme, la couleur et la nature de l'argile, appartiennent aussi évidemment à l'époque gallo-romaine. Pareils vestiges se retrouvent à un kilomètre plus loin, mais à gauche de la route, au lieudit le Carré (2). De récents travaux de drainage ont également mis à découvert en ce lieu, sur une longueur de plusieurs mètres, un tronçon de voie ancienne d'une extrême solidité. Le cailloutis se montre à une profondeur de cinquante centimètres et offre une épaisseur de plus d'un mètre. La chaussée dont il faisait partie ne peut être que la voie secondaire qui reliait

---

(1) Propriété de M. Foulon-Goret, plan cad., sect. D, N° 7.
(2) Propriété de M. Beaubouchez-Agligot, id. N° 15.

Saint-Quentin à la position romaine d'Etrœungt-Cauchie (1) (du latin : *Strata calccia*, chaussée pavée), située sur la grande voie militaire qui reliait jadis Reims à Bavai.

Cette grande route connue dans le pays sous le nom de chaussée Brunehaut, en raison des réparations que cette reine y fit faire vers l'an 590, est l'un des plus beaux monuments que les Romains aient laissé dans notre région. Elle se dirigeait de Reims vers Bavai par Neufchâtel, Nizy-le-Comte, Chaourse, Vervins et La Capelle [8].

Cette voie avait dû coûter un travail immense et présentait une solidité à l'épreuve des siècles; aussi les plus grands ravages qu'elle a éprouvés ne viennent-ils ni des éléments, ni du temps, mais de la main de l'homme, qui lui fait la guerre la plus destructive. Le laboureur, sur une infinité de points, la retourne quand il le peut et la cultive même soit en entier, soit en restreignant sa largeur; les particuliers l'exploitent comme une carrière de grès ou de silex. Malgré ces entreprises et ces extractions de matériaux si fréquemment renouvelées depuis longtemps, la voie subsiste depuis dix-huit siècles, et subsistera sans doute long-temps encore pour attester le génie et la puissance d'un peuple qui nous a légué tant et de si grands souvenirs (2).

Tandis que les Gaulois-Belges, fidèles à leurs habitudes nomades et à leur vie aventureuse, s'arrachaient

---

(1) Voir à la 2e partie, la note E. *Voies anciennes*, p. 158

(2) Outre son embranchement de Saint-Quentin à Etrœungt, cette voie de Bavai à Reims en lançait un autre à travers la Thiérache, qui coupait le Vilpion et la Serre à Marle, en se dirigeant vers Sons, Faucousies, Guise, Etreux dont le nom vient évidemment de Strata, Estrée, (chaussée).

avec peine à l'obscurité des bois et à leurs marais, les Romains s'empressaient de répandre, sur le territoire conquis, des escouades de colons pour défricher les terres incultes, éclaircir les forêts et mettre à nu ces plaines immenses dont on admire aujourd'hui la fertilité. Les antres sauvages et les huttes primitives de terre et de roseaux disparaissent et font place à des villas, à des métairies, puis bientôt à des hameaux. C'est ainsi qu'aux iv° et v° siècles s'élevèrent peu à peu, dans nos parages, des villes, des villages, dont les noms, formés de racines celtiques, saxones ou romaines, accusent clairement l'origine des colonies qui leur donnèrent naissance.

Les Romains ne défrichèrent tout d'abord que quelques coins des vastes bois de l'Ardenn et de ses dépendances, ne livrant à la charrue que l'étendue de terrain nécessaire à la subsistance des colons et à l'approvisionnement des villes et des camps qu'ils occupaient. C'est, croit-on (1), à l'un de ces défrichements opérés par le fer et par le feu dans la forêt de Thiérache, et à des métairies qui s'y seraient élevées vers la fin des temps gallo-romains, que Guise et Le Nouvion devraient leurs commencements.

Mais tandis que notre pays subissait l'influence du peuple-roi, et en recueillait quelques avantages par la création de routes, par le développement du commerce et les progrès de l'agriculture, une autre influence bien plus utile et autrement régénératrice allait s'exercer sur lui et contribuer puissamment à sa civilisation. Le Christianisme, que les empereurs romains voulurent étouffer à son berceau, avait grandi sous leurs

---

(1) Carlier, *Hist. du Valois;* — H Martin, *Hist. de Soissons.*

persécutions; les autels des faux-dieux s'écroulaient devant lui et nulle part la nouvelle religion ne jeta des racines plus profondes et ne compta plus d'illustres martyrs que dans la Gaule.

La profondeur des bois, qui, malgré de grandes éclaircies, couvraient toujours une partie du sol de la Thiérache, n'empêcha pas la religion chrétienne d'y pénétrer; de saints personnages s'y répandirent, et leurs prédications, la pureté de leur vie, ne manquèrent pas d'attirer autour de leurs cellules et de leurs oratoires les peuplades sauvages dont plusieurs adoraient encore les arbres, les fontaines et les lieux druidiques.

Les premières lueurs de la foi apparurent dans nos contrées vers le milieu du IV° siècle, apportées par quelques compagnons de saint Quentin venus de Rome, et quelques saintes filles sorties de l'antique Calédonie (Irlande). Ici, c'est Benoîte et Yolaine qui prêchèrent la religion du Christ aux habitants des bords de l'Oise et subirent le martyre, la première au Mont-d'Origny, en 362, la seconde à Pleine-Selve. Là c'est Grimonie qui, pénétrant dans les profondeurs des forêts de la Thiérache, tombe victime de son zèle et de la cruauté du gouverneur romain qui la fit décapiter à La Capelle (363).

Le 1ᵉʳ mai 590 était mort saint Théodulphe, nommé vulgairement saint Thion, né à Gronard, où il avait passé une partie de sa vie à cultiver la terre dans une métairie nommée encore aujourd'hui la *Ferme*. Plus tard, au VII° et au VIII° siècle, une pieuse et nombreuse colonie de saints apôtres presque tous d'origine irlandaise, vint se répandre dans la Thiérache pour y prêcher le christianisme et substituer le culte du vrai Dieu aux stupides superstitions du paganisme. C'étaient saint Gobert, saint Algis, saint Eloque et saint Ursmer avec plusieurs autres compagnons, tous disciples de saint Fursi. Saint Eloque mourut à Gergny, le 3 décembre 666. Saint Algis s'était fixé dans un lieu désert de la forêt, au bas de la montagne dite de Saint-Julien (entre Erloy et Englancourt), ou il bâtit une chapelle et quelques cellules qu'il occupait avec ses compagnons. Le spectacle des vertus de la pieuse colonie, les prédications d'Algis et l'austérité de sa vie, convertirent à la foi les habitants de cette région. Saint Algis fit le voyage de Rome sur la fin de sa carrière et mourut le 2 juin 670. Les miracles qui s'opérèrent à son tombeau donnèrent naissance à un célèbre pèlerinage et par suite au village de Saint-Algis, où son culte est demeuré en grande vénération.

Leschelle fut le lieu que choisit saint Wasnon pour se retirer du monde, en 654 (1). Mais celui qu'on peut regarder comme l'apôtre de la Thiérache et le patron populaire de nos paroisses est saint Ursmer. Né vers 620, à quelques pas du Nouvion, au Petit-Floyon, près Fontenelle, de parents qui avaient de la noblesse, le jeune Ursmer joignait aux agréments du corps les plus belles qualités de l'esprit et du cœur. Il fit de grands progrès dans les lettres et de plus grands encore dans la vertu. Sa réputation s'étendit au loin, et Pépin d'Héristal, maire du palais d'Austrasie, le nomma abbé de Lobbes, au diocèse de Liége, en remplacement de saint Landelin, fondateur et premier

---

(1) Suivant la tradition, c'est autour du lieu où le saint homme bâtit son oratoire, en latin *cella*, (la celle, chapelle), que s'est aggloméré peu à peu le village actuel de Leschelle.

abbé de ce monastère. Dans la suite, Ursmer fut ordonné évêque missionnaire, titre qui lui permit de travailler plus efficacement à la conversion des infidèles. Ce saint évêque, *digne de la louange des gens de bien,* sentant redoubler son zèle, parcourut différentes parties du pays de Thiérache et de Fagne (*Fania*, à l'extrémité sud-est de l'ancien Hainaut), prêchant la parole de Dieu, bâtissant des églises et opérant des miracles. Il obtint de l'évêque de Laon que saint Erme vînt partager ses travaux. Celui-ci était né dans la localité qui porte aujourd'hui son nom, et qui s'appelait alors Erclies; il succéda à Ursmer dans la dignité d'évêque et d'abbé, et c'est par l'abandon qu'il fit de son patrimoine que fut fondé dans le lieu de sa naissance, un prieuré dépendant de l'abbaye de Lobbes.

La vie privée d'Ursmer était remplie d'austérité, il se refusait presque la nourriture, ce qui n'empêcha pas qu'il vécût pendant un grand nombre d'années. Il mourut le 19 avril 713. Quelques historiens l'appellent l'apôtre des Thiérachiens, des Flamands et des Ménapiens *(apostolus Terasciorum, Flandrensium et Menapiorum)* (1).

Fontenelle, aujourd'hui commune du département de l'Aisne, n'était autrefois que l'un des nombreux hameaux de Floyon, canton d'Avesnes, d'où son nom primitif de Petit-Floyon. Donné à l'abbaye de Lobbes par saint Ursmer, Fontenelle dépendit de cette maison jusqu'au xe siècle, que l'abbé Fulcard le vendit aux moines de Liessies. C'est sans doute depuis cette cession qu'il a formé une localité à part. Au temps

---

(1) N. Lelong, *Hist. du dioc. de Laon.* — Rathère, abbé de La Lobbe, *Vie de saint Ursmer.*

de Gilles de Waulde, auteur d'une histoire de Lobbes, c'est-à-dire en 1628, on montrait encore à Fontenelle le lieu où était située la maison de saint Ursmer et les ruines de la chapelle qu'il avait fait bâtir à côté et qu'il consacra lui-même. Cette chapelle fut rétablie au xvii° siècle par Antoine de Winghe, abbé de Liessies. On trouve dans son voisinage une fontaine qui passe pour avoir des vertus miraculeuses curatives comme celles d'Englefontaine (1). On prétend que c'est saint Ursmer qui, par ses mérites, est parvenu à lui communiquer ces vertus ; aussi, reste-t-elle toujours, ainsi que la chapelle, l'objet d'un pèlerinage fort fréquenté. On y va faire ses dévotions en vue d'obtenir la guérison de plusieurs sortes de maladies, notamment des fièvres. C'est, selon toute probabilité, de la fontaine de saint Ursmer que Floyon tire son nom (*Fleonus*, *Floüs*, *Flons de fléon*, fontaine en celtique), et c'est évidemment d'elle aussi que Fontenelle prit le sien, lorsqu'au x° siècle on la sépara de la commune de Floyon pour la donner à l'abbaye de Liessies.

Saint Ursmer fut l'un des prélats les plus éminents de son siècle. Il était thaumaturge et avait des dons de prévision, de voyance, portés à un très-haut degré. Sa légende est l'une des plus intéressantes des provinces Belgiques (2). On en trouve les principaux traits dans un ouvrage de M. Z.-J. Piérart, intitulé : *Excursion archéologique, topographique, historique et statistique sur le parcours d'Erquelines à Bruxelles par Charleroi, Fleurus et Waterloo.*

---

(1) Les fontaines Saint-Georges, d'Englefontaine, attirent aujourd'hui encore une foule de malades, et surtout d'enfants dartreux.

(2) Z. Piérart, Exc. arch. dans l'arrondissement d'Avesnes.

PÉRIODE FRANQUE (418-713)

III
La Thiérache pendant & après l'invasion des Germains

Les Vandales, les Suèves, les Saxons, les Burgundes ravagent la Gaule — Clovis et ses Francs s'établissent au nord du pays. — Bataille de Soissons. — Progrès de l'agriculture dans la Thiérache. — Les populations nomades se fixent. — Nouveaux villages. — Administration : comtes, mayeurs, forestiers, gruyers. — Le vieux château du Nouvion.

Pendant que la religion du Christ s'établissait dans notre pays et adoucissait les mœurs de nos pères, de grands événements se préparaient qui allaient détruire la domination romaine. Des hordes de barbares, sorties des contrées septentrionales de l'Europe et poussées par le besoin des conquêtes, vinrent s'abattre sur la Gaule, cherchant partout à piller et à dévaster; la plupart des villes et des bourgs sont renversés, et la contrée ne présente bientôt plus qu'un vaste champ de carnage. La puissance des Romains avait perdu de son prestige; elle ne couvrait plus de son nom redoutable le pays que lui avait donné la valeur de ses premiers conquérants. D'un autre côté, l'administration romaine songeait moins au bonheur de ses sujets gaulois qu'aux impôts à en tirer. Les *Agrimensores* (géomètres du cadastre) étaient forcés de pressurer les cultivateurs. Un jour vint où la fiscalité romaine fut tellement avide que les terres, écrasées d'impôts, restèrent abandonnées. Le cultivateur renonça à son travail; l'artisan, réduit à la misère, vendit ses enfants comme esclaves pour payer l'impôt. Personne n'a dépeint cette désolation avec plus d'éloquence que La Fontaine, lorsqu'il fait ainsi parler un paysan, s'adressant aux sénateurs romains :

> Rien ne suffit aux gens qui nous viennent de Rome
> La terre et le travail de l'homme
> Font pour les assouvir des efforts superflus.
> Retirez-les ; on ne veut plus
> Cultiver pour eux les campagnes (1).

L'appauvrissement et les exactions poussèrent une multitude d'hommes à s'enfuir dans les bois et à vivre de brigandages. La révolte des *Bagaudes*, ou paysans en fuite, avait averti Rome de son erreur. Elle essaya de remédier à ces maux par des aumônes ou par des lois plus douces. Il était trop tard. Ces misères mêmes annonçaient la chute de l'Empire [9]. L'autorité des empereurs n'était plus représentée, dans la Gaule-Belgique, que par quelques faibles garnisons dont la principale occupait Soissons.

Tel était le triste état de nos contrées lorsqu'au commencement du vᵉ siècle les hordes germaniques forcèrent toutes les barrières de l'Empire, livré sans défense à leurs dévastations. Il est probable qu'elles épargnèrent la Thiérache où leur rapacité ne put entrevoir qu'une proie insuffisante, quelques métairies ou quelques villas éparses çà et là. Les Vandales, les Suèves, les Saxons et les Bourguignons durent s'écouler par les grandes voies qui lui servaient comme de ceinture et dont l'une ne la traversait qu'en partie, puisqu'ils ravagèrent Bavai (406), et la cité des Veromandui (Saint-Quentin). — Plus tard, le Hainaut et le Rémois seront pareillement saccagés par les Huns, compagnons cruels du féroce Attila (500).

Lors de la grande bataille qui chassa les Romains de la Gaule, et qui eut lieu vers 486, déjà les tribus franques s'étaient fixées dans les Ardennes et la Nervie.

---

(1) Le Paysan du Danube

Clodion, qui s'était emparé de la cité de Cambrai, occupait tout le pays situé entre Cambrai et la Somme ; Clovis s'unit à ces tribus et se dirigea vers Soissons pour combattre Syagrius. Il le rencontra sur les hautes plaines qui s'étendent de Chavigny à Epagny : c'est là que se serait livrée la fameuse bataille où le chef des Francs, à la tête de 5,000 hommes, battit le gouverneur romain. Clovis s'empara de Soissons et de tout ce qui constituait le domaine impérial des Gaules ou terres du fisc, qui étaient considérables ; il se saisit des métairies, des villages, des prés, des terres en culture. Il en garda une partie et distribua le reste à ses principaux capitaines, sous le nom de *bénéfices militaires*, c'est-à-dire à charge de service en temps de guerre. C'est pourquoi on appela ces terres *francs-alleux*, propriétés *allodiales* de *alod, loos, sort*, d'où sont venus les mots français *lot, loterie, allouer*. Dans chaque lieu où se cantonna un chef barbare, il s'empara d'au moins les deux tiers des propriétés territoriales qui reçurent dès lors le nom de *fief*, de *feodum, fehod, propriété*, et dont il devint le maître absolu. Tel fut le principe du régime féodal, dont l'origine daterait ainsi de la conquête même (1).

Notre contrée fut donc une des premieres occupées par les Francs qui se convertirent bientôt au christianisme, et étendirent leurs conquêtes sur tout le pays qui de leur nom devait s'appeler France.

L'accroissement de la population, les habitudes de nos pères devenues moins nomades, la construction des chaussées, avaient nécessité le défrichement et la mise

---

(1) Guizot, *Histoire de France*. — *Adriani notitia Galllarum* art. Thiérache.

en culture d'une plus grande partie des bois de la Thiérache. Sous les rois francs, l'agriculture continua ses progrès sur les régions forestières, et de nouveaux villages s'élevèrent. C'est à cette époque que l'on doit rapporter non-seulement l'origine de Guise et du Nouvion, mais encore celle de tant d'autres lieux de la Thiérache dont les noms, à la physionomie semi-latine, semi-barbare, rappellent tout à la fois la langue des vaincus, celle des vainqueurs et les progrès de leur civilisation par l'agriculture et le soin des troupeaux.

Les villas bâties au milieu d'exploitations agricoles étaient habitées par de nombreux colons ou peuplées de serfs ou esclaves attachés à la glèbe. Autour d'elles on vit bientôt se grouper et s'agglomérer les populations à demi-sauvages qui commençaient à comprendre les avantages de la vie sédentaire sur la vie nomade; elles devinrent ainsi comme le noyau de nos villes et de nos villages qui ne sont point d'origine romaine. De là tous les noms dont les mots *villa* et *curtis* sont comme la base, et qui sont précédés ou suivis du nom de leur possesseur, ou d'autres mots également caractéristiques. Ils sont nombreux dans la Thiérache, et il suffit de nommer Bernoville (*Berno villa*), Aisonville (*Æson villa*), Hauteville (*Alta villa*), Ribeauville, Villers, Franqueville, etc., villages situés au centre de fortes cultures. Le mot *curtis*, *chors* ou *cort* qui signifiait d'abord un lieu fermé où l'on rassemblait les troupeaux (du latin *cohors*, d'où est venu cohorte), et qui atteignit enfin le sens du mot *villa*, maison rustique et ses dépendances, manoir, enclos, magasin, atelier, ferme, courtil, a formé tous les noms en *court*, comme Berlancourt, Englancourt, Vadencourt. Il est peu de villages, d'ailleurs, qui n'aient sur leur territoire un ou plusieurs lieux nommés *courtils*.

Bien souvent aussi, le village tirait son nom de sa position, Le Sourd (de *sourdre*, pres d'une source), Brunehamel (*hameau* de la *Brune*, rivière), Boué (autrefois Beauwé [10], *beau réservoir, vivier, étang*), Autreppes (sur l'*autre rive*), Beaurain (*belle rive*), Saint-Martin-Rivière, Any-Martin-Rieux (de *rive, ruisseau*); de l'aspect des lieux, comme Monceau (sur une *colline*), Clanlieu (*lieu clandestin*, caché, dans un ravin), Rougeries (de *rougeron*, couleur du sol); de la situation près d'une route, d'une chaussée, Etreux, Estrées, Etréaupont (de *strata*, chaussée); des animaux qu'on y rencontrait en grand nombre, comme Loupeigne (Oulchy-le-Château), Louâtre (Villers-Cotterêts), Papleux (La Capelle), dérivant tous trois de *loup*; Voulpaix (de *vulpes*, renard), Hirson (de hérisson); des bois que l'on défrichait comme Colonfay, Landifay, Fay, Fayaux, qui ont tous pour racine *fagus*, bois de hêtres, d'où est venu *fagot*; enfin, des pâturages, comme Proisy, Proix, qui viennent de *proda* (proix, pâturage).

Maintenant, si l'on admet avec beaucoup d'auteurs que *igny* et par abréviation *y*, seulement, voudrait signifier *feu, demeure,* on aurait encore la clé de bien des noms de villages dont la première partie serait le nom du possesseur et la terminaison voudrait dire habitation, demeure, feu; on pourrait donc expliquer ainsi Wassigny, Audigny, Lugny, Flavigny (demeure près du fleuve), Laigny, etc., etc., et par suite Gercy, Hary, Lerzy, etc.

A tous ces noms primitifs on peut joindre ceux de La Fère (Fara, réunion de familles aux cases rapprochees les unes des autres), du Nouvion (Noviomum,

Noviodunum, aux racines celti-latine, signifiant d'après les savants, *nouvelle ville, ville neuve*); de Vervins (Verbinum, de verbena, verveine), d'origine romaine; de Marle (Marna, marne); de Rozoy (rosetum, lieu couvert de rosiers sauvages).

Mais on comprend qu'il serait téméraire de vouloir ainsi donner l'explication de toutes ces dénominations. Si l'observation nous permet de retrouver l'étymologie de beaucoup d'entre elles, il en existe encore davantage dont l'origine est due à des causes si diverses qu'il ne paraît pas probable qu'on puisse jamais en fournir une explication sérieuse. On ne peut nier, toutefois, que des recherches de cette nature ne soient très-utiles, car il est évident que les noms des villes et des villages n'ont pas été donnés au hasard et d'une manière arbitraire; presque toujours ils correspondent soit à l'état de la contrée ou du sol au moment de leur fondation ou à quelque particularité locale d'emplacement ou d'exposition, soit à différentes circonstances d'érection [1]. Ces noms sont donc liés d'une manière intime à l'histoire du pays, et toute étude ayant pour objet de retrouver leur signification doit avoir un résultat plus élevé et plus utile que la satisfaction d'une simple curiosité, puisqu'elle peut servir à remettre en lumière les habitudes et les mœurs des générations passées (1).

Une fois établie dans la Gaule, les Francs s'adonnèrent à l'agriculture et se formèrent aux habitudes paisibles de la vie économique. Les rois chevelus habitaient les anciennes villas romaines, dont ils firent des fermes immenses où ils s'occupaient, dans les in-

---

(1) Pécheur, *Hist. de Guise*. — Melleville, rech. étym.

tervalles de la guerre, de la culture et des produits de leurs propres domaines, d'où ils tiraient presque tous leurs revenus; les principaux Francs, à l'exemple des chefs, habitaient aussi les métairies qui leur étaient échues lors de la conquête. Ils y venaient se délasser des travaux de la guerre au milieu de superbes solitudes, où ils se livraient à l'exercice de la chasse, et s'occupaient également du soin des troupeaux et de la culture des terres en friche.

La Thiérache renfermait, au milieu de ses forêts, plusieurs de ces maisons royales qui ne tiraient pas seulement leur importance de l'étendue de l'exploitation agricole dont elles étaient le centre. Elles étaient encore les chefs-lieux des terres environnantes et le siége des administrations. Chacune d'elles était régie par un simple juge ou *mayeur* (major) ou par un proviseur ou comte (*comes*). Ces officiers exerçaient sur l'étendue du territoire les fonctions qui furent dévolues plus tard aux baillis et aux prévôts des châtellenies (1). Ils étaient à la fois intendant de la villa et gouverneur du pays, ce qui les rendit dans la suite très-puissants. Il y avait aussi dans les villas des juges des forêts ou forestiers, qui connaissaient des délits commis dans les bois. Plus tard des officiers subalternes appelés *gruyers*, succédèrent aux forestiers : ce fut l'origine des grueries de Guise, du Nouvion et de Saint-Michel qui furent probablement, sous les Carlovingiens, le siége d'un conservateur des forêts. Dans la suite, les administrateurs des villas se rendirent héréditaires et devinrent des seigneurs puissants, tandis

---

(1) Voir 2ᵉ partie, page 111

que les villas devinrent elles-mêmes des châtellenies considérables (1).

Cependant, les rois, comme les seigneurs francs, n'habitèrent pas toujours les villas romaines, car ils sentirent bientôt le besoin de mettre leurs demeures à l'abri des invasions; c'est alors qu'ils fortifièrent les lieux qu'ils occupaient par des fossés et des palissades, ou qu'ils élevèrent de nouveaux manoirs dans des lieux favorables à la défense ou de difficile accès.

Est-ce à l'époque mérovingienne ou seulement à l'apparition des Normands que l'on doit faire remonter la construction au Nouvion d'un château dont la tradition locale a gardé le souvenir? On ne sait. Mais ce qui est certain, ainsi que l'établit un titre de 1298, signé Hugues de Châtillon, comte de Blois et sire d'Avesnes (2), c'est qu'un *castel* ou *castiau* y existait avec *un capelle* [12] (chapelle), antérieurement à cette dernière date, en un lieudit de la Prélette qui a conservé la dénomination de *vieux cakiau* (3); que ce manoir était du style moyen-âge, avec tours carrées, écuries au rez-de-chaussée, logement à l'entresol pour le personnel domestique, et enfin un second étage pour l'habitation seigneuriale. Cette demeure, dont il restait encore naguère d'intéressants vestiges, était entourée de larges fossés qu'on pouvait à volonté tenir vides ou remplis au moyen d'une communication avec le cours d'eau voisin (l'ancienne Sambre). Un vaste étang ou vivier devait se trouver à quelque distance, sur l'emplacement des propriétés qui entourent la fila-

---

(1) H. Martin, *Hist. de Soissons*. — *Hist. du Valois*.
(2) *Cartulaire de l'abbaye de Fesmy*, p. 453, Arch. de Guise
(3) Propriété de M. Chéry-Tordeux, N° 2 du plan cadastral, sect. C.

ture actuelle. Les fouilles pratiquées en cet endroit lors de la construction de cette filature ont en effet mis à découvert quantité de coquillages et autres débris qui ne laissent aucun doute sur le séjour des eaux en ce lieu.

Dans la Thiérache, et notamment aux environs de Guise et du Nouvion, on trouve encore, dans les étymologies locales, la trace des mœurs forestières et pastorales, l'empreinte des habitudes à demi-sauvages de nos aïeux. Sous les mérovingiens, Bohéries, Bosmont (de *bos, bous, bœufs*), Lavaqueresse (de *vacca, vache*) étaient déjà des lieux couverts de pâturages; Beaurain (*bellus ramus,* beau bois), Coucy (*cotia,* clairière au milieu des bois), Hannape (*coupe*), ont été ainsi nommés évidemment de leur situation à proximité des bois. — Les mots *ajeux, aïeux,* venant de *haga* ou *haya,* dérivé du tudesque *hagen* (haye), signifiait autrefois un taillis bordant, comme une sorte de haie, la forêt principale. D'ailleurs, le mot *haye* paraît consacré dans les titres français du moyen-âge, pour désigner une partie de bois; la Haye de Cartignies, la Haye-Catelaine, la Haye-Equiverlesse, la Haye-Longpré, les Hayes du Nouvion, n'étaient autrefois que des portions de la forêt du Nouvion et de celle de Saint-Michel qui, avec les bois de Bergeaumont, du Regnaval, de Leschelle, de Guise, etc., sont autant de démembrements de l'immense forêt de Thiérache (1).

Attaquée d'abord du côté de Guise et de Rumigny, c'est-à-dire par les deux extrémités opposées, cette forêt s'était vue bientôt entamée jusqu'au cœur. Elle était même tellement éclaircie vers le VIe siècle, que le

---

(1) Archives du domaine de Guise. — Pécheur, *Hist. de Guise.*

pays, à cause des vastes clairières qu'elle laissait à la culture, s'appela dès lors *terra assa, terra sarti, terre de sart,* terre *essartée,* mise en culture par le fer et par le feu, dont on aurait fait par la suite *Terr'ascha, Terracia, Terresse, Terrasche,* puis Thiérache. Les villages du Sart, de Renansart (Aisne); de Sars-Poteries, Rainsart (Nord), rappellent ce travail opéré dans la forêt par l'agriculture. Ils viennent évidemment du mot latin *ardere,* brûler, dont les composés *arsin, arsi,* signifient un lieu incendié. On a prétendu aussi que la Thiérache tirait son nom de Thierry, roi de Neustrie, qui habitait la villa de Nogent et possédait la Thiérache, laquelle formait de ce côté la limite de ses Etats; de *Theodorici terra,* terre de Thierry, on aurait fait Thiérache, comme on a appelé *Lotharingia (pays de Lothaire)* la province de Lorraine. C'est le sentiment du P. Lelong, religieux de Saint-Michel, auteur d'une remarquable histoire de nos contrées (*Histoire de l'ancien diocèse de Laon*). Quoiqu'il en soit, on ne peut nier que ce ne soit de la forêt de Thiérache, en tant qu'entamée par des défrichements, que notre contrée ait tiré son nom.

Son histoire est peu fertile en événements sous les successeurs de Clovis; les discordes cruelles qui mettaient aux prises les uns contre les autres ces rois barbares avaient lieu sur un théâtre trop éloigné de la Thiérache pour qu'elle dût en souffrir beaucoup; la fuite d'un de ces rois, nommé Thierry, vers les solitudes de notre pays, est à peu près le seul souvenir qui nous soit resté de cette époque malheureuse.

D'ailleurs notre pays offrait encore trop peu à la convoitise des chefs guerriers; à part quelques cités qui commençaient à acquérir une certaine importance, le reste du territoire de la Thiérache ne présentait guère que quelques fermes, quelques abbayes occupées à défricher et à mettre en culture les vastes terrains boisés. Quand plus tard, sous les faibles successeurs de Charlemagne, les Normands pénétrèrent sur notre sol, ce ne fut qu'en le traversant pour aller à d'autres pays plus riches, et en se contentant de piller et de brûler çà et là quelques établissements religieux ; tel fut le sort de la chapelle de saint Eloque à Gergny, près Etréaupont.

IV

La Thiérache pendant et après les courses des Normands
(858-987)

Les Normands en France. — Ils pillent et rançonnent la Picardie. — Leurs courses à travers la vallée de l'Oise. — Incendie d'églises et de villages dans la Thiérache. — Sac de Saint-Quentin. — Érection de forteresses et de châteaux sur notre sol. — Accroissement du pouvoir féodal. — Fondation d'abbayes dans la Thiérache.

Tandis que d'un côté le christianisme remplaçait dans la Thiérache les derniers restes du druidisme; que l'agriculture, de l'autre, défrichait le sol boisé et préparait les voies à la civilisation, le maire du palais d'Austrasie, Charles-Martel, gouvernait le pays sous le nom des monarques dits fainéants (719). A sa mort, le pouvoir en Austrasie échut à Carloman, son fils aîné, la Neustrie fut confiée à Pépin-le-Bref, qui devint bientôt, par la retraite de son frère, maître de tout l'empire franc, que Charlemagne devait porter a un si haut degré de puissance et de splendeur.

Le règne de ce prince fut en effet un de ceux qui contribuèrent le plus à la gloire et au bonheur de la France. Charlemagne soumit non-seulement les Saxons et étendit les frontières de l'Empire au delà du Rhin, mais il fit mieux encore : il organisa partout, dans ses nombreuses provinces, l'ordre et la paix, en s'appliquant à faire dominer la vérité sur l'erreur, l'instruction sur l'ignorance, la loi sur la barbarie.

Ce fut sous le règne de ce grand monarque que des peuples féroces, vomis par les glaces de la Scandinavie, commencèrent leurs excursions en France sous le nom de *Northmans* (hommes du Nord). C'est, dit-on, en 858 que ces barbares apparaissent pour la première fois dans la Basse-Picardie qu'ils mettent à feu et à sang. Après avoir tout ruiné le long des côtes, et des rives de la Seine, ne trouvant plus rien de ce côté, ils remontent l'Oise sur leurs barques d'osier et commettent d'affreux ravages dans tout le pays environnant, et cela sans éprouver la moindre résistance. Ils marchaient en bon ordre, la cavalerie formant deux lignes de chaque côté de la rivière et les gens de pied remontant son cours, à l'aide de bateaux longs, étroits et légers. Châteaux-forts, métairies, églises, abbayes, ils n'épargnaient rien. Ils massacraient les populations, les hôtes, les colons, qui habitaient les villas, la plupart ouvertes et sans défense.

En 882, après avoir de nouveau traversé l'Oise, ils portent la désolation dans le Laonnois et le Vermandois. Ils échouent cependant sous Laon; mais ils se vengent de cet échec par d'horribles dégâts dans les environs. L'année suivante ce fut le tour de Saint-Quentin qu'ils pillent et dont ils brûlent l'église. D'autres détachements ravagèrent encore à plusieurs reprises le Rémois, le Laonnois et la Thiérache jusqu'en 892. Ils brûlent dans nos environs plusieurs établissements religieux, entre autres la chapelle de saint Eloque, à Gergny, dont nous avons déjà parlé.

Enfin, en 912, après avoir pillé et rançonné les côtes de France et l'intérieur, après avoir même soumis Paris à plusieurs contributions, les Normands s'établirent définitivement dans notre France; Charles III leur céda le pays qui a pris leur nom, et depuis cette époque, la Normandie, grâce à l'activité de ses nouveaux maîtres et à la fertilité de son sol, est devenue une des plus productives et des plus riantes provinces de la France.

Cependant, le passage de ces Normands dans notre pays et le bruit qu'on avait fait de leurs incursions dévastatrices, avaient engagé les propriétaires à mettre leurs domaines à l'abri des brigandages de ces barbares en élevant des points de résistance, des forteresses (fertés), des châteaux (castella); d'où il arriva que les villas ou métairies bâties en bois ou en terre et occupees par des troupeaux et des hommes de culture, finirent par s'environner de fossés, de palissades, de tours, de donjons, de remparts en pierre ou en briques, pour la défense du territoire.

Quant aux petits propriétaires, ne pouvant se défendre eux-mêmes, ni élever des forteresses à leurs frais, ils durent réclamer l'assistance et se déclarer les vassaux des grands propriétaires ou seigneurs qui prenaient alors leurs clients sous leur protection; ils les défendaient contre les spoliations des barbares et des aventuriers; et les vassaux, de leur côté, se reconnaissaient *les hommes* du suzerain en lui payant un droit de sauvegarde. Les principales villes de la Thiérache, telles que Vervins, Hirson, Aubenton, Guise et beaucoup d'autres, durent alors se métamorphoser en châteaux-forts (ix° et x° siècles).

Dans ces châteaux, les seigneurs se rendirent indépendants, n'ayant rien à redouter de l'autorité royale qui était alors à peu près nulle; ils ne songeaient qu'à user et à abuser des droits que le titre de suzerains leur conférait sur les pays environnants; ils devinrent les despotes de la contrée, percevant des impôts de toute nature, rançonnant et dévalisant les marchands et les voyageurs, et assujettissant leurs vassaux à toutes sortes de vexations. D'un autre côté, ces seigneurs étaient rivaux les uns des autres; ils se faisaient entre eux des guerres cruelles dont le peuple fut toujours victime.

Cette condition malheureuse où se trouvaient alors beaucoup de gens les excita à chercher un asile dans les abbayes qui se fondaient alors en beaucoup d'endroits de la Thiérache. Les vastes solitudes de Saint-Michel, de Clairfontaine, de Foigny, de Bucilly, etc., présentaient des lieux convenables pour se livrer aux pratiques de la dévotion; de pieux ermites y avaient établi des chapelles et des cellules où ils vivaient retirés du monde, occupés à exploiter les vastes terrains que les seigneurs leur accordaient. Ces seigneurs espéraient sans doute, comme Clovis, apaiser la colère divine et expier leurs forfaits en enrichissant les églises. Dans tous les cas, les abbayes qui furent fondées à cette époque, et celles qui s'élevèrent dans la suite furent pour notre pays d'un immense avantage; elles y introduisirent le goût des arts et de l'agriculture et contribuèrent à dissiper les restes de la barbarie qui s'y abritaient encore (1)

---

(1) Am. Piette, au Recueil : *La Thiérache*. — Pêcheur, *Hist. de Guise*

V

La Thiérache sous le régime féodal (987-1180).

<small>Les comtes de Vermandois et de Flandre suzerains de Guise, du Nouvion et d'Avesnes. — Pauvreté de nos annales au moyen-âge. — De la société féodale : condition des classes inférieures. — Extension du principe d'hérédité. — Utilité historique des chartes. — Herbert, comte de Vermandois ; ses fondations pieuses. — Premiers châtelains de Guise — Fondation de Clairfontaine. — Louis VI et ses vassaux — Démêlés de Bouchard de Guise avec Enguerrand II de Coucy. — Bouchard de Guise accompagne Louis VII à la seconde Croisade. — Sa fille Améline lui succède au domaine de Guise. — La terre du Nouvion relève d'abord de la seigneurie d'Avesnes.</small>

Les cent années qui suivirent l'invasion des Normands offrent une confusion inextricable, jusqu'à l'avénement des Capétiens. Les derniers descendants de Charlemagne se montrèrent, en faiblesse et en nullité, les émules des derniers Mérovingiens. Nulle époque, dans l'histoire de France, n'est plus obscure que celle-ci. Les divisions des provinces, le manque d'unité dans le gouvernement et de communications faciles entre les divers parties du pays, telles sont les causes auxquelles on peut attribuer la pauvreté, sinon le silence des annales de l'époque.

Tandis que les puissantes maisons de Poitiers et de Toulouse s'élèvent dans le centre et au midi, les comtes de Vermandois et de Flandre étendent leur pouvoir dans les contrées du Nord, où bientôt ils vont avoir pour premiers vassaux les châtelains de Guise et d'Avesnes. Ce n'est qu'à dater de cette époque, c'est-à-dire vers la première moitié du XIe siècle, que ces localités, ainsi que le Nouvion, ont pu prendre place dans l'histoire. Il ne faut pas croire, cependant, que l'on va pouvoir suivre d'âge en âge le développement progressif de la civilisation dans nos contrées, et passer en revue les diverses péripéties qu'elles ont eu à traverser; car de même qu'avant la Révolution, l'histoire de la France n'était, en dernière analyse, que l'histoire de quelques familles privilégiées, de même aussi l'histoire de la Thiérache, de notre région surtout, ne peut guère consister que dans celle des seigneurs qui y dominaient.

Au xi° siècle, d'ailleurs, le noble seul est propriétaire du sol; il jouit des droits régaliens : il rend justice, bat monnaie, perçoit l'impôt et fait la guerre. C'est le régime féodal à son apogée. Il s'était établi peu à peu une hiérarchie entre les grands feudataires : des ducs, comtes, marquis ou comtes de la frontière, barons, chevaliers, bannerets, bacheliers ou chevaliers d'un rang inférieur formaient les divers degrés de la hiérarchie féodale.

Constitué avant la conquête des barbares et investi de priviléges politiques, le clergé continuait d'exercer la plus haute influence. Supérieur en intelligence et en éducation, il dictait les lois, écrivait les annales et instruisait la population. Quoique souvent opprimé par les nobles, il eut toujours sa part des droits féodaux. Des évêques, des abbés étaient vassaux ou arrière-vassaux suivant le degré de la hiérarchie féodale à laquelle appartenait la terre dont ils avaient la jouissance pendant qu'ils occupaient leur dignité. C'est de là qu'est venu le dicton populaire : *Tant vaut la terre, tant vaut l'homme*, changé aujourd'hui en celui-ci : *Tant vaut l'homme, tant vaut la terre*.

Les hommes des classes inférieures, désignés d'une manière générale par le nom de vilains *(villani,* habitants des campagnes), ou roturiers *(ruptarii,* labourant la terre), se divisaient en *hommes de poeste (ho-*

mines potestatis, soumis à la puissance du maître) et en *serfs* attachés à la glèbe (terre, fonds, héritage). Ces derniers ne faisaient point, à proprement parler, partie de la société d'alors; ils étaient la propriété du seigneur qui, pour une faute légère, avait le droit de les retenir en prison, de les mutiler, de les mettre à mort. Leurs femmes, leurs enfants, les meubles, les ustensiles, les outils et les instruments de labour qu'ils se confectionnaient, les animaux qu'ils avaient élevés, tout appartenait au seigneur du domaine où le sort les avait fait naître. Ils devaient y vivre, souffrir et mourir sans pouvoir rien changer à leur destinée, sans qu'il leur fût possible même de laisser à leurs enfants les moyens d'améliorer leur infime position.

Nous verrons dans la suite comment ils parviendront peu à peu à s'émanciper, à conquérir leur liberté et à former, sous le nom de *bourgeoisie* ou de *tiers-état*, une classe intermédiaire entre les nobles et le clergé.

Les habitations des serfs ruraux étaient groupées sur le penchant de l'éminence que dominait, avec ses tours féodales, le château de leur seigneur. Celui-ci les garantissait, par sa proximité, des agressions des seigneurs voisins contre lesquels il guerroyait sous le moindre prétexte. La plupart de nos villages et de nos villes n'ont pas d'autre origine; et il en est peu qui n'aient dans leur voisinage les ruines du manoir qui les abritaient au pied de ses murs.

Le manoir féodal était donc comme un centre autour duquel tout rayonnait, hommes et choses; c'est là qu'était la vie au moyen-âge, et c'est là qu'il faut en chercher l'histoire. Quand les comtés de Vermandois, de Flandre et de Hainaut se furent constitués, le principe d'hérédité y tendit à s'emparer de tous les offices inférieurs. On se succéda de père en fils dans la garde des *pagi* secondaires comme dans celle des grands *pagi* ou comtés. Chaque centre de population quelque peu important eut bientôt son *castrum* ou *castiau*, qui dominait le territoire environnant. Peu à peu le château donna son nom à la châtellenie. Les anciens vicomtes, nommés aussi *vicaires* ou représentants du comte, prirent de leur côté le titre de châtelains, et c'est surtout à partir du xi° siècle que l'on voit ces personnages féodaux se dessiner avec leur physionomie individuelle. Il est vrai qu'à cette époque la chronique se tait encore trop souvent sur leur compte, mais on peut suppléer en partie à son silence par les chartes émanées d'eux ou qui s'y rapportent (1), et c'est à l'aide de ces titres précieux que nous allons pouvoir projeter quelque jour sur l'obscurité qui couvre notre pays à son origine.

Au x° siècle, les comtes de Vermandois sont déjà très-puissants. Elbert ou Herbert, l'un d'eux, avait pu dès 924 se saisir traîtreusement du roi Charles-le-Simple et le retenir prisonnier pendant cinq ans à Péronne. Outre le titre de comte de Vermandois on lui donnait aussi celui de duc de Thiérache : c'est qu'en effet il possédait dans ce pays de vastes domaines. Guise et Lesquielles, Hirson et Aubenton, qui avaient déjà leurs châteaux-forts, lui appartenaient soit comme fiefs, soit comme bénéfices. Sur la fin de sa carrière, Herbert se livra à la dévotion et s'appliqua, dit-on, à la fondation ou à la restauration d'abbayes. Il rétablit Hombliéres, bâtit le Mont-Saint-Quentin, et de concert avec la comtesse Hérésinde, son épouse, qui secondait ses pieux desseins, il construisit en 945, au

---

(1) A Desplanque, recherches sur les châtelains de Douai au xi° siècle.

village de Rochefort, situé au milieu de la forêt de Thiérache, l'abbaye de Saint-Michel, en un endroit où saint Ursmer avait érigé une chapelle sous l'invocation de l'archange. Peu après, Hérésinde fonda également dans la forêt, à Bucilly, un monastère de filles bénédictines où elle alla passer le reste de ses jours.

Ces deux maisons furent dotées et enrichies par leurs fondateurs, et comptèrent bientôt au nombre de leurs bienfaiteurs les seigneurs de Guise, qui eurent avec elles des rapports assidus.

Alliés aux parents des comtes de Vermandois, dont ils furent d'abord les vassaux, les châtelains de Guise, étaient du nombre de ces hauts barons du moyen-âge qui pouvaient passer pour des souverains. Leur origine est restée incertaine, et le plus anciennement connu d'entre eux est un chevalier du nom de Wauthier ou Gauthier, qui apposa son seing à une charte de 1058, accordée par Henri Ier, roi de France, au monastère de Hasnon. Il eut pour successeur Godefroy de Guise qui, après s'être distingué, sur la fin du xie siècle dans la première croisade contre les Sarrazins, mourut en Terre-Sainte. Il avait épousé en 1063, Ada ou Ade (Adèle) de Roucy-Rameru (1), l'une des plus anciennes maisons du Laonnois. C'est à Godefroy qu'on attribue la construction du château de Guise, qui devait être plus tard agrandi et fortifié par Claude de Lorraine.

Le comté de Guise était dès lors une seigneurie considérable; la ville elle-même, entourée de forêts profondes, était bâtie sur le versant d'une colline, tournée

---

(1) Ada de Roucy devint aussi l'épouse de Gauthier d'Ath et de Thierry, seigneur d'Avesnes

vers le nord (probablement à la place occupée aujourd'hui par le château). Un mur crénelé, garni çà et là de tours élevées, protégeait son enceinte contre les ennemis du dehors.

Guy de Guise et de Leskières (Lesquielles), et pair du comte de Vermandois, succéda à son père Godefroy vers 1075. En 1104, Guy apposa son seing à une charte de Godefroy de Ribemont, donnée en cette ville en faveur de l'abbaye de Saint-Prix (Saint-Quentin). Après les seings du comte de Ribemont et de Guy, on y remarque aussi ceux de Gossuin ou Goswin d'Avesnes et de Werric de Fieulaines. Marchant d'abord sur les traces de ses ancêtres, Guy se signala par ses violences qui firent mettre son nom à côté de ceux de Thomas de Marle, le brigand à tourelles et à créneaux, et de Nicolas de Rumigny, qui se distinguaient à cette époque par les vexations dont ils accablaient les monastères et les religieux. La chronique reproche à Guy l'usurpation « contre les lois divines et humaines, des fermes (villas) de Leuze *(de Ludousa)*, d'Any, *(de Aneia)*, de Baubigny *(de Balbenis)*, de Wattigny, *(de Guartheneis)*, avec leurs dépendances, et qui appartenaient en propre à Notre-Dame de Sainte-Marie et aux religieuses de Trèves, ses servantes. » Il s'attira ainsi les censures des archevêques de Trèves et de Reims; mais Guy ne revint, dit-on, à de meilleurs sentiments que grâce à l'empire qu'avait pris sur lui Adevie ou Aelvide (Adeline), plus connue sous le nom de Méchaine de Montmorency, sa femme, fille du connétable de France, Bouchard IV de Montmorency et d'Agnès de Beaumont. Il mourut vers l'an 1126.

On attribue à Guy de Guise la fondation du village de Clairfontaine-en-Thiérache. Ce lieu, ainsi nommé à cause de la limpidité de ses eaux, paraissait favoriser le recueillement de la vie solitaire. Un saint homme, du nom d'Albéric, désirant se vouer à la vie érémitique, avec quelques autres compagnons, demanda à Guy et en obtint cette solitude en 1124. Deux ans après, Clairfontaine et son abbaye furent donnés à la maison de Prémontré.

Le seigneur de Guise avait laissé à Méchaine, son épouse, une nombreuse lignée : Adam de Guise qui mourut jeune ; Bouchard, Godefroy et Rénier de Guise, encore en bas âge, et plusieurs filles. Adeline, la première, épousa Rogues, seigneur de Roye et de Germigny ; une autre, qui s'appelait Havoise, épousa Simon d'Inchy, dont elle eut deux fils, Hugues et Gauthier ; une troisième épousa Anselme, fils de Hulard de Saint-Quentin, à qui elle donna deux filles, dont l'une épousa Guidon ou Guy de Moy ; la quatrième épousa Guy de Voulpaix *(Duido ou Guido de Wuspais)*, dont elle eut deux fils, Mathieu et Guy, et des filles ; la dernière enfin épousa Rénier, dit *le Muet*, dont elle eut Rénier et plusieurs filles. Adam de Guise, l'aîné de toute cette race et dont le nom se trouve cité plusieurs fois dans des chartes du monastère de Saint-André-du-Câteau, laissa bientôt à Bouchard, son cadet, avec le titre de seigneur de Guise, la plus belle part de la succession paternelle (1).

Cependant Louis-le-Gros qui régnait en 1108, devait battre en brèche le système féodal ; il y parvint soit en favorisant le mouvement communal, soit en luttant sans relâche contre les vassaux remuants qui, tou-

---

(1) Le Long, *Hist. gén.*, du P. Anselme ;—*Hist. de Guise*, de l'Abbé Pécheur.

jours les armes à la main, remplissaient le royaume de troubles et de confusion et portaient partout le pillage et la guerre. Thomas de Marle était le type le plus saillant de ces barons orgueilleux et pillards qui, ne reconnaissant d'autre loi que celle du glaive, se livraient contre le pauvre peuple à tous les excès d'une brutalité féroce. Du haut de ses remparts, Thomas semblait braver la puissance royale elle-même. Guy de Rochefort avait levé l'étendard de la révolte, en 1110; Thomas et plusieurs autres seigneurs entrèrent dans sa rébellion contre le souverrain. Celui-ci s'entendit avec Raoul de Vermandois, prince du sang, qui se chargea avec empressement de mettre les rebelles à la raison quoiqu'il les sût appuyés par le roi d'Angleterre, comme eux vassal de Louis-le-Gros. Toute la noblesse du Vermandois, appelée en cette circonstance à remplir un double service féodal, accourut se ranger sous l'étendard de Raoul, avec toutes les milices du pays.

Parmi ces brillants chevaliers, tout bardés de fer, on distinguait le frère de Raoul, Henri de Vermandois; les deux seigneurs de Guise, Bouchard et Godefroy; Ebles de Roucy, les Widon de Moy et d'Estrées; Godefroy de Ribemont, Rénier, son frère, seigneur de Fonsomme et beaucoup d'autres feudataires du comté. Chacun d'eux était suivi à son tour de *ses barons* ou *homaigiers*. Les rebelles, poussés à outrance, ne purent tenir tête à tant de braves chevaliers, et forcés de se rendre à merci, ils durent faire acte de soumission à leur souverain.

La dame de Guise, Méchaine de Montmorency, après s'être distinguée par ses fondations pieuses et la dignité de sa vie, accomplit le projet qu'elle avait conçu de longtemps d'entrer en religion. Elle se retira, vers 1136, dans une communauté de religieuses Norbertines que Prémontré venait de fonder à Fontenelle (Wissignicourt), et y mourut après avoir passé le reste de ses jours dans la plus éminente piété (1).

Le sire de Guise Bouchard, et son frère Godefroy, suivant en cela l'exemple de leur mère, comblèrent de bienfaits les communautés religieuses de leur domaine.

De leur temps vivait un chevalier du nom d'Albéric, seigneur d'Hannape et premier châtelain du Nouvion, de nom connu. En 1138, ce chevalier et sa femme, Ermesende, firent à l'église de Prémontré, du consentement de leurs enfants, Pierre et Robert du Nouvion, la concession de la terre d'Hannape, et ce par le salut de leurs âmes. Le cartulaire de Prémontré ajoute que les seigneurs de Guise Bouchard et Godefroy, dont le fief d'Hannape dépendait, confirmèrent cette donation en présence de nombreux témoins.

Les deux frères de Guise vécurent toujours en parfaite intelligence, mais ils eurent des démêlés avec Enguerrand II, châtelain de Coucy. Selon l'usage, les trois barons vidèrent eux-mêmes leurs querelles. On prit les armes de part et d'autre, on rassembla ses vassaux et on se fit la guerre. Deux rencontres eurent lieu près de Crécy-sur-Serre, domaine d'Enguerrand, avec des succès divers. On en fut quitte pour quelques hommes de moins, des lances rompues et des incursions sur les terres de son voisin.

Bouchard prit part à la seconde croisade et accom-

---

(1) Cart. de Prém. — Pécheur, *Hist. de Guise*.

pagna, dit-on, Louis VII dans cette expédition. Il avait épousé Alix ou Adelaïde, fille de Beaudouin de Cépi ou Soupir, dont il n'eut qu'une fille nommée Adelvic par quelques historiens, et Améline par d'autres. Il eut ainsi la douleur de ne pouvoir transmettre à un héritier mâle, la noblesse de son nom et les vastes domaines qu'il tenait de ses ancêtres.

Après avoir grandi sous la tutelle de son oncle Godefroy, Améline fit, vers 1170, une alliance digne de sa haute naissance, en épousant Jacques, sire d'Avesnes, seigneur de Condé, Leuze, Landrecies, Trélon, etc. Ce qui constituait la noblesse et la grandeur d'une maison, ce n'était pas seulement ses titres, ses hauts faits et l'étendue de ses domaines, mais encore l'antiquité de son origine. Sous ces différents rapports, celle d'Avesnes ne le cédait à aucune autre, comme nous le verrons dans la suite.

La terre du Nouvion, formée dans le principe des rotures de Barzy, Bergues et Boué, sous la dénomination de *Sart du Nouvion*, confinait au nord, par le ci-devant Hainaut, à cette seigneurie d'Avesnes et en fut d'abord l'un des nombreux fiefs. C'est du moins l'avis de plusieurs auteurs, et, entre autres, celui émis par notre compatriote, L.-A. Legrand de Laleu, dans son mémoire de 1784, en faveur de la communauté du Nouvion, contre les fermiers du prince de Condé.

« La terre du Nouvion, » dit-il, dans ce remarquable travail, « aujourd'hui (1) attachée à celle de Guise, « n'en faisait point partie dans l'origine. On voit par sa « charte et coutume locale, qui remonte au XIIe siècle, « qu'elle appartenait antérieurement à la maison « d'Avesnes. » (2).

---

(1) C'est-à-dire en 1784.
(2) Voir la Charte du Nouvion, Note 16.

Et ailleurs : « Le Nouvion, ville autrefois, qui n'est
« plus qu'un bourg aujourd'hui (1), situé à l'extrême
« frontière de la Thiérache, sur les confins du Hainaut,
« borné du côté du midi par une grande forêt qui
« semble naturellement le séparer de la terre de Guise,
« joignant au nord à la terre d'Avesnes en Hainaut,
« *jouit de plusieurs priviléges qui lui sont communs avec
« cette terre,* tels que l'usage du sel blanc, l'immunité
« des lods et ventes, etc. »

D'un autre côté, identité parfaite entre les mesures agraires anciennes autrefois en usage dans les deux pays. — Comment expliquer cette parité de priviléges entre Avesnes et le Nouvion, cette concession de *chartes coutumières* faite à l'une et à l'autre de ces terres par le même seigneur à peu près à la même époque (2), autrement que par cette raison qu'elles constituaient un seul et unique domaine? Améline n'a donc pas porté au sire Jacques, comme quelques-uns le prétendent, un patrimoine qu'elle n'avait pas, et qui n'a « commencé qu'en 1443 a se confondre avec Guise dans la maison d'Anjou » d'où nous le verrons par la suite passer dans celle de Lorraine.

Il est vraisemblable que Le Nouvion eut ses châtelains dès le xie siècle ; mais les noms de la plupart sont restés inconnus. Nous venons de voir que dans l'origine ces châtelains relevaient de la Flandre et directement de la seigneurie d'Avesnes, soumise elle-même aux comtes de Hainaut, devenus tout-puissants dans le nord de la France. Les annales de notre pays se confondant ainsi, dès le principe, avec celles d'Avesnes, nous allons donner l'historique succinct de cette maison.

---

(1) Voir le renvoi de la Note 11.
(2) La charte du Nouvion est de 1196-1204 ; celle d'Avesnes de 1200.

VI

La Thiérache à l'époque de la Révolution communale.
(1180-1337.)

Premiers seigneurs d'Avesnes : — Werric-le-Sor, — Werric-le-Barbu, — Thierry et Gérard d'Avesnes, — Gossuin d'Avesnes, dit d'Oisy. — Gauthier Ier d'Avesnes. — Robert, premier abbé de Fesmy. — Historique de cette maison. — Nicolas succède à son père Gauthier Ier du nom. — Chartes octroyées par ce seigneur. — Fondation de Landrecies. — Jacques d'Avesnes et Amélie de Guise. — Brillantes qualités de Jacques. — Fondation de Mondrepuis. — Démêlés du sire d'Avesnes avec ses suzerains. — Premier siége de Guise. — Jacques prend part à la troisième croisade. — Sa mort glorieuse à Assur. — Postérité de Jacques d'Avesnes. — Libéralités de la dame de Guise. — Philippe-Auguste et ses vassaux. — Réunion du Vermandois à la couronne. — Gauthier II renouvelle la coutume locale du Nouvion. — Juridiction de Prisches. — Le sire d'Avesnes à Bouvines. — Galon de Montigny. — Gauthier en Palestine — Il devient comte de Blois. — Il assiste au sacre de Louis IX. — Marie d'Avesnes, sa fille, épouse Hugues de Châtillon. — Les deux époux fondent l'abbaye de Pont-aux-Dames. — Mort de Marie d'Avesnes. — La septième croisade. — Mort de Hugues de Châtillon; — son lignage. — Les terres d'Avesnes, Guise et Le Nouvion passent dans la maison de Châtillon. — Jean de Châtillon; — son testament. — Jeanne de Châtillon, sa fille, épouse Pierre de France. — Testament de Jeanne. — Hugues II de Châtillon. — Philippe-le-Bel porte la guerre en Flandre. — Guy de Châtillon. — La lèpre en Europe. — État social de l'époque.

Suivant les chroniqueurs des Flandres, un comte de Hainaut, Rénier V, aurait donné à Werric-le-Sor ou le Roux (1), seigneur de Leuze et des pays adjacents, et cela « en féaulté et hommaige, toutes les terres situées entre les deux Helpes, au territoire d'Avesnes.... » [13] Son fils, Werric-le-Barbu (2), y fit élever, vers 1040, en signe de propriété seigneuriale, une grosse tour

---

(1) C'est par erreur que quelques auteurs appellent ce seigneur Werric-le-Fort, en confondant l'épithète li Sor ou le Sor, signifiant le Roux, avec celle de le Fort.

(2) Werric, Werry ou Guerric, ce qui est la même chose, vu l'habitude que les Wallons avaient de substituer partout le W au G et de ne point prononcer le C final, De là toutes les familles du nom de Werry qui existent encore dans nos environs et autour d'Avesnes.

que Thierry, l'un de ses enfants, augmenta de divers ouvrages de défense. Avesnes serait donc une ville toute féodale, qui devrait son agrandissement, sinon sa naissance, à un château-fort.

Thierry fut le troisième époux de Ade ou Ada de Roucy, veuve de Godefroy, le second des seigneurs de Guise connus. Outre ce Thierry qui lui succéda, Werric-le-Barbu eut deux autres enfants : une fille, du nom de Ade ou Ide, qui devint la tige de la branche féminine des premiers seigeurs d'Avesnes, par son mariage avec Fastré d'Oisy, avoué de Tournay (1); et un autre fils, Gérard d'Avesnes [14], qui fit partie de la première croisade et devint célèbre par le dévouement qui en fit l'un des martyrs et des héros de l'expédition (2).

Pendant ce temps, Thierry, le frere aîné de Gérard, menait dans ses terres d'Avesnes une vie qui n'était rien moins qu'édifiante. Indigné des courses que les soudoyers du comte de Hainaut se permettaient sur ses domaines, il se met en guerre et entre, le fer et le feu à la main, sur les terres du comte, résolu à se faire justice par lui-même. Après s'être emparé des villes de Mons et de Maubeuge, Thierry poursuivit ses ennemis jusque dans la basilique de Sainte-Aldegonde et de Sainte-Waudru, qu'il pille et livre aux flammes, soulevant par un semblable sacrilége, la colere des populations pieuses de la province. Alors vivait dans une forêt des environs de Mons, un pieux ermite qui se fit l'écho de l'indignation générale. Il maudit le

---

(1) Au moyen-âge, on appelait *avoués* les défenseurs laïques des églises et des monastères ; ils en devinrent souvent les oppresseurs. On sait que les avoués sont aujourd'hui des officiers ministériels.

(2) J. Lebeau, *Hist. d'Avesnes*. — Z -J. Piérart, Exc. arch.

mécréant qui avait osé profaner le sanctuaire vénéré des saintes patronnes du pays; et s'il faut en croire une chronique contemporaine (1), l'ermite aurait vu en songe les deux saintes demandant au Tout-Puissant le châtiment du sacrilége. Ce châtiment, quelque temps différé, grâce à la piété de l'épouse de Thierry, qui, dit le chroniqueur, ne cessait en cette occurence, de prier Dieu et récitait jusqu'à soixante *Ave* par jour; ce châtiment, ajoute-t-il, s'accomplit néanmoins d'une manière terrible, malgré les œuvres pies et l'amendement du coupable (2). Celui-ci avait pris part à une partie de chasse donnée dans la forêt de Mormal par le comte de Hainaut, son suzerain; bientôt, emporté par son ardeur loin de ses gens, n'ayant alors en main qu'un cor et un épieu, il tomba dans les embûches qu'Isaac de Berlaimont, son ennemi, avait fait dresser pour le surprendre, et fut assassiné. Son corps tout *détrenché*, fut ramené à Liessies ou son épouse Ada de Roucy le fit inhumer. C'était vers 1106.

« Ada, dont on avait dit qu'elle fut veuve de trois maris qui, tous, avaient péri par le fer, mais qui ne versa jamais de larmes sur aucun, tant était grande sa force d'âme, était, paraît-il, douée d'un don merveilleux qui a été assez commun aux femmes, sur notre terre de France, depuis l'époque des druidesses jusqu'aux somnambules, aux extatiques de nos jours, passant par Jeanne d'Arc. L'on raconte que lorsque Thierry se disposait à partir pour la forêt de Mormal, elle avait

---

(1) Celle d'Herman de Tournai.

(2) Thierry aurait, dit-on, bâti ou restauré le monastère et l'église de Liessies, et édifié une première église à Avesnes.

prédit qu'il n'en reviendrait plus vivant et s'était vainement efforcée de le retenir (1). »

Thierry n'avait eu qu'un fils, Fastié d'Avesnes, qui parait être mort jeune et sans hoirs. Il eut pour successeur Gossuin ou Goswin d'Oisy, son neveu, fils de Fastré, l'avoué de Tournai, et d'Ade, sa sœur. Il reçut de Beaudouin de Jérusalem la dignité de pair du Hainaut.

Gossuin, que quelques-uns nomment Guy d'Avesnes, dit d'Oisy, avait fait entourer Avesnes de murailles, contre le gré de son suzerain, Beaudouin de Hainaut; celui-ci vint à la tête d'une armée, avec le dessein d'obliger le vassal rebelle à respecter ses volontés. Gossuin n'attendit pas qu'on vint le surprendre et marcha lui-même à la rencontre de son souverain. Les troupes se rencontrèrent sur la Sambre. Après trois jours d'une lutte acharnée, le sire d'Avesnes fut pris et emmené au château de Mons, où on lui coupa la barbe, humiliation excessive pour l'époque. Le comte lui rendit néanmoins la liberté au bout de quelque temps et le laissa paisiblement achever les fortifications d'Avesnes.

Gossuin avait épousé Agnès de Ribemont, un ange de douceur, laquelle, dit un chroniqueur du Hainaut, « souvent muait et adoulcissait le couraige très-cruel « de son mary, qui estoit intentif en bataille et débat. » Elle parvint en effet à modérer ce caractère farouche, à le faire rougir de ses désordres. Gossuin se convertit, fit des donations pieuses, céda plusieurs villages de ses terres à l'abbaye de Liessies, fit terminer et décorer l'église de cette maison, commencée par son oncle,

---

(1) Lebeau et Piérart.

fit un pèlerinage en Terre-Sainte, et, à son retour, fit ériger à Liessies une autre église pour la paroisse. Sur la fin de sa carrière, il se fit moine à son monastère de prédilection et mourut sous la bure, justifiant ainsi le proverbe : *Quand le diable devient vieux, il se fait ermite.* Il ne laissa point d'enfants et eut pour successeur le fils d'un de ses frères, Gauthier d'Oisy, dit *Pelukel* ou *Peluchel* (le beau, du latin *pulcher*), premier du nom, dont il avait fait son héritier.

Gauthier s'était allié à Ide de Mortagne dont il eut quatre fils. Maître altier, voisin turbulent, vassal insubordonné, ce baron déloyal leur donna l'exemple du brigandage. Les efforts de saint Bernard de Clairvaux, pour le réconcilier avec les moines de Liessies, auxquels il avait fait beaucoup de mal, n'eurent que peu de succès. Sommé de comparaître pardevant son suzerain à propos d'autres méfaits, Gauthier se livra, dans la chaleur des débats, à une si violente colère, qu'il tomba évanoui et fut transporté mourant dans une pièce voisine, où il mourut la nuit suivante [15].

A l'époque de Gauthier d'Avesnes vivait Robert, l'un des premiers abbés du monastère de Fesmy-sur-Sambre. Fondée vers 1080 par deux seigneurs Anglais qui voulaient servir Dieu dans la retraite, cette abbaye ne consista d'abord que dans quelques cellules et une modeste chapelle, érigée en ce lieu alors désert, sous l'invocation de saint Etienne. L'un d'eux, qui portait le nom du saint, fut le premier abbé de cette maison qui suivit la règle de saint Benoît. Ses revenus augmentèrent beaucoup au XIIe siècle, par suite des libéralités de l'évêque de Cambrai et de son chapitre, de Barthélemy de Vir, évêque de Laon, de Guy de Guise, son parent, des seigneurs d'Avesnes, de Berlaimont, de Coucy, de Châtillon et autres du voisinage. Bientôt s'élevèrent autour de cette maison religieuse des habitations qui donnèrent naissance au village actuel de Fesmy. A la même époque se formèrent ou s'accrurent également ceux de Boué, Bergues, Barzy et Le Sart, dont les habitants paraissent avoir partagé les concessions octroyées, en 1213, à ceux de Fesmy par l'abbé Gumbert ou Humbert, leur seigneur (1).

Entre autres libéralités de l'évêque de Laon, l'un des nombreux bienfaiteurs de Fesmy, on voit à la date de 1114, la cession à Robert, abbé, de l'autel de saint Remi de Dorengt, avec Estruen (sans doute Etreux), sa dépendance; plus tard, celle de la collégiale du château de Guise, dont les chanoines, en 1142, furent pour quelque temps remplacés par des religieux bénédictins de Fesmy.

Dès 1111, Waldricus (Gaudri), l'un des prédécesseurs du célèbre Barthélemy de Vir, concédait aux moines de Fesmy le droit de bâtir un oratoire près Marle, en un lieu alors désert qui reçut plus tard le nom de Hondreville ou Haudreville, simple ferme aujourd'hui, mais autrefois hameau important. — « En 1248, Raoul de Coucy, partant pour la septième croisade, ayant remis entre les mains de Barthélemy, évêque de Laon, l'église de Saint-Pierre, de Marle, desservie par quatre chanoines qui étaient à sa nomination, ce prélat la donna à l'abbaye de Fesmy, sous la condition de remplacer les chanoines par des religieux de ce monastère; et pour que ceux-ci fussent plus tranquilles, il leur donna l'église de Saint-Martin d'Haudreville dont il transporta les paroissiens à Saint-Pierre. En 1301, cet

---

(1) Voir 3ᵉ partie, aux Notices monogr. la charte de Fesmy et celle du Sart.

oratoire fut transformé en un prieuré d'hommes dépendant de Fesmy » (1).

Les seigneurs et les évêques favorisaient donc comme à l'envi l'établissement naissant de Fesmy, dont l'importance s'accrut chaque jour. A quelle province ecclésiastique allait-il ressortir? Des contestations paraissent s'être élevées à cet égard entre les évêques de Laon, de Cambrai et d'Arras. Des arbitres assemblés à Montdidier déclarèrent que cette maison, sise sur les frontières de la Thiérache, appartiendrait irrévocablement au Cambrésis. Elle subsista malgré les guerres jusqu'en 1762. L'évêque d'Arras apprenant alors qu'il ne s'y trouvait que cinq ou six religieux profès de Saint-André, du Câteau, en obtint la suppression de concert avec l'archevêque de Cambrai, et unit les revenus, qui ne dépassaient pas 8,000 livres, à son séminaire (2).

A l'intraitable Gauthier Ier du nom, succéda le second de ses quatre fils, Nicolas, dit aussi *Pelukel* (le beau), comme son père. Il obtint l'investiture des terres de Condé, de Leuze, d'Avesnes et du Nouvion en 1147, et continua la lignée de Gauthier. Ce fut un prince pacifique et prudent, amis de ses suzerains et réparateur des maux causés par son père. Tout dévoué aux comtes de Hainaut et sage administrateur, Nicolas fut le bienfaiteur de ses vassaux, comme le prouvent les chartes dont il dota successivement les habitants d'Hirson, d'Anor, de Prisches, de Landrecies, d'Etrœungt et du Nouvion. Ces chartes, presque toutes identiques à celle du Nouvion, dont nous donnons à la note [16] la traduc-

---

(1) Cart. de l'Abbaye de Fesmy. — Melleville, *Dict. hist.*
(2) Voir 3e partie, à la Notice Fesmy, la liste chronol. des abbés.

tion française, sont des monuments précieux du droit municipal et de la langue française au moyen-âge [17].

« Leur teneur prouve qu'à l'époque ou elles furent promulguées il y avait déjà, même au sein de certaines communes rurales, une organisation et des libertés municipales, et que les chartes ne firent que les consacrer et en préciser l'usage. Il y est question de *mayeur*, homme représentant à la fois les intérêts du seigneur et des bourgeois, de *jurés*, organes plus spéciaux des droits de ceux-ci, et elles portent toutes pour préambule que l'octroi en a été fait par le conseil de toute la cour du seigneur et par le commun *assentiment de tous les bourgeois* » (1).

Nicolas avait épousé Mahaud ou Mathilde, fille du comte de La Roche, nièce de Henri, comte de Namur et veuve d'un intrépide guerrier, le sire de Walcourt. Il en eut trois enfants dont l'aîné, Jacques d'Avesnes, surnommé le Grand Jacquemon, lui succéda.

Landrecies doit, dit-on, son origine à Nicolas d'Avesnes qui y aurait fait construire, vers 1140, un château-fort autour duquel s'est peu à peu agglomérée la ville actuelle.

Ce fut vers 1170 qu'eut lieu le mariage de Jacques, seigneur d'Avesnes, avec Améline, fille et héritière de Bouchard, qui s'intitulait dame de Guise et de Lesquielles. Elle avait alors dix-huit ou vingt ans. Les riches terres de Guise, — comprenant alors presque toute la Thiérache, hormis la terre et châtellenie du Nouvion et quelques autres, — qu'Améline apporta en dot à Jacques d'Avesnes; les alliances de celui-ci avec les seigneurs de Rethel et de Rozoy, firent de ce baron

---

(1) I. Lebeau, *Hist. d'Avesnes.* — Z. J. Piérart, *Exc. arch*

l'un des plus puissants suzerains du pays. Ce fut d'ailleurs un]habile homme de guerre, un valeureux chevalier qui s'illustra en maints pays d'Europe, par différentes expéditions; un de ces amateurs d'aventures qui eussent été au]bout du monde dans l'espoir d'en rencontrer. Les historiens du temps le comparent à Hector, pour la prudence, à Achille, pour la bravoure, à Régulus, pour la fidélité à garder ses engagements.

Ce seigneur érigea en 1170, de concert avec Louis, abbé de Bucilly, le village de Mondrepuis qui, dans l'origine, n'était qu'une métairie, située au territoire dit de la *commune*. Lorsqu'un seigneur ou une abbaye voulaient élever sur leur terre un nouveau village, ils commençaient par lui accorder des franchises et certaines libertés qui manquaient rarement d'attirer quantité de serfs, d'ouvriers nomades, de petits marchands colporteurs ou d'habitants des seigneuries voisines, séduits par l'appât d'une liberté qu'ils ne trouvaient pas chez eux; puis on concédait à chacun, moyennant quelque redevance, une certaine étendue de terrain où s'élevaient bientôt de modestes habitations. Les concessions ainsi faites à ces communes, qui demeuraient presque toujours subordonnées aux officiers du seigneur ou de l'abbaye, suffisaient généralement pour les peupler en peu de temps. Alors une charte de commune était rédigée et scellée du sceau du fondateur, puis publiée aux alentours, et rarement cette publication manquait le but qu'on se proposait. C'est à de semblables mesures que beaucoup de Neuvilles ou nouvelles villes *(novæ villæ)* doivent leur érection; nous pouvons citer entre autres La Neuville-les-Dorengt, La Neuville-Housset, La Neuville-Bosmont, etc.

La grande puissance et l'ardeur naturelle qui formait le fond du caractère de Jacques lui faisaient supporter impatiemment la suzeraineté des comtes de Flandre et de Hainaut. Aussi fut-il rarement en repos ; tantôt il leur faisait la guerre pour son propre compte, tantôt pour celui de ses voisins. Malgré sa réputation de prudence, il ne put se laver du soupçon d'avoir ordonné un lâche assassinat (1), ni éviter d'en subir les fâcheuses conséquences.

« Un prélat, du nom de Robert d'Aire, nouvellement promu à l'évêché de Cambrai, traversant Condé, l'une des terres de Jacques, pour se rendre dans sa ville épiscopale, fut assailli, quoique muni d'un sauf-conduit du comte de Hainaut, et massacré par les gens du sire d'Avesnes [18].

« Le comte, à qui leur maître avait déjà donné d'autres sujets de mécontentement, ravagea ses terres, prit Condé qu'il livra aux flammes, s'ouvrit à travers la haie d'Avesnes une voie assez large pour que cent hommes armés pussent y passer de front, et s'approcha de la ville avec l'intention de l'emporter de vive force et d'y mettre tout à feu et à sang. Le téméraire vassal, intimidé par l'imminence du danger, s'empressa de se soumettre et de solliciter un pardon qu'il dut moins toutefois à la plausibilité de ses excuses qu'à l'indulgence du comte » (2).

Cette générosité ne fit pas une longue impression sur l'esprit ardent du seigneur d'Avesnes ; son orgueil et son insolence le poussèrent à de nouvelles révoltes

---

(1) Mais il se lava de l'accusation en présence de l'archevêque de Reims. — Dom Lelong, *Hist. du diocèse de Laon.*

(2) J. Lebeau, *Hist. d'Avesnes.*

contre ses suzerains de Flandre et de Hainaut qui, outrés de sa constante rébellion, portèrent le ravage sur les terres d'Avesnes et de Guise et y mirent tout à feu et à sang. Le siége de Guise dura longtemps, mais le château n'en dut pas moins se rendre au comte de Flandre, qui le remit dans la suite, *en son intégrité,* au sire d'Avesnes. Quant au château de Lesquielles, il fut pris par le comte de Hainaut qui, sur l'ordre de Philippe de Flandre, rasa la grande tour bâtie sur une motte élevée. — Un an après avoir attiré sur ses domaines les derniers malheurs, Jacques allait se signaler contre la commune de Laon dont les hommes, dit la chronique, avaient acheté, au préjudice de l'évêque leur seigneur, et à prix d'argent, du roi Louis-le-Gros, le droit de commune, espérant follement débarrasser leur tête et celles de leurs descendants du joug de la servitude. L'histoire ne dit pas quels furent en cette circonstance les exploits du sire d'Avesnes; mais il est à croire que sa redoutable épée tailla vigoureusement dans cette troupe de *vilains* qui, ajoute le chroniqueur, ne laissa pas cependant, toute battue qu'elle était alors, de conserver, à force de sang et d'argent, ses précieuses franchises.

Jacques eut un commandement dans toutes les guerres qui, dans ces temps malheureux, ensanglantèrent la Flandre, la Thiérache et le reste du nord de la France. Philippe-Auguste avait inauguré son règne par la répression des grands vassaux de la couronne toujours en guerre avec les rois leurs suzerains, et s'était imposé la tâche de faire rentrer dans le domaine de la couronne tous les grands fiefs qui en avaient été distraits. On sait qu'il parvint à s'emparer ainsi du Valois et du Vermandois sur le comte de

Flandre, avec qui il eut à ce propos de longues et sanglantes querelles. Les incendies, les rapines, la spoliation des églises, l'oppression des *bourgeois*, la destruction du pauvre peuple, telles étaient toujours les tristes suites de ces luttes entre le roi et ses vassaux. En 1185, la guerre était devenue plus terrible en Flandre, où le roi de France avait porté de nouveau ses armes. Craignant de devenir victime de ces discordes des princes et de la guerre d'extermination qu'ils se faisaient, chacun entoure de fossés et de murailles sa ville, son village, son château. Bientôt le comte de Flandre s'avance sur Marle ; mais Philippe-Auguste fond de nouveau sur la Flandre avec une grosse armée, pendant que le comte de Hainaut ravage les terres de Jacques d'Avesnes, où il brûle plus de cent villages, *et des meilleurs*. Le comte obéissait en cela à des ressentiments pour d'anciennes injures ; et il regardait Jacques comme l'instigateur de ses divisions et de ses traverses avec son suzerain, le comte de Flandre. Ce dernier ayant été obligé de s'humilier de nouveau devant le pouvoir du roi de France, les trois princes firent la paix.

Le sire d'Avesnes menait de front la dévotion et l'injustice, les intrigues politiques et la guerre aux couvents ; toutefois on l'a vu bien souvent, dit son historien (1), réparer avec une noble franchise les dommages qu'il avait pu causer aux églises. Il devint l'avoué des abbayes de Bucilly, de Saint-Michel, de Clairfontaine, et du prieuré de Lesquielles, qui, se voyant exposés aux incursions de l'ennemi, en raison de leur proximité de la frontière de Flandre, et aux

---

(1) Jacques de Guyse.

courses pillardes des seigneurs voisins, avaient cherché un protecteur capable de défendre leurs intérêts, tant par son épée que par sa prudence. L'abbaye de Saint-Michel accorda à Jacques d'Avesnes et à ses hoirs, en retour de sa protection, des coupes de bois dans ses belles forêts, avec le droit de construire à Saint-Michel et Rochefort une *maison forte*, moyennant quoi, il promit de « porter à l'église loyale garantie, si ladite église étoit molestiée de aucuns et de aucunes dans les bos dessus-dits » (1).

Les préparatifs de la troisième croisade fournirent à l'esprit aventureux de Jacques une occupation digne de lui, et c'est dans cette expédition que le preux et illustre chevalier termina sa carrière. Les chrétiens d'Orient avaient essuyé de grands revers et le contre-coup s'en faisant sentir en Occident, y renouvela l'enthousiasme de la croisade.

« Philippe-Auguste et Richard Cœur-de-Lion s'enrôlèrent sous la bannière sainte et, avec eux, une foule de chevaliers de France, d'Angleterre et des provinces Belgiques. A la suite de Richard se trouva Jacques d'Avesnes qui, soit au service du comte de Hainaut, soit dans ses longs débats avec ce prince et le comte de Flandre, s'était acquis une telle réputation que, non-seulement les Hennuyers, mais encore les Flamands et les Brabançons, tous, au nombre de 7,000 guerriers, voulurent combattre sous ses ordres. Il se trouva au siége de Saint-Jean-d'Acre et y sauva l'armée chrétienne lors du retour offensif de Saladin, sur les croisés victorieux, mais qui s'étaient dispersés pour piller. Sur la fin du siége, Jacques d'Avesnes

---

(1) *Bul. de la Soc. hist. de Soissons*. — *Notice sur Saint-Michel*.

campa avec ses gens vis-à-vis de la *tour maudite,* qu'on avait ainsi appelée de ce que la tradition voulait qu'on y eût battu la monnaie qui fut payée à Judas Iscariote comme prix de sa trahison. C'était un des postes les plus périlleux du siége. Mais Jacques d'Avesnes s'y maintint avec honneur, partageant avec le landgrave de Thuringe et le comte de Champagne le commandement de l'armée jusqu'à l'arrivée des rois de France et d'Angleterre.

Saint-Jean-d'Acre pris, Jacques d'Avesnes suivit Richard Cœur-de-Lyon au siége d'Ascalon et fut présent à la bataille terrible où Saladin arrêta, à la tête de 300,000 infidèles, l'armée des chrétiens. A cette bataille, livrée sous les remparts d'Assur, se trouva aussi l'illustre Renaud de Coucy, l'amant de la dame de Fayel [19].

« Jacques d'Avesnes, comme Renaud de Coucy, trouva la mort dans cette bataille et au milieu des circonstances les plus héroïques. Il commandait l'aile droite à la tête des Hennuyers, des Flamands, des Brabançons et des Hollandais, et ce fut lui qui commença l'attaque. Dans la mêlée, qui fut horrible, il se distingua parmi les plus intrépides, inspiré sans doute qu'il était par la présence des remparts où, dans la première croisade, un héros de sa race, Gérard d'Avesnes, avait trouvé la palme du martyre. Mais ici, laissons parler M. Michaux aîné, d'Avesnes, le judicieux auteur de la *Chronologie historique des seigneurs* de cette maison : « Déjà deux fois, » dit-il, « Jacques d'Avesnes
« avait enfoncé les escadrons ennemis quand, emporté
« par son courage et faisant une troisième charge, il
« fut attaqué par un Sarrazin de grande force qui lui
« coupa la jambe d'un violent coup de hache. Le héros,

« néanmoins, se soutint encore quelque temps, il ne
« cessa pas même de combattre jusqu'à ce que son
« bras droit fut abattu d'un coup de cimeterre. Alors,
« accablé par la multitude et couvert de blessures, il
« tomba expirant, en criant : « O Richard ! venge ma
« mort ! » Exaspéré et ne respirant que vengeance, ses
« troupes se ruèrent avec rage sur l'ennemi, qu'elles
« battirent complètement, aidées d'ailleurs par les au-
« tres corps de l'armée chrétienne, qui se signalèrent
« aussi à l'envi. La victoire fut le fruit de tant de va-
« leur, de tant d'efforts. Après le combat, on retrouva
« parmi les morts le corps du seigneur d'Avesnes,
« tout meurtri et horriblement mutilé. Le lendemain,
« il fut enseveli dans la chapelle de la Vierge, à Assur;
« tous les croisés assistèrent en gémissant à ses funé-
« railles, qui furent faites avec pompe. Jacques fut sin-
« cèrement plouré par Richard, qui composa un pané-
« gyrique pour vanter son courage et ses vertus. Tous
« les auteurs français ou étrangers qui ont écrit sur la
« troisième croisade, ont également fait l'éloge de la
« prudence et de la valeur de cet illustre guerrier,
« dont les exploits sont presque fabuleux. Dans leur
« enthousiasme, les légendaires l'ont comparé aux
« Macchabées et l'ont compté parmi les bienheureux.
« Molanus, Mirœus, Meyer et Gazet, chroniqueurs et
« hagiographes belges, l'ont rangé entre les saints de
« leur pays, indiquant sa fête au 7 septembre, jour
« anniversaire de sa mort » (1).

Jacques d'Avesnes laissa après lui une postérité
brillante. De son mariage ave Améline, il avait eu
quatre fils, Gauthier, seigneur d'Avesnes et de Guise,

---

(1) Piérart, Exc arch.

qui lui succéda, Guy d'Avesnes, qui mourut sans enfants, Bouchard d'Avesnes, duquel issirent les comtes de Hainaut, et enfin Jacques de Landrecies, qui se distingua aussi dans les croisades, fut blessé au siége de Constantinople, assiégea et prit Corinthe et mourut, à ce que l'on croit, sur la terre des Hellènes. Jacques d'Avesnes laissa aussi quatre filles, Mathilde ou Mahaut, Aélide, Adeluye et Agnès, qui toutes, contractèrent alliance avec des seigneurs des environs.

La renommée apporta bientôt en France la nouvelle de la mort du seigneur d'Avesnes, et Gauthier II, l'aîné de ses fils, prit possession des seigneuries d'Avesnes, Guise et Le Nouvion, ainsi que des domaines de Leuze, Condé et Hirson.

Quant à Améline, pour mieux honorer la mémoire d'un époux mort au champ d'honneur pour la défense de l'église, elle fit prier pour le repos de son âme dans les abbayes qu'il avait aimées de préférence. Elle fit dans le même but de nombreuses donations aux églises et notamment à celles de Laon, de Prémontré, de Bucilly, de Foigny, de Clairfontaine et de Dorengt. Elle dota aussi de rentes différents établissements charitables, tels que les léproseries ou maladreries d'Hirson, de Martigny, d'Avesnes et de Guise.

Améline conserva sur Gauthier et ses autres enfants une autorité qu'elle devait à sa haute sagesse autant qu'à leur piété filiale. Il paraît qu'elle garda l'administration des seigneuries de Guise et de Lesquielles, ses domaines particuliers, et qu'après la mort de son époux elle reprit le titre de dame de Guise, *par la clémente miséricorde de la dispensation suprême.* Dans son château de Guise, elle était entourée d'une sorte de cour composée de chevaliers et d'écuyers, qui l'assistaient dans le jugement des affaires que ses vassaux et ses hommes portaient devant elle.

Améline prolongea sa vie jusqu'au delà de l'an 1202, et termina la série de ses pieuses dotations par l'érection, à Englancourt, en 1200, d'une chapelle pour *le remède de son âme*. Peu considérable alors, ce village n'avait point de prêtre ; Améline y établit, pour le desservice de la nouvelle église, un chapelain pour l'entretien duquel elle assigna des biens qu'elle avait acquis de ses propres deniers; ce furent le sixième de la dîme d'Esquéhéries (de Escheherias), tant grosse que menue; pour le chapelain, un muid de froment sur Ambrecies (Hambercy, commune d'Haution), et une terre *labourable* à Gomont, dans le bois de Marly, qui lui avaient été vendus par l'abbaye de Saint-Vincent, de Laon. Toutes ces dispositions furent prises avec l'assentiment de Roger, évêque de Laon. L'abbé de St-Vincent, patron du lieu, conserva le *patronage* (1) de l'église et le droit de *collation* (2) à la chapelle. L'évêque régla en détail, dans des titres spéciaux, les rapports du chapelain avec le prêtre de Marly, dont Englancourt demeura *succursale*, et ce en quoi il était tenu envers ce dernier. Améline fit apposer son sceau à la charte de fondation. Ce sceau représentait une femme debout avec cette légende : *Sigillum Adeluie de Avenis* (3).

Tandis que la dame de Guise et de Lesquielles se livrait à ces œuvres pies, Philippe-Auguste, son suzerain, continuait à réduire ses vassaux à l'obéissance et

---

(1) Voir 2e partie, p. 181 : Adm. religieuse.
(2) Acte qui conférait un bénéfice ecclésiastique.
(3) Pécheur *Hist. de Guise*.

s'occupait de l'organisation civile et judiciaire de sa nouvelle province de Vermandois. Déjà l'établissement des prévôts royaux avait diminué l'omnipotence féodale; celui des baillis royaux, en 1186, lui porta une nouvelle atteinte, en la soumettant en beaucoup de circonstances, aux officiers nommés par le souverain. Les anciens baillis et prévôts des seigneurs servirent de modèle à ces prévôts et baillis royaux, auxquels on les soumettra entièrement dans la suite, et ils vont devenir comme autant de baillis inférieurs dépendants des grands baillis (1). Ce fut d'après ce système que Philippe-Auguste organisa le gouvernement de sa nouvelle province dont il forma le grand bailliage de Vermandois. Le siége en fut d'abord à Laon, qui avait toujours fait partie du domaine de la Couronne. Outre le Laonnois, il comprenait la Thiérache, les cités de Reims, de Soissons, de Châlons et de Troyes. La coutume du Vermandois régissait tout le bailliage, mais subissait, en différents lieux, des modifications qui formaient dans les bailliages inférieurs, tenus par ses lieutenants, comme autant de coutumes particulières, qui gardaient toutefois les dispositions générales de la première.

Le Nouvion fit tout d'abord partie de la circonscription de Prisches, en Hainaut, dépendant elle-même du grand bailliage de Vermandois qui s'étendit jusque dans les Flandres, puisqu'il embrassa dans l'origine, les gouvernances de Lille et de Douai, ainsi que la ville de Tournai (2); mais le Nouvion suivit tou-

---

(1) Voir 2ᵉ partie, p. 111 : Baillis et sénéchaux.
(2) J.-B. Brayer, *Statist. de l'Aisne*.

jours sa coutume locale modifiée au besoin par la loi de son chef-lieu.

Cette coutume fut renouvelée, en 1204, par sire Gauthier II, le petit-fils de Nicolas d'Avesnes. Gauthier, « alors souverain absolu dans ses terres, et ne relevant que de son épée, jura de l'exécuter *suivant la Loi et Coutume de Prisches,* tant pour lui que pour ses successeurs. Il y rappela tous ses droits, ordonna qu'il n'en pourrait être éxigé d'autres, et l'on remarque qu'il y abolit ceux de mainmorte et de lods et ventes [20]. »

La charte et coutume locale du Nouvion devint bientôt insuffisante à l'égard de beaucoup de matières sur lesquelles elle ne s'était pas expliquée, ou qu'elle avait traitées avec trop peu d'étendue, alors on avait recours à la loi du chef-lieu.

Prisches en Hainaut, placé entre Le Nouvion et Landrecies, avait paru l'endroit le plus commode pour être le chef-lieu des villes et villages d'alentour dépendant de la terre d'Avesnes. Tous les officiers municipaux dans l'étendue de ce ressort, étaient subordonnés à ceux de Prisches, alors juges civils, criminels et de police. L'appel de leurs jugements se portait devant eux, et ils étaient obligés de prendre près d'eux leurs enquêtes, c'est-à-dire, les formules d'après lesquelles ils devaient rendre leurs sentences.

La compétence de ces juges ne s'étendait pas toutefois à ce qui avait rapport aux fiefs et aux droits seigneuriaux. Elle se bornait en matière civile à connaître des différends entre particuliers, soit pour dettes, soit pour successions, partages, aliénations d'héritages de mainferme. Or, comme les coutumes locales ne renfermaient pas assez de détails sur ces objets, on dut y suppléer par une loi où l'on pût trouver toutes les dispositions dont on avait besoin pour régler le sort et assurer le repos des familles. C'est dans cette vue qu'on avait admis à Prisches la coutume du Vermandois, non pas généralement et indistinctement dans tous ses points, mais seulement comme loi échevinale, en ce qui était de la compétence des officiers de l'échevinage. Du reste on ne l'interrogeait que dans le silence des coutumes locales, et elle était modifiée encore par les chartes générales du Hainaut (1).

Le Nouvion n'avait donc, à proprement parler, de loi coutumière que sa coutume locale; celles de Laon et de Ribemont n'y ont jamais été autorisées que par un simple usage, sans le concours de la puissance royale, et n'y ont jamais guère réglé que des matières purement civiles [21].

Héritier des vastes domaines de Jacques, son père, héritier de sa gloire, Gauthier II fut aussi un seigneur puissant et respecté [22]. Il fut appelé comme témoin à une foule d'actes importants passés de son temps, et fut le premier des grands feudataires du Hainaut qui signa les grandes chartes octroyées vers la fin du XIIe siècle par Beaudouin, comte de Flandre, qui allait se mettre à la tête de la quatrième croisade. Les habitants d'Avesnes, comme ceux du Nouvion, durent aussi à Gauthier leur affranchissement et les droits de commune dont ils jouissaient en vertu d'une charte de février de l'an 1200.

Le sire d'Avesnes et de Guise, se croisa, en 1208, contre les Albigeois et se trouva six ans après à la bataille de Bouvines, ou il parut au nombre des chevaliers portant bannières. Nul doute, dit son historien,

---

(1) A Leg. de Laleu, Mémoire pour la comté du Nouvion

qu'il ne fît son devoir dans cette célèbre rencontre, où s'illustra l'un de ses voisins, Galon, seigneur de Montigny-en-Arrouaise (1). — Selon les uns, Gauthier II aurait suivi en Terre-Sainte son suzerain, le comte de Flandre, lors de la quatrième croisade, aurait assisté au siége de Constantinople par les latins, et dans le partage que firent entre eux les croisés des provinces de l'empire conquis, il aurait eu pour lot l'île d'Eubée ou Négrepont; — d'autres veulent, au contraire, qu'il ne soit passé en Palestine qu'en 1216, c'est-à-dire douze ans plus tard, et affirment qu'il y fit grand bruit par sa valeur. Il conduisait les braves du Hainaut, de Flandre et du pays de Liége, qui avaient voulu combattre de préférence sous les ordres du descendant des héros vénérés qui, dans deux croisades précédentes, avaient trouvé la mort à Assur. Arrivé sur la plage syrienne, l'armée des croisés s'étant divisée en quatre corps, par suite du manque de vivres, Gauthier fut mis à la tête de l'un d'eux, dans lequel, outre les milices belges, se trouvaient les chevaliers du Temple et de l'ordre Teutonique. Il fonda avec eux, au pied du mont Carmel, le célèbre château des pèlerins, qui devait servir plus tard de pied-à-terre aux chrétiens; puis il partit pour l'Égypte, où son ardeur, aidé du savoir-

---

(1) Homme très-peu favorisé de la fortune, puisqu'il avait engagé toute sa terre pour se procurer un cheval de bataille, mais *puissant de corps*, et très-habile au métier des armes. Le roi Philippe II, touché des grandes qualités de Montigny, avait fait choix de lui pour porter l'oriflamme; Galon répondit à cette haute confiance par une bravoure incomparable. En même temps qu'il écartait l'ennemi à grands coups d'épée, on le voyait hausser et baisser l'étendard royal, selon que le prince courait plus ou moins de danger. Philippe-Auguste le récompensa, en lui donnant une nouvelle terre pour lui aider à soutenir le rang qu'il avait conquis dans la noblesse.

DEVISME, *Man. historique*.

faire de ses Belges, contribua à prendre Damiette. A son retour en Europe, il trouva Marguerite de Blois, sa femme, devenue héritière du comté de Blois et de plusieurs autres fiefs, pour lesquels il prêta le serment de vassalité au roi de France, en 1222. Cet héritage le rendit aussi puissant dans le royaume de France qu'il l'était dans les provinces Belgiques. Les successeurs de Gauthier choisirent la ville de Blois pour le lieu de leur résidence et y embellirent le château qui est devenu depuis si célèbre dans nos fastes historiques (1).

Vers la fin de l'année 1226, Gauthier assista au sacre de saint Louis, qui eut lieu à Reims, le premier dimanche de l'Avent. Il était allié à Jacques de Bazoche, évêque de Soissons, qui donna l'onction royale, le siège de Reims étant alors vacant par la mort de l'archevêque. Jacques de Bazoche était en effet de l'illustre maison de Châtillon-sur-Marne (2) dans laquelle Marie d'Avesnes, fille de Gauthier II, venait d'entrer par son mariage avec Hugues de Châtillon, seigneur de Crécy et comte de Saint-Pol. Cette union avait eu lieu en 1225, et Marguerite de Blois, mère de Marie, étant décédée en 1230, celle-ci lui succéda, avec son mari, aux comtés de Blois et de Chartres; cependant ce ne fut qu'après la mort de Gauthier, vers 1245, que les deux époux entrèrent en jouissance des seigneuries d'Avesnes, Guise et Le Nouvion.

Hugues Ier de Châtillon et Marie d'Avesnes, son épouse, voulurent couronner leur alliance par une fondation pieuse, celle de l'abbaye de Pont-aux-Dames, au diocèse de Meaux (1226), où il appelèrent des reli-

(1) J. Lebeau, Hist. d'Avesnes — Z. J Piérart, Exc. arch.
(2) Arrond de Reims

gieuses de Cîteaux. C'est dans cette maison que plusieurs de leurs descendants auront le lieu de leur sépulture. Hugues devint comte de Saint-Pol, en 1228, par la mort de son frère aîné, tué au siége d'Avignon. Il était entré dans la faction des princes ligués contre la reine Blanche, mère de saint Louis ; mais il ne tarda pas à sentir l'injustice et la folie de cette levée de boucliers, et fut l'un des premiers à revenir sous la bannière de son suzerain, dont il sut bientôt gagner les bonnes grâces. Les voyages et les expéditions où il accompagna le roi, l'hommage qu'il lui fit en diverses rencontres des terres qu'il tenait de la couronne montrent assez que ce retour avait été sincère.

Hugues jouissait d'une grande réputation de probité parmi ses vassaux, qui le choisirent souvent comme *plége* ou caution dans leurs contrats. Mais tandis qu'il méritait ainsi l'estime publique et figurait par son rang et sa puissance dans les affaires de son temps, sa vie privée était empoisonnée par la maladie de Marie d'Avesnes, sa femme. Sentant approcher sa dernière heure, la comtesse fit ses dispositions testamentaires dont elle confia l'exécution à la loyauté de son mari, lui laissant tout pouvoir sur ses biens. Elle mourut dans le courant de l'année 1241, et fut inhumée dans l'abbaye de Pont-aux-Dames, où l'on voyait jadis sa tombe en pierre décorée d'une statue, sans épitaphe (1).

Cependant le roi Louis IX tenait à accomplir le vœu qu'il avait fait de prendre la croix. La plupart des grands seigneurs imitèrent le souverain et s'engagèrent dans cette nouvelle *croisière*. De ce nombre fut le *bon Huc*,

---

(1) Duchesne, *Histoire de la maison de Châtillon*

comte de Saint-Pol, et Gauthier d'Avesnes son beau-père. Avant son départ, Hugues fit entre ses enfants le partage des comtés, terres et seigneuries qu'il possédait, et confirma la donation de tous les biens qu'il avait faite à l'abbaye de Pont-aux-Dames; après quoi il se disposa au voyage d'outre-mer, en si grand appareil qu'il « n'en parut de plus noble en toute l'armée françoise, n'y de plus puissant en armes que luy; car il assembla cinquante chevaliers portant bannières (1) tous braves gens au mestier de la guerre, desquels il étoit le chef, et prépara dans le royaume d'Écosse un navire admirable pour passer hardiment, avec les Boulonnois, les Flamands et ceux qu'on nomme vulgairement d'Avalterre (2). »

Les préparatifs de cette croisade durèrent plusieurs années, et Louis IX ne partit qu'au mois de juin 1248. Hugues de Châtillon tomba malade avant l'embarquement et mourut le 9 avril, emportant l'estime générale avec le titre de *bon et vaillant*, que lui donnèrent plusieurs historiens. Sa dépouille mortelle fut déposée à côté de celle de Marie d'Avesnes, à Pont-aux-Dames. Quant à Gauthier, son beau-père, il arriva avec le roi devant Damiette, où il mourut en 1249, avant la catastrophe de la Massoure, qui coûta la vie au sire de Coucy et à tant d'autres chevaliers de distinction. Quelques auteurs prétendent que le sire d'Avesnes et de Guise revint mourir dans sa patrie.

Hugues de Châtillon eut de Marie d'Avesnes une *belle lignage*. L'aîné de leurs fils, Jean de Châtillon, eut

---

(1) Chaque banneret avait sous lui 25 hommes d'armes complètement équipés, et chaque homme d'armes se faisait suivre de 2 archers bien montés et de 3 chevaux, l'un pour lui, le second pour le page et le troisième pour le varlet.

(2) Matthieu Paris

par le testament de son père toutes les terres que lui avait apportées en mariage la dame d'Avesnes et de Guise : « Jehanz mes einnez fils aura toute la terre qui muet de par sa mere, et quelconque il puez escheoir à lui ou à ses frères de par leur mère, » c'est-à-dire Avesnes, Guise, Le Nouvion, Landrecies, Bohain, Leuze, avec les comtés de Blois et de chartres (1).

Cette maison de Châtillon, qui succéda à celle d'Avesnes dans la possession des villes et châtellenies de Guise et du Nouvion, était l'une des plus anciennes et des plus florissantes du royaume. Elle étendait en effet ses diverses branches sur une foule de fiefs et de seigneuries; de plus elle comptait dans ses alliances des rois de France et d'Angleterre, ceux de Jérusalem et de Chypre, les empereurs, les comtes de Flandre et d'Artois, les ducs de Bretagne et de Bourgogne. Celle qu'elle contracta avec la maison d'Avesnes et de Guise ajouta encore à son illustration.

L'année même de la mort de Gauthier II d'Avesnes, Jean de Châtillon fit acte de souveraineté dans ses nouveaux domaines en donnant « à son amy, Thomas de Coucy, chevalier, signor de Vrevin, et à ses hoirs, quatre vingt livres de terres à tournois, à penre, chascun an permanablement, à Monstervel (Montreuil), au jour de Notre-Dame de septembre. » A la suite de longs démêlés avec la célèbre abbaye de Marmoutiers (2), dont il était l'avoué, Jean de Châtillon se montra vindicatif et cruel envers les religieux de cette maison dont il retint l'abbé prisonnier pendant sept ans au château de Guise. Il poussa même la barbarie jusqu'à faire

(1) *Histoire de France. — Histoire de la mais. de Châtillon*
(2) Indre-et-Loire, aujourd'hui com. de Sainte-Radegonde

précipiter par ses hommes deux des moines du haut de la montagne escarpée où est situé le château. Jugé et condamné par le pape Innocent IV pour ses méfaits, il n'en continua pas moins à déchaîner sa rage contre les religieux, et il fallut l'intervention toute-puissante de saint Louis pour tout accommoder.

Jean épousa en 1254 une noble et riche héritière, Alix de Bretagne, descendante par sa mère, de Thibaut IV, comte de Champagne, roi de Navarre et parent de Louis IX. Alix apporta en dot à son mari les terres de Braye-en-Brie et de Pontarcy. Malade et revenu à de meilleurs sentiments, le sire de Châtillon exerça sa bienfaisance envers les maisons religieuses de son domaine, entre autres celles de Saint-Michel, de Boheries près Guise, de Foigny, de Bucilly et de Clairfontaine. Les etablissements charitables de la contrée eurent aussi une large part à ses libéralités, qui nous font connaître l'existence des maisons-Dieu et maladreries d'Avesnes, Landrecies, Prisches, Le Nouvion. Etreaupont, Hirson, etc., qui toutes furent dotées.

Enfin, Jean de Châtillon, légua aux *povres pucèles, gentils-fames de bourgoisage et de vilenage de ses terres de l'yrèche et Hénaut et de Brabant*, 600 livres pour les marier ou les faire entrer en religion ; aux prêtres de ces mêmes terres, *cent livres en deniers* pour célébrer des messes en son honneur, selon l'usage du pays. — Cependant le *cuens de Blois*, sire de Châtillon, revint des portes du tombeau ; car les dispositions qui précèdent, prises en 1268, furent suivies de plusieurs autres datées de 1270, et par lesquelles ne pouvant accompagner Louis IX à la seconde croisade, il veut néanmoins contribuer aux frais de la guerre sainte et gagner les indulgences y attachees, « en y aumosnant mil cinq cents livres tournois. »

Jean de Châtillon avait fondé à Blois, en 1277, un couvent de Jacobins et peu après l'abbaye de La Garde, près de la Guiche (1), « en l'honneur de Dieu et de Notre-Dame, du consentement de sa chière fame Aaliz. » Enfin, se sentant près de mourir, il concède aux habitants de Guise, en 1279, une charte où il énumère longuement et confirme les priviléges et franchises dont il entend les doter, sans toutefois leur acaccorder le droit de commune. Jean fut inhumé a l'abbaye de la Guiche, le 26 juin 1279. Sa femme fit en personne le voyage de la Terre-Sainte et mourut neuf ans après son seigneur et maître, à l'âge de quarante-cinq ans, laissant pour héritière de ses vastes domaines Jeanne de Châtillon, l'unique enfant qu'elle eût eu de Jean. Le corps de la comtesse fut également déposé à la Guiche.

Les seigneurs de Châtillon ne résidaient que rarement dans leurs manoirs de Guise et d'Avesnes, qui ne formaient qu'une faible partie de leur immense domaine. Ils habitaient le plus souvent leurs comtés de Chartres et d'Alençon, qui les rapprochaient de la cour féodale dont ils étaient les premiers feudataires. Des châtelains ou gouverneurs, des baillis et des prévôts, administraient leurs terres, y rendaient la justice en leur nom et défendaient leurs domaines au besoin.

Le mariage que Jeanne de Châtillon, dame d'Avesnes et de Guise, contracta bientôt avec le fils de Louis IX, Pierre de France, n'était pas fait pour changer cet état de choses. Fiancée au prince dès l'âge de neuf ans,

---

(1) Dans Saône-et-Loire

elle lui apporta par traité de mariage, passé en 1263, le comté de Chartres, Braye et Pontarcy, au comté de Braisne, qu'elle tenait de ses auteurs. De son côté, Pierre reçut du roi son père, en 1268, le comté du Perche et celui d'Avesnes. Ce fut donc un prince du sang royal qu'Alençon, Guise et le Nouvion eurent alors pour seigneur. Pierre de France mourut en 1283, après onze ans de mariage, et dans un voyage qu'il avait entrepris avec d'autres seigneurs dans le but de secourir le roi de Sicile. Restée veuve et sans enfants à la fleur de l'âge, Jeanne passa le reste de ses jours dans la piété.

Cependant, Philippe III, qui succéda à son père, saint Louis, mourut à son tour, en 1285, et fut remplacé au trône par Philippe-le-Bel, son fils. Ce prince était neveu, par son père, de Jeanne de Châtillon qui lui vendit sa ville et comté de Chartres; en 1289, elle cédait également à l'un de ces cousins, — qui devint Hugues II de Châtillon, et qu'elle fit son héritier, — tous ses domaines du Nord, y compris la seigneurie d'Avesnes et du Nouvion, moyennant 9,000 livres tournois de rente.

Jeanne mourut en 1291, après avoir, dans un testament qui témoigne de son ardente charité, doté les établissements religieux et de bienfaisance de ses terres. En outre de différentes valeurs léguées aux abbayes de Saint-Michel, de Bucilly, de Bohéries et de Foigny, « pour pitance »; à la communauté des Béguines d'Avesnes, à l'*ostel-Dieu* de Landrecies et « as povres ménasgiers de la terre d'Avesnes, et alentours; » elle donne « as Béguines, de Nouvion XV livres pour acheter rente. Item, à tous les chapellins de touz mes châteaux et de toutes mes mesons de la de la terre d'Avesnes et de Guise, pour faire chanter messes pour l'âme de moi, XXX livres... Item as povres pucèles de ladite terre por marier ou mettre en religion, V cens livres. Item, as povres gentils fames de ladite terre, IIII cens livres. Item as povres ménasgers, povres pucèles à marier ou mettre en religion, et as povres gentils fames des fiez rorefiés (fiefs et arrière-fiefs), de ladite terre d'Avesnes et leurs voisins, là ou mes exécuteurs verront qu'il sera mieux emploié, IIII cens livres. »

Jeanne donna également une somme de 1,000 livres pour la célébration de ses obsèques dans toute sa terre de Guise et lieux voisins, et pour être distribuée aux pauvres ce jour-là. Après avoir ordonné « que ses tombes soient d'au moins coust que l'on porra par reson, » la comtesse désire « *que toutes ses robes, linges et langes de son corps et de lit* » soient donnés « pour Dieu aux povres gentils fames de ses terres, ainsi que queuvrechies (couvre-chefs), quimples (guimpes) et toutes tèles menues choses » elle veut aussi que « touz dras entiers et fourures neuves qu'elle aura au jour de sa mort soient donnés pour Dieu à povres prêtes, à povres chevaliers, povres dames et povres damoiselles, en ses terres, ou vendus et donné l'argent pour Dieu, selon que ses exécuteurs verront qu'il sera plus profitables. »

L'année de sa mort, qui arriva le 29 janvier 1291, et qui fut « dévote et précieuse devant Dieu et continuellement recommandable en la *mémoire* d'aulcun, » elle destina plus de 15,000 livres tournois à l'envoi de chevaliers au secours de la terre sainte. Elle fut inhumée, selon les uns, à l'abbaye de La Guiche, et, selon les autres, à Bucilly, dans le sanctuaire de l'église de cette abbaye, où l'on voyait son tombeau (1).

La branche aînée des descendants de Hugues Ier de Châtillon et de Marie d'Avesnes s'éteignit donc dans la personne de Jeanne, et les terres qu'elle possédait dans le Nord et la Thiérache furent dévolues aux descendants de la branche cadette, représentée par Guy Ier de Châtillon, comte de Saint-Pol, second fils de Hugues, frère de Jean Ier de Châtillon. Hugues II « hérita des comtés de Blois et de Dunois, des seigneuries d'Avesnes et de Guise, et des terres du Nouvion, de Landrecies, de Trélon et des armes pleines de la maison de Châtillon, tant par droit de naissance que par la volonté de Jeanne, sa cousine. » Cependant, ce ne fut pas sans contestations avec ses frères, à cause de divers dons qu'ils prétendaient leur avoir été faits par la comtesse, leur commune parente. Elles ne cessèrent qu'en 1294, par suite de la médiation du roi Philippe-le-Bel.

Hugues avait épousé, en 1287, Béatrix de Flandre, qui descendait de Bouchard d'Avesnes et de Marguerite de Flandre. Celle-ci fit à sa requête plein et entier abandon à Guy, comte de Saint-Pol et à ses hoirs, de tout droit de douaire qu'elle pouvait prétendre sur le comté de Saint-Pol et sur les biens de Jeanne de Châtillon, et moyennant l'assignation de 5,000 livrées de terre, de 1,500 livres sur les châteaux de Bohain, d'Oisy, du Nouvion et d'Englancourt, consentie par Hugues, son mari, ses frères et le roi Philippe-le-Bel.

Hugues II de Châtillon dut suivre le roi de France

---

(1) Duch. *Hist. de Châtillon*. — Testament de Jeanne de Châtillon. — *Hist. de Guise.*

dans la guerre que ce prince fit, en 1297, à Guy, comte de Flandre, pour le punir de son alliance avec l'Angleterre; l'année suivante, il signa l'ordonnance qui établissait la reine Jeanne, femme de Philippe-le-Bel, régente du royaume, au cas qu'il mourût avant que l'héritier présomptif de la couronne fût parvenu à l'âge de la majorité. La guerre de flandre reprit en 1299, après une trêve de deux ans; mais Hugues, étant tombé malade, ne put faire partie de cette nouvelle campagne. Prenant alors ses dernières dispositions, il recommande à ses exécuteurs testamentaires, parmi lesquels se trouvait le chevalier Jean du Nouvion, son confesseur, de payer ses dettes, de restituer ce qu'avaient pu usurper ses officiers et de réparer les torts « faits en sa vie par lui ou par ses baillifs et châtelains, prévosts ou autres sergents. » A l'exemple de ses prédécesseurs, il dota les hôpitaux et couvents, les prêtres de ses terres. Fanu (Fesmy) et Foiny (Foigny) entre autres, reçurent X livres de rente. Il légua « as povres ménasgers de la ville et villages de la terre de Guise deux cents livres; » et de plus « LX livres furent départies as povres ménasgers d'environ Englaincourt; et XL livres à ceus d'entor les haies du Nouvion. » Enfin, « ayant pour la dévotion qu'il avoit à la Saincte-Terre où Notre-Seigneur mourut, » voué le voyage d'outre-mer, il laissa à ses enfants, ou à leur défaut à ses freres, ou à défaut des uns ou des autres, à ses exécuteurs testementaires, 5,000 livres tournois, pour y envoyer un certain nombre de chevaliers (1).

Un an auparavant, Hugues avait fait acte de souveraineté sur la terre du Nouvion, en confirmant dans

---

(1) Duchesne, *Hist. de Châtillon*

un arrangement du quatrième jour de juillet 1298, entre lui et les religieux du monastère de Fesmy, « les droits d'oblations et autres articles » que ceux-ci possédaient « sur le capelle du castiau du Nouvion » qu'ils disaient « être de leur ressort, » et à propos « duquel capelle » le seigneur écrivait : « nous ne voulons réclamer d'autre droit que celui de collation et de réclamation, et respectons tous les autres droits que l'on sait appartenir audit monastère et à l'église paroissiale du Nouvion. »

Hugues de Châtillon ne mourut que vers 1303; ses restes mortels furent déposés à l'abbaye de La Guiche. Ce prince aima fort les gens de lettres. On rapporte qu'il ordonna la composition en langue vulgaire de plusieurs romans dont les titres indiquent assez ce que devait être ce genre de composition, « un tissu d'aventures guerrières et amoureuses de princes et de chevaliers, » parcourant le monde pour les beaux yeux de leurs dames. L'historien Duchesne avait trouvé, dans la bibliothèque du président de Thou, deux de ces romans écrits sur parchemin. L'un avait pour titre : *Ichi commence l'histoire de Kanor et de ses frères lequeil furent fil au noble Cassiodorus, empéréor de Constantinoble et de Rome, lequeil furent engenré, en l'empéreis Fastige, ki fille fu à l'empéréor Phiseus.* L'auteur ajoutait qu'il avait composé ce livre à la prière de noble prince Huon de Chasteillons, comte de Saint-Pol. L'autre roman avait été écrit par Butorius, en 1294, et s'intitulait : *Roman de Constant.* Il était également dédié « à Huon de Chastillon, jadis comte de Saint-Pol, et tant com aore (étant encore) comte de Blois, seigneur d'Avesnes et de la Grande Tiéraisse (1). »

---

(1) *Hist de Châtillon*, extrait de l'abbé Pécheur, *Hist. de Guise*

Hugues II eut pour successeur Guy de Châtillon son fils, qui épousa, en 1310, Marguerite de Valois, fille de Charles de France, frère de Philippe-le-Bel, et par conséquent, sœur de Philippe-de-Valois, depuis roi de France. Il fut créé chevalier par le roi Philippe à l'occasion de son mariage, en présence d'Édouard, roi d'Angleterre, et d'Isabelle de France, sa femme.

Un an après ce mariage, le pape Clément V, présidant le Concile de Vienne, supprimait l'ordre des Templiers [23] et condamnait les Bégards et les Béguines [24], dont des communautés existaient à Guise et au Nouvion. Les Béguines, suivant en cela les erreurs des Bégards ou Béguins, sorte de laïques enthousiastes et rêveurs, s'étaient mises de leur côté à dogmatiser. Rien ne prouve, il est vrai, que les Béguines de France aient donné dans les pernicieuses erreurs alors répandues en Allemagne et en Belgique; mais la sentence du Concile, tout en les exceptant, ne laissa pas que de porter atteinte à leur existence dans toutes les villes où elles étaient établies. On ne retrouve plus au Nouvion aucune trace de cette communauté que les seigneurs de la maison de Châtillon avaient nommée dans leurs testaments, en raison sans doute des services qu'elle rendait dans les maisons-Dieu et maladreries qu'elle desservait sous le nom de sœurs.

Il est à croire que ce furent les gens dont Jacques d'Avesnes et Gauthier II, son fils, s'étaient fait accompagner en Palestine qui apportèrent autrefois la lèpre dans nos contrées. Cette maladie y fit assez de progrès pour qu'on établit en différents endroits plusieurs léproseries et maladreries. Nous avons vu que celle du Nouvion fut du nombre de ceux de ces établissements dotés par Jean de Châtillon. On admit d'abord les lépreux dans les hôpitaux ordinaires, mais, à cause de la contagion, on les plaça ensuite dans des maisons qu'on bâtit à l'écart au milieu des champs, à portée d'une source ou d'un cours d'eau, et qu'on appela *léproseries, ladreries* ou *maladreries*. Les premières servaient de retraite aux voyageurs, passants pauvres et pèlerins qui visitaient les lieux de dévotion dans l'intérieur du royaume. Sur les premiers indices de la lèpre, on les transférait dans les maladreries hors des villes.

On abandonnait au lépreux, pour y établir son jardinet, un petit terrain sur lequel on lui bâtissait, à la hâte, une misérable hutte en bois et en torchis. Cette cabane devait être construite aux frais de la communauté et être assise à vingt pieds en arrière du chemin. Le lépreux devait être muni de crécelle ou de cliquettes pour avertir les passants de son approche Dès qu'un nouveau cas de lèpre avait été juridiquement constaté, le lépreux était relégué à la maladrerie avec des cérémonies qui avaient quelque analogie avec celles de l'enterrement. Un prêtre allait chercher le lépreux dans le lieu qu'il habitait et le conduisait à l'église étendu sur une civière et couvert d'un drap mortuaire. Il chantait le *Libera*, en faisant la levée du corps. A l'église, on chantait la messe indiquée par le rituel pour ces cérémonies. Après la messe, on portait le lépreux, toujours couvert d'un drap noir, à la porte de l'église; le prêtre l'aspergeait d'eau bénite, et on le conduisait processionnellement hors de la ville ou du village, en continuant de chanter le *Libera*. Lorsque le cortége était arrivé à l'hôpital, situé hors de la ville, le prêtre adressait les défenses suivantes au lépreux qui se tenait debout devant lui : « Je te défends d'entrer dans les églises, aux marchés, aux moulins, fours et autres lieux, dans lesquels il y a affluence de peuple. Je te défends de laver tes mains et les choses nécessaires pour ton usage dans les fontaines et ruisseaux, et si tu veux boire, tu dois puiser l'eau avec un vase convenable. Je te défends d'aller en autre habit que celui dont usent les lépreux. Je te défends de toucher aucune chose que tu veux acheter avec autre chose qu'avec une baguette propre pour indiquer que tu les veux acheter. Je te défends d'entrer dans les tavernes et maisons hors dans celle en laquelle est ton habitation, et, si tu veux avoir vin ou viandes, qu'ils te soient apportés dans la rue. Je te commande, si aucuns ont propos avec toi, ou toi avec eux, de te mettre au-dessous du vent, et ne faut que tu passes par chemin étroit pour les inconvénients qui en pourraient advenir. Je te commande que, le cas advenant où tu sois contraint de passer par un passage étroit où tu serais contraint de t'aider de tes mains, ce ne soit pas sans avoir des gants. Je te défends de toucher aucunement enfants quels qu'ils soient, et de leur donner de ce que tu auras touché. Je te défends de manger et boire en autre compagnie que de lépreux, et sache que quand tu mourras et sera séparation de ton âme et de ton corps, tu seras enseveli en ta maison, à moins de grâce qui te serait accordée par le prélat ou ses vicaires. »

A la mort du lépreux sa hutte et son mobilier étaient brûlés à la diligence du seigneur haut-justicier. Lorsque vers le xvie siècle la maladie de la lèpre fut devenue plus rare, les biens affectés aux *léproseries* ou *maladreries* furent usurpés par quelques puissants seigneurs. François Ier et Henri IV s'efforcèrent par leurs édits de mettre un terme a ces abus. Le second ordonna par un édit de juin 1606, « qu'il serait procédé par son grand-aumônier, ses vicaires et commissaires, à la réformation générale de ces abus, à la révision des comptes des administrateurs ou fermiers des maladreries. » Il affecta l'argent que produisit cette réforme à l'entretien des gentilshommes pauvres et des soldats estropiés. Une ordonnance du 24 octobre 1612 fut rendue par Louis XIII dans le même but. Elle prouve que celle de son père n'avait pas été observée. La plupart de ceux qui se faisaient admettre à cette époque dans les *léproseries* étaient des vagabonds dont la maladie était très-souvent factice. Louis XIII chargea deux médecins et un chirurgien de visiter les lépreux de toutes les provinces, et il fut décidé qu'on ne serait admis dans les léproseries que sur le certificat de ces commissaires. A partir de cette époque, et par suite des sages mesures qui furent adoptées, la lèpre disparut presque entièrement du pays. Les riches dotations des *léproseries* furent d'abord affectées à l'ordre de Saint-Lazare ou Saint-Ladre, et par la suite, elles revinrent aux hôpitaux ordinaires (1).

Les rapports assidus que les seigneurs de Châtillon entretenaient avec leurs domaines de Guise et d'Avesnes prouvent assez l'importance que conservaient à leurs yeux ces seigneuries. La multiplicité des justices particulières y engendra souvent des empiétements réciproques, des conflits de juridiction entre barons voisins. Guy de Châtillon, ou plutôt les officiers de sa

---

(1) *Hist. du Valois.* — Chéruel, *Dict. des Inst.*, etc — H. Martin, *Hist. de Soissons*

justice de Guise eurent un de ces démêlés avec l'abbaye de Prémontré. Ces derniers avaient entrepris sur la justice de Dorengt, en y *juticiant* sur la maison des religieux (1), par la prise de deux hommes qui y étaient détenus *pour cas criminels*. Les religieux s'*étant dolus et complaints* de cet acte de violence, en appelèrent au grand bailli de Vermandois, alléguant qu'ils étaient en *longue et souffisante saisine* de faire exploit de justice, d'avoir la prise, la détention, la connaissance et le jugement des personnes et des biens en *cas criminel* et requirent que messire le comte et ses gens fussent contraints de leur remettre les prisonniers et que son procureur fut *amendé*. Le bailli, comme représentant de la puissance souveraine, après avoir entendu, en ses assises, les dires des deux parties, rendit (1321), contre le comte de Blois, un jugement qui confirmait les abbé et couvent de Prémontré dans leurs droits de justice sur leur terre de Dorengt et d'Iron.

En 1325, Guy confirma la charte des franchises assurées à la ville de Guise par Jean de Châtillon, et ordonna le retour à leurs possesseurs légitimes de certaines donations faites de longtemps sur le comté, et qui etaient restées entre ses mains par suite de la négligence de ses gens.

L'année 1326 vit finir une de ces guerres d'extermination si fréquentes au moyen-âge entre les seigneurs rivaux, et dont le comté de Guise et d'Avesnes fut l'une des premières victimes. Un nommé Jacques ou Jacquemin de Rochefort (Saint-Michel), s'étant emparé violemment des terres et des droits de l'abbaye de

---

(1) Le prieuré dont il existe encore des bâtiments.

Bucilly, au village de la Haie, l'abbé du monastère, Jean III, somma le seigneur, son avoué, de mettre l'usurpateur à la raison. Guy attaqua l'injuste *détempteur*, qui fut tué dans la mêlée. Irrités de la mort de leur frère, Nicaise, Tassard et Guillaume de Rochefort appellent aux armes leurs parents et leurs amis, et ayant mis leurs troupes en ligne, ils attaquent le comte de Blois avec vigueur, portant le ravage et la mort sur ses terres ; abiment les seigneuries d'Avesnes et de Guise, et échappent au comte qui les poursuit à outrance. Craignant un combat en rase campagne, ils divisent leurs gens en divers corps, tombent partout à l'improviste, dépeuplent et incendient les villages et s'en retournent chargés de butin. Guy se vit obligé d'offrir la paix et de traiter avec un ennemi qu'il ne pouvait atteindre, et qui formait plutôt une armée de pillards qu'une troupe réglée. On lui imposa un accommodement par suite duquel il dut payer une somme de 1,000 livres tournois pour racheter le meurtre dudit Jacquemin. Guillaume, comte de Hainaut, fut pris pour arbitre du différend concernant l'abbaye, dont les droits furent reconnus et mis à l'abri de nouveaux outrages (1).

Tandis que les « povres ménasgiers d'entor les haies d'Avesnes et du Nouvion » tiraient péniblement de leur sol compacte les maigres produits qu'ils partageaient encore inégalement avec leur seigneur ; pendant que ceux « de la ville et villages de la terre de Guise » jouissaient tristement des rares franchises qu'ils s'étaient données comme à l'insu du maître, la bourgeoisie des grandes villes ambitionnait la liberté

---

(1) Cart. de Prémontré — Pécheur et Melleville

municipale, et allait tenter publiquement un effort que n'osaient et ne pouvaient se permettre le simple artisan, ni le cultivateur. Mais avant de rapporter ces luttes d'où devait sortir lentement l'unité de la nation française, remontons le cours des deux derniers siècles et voyons qu'elles étaient, au début de la période, les conditions morales et physiques de la société féodale.

Le moyen-âge, a-t-on dit, n'a été autre chose que le creuset où les éléments de notre civilisation se sont fondus et alliés. Il ne faut donc ni l'exalter plus que de raison, ni le déprécier outre mesure. Au début de cette période laborieuse, il semble que l'humanité va succomber sous le poids de malheurs et de misères irrémédiables : en soixante-treize ans, on compte quarante-huit famines; la peste, puis le *mal des ardents*, ensuite la lèpre, rapportée de l'impur Orient, désolent les populations affamées, qui mangent l'herbe, l'écorce des arbres, les morts et même les vivants. Partout, le règne de l'abus de la force : la royauté des premiers Capétiens reste comme un droit sans exercice; partout des guerres privées, des brigandages. On se fait la guerre de donjon à donjon, de rue à rue : une potence se dresse à la porte des châteaux; le roi lui-même ne peut voyager en sûreté sur ses domaines. Les loups pénètrent jusque dans les habitations. Saisis d'une universelle épouvante aux approches de *l'an mil*, les hommes croient à la fin du monde. Les âmes d'élite, les grands caractères se réfugient dans les monastères; les oppresseurs, gagnés par le repentir, affranchissent leurs esclaves. Mais une fertilité extraordinaire vient en l'an mil, annoncer au peuple la clémence de Dieu, et les peuples reconnaissants se retrempent par le travail et se regénèrent par une piété ardente. Alors sortent de terre les immenses cathédrales qui s'élancent vers le ciel. Un idéal de perfection naît de la *chevalerie;* les *croisades* sauvent l'Europe de l'invasion des *Turcs,* et affaiblissent la féodalité; le pouvoir royal suit une marche ascendante; les institutions en germe dans les flancs de cette société si tumultueuse se développent : les *communes* placent leurs franchises sous la tutelle de la royauté qui finit par comprendre son rôle de pouvoir public. Louis-le-Gros en fait une justice de paix armée. Philippe-Auguste conquiert un royaume sur la puissante maison de *Plantagenet* et la victoire de *Bouvines* est une ovation nationale. Saint-Louis donne des lois à la France, qui ne se partage plus en deux nationalités, en deux races, en deux langues, le Nord et le Midi. Mais en même temps que l'unité monarchique se constitue, et que le vassal devient sujet, le peuple français, représenté par le *tiers état* ou par la bourgeoisie, intervient dans les affaires politiques.

Pendant plus de deux cents ans, les serfs et les vilains, comme les appelaient leurs maîtres, avaient souffert sans trouver de défenseurs, pillés, maltraités, accablés de corvées, écrasés d'impôts. Maintenant c'était leur tour de démolir les donjons, d'incendier les châteaux, de voir s'humilier aux pieds du roi, leur protecteur, tous ces fiers barons si rudement menés par Louis-le-Batailleur, un jour le sire de Montmorency, le lendemain, le comte du Puiset ou les châtelains de Coucy et de Montlhéry. C'est que la royauté n'était plus comme naguère un titre impuissant, mais qu'elle constituait alors le recours suprême du faible contre le fort, de l'opprimé contre l'oppresseur. Il est vrai qu'elle trouva deux puissants auxiliaires : l'Église et les Communes. L'Église, amie de l'ordre et de la paix, avait tout intérêt à s'appuyer sur l'autorité royale; elle formait, d'ailleurs, au moyen-âge, la seule société démocratique et survécut par cela même à la chevalerie. Quant aux communes, c'étaient des associations formées par les habitants des villes pour la défense ou la conquête de ces libertés municipales qui, dans le Midi, avaient survecu à la ruine de l'ancienne société, mais qui, dans le Nord, avaient péri au milieu de l'anarchie du ixe siècle : droit de nommer leurs officiers municipaux, d'entretenir une milice, de rendre justice, de ne payer que certaines taxes déterminées, en un mot d'exercer dans l'intérieur de leurs murs une sorte de souveraineté analogue à celle des possesseurs de fiefs dans l'intérieur de leurs domaines.

Le xiie siècle avait vu renaître, avec le commerce et l'industrie, ce besoin de liberté. Les marchands et les artisans, habitués au danger, comme tout le monde l'était à cette époque, et qui souvent maniaient l'épée aussi bien que le marteau et la navette, finirent par se lasser des violences et des exigences capricieuses de leurs seigneurs, et surtout de ces impôts arbitraires qui menaçaient à chaque instant l'avenir de leur famille et leurs modestes épargnes. Dans les villes, chaque corps de métier formait alors une association qui avait ses chefs, ses règlements, ses lieux de réunion et même son trésor particulier. Cette organisation donnait aux opprimés le moyen de se réunir et de s'entendre. D'ordinaire, les négociations précédaient la révolte; les chefs de corporations se presentaient devant le seigneur, lui exposaient les griefs de leurs concitoyens, et lui offraient, en échange, des concessions qu'ils réclamaient de lui, une somme d'argent plus ou moins considérable. Parfois le seigneur faisait droit à leurs plaintes, et leur accordait ou leur vendait une charte qui supprimait les impôts les plus onéreux et concédait à la ville certaines libertés, telle que le droit de choisir ses magistrats, qui portaient le nom de *maires, échevins, jurés*. Mais souvent aussi, le seigneur refusait toute concession ; alors l'insurrection se préparait en silence ; le mot d'ordre circulait dans toutes les corporations ; au jour fixé, on s'assemblait sur la place du marché ; on jurait de défendre jusqu'à la mort la liberté et les intérêts communs ; on courait aux clochers ; le tocsin appelait les citoyens aux armes, et la guerre commençait, guerre sanglante, implacable, signalée par le massacre, le pillage et l'incendie, et qui souvent ne se terminait qu'au bout de longues années par la ruine ou par le triomphe de la commune, qui devenait alors une véritable république indépendante et s'administrant par ses propres lois. Mais victorieux ou vaincus, que de sang et de larmes coûtaient à nos pères ces droits dont nous jouissons aujourd'hui paisiblement, et que nous apprécierons à leur juste valeur, si nous détournons les yeux de notre société tranquille et régulière pour les reporter sur ces temps d'oppression et de violence où l'on était obligé de les payer si cher (1) !

Les premières communes organisées dans le Nord de la France furent celles de Cambrai, Saint-Quentin, Laon, etc., et leur exemple ne tarda pas à être suivi

---

(1) C. Combarieu, *Hist. de France* — Pigeonneau, *Récits sur l'histoire de France*

dans la plupart des provinces situées au nord de la Loire.

Dans les campagnes, au contraire, l'isolement rendait le progrès difficile et lent. La séparation des provinces avaient d'étranges résultats. « Chacun pour soi, » disait-on, et il fallait que la Guienne, pays de vignobles, fît du blé pour avoir du pain; la Normandie, pays de grands herbages, s'obligeait à planter des vignes. Les campagnes, passant de l'abondance à la disette, subissaient des famines périodiques.

Les seigneurs ne voyaient rien au-delà de leur domaine; ce domaine était même trop vaste pour leurs moyens; ils avaient de grandes exploitations agricoles, et ils ne savaient pas la grande culture. Au dehors, ils entouraient ce domaine de barrières et de péages qui arrêtaient la circulation; d'ailleurs, les routes étaient infestées de brigands. Les classes agricoles étaient donc en retard sur les autres. Mais, nous l'avons vu, elles commençaient à s'affranchir, et quelques seigneurs avaient vendu aux paysans un peu de liberté et un peu de terre; cela se fit sans bruit, et en secret, car le droit féodal s'y opposait. Néanmoins les rachats furent sanctionnés, et il arriva enfin que les rois les consacrèrent. Alors s'accomplit un progrès immédiat; on défricha partout; les rois renouvelèrent et étendirent la Trève de Dieu, la Quarantaine le roi empêcha les guerres privées pendant quarante jours; Saint-Louis déclarait à son conseil qu'il empêcherait quiconque de *troubler la charrue;* le clergé, à son tour, avait repris le travail de défrichement des anciens bénédictins, et défendait souvent le laboureur, le « vilain, » contre le seigneur. « Sache bien, » écrivait un abbé, « que selon la loi de Dieu, tu n'as pas plein pouvoir sur ton vilain. Si tu prends du sien plus que les redevances qu'il te doit, tu le prends contre Dieu, au péril de ton âme, et tu le voles. »

Ainsi, on demandait pour les laboureurs, qui étaient à moitié des hommes libres et qui devenaient peu à peu propriétaires du sol, on demandait pour eux la liberté même. Elle devait venir au XIVᵉ siècle.

VII

La Thiérache pendant la guerre de cent ans et les guerres d'Italie.

(1337-1515.)

Louis Ier de Châtillon. — Commencement de la guerre de cent ans. — Siége de Cambrai. — La Thiérache envahie par l'armée anglaise. — Édouard III et Philippe-de-Valois à Buironfosse. — Chevaliers du lièvre — Le Nouvion, Leschelle, Buironfosse et La Flamengrie pris et pillés. — Représailles des Français en Hainaut — Louis Ier de Châtillon tué à Crécy — Louis II de Châtillon — La peste noire. — Les Navarrais et les Routiers désolent la Thiérache. — La Jacquerie. — Nouvelle invasion anglaise. — Édouard III à l'abbaye de Fesmy. — Charles de Blois, sire de Guise; — Sa fille Marie de Bretagne épouse Louis de France, fils de Jean-le-Bon. — Guy II de Châtillon, seigneur d'Avesnes et du Nouvion; — Il meurt sans postérité; — Ses domaines passent à Jean de Bretagne, dit de Penthièvre. — Les Bourguignons et les Armagnacs sous Charles VI. — Le Vermandois et la Thiérache, théâtre de leurs luttes acharnées. — Réné d'Anjou, comte de Guise et du Nouvion. — Jean de Luxembourg. — Siége de Guise. — Prise des forts de La Neuville-lès-Dorengt, de Buironfosse; etc. — La Thiérache désolée par les écorcheurs. — Jeanne-d'Arc; — Elle tombe aux mains de Luxembourg. — Mort de ce dernier. — Louis de Luxembourg. — Louis XI. — Le Nouvion incendié par les Autrichiens. — La guerre folle. — Guise et Le Nouvion donnés à Louis et Jean d'Armagnac — Le maréchal de Gié, comte de Guise. — Claude de Lorraine. — Tremblement de terre dans la Thiérache. — L'hiver de 1522-1523. — François Ier prisonnier à Pavie. — Guise, Le Nouvion et Hirson affranchis des tailles mises et à mettre. — Le comté de Guise érigé en duché-pairie. — Mort de Claude de Lorraine; — Sa postérité. — François de Lorraine, second duc de Guise. — Prise de Saint-Quentin. — Calais repris aux Anglais. — Marie Stuart et François II. — Le Calvinisme dans la Thiérache. — Georges Magnier.

Cependant, Guy de Châtillon voyait croître autour de lui une belle et noble lignée. C'étaient Louis Ier de Châtillon, son fils aîné, Charles de Châtillon, connu dans l'histoire sous le nom de Charles de Blois, mari de Jeanne de Penthièvre, et qui fut tué à la bataille d'Auray, pendant la guerre de la succession de Brelagne; et enfin, Marie de Châtillon, dite aussi de Blois, qui épousa Raoul, duc de Lorraine, tué à Crécy, en 1346, dont elle eut Jean de Lorraine. Celui-ci eut à son tour deux fils, Charles, et Ferry de Lorraine qui eut en apanage les seigneuries de Rumigny, Aubenton et Martigny. Ce Ferry épousa la comtesse de Vaudemont, dame de Joinville, et fut la tige de la maison de Lorraine, et par conséquent des ducs de Guise (1).

Mais c'est ici le lieu d'établir une distinction qui, pour avoir été négligée par quelques historiens, a jeté la confusion dans la chronologie des seigneurs de Guise et d'Avesnes. Nous avons vu comment ces domaines, y compris la châtellenie du Nouvion, passa, par mariage de Marie d'Avesnes, fille de Gauthier II, dans la maison de Châtillon. Ils s'y trouvèrent réunis dans une seule main jusqu'en 1342, qu'ils vinrent à se diviser entre Louis et Charles, fils de Guy de Châtillon, dont nous venons de rapporter la filiation. En vertu d'un accord de 1339, entre Guy et Louis, son fils aîné, ce dernier, à la mort de son père, survenue en 1342, prit Avesnes et Le Nouvion, tandis que Guise devint le partage du puîné, Charles, dit de Blois. Mais après l'extinction de la branche aînée de Châtillon (2), Jean de Bretagne, comte de Penthièvre, fils de Charles de Blois, devint seigneur d'Avesnes et du Nouvion : mais Guise ne lui appartint pas. Cette terre avait été donnée à sa sœur, Marie de Bretagne, en 1360, en

---

(1) *Hist. de la maison de Châtillon*, Preuves.

(2) Louis II, Jean et Guy, tous trois fils de Louis Ier de Châtillon et morts sans postérité

considération de son mariage avec Louis de France, duc d'Anjou, fils du roi Jean-le-Bon.

Françoise de Bretagne, petite-fille de Jean de Bretagne, ayant épousé Alain, sire d'Albret, porta la seigneurie d'Avesnes dans la maison de Croy, d'où elle passa ensuite par cession dans celle d'Orléans (1). Comment le Nouvion en a-t-il été détaché? C'est un fait demeuré jusqu'ici inexpliqué. Tout ce que l'on peut savoir, c'est qu'en 1443, Le Nouvion a commencé à se confondre avec Guise, dans la maison d'Anjou; qu'il a passé ensuite dans celle de Lorraine, où il en est devenu inséparable par Lettres-Patentes de 1527, qui l'ont uni et incorporé au duché de Guise (2). — nous le verrons ensuite, et par succession, passer de la maison de Lorraine dans celle de Condé et, finalement, en celle d'Orléans, dans la personne de M. le duc d'Aumale.

Louis Ier de Châtillon, du vivant même de son père, porta le titre de sire d'Avesnes, terre qu'il avait eue en mariage, et devint, après la mort de Guy, seigneur de Guise, du Nouvion et autres terres du Hainaut. Il avait épousé, vers 1333, Jeanne de Hainaut, fille et unique héritière de Jean de Hainaut et de Marguerite, dame de Chimay et comtesse de Soissons. Jeanne descendait de Bouchard, fils de Jacques d'Avesnes et d'Ameline de Guise. La concorde dura peu entre le gendre et le beau-père, comme on le vit lors de la guerre de cent ans, qui vint bientôt à éclater entre la

---

(1) Par arrêt du Parlement de Paris, en date du 31 juillet 1706, les terres d'Avesnes et Chimay furent adjugées, pour dettes, au duc d'Orléans, principal créancier. *Hist. de la maison de Châtillon*, PREUVES

(2) A. Leg de Laleu

France et l'Angleterre. Ainsi que nous l'avons vu plus haut, Jean de Châtillon descendait directement de la maison royale de France, et Jean de Hainaut était l'oncle de Édouard III, roi d'Angleterre. Le sire de Guise et le comte de Hainaut prirent tout naturellement parti chacun pour la puissance à laquelle il était allié.

Édouard débarqua en Flandre dans l'automne de 1337, menaçant d'envahir la France à la tête d'une armée formidable, renforcée bientôt par les troupes des seigneurs français entrés dans sa ligue; il mit d'abord le siége devant Cambrai et ravagea tous les environs.

Pendant ce temps, le roi de France, Philippe VI, qui rassemblait ses vassaux à Péronne, en forma une armée en état de rivaliser avec celle de son compétiteur. Bien fortifiée, munie de vivres et d'une bonne garnison, la place de Cambrai résista avec succès. Édouard en leva le siége et vint camper à l'abbaye du Mont-Saint-Martin (Catelet), d'où il chercha à surprendre Saint-Quentin par ruse; mais ses tentatives pour attirer dehors la garnison de cette ville échouèrent. C'est au Mont-Saint-Martin que le roi d'Angleterre apprit la concentration à Péronne de l'armée française; il divisa aussitôt son armée en trois corps et se mit en route pour entrer en Thiérache, pillant et incendiant, sur son passage, tout ce qui n'était pas capable de résister, rançonnant les couvents et les places ouvertes.

Cependant le roi de France apprend, de sa résidence de Compiègne, que le roi d'Angleterre « ardoit et exiloit » la Picardie et la Thiérache; il ordonna aux sires de Coucy et de Ham de partir pour leurs terres afin de les préserver et dirigea une armée sur Guise, Ribemont, Bohain et sur les forteresses voisines formant la frontière de France. Lui-même se mit en route pour Péronne avec une foule de ducs, de comtes et de barons qui lui arrivaient de toutes parts. Sur ces entrefaites, Edouard tint conseil pour savoir si l'on entrerait plus avant dans le royaume, ou si l'on resterait en Thiérache, tout en côtoyant le Hainaut par où arrivaient d'Angleterre tous les approvisionnements. Ce dernier parti prévalut comme étant le plus sûr. En conséquence de ce, l'armée anglaise, toujours divisée en trois corps et continuant sa marche à petites journées, parcourut tout le pays de Thiérache, le ravageant et le brûlant.

Un de ces trois corps, composé d'Anglais et d'Allemands, passa la Somme au-dessus de l'abbaye de Vermand, qu'il ravagea, et pénétra au cœur du Vermandois où il commit des cruautés sans nom. Un autre détachement, conduit par Jean de Hainaut, le sire de Fauquemont et messire Arnault de Blankeheyn, se dirigea sur Origny-Sainte-Benoîte, « ville assez bonne, mais foiblement fortifiée »; aussi n'opposa-t-elle pas une longue résistance. Les vainqueurs y entrèrent, la pillèrent et la brûlèrent; le monastère fut violé : ni le sexe, ni l'âge, ni la noblesse des religieuses qui l'habitaient ne purent arrêter la brutalité des soldats. De là, une partie du détachement sous les ordres de l'évêque Lincoln, l'un des principaux acteurs du sac d'Origny, se dirigea vers les terres du sire de Coucy; une autre partie, sous Jean de Hainaut, prit le chemin de Ribemont et de Guise. Ayant passé l'Oise à gué, Lincoln entre dans le Laonnois, brûle La Fère, Saint-Gobain, Marle et va même loger un soir à Vaux-sous-Laon;

mais apprenant par des prisonniers que le roi de France était à Saint-Quentin, où il se préparait à passer la Somme, et craignant d'être rencontré, il se replie vers le camp anglais. Pendant cette retraite, il brûle Crécy-sur-Serre, ville ouverte, mais très-commerçante; un grand nombre de villages et de hameaux des environs sont aussi pillés et incendiés (1).

Jean de Hainaut était un des plus acharnés pillards; mais il exerça de préférence sa cruauté sur les terres de son gendre, le sire de Guise. Froissard raconte ainsi son entrée dans cette ville : « Or, parlerons de la route (1) de Messire Jehan de Hainaut, où il avait bien cinq cents combattants. Si s'en vint à Guise et entra en la ville et la fit toute ardoir et abattre les moulins. Dedans la forteresse étoit madame Jeanne, sa fille, femme au comte Louis de Blois, qui fut moult effrayée de l'arsure (incendie) et du convenant (disposition) monseigneur son père, et lui fit prier que pour Dieu, il voulut déporter et retraire; et qu'il étoit trop dur conseillé contre lui, quad il ardoit l'héritage de son fils le comte de Blois. Nonobstant ce, le sire de Beaumont (Jean de Hainaut) ne s'en voulut oncques déporter ni délaisser si eut faicte (qu'il n'eut fait) son entreprise; et puis s'en retourna devers l'ost du roi qui étoit logé en l'abbaye de Fervaques. »

Il paraît même que Jean se mit en devoir d'attaquer le château, mais que Jeanne ayant fait appel aux chevaliers et aux hommes d'armes de la garnison, se défendit avec une telle intrépidité que le comte de Hai-

---

(1) Froissard, Col. de chroniq.
(2) Troupe, détachement, d'où *routiers*

naut, reculant devant le courage de sa fille, se vit obligé d'abandonner son entreprise.

Froissard continue : « En demeustre que ces gens d'armes couroient ainsi tout le pays, vinrent bien six vingts lances d'Allemands, dont le sire de Fauquemont étoit chef, jusques en Nouvion en Thiérasche, une bonne grosse plate ville. Si étoient communément les gens de Nouvion retraits et boutés dedans les bois, et y avoient mis et porté le leur à sauveté, et s'étoient fortifiés de roullis (troncs d'arbres) et de bois coupé et abattu environ eux. Si chevauchèrent les Allemands cette part, et y survint monseigneur Arnoul de Blankcheyn et sa route, et assaillirent ceux de Nouvion, qui dedans les bois s'étoient boutes; lesquels se défendirent tant qu'ils purent : mais ce ne fut mie grandement, car ils ne tinrent point de conroi (d'ordre) et ne purent durer à la longue contre tant de bonnes gens d'armes. Si furent ouverts et leur fort conquis, et mis en chasse comme des bêtes fauves; et en y eut bien, que morts que navrés, bien quarante, et perdirent tout ce que apporté là avoient. Et ainsi étoit, et fut ce pays de Thiérasche, couru et pillé sans déport (relâche); et en faisoient les Anglais leur volonté. Si se partit le roi Edouard de Fervaques, où il se logea un soir; et le lendemain il vint et tout son ost, loger à Bohéries, tandis que ses gens parcouroient et brûloient tout le pays aux alentours. » Le lendemain, ayant appris que le roi Philippe était parti de Péronne et qu'il s'approchait avec plus de cent mille hommes, Édouard quitta vitement Bohéries et se dirigea sur La Flamengrie par Leschelle et Buironfosse. Arrivé à la Flamengrie, il s'y arrêta avec toute sa suite composée, dit-on, de quarante mille hommes seulement, résolu d'attendre le roi de France. Celui-ci marchait en effet « avec son plus grand effort qui s'accroissoit encore, pendant la marche, de gens qui lui arrivoient de tout pays, et si exploita tant lui et tout son ost » qu'il arriva sur les derrières d'Édouard à Buironfosse, le 20 octobre 1339, disant qu'il n'irait pas plus avant sans combattre le roi anglais et tous ses alliés qui n'étaient en effet qu'à deux lieues de lui.

Une grande affaire allait donc s'engager; les deux monarques étaient campés avec toutes leurs troupes entre Buironfosse et La Flamengrie, en rase campagne, sans aucun avantage l'un sur l'autre; et ils avaient tous deux grande envie d'en venir aux mains. Le roi d'Angleterre, devançant Philippe, lui avait envoyé un héraut d'armes pour lui offrir le combat, lui laissant le choix du jour et du lieu. Le roi de France accepta le défi; mais pour donner à ses troupes harassées le temps de se refaire, il fixa le jour de la rencontre au vendredi suivant (on était alors au mercredi), et ordonna à chacun de s'y préparer par la confession et la communion. Le héraut fut renvoyé chargé de présents « pour l'amour des bonnes nouvelles apportées (1). »

Le temps qui séparait le mercredi du vendredi était trop long pour qu'il n'arrivât pas quelque aventure d'un côté ou de l'autre. En effet, dès le jeudi matin, deux chevaliers du comte de Hainaut, et *de sa délivrance*, le sire de Faguinelles et le sire de Tupigny, enfourchant leurs coursiers « roides, forts et bien courans, » sortirent du camp français, eux deux seulement pour surprendre la manière de l'ost anglais, et

---

(1) Froissard, Col. de chroniq. — D Lelong et Henri Martin.

chevauchèrent longtemps, toujours côtoyant les retranchements ennemis. Mais il arriva que la monture du sire de Faguinelles, « coursier trop mélancolieux et mal enfrené, s'effraya prit le mors aux dents, *s'escuillit* de telle façon et se démena tant qu'il se rendit maître de son cavalier et l'emporta vousist ou non droit emmy (au milieu) le logis des Anglais et cheut d'aventure (1) » dans le quartier des Allemands. Ceux-ci reconnaissent bientôt que le chevalier n'était pas des leurs et l'environnent de toutes parts ; puis, le prenant avec son cheval, ils l'emmènent prisonnier et le confient à quelques gentilshommes de leur nation. De Faguinelles ayant déclaré qu'il était du Hainaut, on le conduisit à Jean de Hainaut, à qui il fit le récit de sa mésaventure. Celui-ci, émerveillé de le voir, l'*applégea* (le cautionna) de sa rançon et le renvoya en l'ost du comte de Hainaut, qui était avec le roi de France.

Le sire de Tupigny avait déjà raconté l'affaire et le comte, comme les autres seigneurs, étaient fort courroucés contre lui ; mais ils furent bien joyeux quand ils virent de Faguinelles revenir. Le comte de Hainaut fit remercier son oncle de sa courtoisie, et celui-ci renvoya au sire de Faguinelles son cheval.

Le vendredi, donc, les deux armées se rangèrent en en bataille dans l'immense plaine découverte que domine La Capelle. Jamais on n'avait vu, « de mémoire d'homme, une si belle assemblée de grands seigneurs. » Parmi ces nobles phalanges, on admirait messire Jean de Hainaut, Jean de Chandos, du côté des Anglais ; et du côté des Français, le comte de Hainaut, Guy de Châtillon, sire de Guise, son fils Louis Ier de Chatillon,

---

(1) Froissart, Col. de chroniq.

sire d'Avesnes et du Nouvion. Le roi de France avait autour de lui deux cent vingt bannerets, quatre rois, six ducs, vingt-six comtes, plus de quatre mille chevaliers, et, des communes de France, plus de quarante-cinq mille hommes. « C'étoit, dit encore Froissard, grande beauté à voir sur les champs bannières et pennons voleter, et chevaux couverts, chevaliers et escuyers armez moult noblement. »

Les Français s'étaient divisés en trois corps d'armée de 15,000 chevaux chacun et de 20,000 fantassins, aux ordres des rois de France, de Bohême, de Navarre et d'Écosse, et des ducs de Normandie, de Bourbon, de Lorraine et de Bretagne. Les Anglais imitèrent de leur côté ces dispositions : 8,000 Allemands commandés par le duc de Gueldres formaient leur premier corps; le second, de 7,000 hommes, était commandé par le duc de Brabant ; Édouard et Jean de Chandos s'étaient réservé le troisième, composé de 6,000 hommes d'armes et de 6,000 archers. Ils avaient fait du reste de leurs hommes une réserve qui fut confiée aux comtes de Warwik et de Pembrok.

« Comment de si belles gens d'armes se peuvent partir sans bataille? » ajoute Froissard : c'est cependant ce qui arriva. Midi était sonné que les armées étaient encore en présence, attendant impatiemment l'ordre de commencer le combat; tous ces braves annonçaient qu'ils allaient se couvrir de gloire en ce jour; mais un événement ridicule vint tromper leur attente. Un lièvre étant venu se jeter étourdiment dans les premières lignes, ceux qui le virent se mirent « à crier et huer et faire grand'noise, » ceux des dernières, croyant le combat engagé, saisissent leurs armes et enfoncent leurs têtes dans les *bacinets* (casques); mais ils s'aperçoivent bientôt de leur méprise et en restent là.

Pour récompenser l'ardeur que les princes avaient montrée en cette circonstance, on créa sur le champ de bataille un grand nombre de chevaliers. Le comte de Hainaut en fit, dit-on, pour sa part, quatorze, qu'il nomma *chevaliers du lièvre*. Le reste de la journée se passa en observation, sans aucun engagement. Les chroniqueurs rapportent plusieurs raisons assez curieuses qui auraient empêché le roi de France d'engager le combat. La première raison, d'après Nangis, « pour ce que c'étoit un vendredi; la seconde, car lui ni ses chevaux n'avoient bu ni mangé; la tierce cause, car lui et son ost avoient chevauché cinq lieues sans boire ni manger; la quarte cause, pour la difficulté d'un pas qui étoit entre lui et ses ennemis. » La vérité est que les deux rois, malgré leur bravoure, furent heureux, chacun de son côté, de n'avoir pas été contraints d'en venir aux mains : l'un, parce qu'il craignait d'engager et de perdre la fleur de sa noblesse, et l'autre, parce qu'il ne comptait que médiocrement sur une armée sans cohésion et composée en grande partie d'étrangers.

Les lieux de notre Thiérache qui furent livrés à « *l'arsure* » pendant cette campagne sont trop nombreux : Apremont, Buironfosse, Foigny, La Flamengrie, Leschelle, Le Nouvion, Marle, Plomion, Saint-Michel, Richemont, etc., sans parler de Ribemont, Crécy-sur-Serre, et tant d'autres localités du Laonnois et du Vermandois. La ville de Guise eut aussi le même sort, hormis son château qui, nous l'avons vu, avait été préservé par le mâle courage de Jeanne de Hainaut.

Ce fut l'affaire manquée de Buironfosse qui termina la campagne de 1339. Le soir même du jour, le roi d'Angleterre se dirigea sur Arras, et Philippe, de son côté, se retira vers Saint-Omer, mit de bonnes garnisons dans les places frontières, et donna congé « à toutes manières de gens d'armes, aux ducs, comtes, barons et chevaliers, et remercia les chefs des seigneurs moult courtoisement. » Ainsi se défit « cette grosse chevauchée » après la parade de Buironfosse, et chacun regagna ses châteaux jusqu'à nouvelle semonce (1).

Cette semonce ne se fit pas longtemps attendre. Le roi de France ne pouvait oublier l'échec que son honneur avait reçu par l'envahissement de ses frontières; « il subtilloit et imaginoit nuit et jour » comment il pourrait se venger de ses ennemis et par *spécial* de messire Jean de Hainaut, qui avait été l'auteur des ravages du Cambresis, de la Thiérache, et de la ruine de Guise. Des les premiers jours de 1340, Philippe mande à tous ses vassaux, pour la plupart ses parents, et à ses amis, de mettre sur pied une chevauchée et armee de compagnons sûrs, d'entrer en la terre du sire de Hainaut et de *l'ardoir sans nul déport*. Philippe fut obéi et plus de 500 *armures de fer* allèrent assaillir Chimay, dont ils brûlèrent les faubourgs et pillèrent les environs. Cette invasion se fit avec une telle rapidité, que les gens du pays ne se doutant pas que les Français dussent passer les bois de la Thiérache, les laissèrent ravager tout à leur aise; ceux-ci se retirerent ensuite et sans encombre à Aubenton. En même temps d'autres soudoyers de la garnison de Cam-

---

(1) Froissard, Chroniq.

brai se jetaient, avec la permission du roi de France, sur les terres que le comte de Hainaut possédait du côté de Valenciennes; ils brûlaient la ville d'Haspre et parcouraient, le fer et le flambeau à la main, tout le pays des Hennuyers. Ceux-ci, pour se venger, s'emparèrent d'Aubenton, en passèrent les habitants et les défenseurs au fil de l'épée et brûlèrent la ville. A la suite de ces représailles, ordonnées par Jean de Hainaut et le comte son neveu, Philippe VI prescrivit au duc de Normandie, son fils, « qu'il mist sus une grosse chevauchée et vinsis en Haynault et meist le pays en tel poinct, que jamais il ne fust recouvert, » ce qui fut ponctuellement exécuté (1440) (1).

Pendant ce temps, le comte de Hainaut passait en Angleterre pour ranimer la guerre contre la France. Ces expéditions partielles, qui finirent par prendre des proportions considérables, commencèrent véritablement la fameuse guerre dite de *cent ans*. Charles-le-Bel, comme on sait, était mort sans postérité. Édouard III, roi d'Angleterre, son neveu par sa mère, s'appuyant sur cette parenté, prétendit avoir à la couronne de France des droits plus légitimes que ceux de Philippe de Valois, parent du côté paternel, mais plus éloigné que lui d'un degré. Le débat avait été porté devant les pairs, et ceux-ci jugeant d'après la loi salique, avaient donné gain de cause à Philippe, et l'avaient proclamé roi de France. Édouard, mécontent de la sentence, avait voulu en appeler aux armes. On vit alors des parents, des pères, des fils, des frères, passer dans des camps opposés et se battre les uns contre les autres : tel le voulait la sujétion féodale.

---

(1) Froissard, trad. de M. Guizot.

C'est ainsi que Jean de Hainaut et le vieux comte Guy de Châtillon étaient du parti anglais, tandis que Louis I⁺ᵉʳ de Blois-Châtillon, sire de Guise, gendre de l'un et fils de l'autre, marchait sous la bannière du roi de France. Guy de Châtillon mourut bientôt (1342), et, comme ses ancêtres, fut inhumé en l'abbaye de La Guiche. C'est alors que son fils Louis prit le titre de seigneur d'Avesnes et du Nouvion, tandis que son frère, Charles de Blois, recevait en apanage les terres de Guise, du Maine et de Limoges.

C'est à cette époque qu'eut lieu la guerre de la succession de Bretagne. On sait que Charles de Blois, sire de Guise, avait épousé la fameuse Jeanne de Penthièvre, héritière de ce duché, que lui disputait Jean, comte de Montfort, son oncle. Le roi de France et Louis Ier de Châtillon prirent parti pour Charles de Blois, et le roi d'Angleterre soutint le comte de Montfort.

Louis de Châtillon profita d'une trêve imposée par le légat du Saint-Siége pour réconcilier Philippe VI avec Jean de Hainaut, son beau-père. L'un et l'autre se trouvèrent à la malheureuse bataille de Crécy, où périrent tant de héros, après d'inutiles prodiges de valeur. Louis de Châtillon y perdit la vie, et Jean de Hainaut n'échappa qu'en tirant le roi de France hors de la mêlée, et après avoir cent fois exposé sa vie (1336).

Louis Ier de Châtillon laissait en mourant, de la courageuse Jeanne de Hainaut, trois fils en bas âge, Louis II, Jean II, et Guy II de Châtillon, qui possédèrent successivement les terres d'Avesnes et du Nouvion, et moururent tous trois sans postérité. Louis Ier avait aussi laissé un bâtard qui reçut un fief de la seigneurie du Nouvion et mourut *sans hoirs procréés de son corps* (1).

---

(1) Duch. *Hist. de Châtillon*. — I. Lebeau, *Hist. d'Avesnes*.

La douleur qu'éprouva la comtesse Jeanne à la mort de son mari s'accrut encore par suite des embarras que lui suscita l'intérêt de ses fils. Elle entra en contestation à ce sujet avec son beau-frère Charles de Blois; le différend se termina par accord passé au parlement, en décembre 1348, et approuvé par le roi. « Mais cet accord ne put être mis en exécution par la comtesse, car elle mourut au commencement de l'année 1350, enlevée à la fleur de l'âge par la peste noire, en son château de Villeneuve, près Soissons. »

Ce terrible fléau, qui fit périr la *tierce partie des hommes et des femmes de l'Europe,* porta le ravage dans nos contrées pendant plusieurs années. C'était, disent les contemporains, un spectacle affreux : on voyait au loin le drap mortuaire flotter sur tous les clochers; ce n'était que convois funèbres sur les chemins; on entendait continuellement le son des cloches; c'était un glas général. Bientôt, à la peste, succéda une famine si horrible, qu'on mangea de l'herbe, des racines, des écorces d'arbres. Les récoltes étaient nulles, et le commerce tellement abandonné, que l'argent n'avait plus de cours, ni de valeur. On ne voyait partout que pauvres errants, pâles, amaigris, gonflés et moribonds dans les rues des villes, dans les champs et dans les bois. On n'avait rien vu de si effrayant depuis l'an mil (1).

A tous ces fléaux se joignirent pour la France les malheurs d'une mauvaise administration, car les affaires du royaume se trouvaient dans le plus déplorable état sous le gouvernement du roi Jean-le-Bon qui venait de succéder à Philippe de Valois. Il continua

---

(1) *Hist. de Châtillon et du Valois.* — H. Martin et Monteil.

la guerre contre les Anglais et fut encore plus malheureux que son père. Les hostilités eurent lieu au delà de la Loire, et Jean fut fait prisonnier à Poitiers Mais tandis que le prince de Galles ravageait ces contrées, le Nord était en proie à toutes sortes de séditions. Paris se révoltait contre le dauphin Charles, qui exerçait la régence pendant la captivité de son père; d'un autre côté, le roi de Navarre, Charles, surnommé le Mauvais, se liguait avec les Anglais d'une part, avec Robert Le Coq, évêque de Laon et Étienne Marcel, prévôt des marchands de Paris, de l'autre, pour attiser partout le feu de la discorde. Les Navarrais, sur les rives de l'Oise, attaquent les châteaux, dépouillent les voyageurs, se font donner, sous peine de pillage, de fortes contributions par les abbayes et les villes. Ils tombent, la nuit, à l'improviste, sur les forteresses, font prisonniers les chevaliers, les nobles dames et demoiselles en leurs lits. Bientôt se joignent aux Navarrais une autre sorte de pillards, qui font aux gentilshommes une guerre d'extermination : ce sont les Routiers, vulgairement appelés « les Jacques. » Notre pauvre Thiérache, déjà si cruellement éprouvée depuis longtemps, fut loin d'être épargnée par ces brigands. Unis aux débris des anciennes invasions, Anglais, Allemands et Navarrais, les *Jacques-Bonshoms* pillaient tous les partis, brûlaient les châteaux et violaient les dames. Au bout de quelques semaines, plus de cent châteaux et *bonnes maisons de chevaliers et écuyers furent exiliées* par ces *Jacquiers,* sur les territoires de Noyon, Soissons, Laon et Saint-Quentin. Les gentilshommes s'unirent à la fin contre ces hordes sauvages qu'ils défirent en plusieurs rencontres. Après avoir été ainsi mises à feu et à sang, plusieurs villes et monastères de la Thiérache songèrent à se fortifier pour se mettre à l'abri de nouvelles insultes. Les bourgs, les villages, les hameaux même s'entouraient de murs. Aux églises, on adjoignit des tourelles qu'on voit encore de nos jours dans plusieurs localités de notre arrondissement.

Mais là ne se bornèrent point les épreuves de la Picardie et de la Thiérache en ces temps calamiteux. Aux ruines amoncelées par les Jacques et les Navarrais vinrent s'ajouter les misères d'une troisième invasion anglaise. Débarqué de nouveau à Calais, en 1359, le roi anglais pénétra sur notre sol en 1360, « ses gens courant à dextre et à senextre et prenant vivres partout où ils pouvoient en avoir. » Édouard vint loger à l'abbaye de Fesmy où ses troupes trouvèrent *grand'foison* de vivres pour eux et leurs chevaux. Il parcourut rapidement le Cambrésis, la Thiérache et le Laonnois, et alla mettre le siége devant Reims, espérant emporter aisément cette place et s'y faire couronner roi de France. Son départ ne mit point fin aux calamités du pays, car des débris de la Jacquerie il restait un surcroît d'aventuriers qui infestaient les chemins, ruinaient les terres et jonchaient les champs de cadavres, ce qui ne manqua pas de ramener la famine et la peste.

Cette malheureuse campagne finit par le traité de Brétigny, qui rendait au roi Jean sa liberté aux conditions les plus onéreuses pour la France, déjà ruinée par les guerres intestines et étrangères. Aussi, ne fut-ce qu'un long cri de douleur quand on proclama les ordonnances sur les impôts et les subsides pour la *redemption* du monarque. Il fut stipulé qu'il céderait environ le tiers du royaume, qu'il donnerait trois millions d'écus et fournirait quarante ôtages. Les plus grands seigneurs de France et même des princes du sang renoncèrent à leur liberté pour procurer celle du royal prisonnier. Le duc de Bourbon, le comte d'Alençon, les ducs de Berry et d'Anjou, fils du roi, et le comte Guy II de Châtillon, « qui, pour le temps, était un jeune écuyer et neveu au comte de Blois, » qu'il eut la générosité de remplacer, partirent pour l'Angleterre. Le duc d'Anjou dut trouver le sacrifice bien amer, car il venait d'épouser Marie de Bretagne, fille du sire de Guise. Charles avait donné à sa fille en 1360, en considération de son illustre alliance, « toute la terre, châteaux et chatellenies et villes de Guise de Irson et d'Oisy, et la châtellenie et terre d'Englecourt et autres pays de la terre de Guise, » sans rien retenir, ainsi que les seigneuries de Mayenne, de Chailly et autres, pour l'assiette d'un revenu de vingt-cinq mille livres de rente qui devaient former la dot de Marie. Ainsi sortit le domaine de Guise de la maison de Châtillon pour entrer dans celle de France, après avoir été possédée par la première l'espace de cent dix ans (1).

La France n'eut pas plutôt réparé, sous la sage administration de Charles V, les désastres qu'elle avait subis pendant les règnes précédents, qu'elle retomba, au début du règne de Charles VI, sous l'empire de la guerre civile et des invasions anglaises. La haine qui divisait les deux maisons de Bourgogne et d'Orléans devint plus vive que jamais; et sous le nom de Bourguignons et d'Armagnacs, leurs partisans couvrirent la France, durant huit années, de ruines et de sang.

---

(1) Froissard, chroniq ; *Hist. de Châtillon*, Pécheur, *Hist. de Guise*.

Cependant Guy de Châtillon, sire d'Avesnes et du Nouvion, troisième et dernier fils de Louis Ier de Châtillon, avait succédé à ses deux frères, Louis II et Jean II de Châtillon. Après la bataille de Rosebecq, les bandes bretonnes, bourguignonnes et savoyardes, qui s'étaient promis le pillage des villes rebelles de Flandre, mais auxquelles cette proie échappa, voulurent s'en dédommager par celui du Hainaut : Guy fut assez heureux pour faire avorter ce complot. Il reçut des peuples qu'il avait ainsi préservés d'une affreuse calamité les témoignages de la reconnaissance la plus flatteuse. Une mort prématurée lui ravit le comte de Dunois, Louis, son fils unique. Sa succession fut partagée entre des collatéraux, et la terre d'Avesnes, avec celle du Nouvion, échut au comte de Penthièvre, Jean de Blois, duc de Bretagne, que les Anglais retinrent trente-six ans prisonnier (1), pendant la longue guerre de revendication de la Bretagne par sa mère.

Pendant l'affreuse période où des Français de partis différents se faisaient une guerre sauvage et incendiaient le pays, Guise et ses dépendances passèrent des mains de Louis d'Anjou à son petit-fils Réné, qui régnait alors en Sicile.

Avesnes et Le Nouvion appartenaient à cette époque au comte Olivier de Bretagne qui avait succédé à son père, Jean de Penthièvre. Il descendait donc en ligne directe des ducs de Bretagne et gardait l'espoir de recouvrer le duché de ses pères, dont Jean de Montfort était en possession. Après bien des traverses, il vint mourir à Avesnes, en 1443, sans avoir pu y parvenir.

Olivier laissait un frère, Guillaume, vicomte de

---

(1) 1. Lebeau, *Hist. d'Avesnes*

Limoges, qui avait secondé ses efforts dans la revendication du duché de Bretagne. Fait prisonnier par les hommes de Jean de Montfort, il languit pendant vingt-huit ans dans les prisons d'Auray, où il versa, dit-on, tant de larmes, qu'il en devint aveugle. Il eut une fille, Françoise de Bretagne, comtesse de Périgord, vicomtesse de Limoges, qui devint dame d'Avesnes en 1458, après la mort de son père. Elle épousa Alain d'Albret, dit le Grand, et fut la trisaïeule de la célèbre Jeanne d'Albret, mère de Henri IV. Depuis, la terre d'Avesnes passa dans les maisons de Croy, de Ligne-Aremberg et de Hennin-d'Alsace. En 1706, elle fut adjugée, pour dettes, au duc d'Orléans, dont le petit-fils la posséda jusqu'en 1808, époque où elle fut vendue par les créanciers de ce prince, et démembrée.

Cependant les Bourguignons et les Armagnacs, laissant un instant leurs querelles intestines, s'étaient réunis, en 1415, pour combattre le roi d'Angleterre, Henri V, qui venait de débarquer en France. Les Français lui livrèrent bataille à Azincourt et succombèrent; mais trop faibles pour continuer leur expédition, les Anglais repassèrent la Manche. Les factions se ranimèrent et couvrirent bientôt tout le pays de sang et de ruines. Le Vermandois, la Picardie, la Thiérache, furent témoins et victimes de la lutte acharnée des partis. Anglais et Bourguignons, Armagnacs et royalistes ou dauphinais, joints à tout ce qu'il y avait alors de brigands, de pillards, de gens sans aveu, firent de ces contrées un vaste champ de carnage. On prend et on reprend les villes, les bourgs, les villages, les châteaux. On brûle, on saccage les abbayes, les églises où les habitants des campagnes se réfugiaient avec leurs meubles, leurs denrées, à l'approche des enne-

8

nemis ou des gens d'armes indisciplinés. Il n'y avait plus ni commerce, ni justice, « les puissans nobles ou autres traitoient cruellement les gens d'église et le pauvre peuple, et quant aux prévôts et autres officiers royaux, peu ou néant, n'osoient exercer leurs fonctions... Les marchands n'osoient sortir leurs marchandises des bonnes villes et forteresses, sinon par tribut et sauf-conduit, ou sur peine de perdre corps et biens (1). »

La plupart des places que le roi Charles VII possédait encore dans le Cambrésis, la Thiérache et le Vermandois, excepté Guise et quelques forteresses qui tenaient encore bon pour lui, tombèrent bientôt aux mains des Bourguignons. La reine-mère, Isabeau de Bavière, venait de livrer le royaume au roi d'Angleterre; elle poussa l'infamie jusqu'à s'unir au nouveau duc de Bourgogne contre son propre fils, qui se vit réduit à lutter pour arracher quelques provinces, quelques forteresses à l'occupation étrangère. Aussi, dès 1420, toutes les places du Vermandois et d'une grande partie de la Thiérache recevaient la loi du roi anglais, qui s'était attaché le parti bourguignon.

Mais le duc de Bourgogne s'aperçut bientôt que le prince étranger soignait plus ses intérêts propres que ceux de la faction bourguignonne; il se retira en Flandre, suivi d'un de ses plus fougueux partisans, messire Jean de Luxembourg, comte de Ligny, capitaine picard et gouverneur de l'Artois, qui avait également prêté serment de fidélité au roi d'Angleterre.

D'une famille riche et puissante, ce Jean de Luxembourg « était un grand homme de guerre, entrepre-

---

(1) Monstrelet, chroniq.;— Henri Martin et N. Lelong

neur, et des plus renommés chevaliers de son temps ; il avoit gens et soudoyers duits à la guerre et nourris de butin, et conduisit si hautement ses affaires qu'il vécut et mourut en grand bruit et sans foule. » C'était l'avis d'Olivier de la Marche ; d'autre l'ont traité d'homme sans principes, dur, rapace et pillard s'il en fut.

Après avoir quitté l'ost du duc de Bourgogne, en cette année 1420, Luxembourg se retira en son châtel de Beaurevoir (Catelet), d'où il distribua de bonnes garnisons dans les forteresses de son obéissance, pour *tenir frontières vers le comté de Guise,* qu'il voulait tenir en respect. Après la mort du roi d'Angleterre, qui arriva sur ces entrefaites, son fils Henri VI continua la guerre de concert avec le duc de Bourgogne, qui tint à Arras une assemblée composée de plusieurs capitaines de son parti. Il y fut résolu que messire Jean de Luxembourg réunirait des troupes pour mettre fin aux courses des dauphinais (partisans de Charles VII) du comté de Guise et des environs, qui *travailloient grandement les marches* du Cambrésis et du Vermandois. Le capitaine Bourguignon ayant à peine assez de gens pour tenir ses nombreuses forteresses, manda devers lui tous ses partisans du comté de Guise qui, à leur tour, se mirent en devoir de *travailler moult grandement* le pays par leurs courses, en attendant qu'il put faire de sa personne une expédition plus régulière (1422) (1).

Cette expédition ne se fit pas longtemps attendre. En conséquence des résolutions prises par l'assemblée d'Arras, Luxembourg avait fixé le rendez-vous des troupes à Péronne, d'où il partit avec tous ses gens

---

(1) Auteurs précités. — Pécheur, *Hist. de Guise.*

d'armes et s'en vint *en la comté de Guise et ès-marches d'alentour*. L'actif Bourguignon conquit en peu de jours les forteresses de Bussy, Surfontaine, Franqueville, Neuville-les-Dorengt, Buironfosse, Hannape et autres, en la compagnie d'Hector de Saveuse, de messire David de Poix, et autres capitaines *experts et éprouvés en armes*. Quoique Guise fût le point capital auquel il en voulait par-dessus tout, il ne tenta pour lors aucune entreprise pour le réduire; il se contenta de livrer à la garnison *une très-grande escarmouche*, après quoi, il alla se présenter devant le château d'Oisy et donna congé à tous ses capitaines et autres gens d'armes. Une exécution barbare couronna toutes ces conquêtes. Le féroce Bourguignon condamna 800 hommes, qui étaient tombés entre ses mains, à être pendus avec leur chef (1).

La garnison de Guise, composée de ce qu'il y avait de plus vaillant dans le parti du roi dauphin, ne négligeait aucun des moyens en son pouvoir pour conserver le peu de forteresses qui lui restaient encore aux environs et lui ramener les villes qui l'avaient lâchement abandonné. A sa tête se trouvait Jean de Proisy, gouverneur de la place; il était dignement secondé par Lahire et Pothon de Xaintrailles, « lesquels on cognoissoit vaillans en armes. » Ils étaient toujours en mouvement avec leurs gens, bataillant sans relâche et courant sus aux Anglais comme aux Bourguignons, contre lesquels ils défendirent la Thiérache jusqu'à la dernière extrémité.

Au mois d'octobre 1423, Pothon se mit à la tête de

Devisme, *Man. historique*. — *Chroniq. de Monstrelet* — Pécheur, *Histoire de Guise*.

la garnison de Guise et poussa vers la ville de Ham, qu'il prit en quelques jours; mais il avait affaire à Luxembourg, qui reprit bientôt la ville d'assaut, et se dirigea sur Guise, tout en continuant à *mener forte guerre aux alentours*. Enfin, après s'être emparé des différents forts et villages qui défendaient cette place, à la possession de laquelle il prétendait avoir des droits, se disant descendant de Mahaut de Châtillon [27], il parut devant cette ville en avril 1424, *et tant fist que la place fut assiégée tout autour*. Il se mit donc en devoir de la pousser vigoureusement. Ce siége coûta à la ville des sommes considérables, et toutes les habitations des faubourgs. Quoiqu'il en soit, on était arrivé à la mi-septembre 1424; il y avait donc cinq mois que durait le siége. La garnison, peu nombreuse, mais bien aguerrie, se composait de *bonnes gens qui bien surent se gouverner:* mais après avoir essuyé de rudes assauts, voyant que les vivres commençaient à manquer dans la ville; qu'il n'y avait guère d'espoir d'être secouru ni du duc d'Anjou, Réné de Guise, ni du duc de Lorraine, son beau-père, ni du roi de France, dont les affaires étaient alors en trop mauvais état; et considérant qu'elle avait assez fait pour le service du roi, et de son seigneur, la garnison demanda à capituler.

Luxembourg et l'Anglais Rampston, que le roi d'Angleterre avait délégué pour traiter en son nom de la reddition de Guise, arrêtèrent de concert une composition portant en substance « que Guise, Hirson, et les autres places du comté seraient rendues le 1ᵉʳ mars 1425, si messire Jean de Luxembourg n'était combattu d'ici là du roy Charles et de ses gens; qu'en cas de secours, le champ de bataille serait fixé entre Sains et Beaurain, et que le combat durerait depuis le lever du soleil jusqu'à son coucher ; qu'enfin la garnison serait libre ensuite de se retirer dans les places les plus voisines appartenant au roi, et qu'on donnerait des ôtages (1). »

Le traité ayant été signé de part et d'autre, les ôtages, les seigneurs du Hamel, de Beauvoir, de Saint-Germain, Vallerand du Mont et autres, furent donnés et le siège levé. Mais Luxembourg avait depuis longtemps formé le dessein de s'emparer du comté à son profit. Ne voulant pas remettre entre les mains des Anglais une conquête de cette importance, il traita en particulier avec Proisy, et le secours n'ayant point paru, celui-ci rendit Guise, Hirson et tout le comté dès le 26 février 1425, au lieu du 1er mars, jour fixé par la capitulation. Les ôtages furent rendus, le gouverneur et sa fidèle garnison sortirent avec tous les honneurs de la guerre. Ainsi fut perdue pour Charles VII une place qui avait mérité, dans ces temps désastreux, d'être citée comme un modèle de fidélité à son souverain légitime.

Le parti anglais et la faction bourguignonne ne furent pas peu surpris lorsqu'ils virent la place au pouvoir du comte de Ligny ; mais celui-ci se mit peu en peine de leur défection et de leur mécontentement. Il garda, par droit de conquête, Guise et tout le comté qu'il avait si souvent couvert de ses routiers et de ses gens d'armes. Il se nomma dès lors comte de Guise, titre qu'on lui laissa toute sa vie avec la paisible possession du domaine, auquel il joignit ceux de Marle, de Coucy, de Soissons, « qui étoient assez bonnes villes, et moult d'autres grandes terres qui en faisoient un des

---

(1) Monstrelet, — Lelong, Pécheur, *Hist. de Guise.*

seigneurs de ce temps le plus redouté de ses ennemis, plus que nul autre tenant le parti au duc Philippe (1). »

Devenu possesseur de Guise, Luxembourg en fit une de ses résidences ordinaires. Il habitait tantôt Beaurevoir, tantôt l'hôtel du château de Guise. Il est vraisemblable que ce fut à la faveur des troubles et du désordre qui, en ces temps malheureux, régnaient en tout et partout, que la terre et seigneurie du Nouvion fut détachée de celle d'Avesnes. Nul titre, que nous sachions, ne fait mention ni de la forme, ni de l'époque de sa réunion au comté de Guise, dont elle dépendait en 1443; mais il est à croire que Le Nouvion, tout voisin de Buironfosse, de Leschelle et de La Neuville, tombés au pouvoir du comte de Ligny dès 1423, avait également tenté la cupidité du trop fameux capitaine. On est d'autant plus porté à admettre cette explication, que les seigneurs d'Avesnes étaient alors tout entiers aux démêlés et aux représailles qui suivirent la guerre de la succession de Bretagne, et les contemporains de Luxembourg, Jean de Penthièvre et Olivier de Bretagne, retenus captifs loin de leurs terres d'Avesnes et du Nouvion par les Anglais et les Montfort.

Outre les courses des Bourguignons et des Anglais, la Thiérache eut encore, vers la même époque, d'autres maux à endurer. Des hordes de soldats déserteurs ou licenciés, ayant à leur tête des nobles ruinés, qui espéraient refaire leur fortune par le brigandage, la parcoururent en tous sens et la pillèrent de nouveau sous le nom de *gobeurs* ou *écorcheurs*. Rien n'échappait à la fureur de ces bandes sauvages, qui tombaient à l'improviste sur les villes ouvertes, les

---

(1) Philippe-le-Bon, duc de Bourgogne, fils et successeur de Jean-sans-Peur.

églises et les abbayes. Le pillage qu'elles exercèrent dans le Hainaut et les environs de Guise, joint aux déprédations des routiers de Luxembourg, achevèrent de ruiner nos malheureuses contrées.

Mais heureusement on arrivait à une période glorieuse où l'orgueil national, sous un *roi bien servi* et sous l'impulsion donnée par l'héroïque Jeanne d'Arc, allait secouer le joug de l'Anglais et des factieux de l'intérieur. Nos ennemis perdirent en peu de temps toutes les provinces qu'ils avaient conquises en France; mais Jeanne la libératrice, tomba, à la suite du siége de Compiègne, entre les mains de ce même Luxembourg qui la vendit lâchement au roi d'Angleterre. On sait comment elle fut brûlée vive à Rouen. Le comte de Ligny ne survécut pas longtemps à ce dernier crime; après avoir combattu quelques années encore sous la bannière des Bourguignons pour le roi anglais, il mourut en son château de Guise, sans laisser d'hoirs de son corps (1440), et fut enterré dans l'église Notre-Dame de Cambrai (1).

Après la mort de Jean de Luxembourg, le roi de France confisqua ses biens, non-seulement parce qu'il avait obstinément servi le parti anglais, mais parce qu'il s'était refusé à signer la paix d'Arras, quoiqu'il en eût été requis. Néanmoins, le roi consentit à les reverser sur la tête de sa veuve, la comtesse de Ligny, à l'exception de Guise et du Nouvion sur lesquels il déclarait demeurer *en ses droits et actions pour en faire demande quand bon lui semblerait*. Malgré ces dispositions, Louis de Luxembourg, neveu du comte défunt, qui s'intitulait comte de Saint-Pol, de Ligny, de

---

(1) Auteurs précités

Guise et autres lieux, n'en conserva pas moins ce dernier comté et ses dépendances.

Plus tard, un descendant des ducs d'Anjou lui intenta un procès au sujet de ces dernières possessions; le différend fut porté devant le parlement, et semblait devoir se prolonger, lorsqu'on trouva un moyen terme pour l'apaiser : un mariage eut lieu entre une sœur du comte de Saint-Pol, Isabeau de Luxembourg, et un frère du duc d'Anjou, Charles Ier, comte du Maine. Guise et Le Nouvion avec leurs dépendances furent donnés en dot aux jeunes époux et rentrèrent ainsi dans la maison d'Anjou (1). Quelque temps après, le roi Louis XI voulant s'attacher le comte de Saint-Pol, le fit connétable et lui donna pour seconde épouse, sa belle-sœur, Marie de Savoie, leur accordant, par un des articles du contrat, Guise et Le Nouvion, qu'il s'obligeait à recouvrer par échange, achat ou autrement. Il est probable toutefois que le roi ne put réaliser cette promesse, ou s'en mit peu en peine d'abord, car il offrit, d'après Commines, à différentes reprises, le comté de Guise à ce même connétable pour se l'attacher, quoique le comte du Maine en conservât toujours la propriété (2).

Cependant Charles II d'Anjou, qui avait succédé à son père, Charles Ier, mourut sans enfants et fut le dernier duc d'Anjou. Il avait institué le roi Louis XI son héritier universel. De cette façon, Guise et Le Nouvion appartinrent légitimement au roi de France; toutefois, après la mort de Louis, Jean et Louis d'Armagnac, neveux, par leur mère, de Charles

---

(1) *Des Droits du Roi*, par Dupuis — Duchesne, *Hist. de Châtillon*, etc.

(2) Mêmes auteurs.

d'Anjou, supplièrent le nouveau roi de France, Charles VIII, de les mettre en possession des biens qui leur étaient échus par la mort de leur oncle. Un arrêt du conseil d'État leur donna Guise et Le Nouvion par provision, en attendant que le parlement eut rendu une sentence définitive.

Charles VIII, en arrivant au trône, n'était âgé que de 13 ans, et la régence fut dévolue à sa sœur, la dame de Beaujeu. Le duc d'Orléans, qui ambitionnait cette régence, mit tout en œuvre pour l'obtenir; ayant perdu sa cause, il eut recours à la révolte et se ligua avec le duc de Bretagne et d'autres seigneurs, que la ferme administration de la régente incommodait. Il entreprit contre Anne une guerre connue sous le nom de *guerre folle*. L'archiduc d'Autriche, Maximilien, époux de Marie de Bourgogne, fille du duc Charles-le-Téméraire, et qui réclamait, au nom de sa femme, le Vermandois et la Picardie, ne laissa pas échapper l'occasion de faire valoir ses prétendus droits, et se joignit aux rebelles. Il entra en France à la tête de ses troupes et pénétra jusqu'au cœur de la Picardie et de la Thiérache, qu'il fit ravager. Un de ses généraux, Montigny, ayant échoué dans une affaire devant Saint-Quentin, Maximilien voulut réparer l'échec et se jeta sur Guise. Mais là commandait un brave et habile gouverneur, le maréchal de Gié, qui envoya un corps de troupes secourir la ville, tandis que lui-même harcelait sans cesse le gros de l'armée assiégeante; de sorte que Maximilien se vit obligé de licencier ses troupes. Mais ses hommes étaient des mercenaires qui se faisaient un métier de la guerre et du pillage; ils commirent d'horribles dégâts dans le comté de Guise, et un corps autrichien qui occupait Le

Nouvion, ne le quitta qu'après l'avoir livré aux flammes (1486) (1). Néanmoins, battus partout, et après avoir perdu Saint-Omer et Coucy, le duc d'Orléans et sa suite se virent obligés de déposer les armes. La guerre contina toutefois en Flandre et ne cessa que par le mariage d'Anne de Bretagne avec Charles VIII. Pour augmenter le nombre de ses adhérents, le roi donna, par lettres du 29 mars 1491, Guise et Le Nouvion à perpétuité à Louis et Jean d'Armagnac.

Ceux-ci moururent bientôt, ne laissant pas d'enfants; le comté de Guise passa à leur sœur, Marguerite d'Armagnac, épouse du maréchal de Gié, Pierre de Rohan, qui fit hommage à Louis XII, en 1503, en son nom et en celui de sa femme, pour le duché de Nemours, le comté de Guise et la seigneurie du Nouvion.

Pierre de Rohan ne put demeurer paisible possesseur du domaine de Guise; son cousin Réné II de Lorraine, issu de germain par les d'Armagnac, engagea de longs procès contre les Rohan, prit le titre de comte de Guise et légua par testament, en 1506, tous ses droits à son fils, Claude de Lorraine (2), qui fit hommage pour ses possessions à Louis XII, successeur du roi Charles VIII.

La France se reposait de ses rudes labeurs sous le bon roi Louis XII, surnommé le *Père du Peuple;* Guise et Le Nouvion florissaient dans les mains de ce Claude de Lorraine, qui prit le premier le titre de duc de Guise, et qui, avec ses descendants, devait élever cette maison à un degré de gloire et d'honneur qu'aucune autre n'avait encore atteint. Ce fut par leur courage,

---

(1) *Des Droits du Roi*, p. 537. — Devisme, *Man. hist.* — L'abbé Pécheur.
(2) Devisme, *Manuel historique*.

leur bravoure sur les champs de bataille, autant que par leurs alliances avec les maisons royales.

Mais un événement inattendu vint alors jeter l'effroi dans la Picardie et la Thiérache : un tremblement de terre, accompagné de grands dommages, s'y fit sentir, ainsi qu'à Laon et à Saint-Quentin; heureusement, les désastres en furent bientôt couverts par la sage administration qui dirigeait alors le pays (1504).

Claude brilla entre tous par le courage et l'habileté qu'il montra pendant les guerres d'Italie, comme lieutenant général de Louis XII, et lorsque ce prince mourut, son successeur, François I*er*, put apprécier les talents militaires du seigneur de Guise lors de ses longues guerres contre Charles-Quint et Henri VIII d'Angleterre.

Les fêtes somptueuses que François I*er* donna au roi Henri VIII, l'entrevue qu'ils eurent au *camp du drap d'or*, et les tournois qui signalaient ces réjouissances ne purent éteindre la haine qui divisait les deux peuples, et les hostilités reprirent. Les Anglais et les impériaux pénétrèrent dans la Picardie qui fut défendue; mais le duc de Nassau n'ayant pu prendre Mezières, que défendait le chevalier Bayard, il résolut d'effectuer sa retraite, et pour la protéger, il s'appuya le long des bois, passa par Montcornet, Aubenton, Étréaupont et Saint-Michel pour se rendre de là sur Vervins et Guise, pillant, ravageant et brûlant tout sur son passage. Averti du chemin qu'avaient pris les impériaux, le roi envoya des troupes pour les inquiéter, de sorte que Nassau fut obligé de rétrograder; mais ce ne fut qu'après avoir *mis à sac la villette d'Aubenton* et fait passer au fil de l'épée « toutes sortes de gens indifféremment, de tous sexes, de tous âges avecques une cruauté insigne et brûler la ville; » ensuite, il prit le chemin d'Étréaupont, laissant à sa gauche Vervins qui fut sauvé de son attaque.

Le roi de France mit des garnisons dans toutes les places frontières du côté de Guise, prit et brûla Landrecies et Maroilles, qui formaient l'extrême limite des possessions impériales au nord de la Thiérache, et se retira en son château de Compiègne (1) (1522). Cependant la frontière picarde ne jouit pas longtemps de repos; et Claude dut se joindre à d'autres seigneurs voisins pour s'opposer aux opérations d'une nouvelle armée anglaise, débarquée à Calais sous les ordres du duc de Suffolk. Bapaume fut rasé, brûlé et ruiné avec son château par les troupes françaises commandées par le seigneur de Guise, le comte de Saint-Pol et le seigneur de Lorges.

Claude continua de mener forte guerre contre les partis anglais et impériaux disséminés dans les Flandres, et rendit de ce côté de grands services à son souverain.

Aux maux de ces guerres continuelles vinrent s'ajouter les misères d'un hiver excessivement rigoureux, celui de l'année 1523. Le froid fut si intense que les blés gelèrent presque partout dans le royaume. Une augmentation exorbitante des impôts acheva de combler la mesure des malheurs publics. Les revenus du pays, les propriétés individuelles, rien ne fut épargné pour faire face aux dépenses nécessitées par l'ambition du roi et la somptuosité des fêtes de la cour. Enfin, la prise du roi à Pavie, en 1525, mit la France à deux doigts de sa ruine, et tout semblait perdu, lorsque

---

(1) Dubellay, Mem

des négociations, celles dites de la *Paix des Dames*, ramenèrent, quoique d'une manière honteuse, le calme et une espèce de soulagement aux maux publics.

Pendant la captivité du roi, la Thiérache et le Laonnois devinrent la proie d'un corps d'impériaux sorti du Hainaut, qui put y pénétrer sans obstacles, les frontières étant alors complètement dégarnies. Les environs du Nouvion, de Guise et de Marle furent de nouveau ravagés. Cette dernière ville fut mise à feu et à sang avec un grand nombre de villages de son comté. Le retour du monarque fut signalé dans nos parages par la faveur qu'il accorda aux villes de Guise, du Nouvion et d'Hirson, par lettres données à Saint-Germain-en-Laye, le 8 décembre 1526, d'être affranchies *des tailles et crus mis et a mettre*, pendant dix ans, privilèges qu'il prolongea même pour six ans de plus, par d'autres titres donnés à La Fère le 7 juillet 1535 (1).

François Ier voulut récompenser d'une manière plus éclatante les services de toute sorte que lui avait rendus le duc de Guise. Claude n'avait que la simple propriété du comté de Guise; on voulut joindre l'usufruit à la propriété. Il fut alors convenu (26 janvier 1526) que Charles de Rohan céderait au roi l'usufruit de Guise, du Nouvion et d'Hirson, moyennant 4,000 livres de rente; et le même jour, le roi donna cet usufruit à Claude de Lorraine, « pour en jouir, dit l'acte de concession, par ledit sieur de Guise, tant qu'il plaira à Sa Majesté. »

Enfin le monarque voulut fixer la position officielle de la famille de Lorraine en France par l'érection du

---

(1) Devismes *Manuel hist*. — Dubellay, Mém.

comté de Guise en duché-pairie, et afin d'en relever et assurer le titre, le roi fit entrer dans la composition du duché les anciennes dépendances que Claude possédait dans les environs, comme les baronnies et seigneuries d'Aubenton, de Rumigny, de Martigny, d'Any, de Condé, d'Hirson, du Nouvion et leurs dépendances, « avec tous les honneurs, priviléges, prérogatives, libertés, franchises, exemptions et prééminences appartenant à duché. »

Ces lettres d'érection furent données à Saint-Germain-en-Laye, en janvier 1527, et rencontrèrent au parlement une forte opposition, et il ne fallut rien moins que la ferme volonté du roi pour les faire enregistrer, et entériner ensuite dans les différents bailliages où elles devaient recevoir leur exécution.

Les malheurs de la France ne finirent pas avec la captivité du roi. La guerre recommença plus acharnée en 1536; mais cette fois, les succès furent partagés, et l'empereur ne fut pas toujours le plus heureux. Tandis que les Français cherchent à affamer les troupes de Charles-Quint dans le sud de la France, ses généraux, le duc de Nassau et Adrien de Croy, comte de Rœux, gouverneur de l'Artois, pénètrent en Picardie à la tête d'un corps nombreux et aguerri. Le duc de Vendôme, qui defendait cette province, n'avait que 9,000 hommes à opposer à 27,000. La ville de Guise fut prise et saccagée par le comte de Nassau, ainsi que toutes *les villes champêtres* des environs, où il mit tout à feu et à sang, *emmenant proye et butin d'hommes, de bestial et de biens meubles* (1); et dans cette guerre d'extermination, le

---

(1) Dubellay, Mem

soldat n'épargnait ni les églises, ni les abbayes, qui lui offraient toujours une plus riche proie. Le bourg et l'abbaye de Saint-Michel sont ainsi pillés une première fois, en 1536, et, de rechef, en 1542, époque où les flammes détruisent également la remarquable abbaye de Foigny.

Interrompue par une trêve entre les deux princes, cette lutte insensée recommença bientôt plus furieuse : la Picardie et la Thiérache furent comme toujours le théâtre des premières hostilités. Les deux rivaux faillirent s'y rencontrer, puisque le roi de France vint loger à Câtillon, puis à Guise (1543). Charles-Quint assiégea vainement Landrecies, qu'il ne put prendre ; mais le bourg et l'abbaye de Saint-Michel éprouvèrent pour la troisième fois (1544), depuis huit ans, la fureur de l'ennemi, qui alla ensuite ravager la Champagne, Soissons et Château-Thierry (1).

Cette campagne se termina par le traité de Crespy, en 1544, mais la guerre se ralluma en 1551. Le comte de Rœux, à la tête de quarante compagnies d'infanterie et de deux mille chevaux, fit, en 1552, une nouvelle irruption en Picardie ; il s'empara de Vervins qu'il livra au pillage ; Marle, Ribemont, Chauny et autres lieux voisins éprouvèrent le même sort ; et plus de 800 villages, dit-on, furent dévastés dans cette barbare expédition, qui fut le fruit de la colère d'une femme. Marie, reine de Hongrie et gouvernante des Pays-Bas, l'avait ordonnée pour se venger d'avoir été chansonnée par les soldats du roi de France. Henri II ne voulant pas laisser impunis de pareils actes d'atrocité,

---

(1) Devisme, *Manuel historique*

assembla deux armées considérables, l'une à Crécy-sur-Serre, l'autre à Étréaupont; elles envahirent le Hainaut, où elles exercèrent de vigoureuses représailles, notamment sur la maison de plaisance de la reine de Hongrie et sur le château de Rœux. Cette longue lutte de François Ier et de Charles-Quint n'apporta aucun avantage au royaume, mais elle pesa cruellement sur les malheureuses populations de Guise et du duché tout entier.

Claude de Lorraine fut blessé grièvement au camp du Mont-Lambert, où il avait voulu charger de sa personne pour dégager les siens qui faiblissaient. Il en guérit néanmoins, grâce à une force physique incomparable, et ne mourut que six ans après, en 1550, à Joinville, où il fut enterré, après avoir jeté les fondements de la forteresse actuelle dite château de Guise. Il laissait une nombreuse et fière postérité, qui inspira à François Ier mourant, ces paroles qu'il adressa à son fils et successeur, Henri II : « Gardez-vous de l'ambition des Guise, et surtout ayez garde de les appeler aux affaires publiques. » En effet, une imposante lignée était issue de Claude de Guise et d'Antoinette de Bourbon : Ils n'avaient pas eu moins de dix enfants, qui tous obtinrent des positions aussi élevées que glorieuses. Ce fut l'aîné de tous, François de Guise, né le 17 février 1519, au château de Bar, et qui joua un si grand rôle dans notre histoire, qui succéda à son père comme duc de Guise, du Nouvion et autres terres. Gouverneur de Champagne et de Brie, il s'était déjà fait remarquer par son courage et sa conduite. La belle défense de Metz et la part qu'il prit l'année suivante à la victoire de Renti lui valurent une considération personnelle dont il ne tarda pas à obtenir des preuves. Eloigné de la cour par les intrigues de Diane de Poitiers et des Montmorency, jaloux de son influence naissante, il fut envoyé en Italie avec une armée sous prétexte de conquérir le royaume de Naples.

Sur ces entrefaites, Charles-Quint, *abandonné de la Fortune*, abdiqua *l'empire du monde* et laissa le trône d'Espagne à son fils Philippe II, dont le règne ne devait pas être plus favorable à la France que celui de son pere. Dès l'année 1557, l'amiral Gaspard de Coligny avait rompu la trêve et s'était jeté sur Douai. La Thiérache avait été ravagée du côté de La Capelle et de Rozoy-sur-Serre par les garnisons d'Avesnes et de Chimay. Tout indiquait que les hostilités allaient reprendre plus vives que jamais. Philibert-Emmanuel de Savoie, après avoir menacé Rocroy, entra en Thiérache et se dirigea sur Guise dont le seigneur était toujours en Italie; des détachements de sa nombreuse armée brûlèrent La Capelle, Vervins et Saint-Michel. Guise fut menace d'un siège terrible; mais ce n'était qu'une feinte qui cachait de plus vastes desseins. Emmanuel envoya tout-à-coup sa cavalerie investir Saint-Quentin; Coligny défendait cette place, mais il eut le tort de s'y renfermer. Le connétable de Montmorency, envoyé à son secours, eut de son côté l'imprudence d'accepter, dans de mauvaises conditions, une bataille rangee, contre une armée beaucoup plus nombreuse que la sienne. Il fut battu, et Saint-Quentin, emporté d'assaut, dut ouvrir ses portes à l'armée victorieuse, le 27 août 1557. En poursuivant activement leur marche, les Espagnols pouvaient surprendre Paris; mais ils s'amusèrent à soumettre les places des environs de Saint-Quentin et donnèrent ainsi à François de Lorraine le temps de revenir d'Italie. Il entre en campagne dès le mois de décembre, malgré les difficultés de la saison; il trompe l'ennemi par quelques diversions et tombe à l'improviste sur Calais qu'il emporte en huit jours (1558). La prise de Thionville, qui eut lieu quelques mois après, porta au plus haut point la gloire militaire de François de Guise; il fut nommé lieutenant général du royaume aux applaudissements de tous, et proclamé seul capable de rétablir les affaires du pays, fortement ébranlées par la perte de Saint-Quentin. Guines, Arlon, Ham, emportés d'assaut en moins d'un mois, faisaient présager une heureuse campagne, lorsque la paix désastreuse de Câteau-Cambrésis, conclue contre l'avis du duc de Guise, à l'instigation de Diane de Poitiers, vint mettre un terme à ses succès (1).

François II, qui succédait à son père, avait épousé, à peine âgé de 15 ans, Marie Stuart, nièce des Guise. Celle-ci, parée de tous les avantages, jeune, belle, ardente, exerçait sur le jeune monarque un empire sans bornes, et subissait à son tour l'ascendant de ses oncles, qui, ayant en main toute l'autorité, s'en servaient pour fortifier leur parti, en élevant leurs créatures. Mais tandis qu'ils prenaient ainsi dans l'État une prépondérance sans limites, leur chute se préparait dans l'ombre.

Le protestantisme, né en Allemagne, n'avait fait sous François Ier que des progrès partiels; ils furent assez sensibles sous le règne de son fils, pour qu'on se crût obligé de lancer des ordonnances afin de les arrêter On défendit les assemblées nocturnes, les colloques secrets à l'aide desquels se disseminait l'erreur. Néanmoins, les idées de réforme firent leur chemin;

---

(1) Hist. de France.

et comme chez nous on a toujours aimé la nouveauté, le peuple se mit à lire la Bible, que chacun pouvait expliquer à sa manière, courut aux prêches et se passionna pour une doctrine qui avait aboli tout ce qu'il y avait de gênant pour les passions dans l'antique religion de ses pères. Tout le monde, catholiques et protestants, se mit à discuter, à dogmatiser, à intriguer, et bientôt la guerre éclata.

La réforme religieuse eut autant de partisans dans les campagnes que dans les villes. Le calvinisme qui avait paru en 1549 dans le Laonnois, pénétra l'année suivante dans notre Thiérache. Georges Magnier paraît en avoir été le premier apôtre dans la contrée. C'était une espèce de fanatique qui, la Bible à la main, se mit d'abord à parcourir les veillées villageoises, où il faisait des lectures et expliquait la nouvelle doctrine. Son zèle ne pouvant demeurer longtemps secret, il craignit bientôt d'être inquiété; il fallut donc en venir aux réunions clandestines. Elles se tinrent dans des bois écartés, et dans certaines maisons de Lemé (Sains) où Magnier espérait pouvoir échapper aux recherches de l'autorité qui veillait sur lui. Or, un soir, qu'il présidait une assemblée nombreuse, sous un chêne séculaire, dans le bois de La Cailleuse, entre Lemé et Voulpaix, la garnison de Guise enveloppa tout-à-coup le prêche en plein vent, et se ruant sur cette troupe sans armes, la dissipa. Magnier, comme chef des paysans réformateurs, fut arrêté, condamné aux galères, et mourut victime de son zèle pour la propagation du nouveau système religieux.

La persécution et l'éloignement du premier apôtre de la réforme dans la Thiérache n'étouffèrent point les semences qu'il avait répandues. Le village de Lemé, celui de Landouzy-la-Ville et ses nombreuses dépendances, Leuze, Esquéhéries, etc., se peuplèrent de protestants, et la réforme s'y est perpétuée jusqu'à nos jours, malgré les efforts tentés à différentes époques pour l'en éloigner (1).

---

(1) Am. Piette, *Histoire de Foigny*; — J B. Brayer, *Statistique de l'Aisne*

VIII

La Thiérache pendant les guerres de religion et la lutte contre la maison d'Autriche.
(1550-1643.)

> Le duc François de Guise, chef des catholiques. — Exemptions et priviléges accordés aux comté et châtellenie de Guise et du Nouvion. — L'affaire de Vassy. — Siége d'Orléans. — Assassinat de François de Guise; — Henri de Lorraine, son fils, lui succède. — La Saint-Barthélemy. — Origine de la ligue ou Sainte-Union. — Fléaux dans la Thiérache. — Ambition du duc Henri de Guise. — États généraux de Blois. — Guise y est assassiné; — Charles de Lorraine lui succède. — Désordres qui suivent la mort de Henri III. — Les terres de la Thiérache restent incultes. — Henri IV et la Ligue. — Paix de Vervins — Établissement d'une Élection à Guise. — Ministère de Richelieu. — Les Espagnols aux frontières du Nord. — Réapparition de la peste dans la Thiérache. — Pillage de Sorbais par un parti espagnol; — Ceux-ci défaits entre Iron et Esquéhéries. — Mort de Charles de Lorraine. — Henri II de Lorraine, cinquième duc de Guise; — Sa vie déréglée et excentrique. — Le duché de Guise confisqué par Richelieu. — Mort de Richelieu et de Louis XIII. — Henri de Lorraine recouvre son duché et ses titres; — Sa captivité à Naples. — Avénement de Louis XIV.

Voici l'époque la plus affreuse de notre histoire : huit guerres civiles, à peine séparées par de courts intervalles d'une paix infidèle; la France déchirée par ses propres enfants, qui, de chaque côté, appellent l'étranger à leur aide; tous les crimes de la violence et de la fureur, et, en même temps, toutes les complications de de l'astuce, de la fourberie, de la trahison.

Le duc François de Guise, qui comptait parmi les membres de sa famille des cardinaux, des religieux et des abbesses, fut lui-même l'un des plus zélés catholiques de son époque; mais il fut aussi l'un des ennemis les plus acharnés du parti protestant, dont il poursuivit activement les adeptes, moins peut-être par suite de ses convictions religieuses que par ambition personnelle.

Une conjuration protestante était sur le point d'éclater à Amboise, où se trouvait réunie la cour. L'habileté avec laquelle elle avait été ourdie par le prince de Condé paraissait devoir en assurer la réussite, lorsque le secret fut divulgué par un des conjurés. François de Lorraine fut aussitôt appelé à Paris et nommé une deuxième fois lieutenant général du royaume; et cette conspiration, ourdie contre les Guise, servit au contraire à les élever encore en leur fournissant un prétexte pour se défaire de leurs ennemis. Le prince de Condé lui-même, quoique prince du sang, allait subir la loi du plus fort, lorsque la mort de François II et l'avénement de Charles IX, en 1560, en délivrant les protestants et leur chef, remit les partis en présence.

Ce fut assurément au crédit dont le duc de Guise jouissait alors à la cour, que notre pays dut le privilége d'être exempté par le roi « de toutes tailles, crues équivalentes, aydes et subsides, pour quelque cause et occasion que ce soit, » à l'exception toutefois du taillon, des impôts sur les marchandises et denrées, du huitième et du deuxieme de vin vendus tant en gros qu'en détail, et du droit d'étapes. Le duc fit étendre ce privilége aux villages, paroisses; censes et hameaux du duché et de ses châtellenies du Nouvion et d'Hirson, et entre autres Chigny, Englancourt, Marly, Erloy, St-Algis et Autreppes; Lesquielles, Hannape, Étreux, Neuville-Dorengt, Oisy, Wassigny, Esquéhéries, Leschelle, Beaurain-Fossé (Buironfosse), Fontenel, Papeleux, Villers-outre-Guise; Le Nouvion, Boué, Bergues, Barzy, Hirson,

Mondrepuy, Étréaupont, Clairfontaine, Rochefort et S¹-Michel (1560). Concédée pour six ans d'abord, l'exemption fut prolongée par périodes de six et dix années sous les règnes suivants, et, dans la suite, restreinte à Guise, Le Nouvion et Hirson (1).

Sous le nouveau roi, l'influence des Guise diminua sensiblement. Mécontent des ménagements que la régente et son conseil avaient pour les protestants, et de l'*édit de janvier* qui leur accordait la liberté de conscience ; blessé surtout de voir ses avis dédaignés, il quitta la cour et se retira en ses terres de Lorraine. Rappelé peu après par son parti, il se rapprocha de la capitale, et ce fut pendant ce voyage qu'eut lieu l'événement connu sous le nom de *Massacre de Vassy*. Ce malheur, peut-être imprévu, dont les catholiques et les protestants s'attribuèrent tour à tour la responsabilité, alluma la guerre par toute la France. François de Guise fut nommé généralissime de l'armée catholique, tandis que de son côté Condé commandait les protestants. On sait comment ce dernier fut vaincu à Dreux. Guise allait terminer la guerre civile par la prise d'Orléans, dernier rempart des calvinistes, lorsqu'il fut assassiné d'un coup de pistolet que lui tira par derrière Poltrot de Méré, gentilhomme angoumois ; six jours après, il mourut des suites de sa blessure, le 15 février 1563, après avoir donné à son fils, Henri de Joinville, les plus sages conseils. Celui-ci lui succéda au duché de Guise et hérita de son courage, de son habileté, ainsi que des honneurs et des charges dont il avait été comblé.

François de Guise avait eu de Jeanne d'Est, com-

---

(1) Arch. de Guise.

tesse de Gisors, fille d'Hercule d'Est II, duc de Ferrare, et de Rénée de France, seconde fille de Louis XII, qu'il avait épousée le 4 septembre 1549, sept enfants, entre autres : Henri Iᵉʳ, duc de Guise; Charles, duc de Mayenne; Louis, deuxième cardinal de Guise, archevêque de Reims; Catherine, seconde femme de Louis de Bourbon, duc de Montpensier, et un fils naturel nommé Louis de Guise.

« Descendant d'une race illustre qui, pour mieux justifier l'usurpation qu'elle meditait, prétendait faire remonter son pennon généalogique jusqu'à Charlemagne, Henri de Guise réunit de bonne heure en sa personne les qualités les plus brillantes, et ce fut surtout à lui qu'on put appliquer le mot de la maréchale de Retz : « Que les princes lorrains avoient si bonne mine, qu'auprès d'eux les autres princes paroissoient peuple. » Aux avantages corporels il joignait une affabilité qui lui gagnait les cœurs. « Aussi, la France, suivant l'expres-
« sion pittoresque d'un historien de ce temps, étoit-
« elle folle de cet homme-là, car c'est trop peu dire
« amoureuse. Il étoit impossible, ajoute le même
« écrivain, de lui vouloir du mal en sa présence, et les
« huguenots étoient de la ligue lorsqu'ils regardoient
« le duc de Guise. »

Le premier sentiment qu'éprouva Henri de Guise fut une haine implacable pour les protestants et surtout pour Coligny, que Poltrot de Méré, dans ses interrogatoires, avait constamment chargé comme l'instigateur secret de la mort de son père. Néanmoins, malgré ses instances et celles de sa mère, il ne put, faute de preuves, obtenir de condamnation contre l'amiral, et il dut attendre l'occasion de se faire justice par lui-même.

A la bataille de Jarnac, il crut un moment l'avoir trouvée; mais n'ayant pu atteindre son ennemi pour le combattre corps à corps, comme il le désirait, il satisfit moins noblement sa vengeance en consentant plus tard à diriger les opérations de la Saint-Barthélemy, pendant laquelle il le fit poignarder par ses propres domestiques. Le massacre dura trois jours à Paris, et l'on sait qu'il fut imité presque par toute la France. Charles IX ne survécut que deux ans à l'horrible boucherie du 24 août 1572, qui n'eut d'autre cause que la fureur d'un roi irrité, la haine d'un chef puissant, l'atroce politique d'une cour débauchée et sanguinaire, et l'exaltation d'une populace ameutée, chez qui la vue du sang est toujours une excitation au meurtre. Henri III fut sacré à Reims, le 11 février 1575, par le cardinal de Guise, évêque de Metz, et deux jours après, il épousait Louise de Vaudemont, princesse de Lorraine (1).

Ce prince frivole et de mœurs dissolues n'était pas l'homme de la situation. Au lieu de ménager les calvinistes, comme on le lui conseillait, il se déclara contre eux, et de nouveau la mésintelligence éclata. Des Allemands, au service des protestants, s'avancèrent jusque Château-Thierry, mais ils furent défaits par le duc de Guise, qui reçut, dans la mêlée, un coup d'arquebuse à la joue, ce qui lui valut, comme à son père, le surnom de *Balafré*. La défaite partielle des calvinistes à Château-Thierry fut suivie d'une trêve, puis d'une paix tellement honteuse pour la royauté, et tellement avantageuse aux calvinistes et aux princes rebelles, que les catholiques se soulevèrent contre la cour

---

(1) *Hist. de France*, — *Diction. de la noblesse;* — Pêcheur, *Hist. de Guise.*

et formèrent une ligue dont l'idée fut conçue, dit-on, au château de Marchais, appartenant au cardinal de Lorraine. Cette association, connue dans l'histoire sous le nom de *Sainte-Ligue,* était extérieurement destinée à protéger la religion ; mais son but réel, tout politique, était l'élévation des Guise (1576).

Les deux années 1579 et 1580 furent signalées par de grands fléaux. Un tremblement de terre se fit sentir à Soissons, à Laon, à Chauny, et jusque dans la Thiérache, dans le courant de la semaine de Pâques 1579; et le mercredi de la Pentecôte eut lieu un affreux ouragan qui fut suivi d'une épidémie. Ce fléau, qui avait disparu pendant l'hiver, reparut dans l'été de 1580, avec une nouvelle intensité. Il ravagea Saint-Quentin, Guise et ses environs, et une partie de la Thiérache. On ne voyait partout que cadavres amoncelés par cette peste, qui ne cessa totalement que vers 1581 (1).

Cependant les affaires politiques prenaient une tournure de plus en plus menaçante pour le roi Henri III. Le duc d'Anjou venait de mourir et le roi n'avait pas d'enfants; l'infortunée Marie Stuart, nièce des Guise, mourait décapitée par ordre de la protestante Élisabeth d'Angleterre, après une dure et longue captivité; Henri de Guise, considéré comme le sauveur de la France, allait être proclamé connétable par les États généraux, rassemblés à Blois, et, sans doute aussi, héritier présomptif de la couronne. Sentant qu'il ne jouerait dans les États qu'un rôle secondaire, Henri III prit une détermination violente, qui renversa tout d'un coup l'édifice de la fortune du Balafré, au moment même où il croyait toucher au but. Sa mort, jugée nécessaire au

---

(1) Devisme, *Manuel hist.* — *Hist. de Soissons;* — Colliette, etc.

bien de l'État, fut en effet résolue. Le duc en fut averti, mais fier de sa puissance, il répondit : « On n'oserait ! » Il ne pouvait croire en effet que le roi, dont il connaissait la faiblesse, pût jamais se porter à une pareille extrémité. Mais sa destinée était fixée, et l'histoire nationale nous apprend comment et où il périt assassiné. Pendant qu'on massacrait son frère, le cardinal de Guise était dans la salle des États; à la rumeur causée par l'événement, et comme éclairé par un pressentiment, il se leva, en s'écriant : « Voilà qu'on assassine mon frère ! » Il ne tarda pas, du reste, à partager son sort : arrêté immédiatement lui-même, il fut tué le lendemain par quatre hommes, à qui l'on avait donné quatre cents écus pour cette exécution. Le duc de Guise était âgé de trente-huit ans, et le cardinal son frère, de trente-trois. Leur mort causa dans toute la France, et particulièrement à Paris, une émotion extraordinaire. Les prédicateurs de la ligue publièrent qu'on avait vu des prodiges dans l'air, et les préconisèrent comme martyrs; et peu s'en fallut que l'on n'honorât leurs reliques à l'égal de celles des saints.

Henri de Guise laissait de Catherine de Clèves, comtesse d'Eu, son épouse, plusieurs enfants parmi lesquels nous citerons Charles IV de Lorraine, duc de Guise; Louis, cardinal de Guise, troisième du nom, archevêque de Reims, et Claude, duc de Chevreuse. Charles ne faillit pas à l'honneur de sa maison; mais il était trop jeune pour être reconnu chef de la ligue, dont la situation critique réclamait une main plus ferme et plus expérimentée. Elle choisit le duc de Mayenne, oncle du jeune Charles : c'était parmi tous les ligueurs, le seul capable de mener à bonne fin l'œuvre commencée par les Guise, ses ancêtres.

Henri III ne retira aucun avantage du lâche assassinat qu'il avait moralement commis, et tomba lui-même peu après sous le couteau d'un fanatique, après avoir désigné pour lui succéder au trône, son beau-frère et cousin Henri de Navarre. Les années qui suivirent la mort de Henri III furent pour la France des années de guerre civile et étrangère. Ce fut un pillage, une tuerie non interrompue. Comme aux plus mauvais jours des Armagnacs et des Bourguignons, chacun était obligé de veiller à sa propre conservation. Les villes, les villages, les censes, tout se transforme en forteresse et s'entoure de remparts. Il n'est pas jusqu'aux cimetières qui ne servent de retranchements pour ces luttes fratricides, là où manque un fort ou un château. On s'enferme dans les églises, on les perce de créneaux, on y ajoute des tourelles, on y construit même des places d'habitation. Plusieurs églises de Thiérache ont gardé la trace de ces habitations-refuges : ici, c'est une cheminée, là un four qui ont survécu avec le porche du temple, témoins muets des discordes de nos pères. Ces souvenirs d'une époque désastreuse ne sont pas rares dans nos environs, et les églises d'Esquéhéries, de Marly, de Wimy, entre autres, toujours flanquées de leurs tourelles, servirent à ces usages, avec leurs nécropoles.

Comme au xve siecle, les habitants des campagnes abandonnent la culture des terres, ceux des villes leur commerce et leur industrie pour aviser à la sûreté de leurs jours. C'est qu'en effet chaque jour amène sa série de combats, d'escarmouches, de prises et de reprises de villages, de châteaux, entre les partisans de la ligue, et ceux du roi. Le Béarnais fut obligé de conquérir pièce à pièce le royaume qui répugnait de se soumettre à un roi protestant. Il n'avait pas que les catholiques pour adversaires ; les Espagnols, sous prétexte de défendre les intérêts de l'orthodoxie, guerroyaient pour élever au trône de France Isabelle, la fille de leur roi Philippe II, qui aurait épousé le duc de Guise. Déjà tant de fois ruinée, notre chère Thiérache fut encore le théâtre de maints combats. La Capelle fut assiégée et emportée le 9 mai 1594. Guise même avait ouvert ses portes à une garnison d'Espagnols. Leur général, Charles de Mansfeld, en fit son quartier général, d'où il s'élança sur divers points de la Thiérache et du Laonnois, qu'il soumit à la dévastation et au pillage.

Mais le Béarnais rompit l'obstacle qui s'opposait à son avénement : il abjura le protestantisme et se fit admettre dans le sein de l'Église catholique. Dès lors, la ligue n'avait plus de raison d'être ; ses membres commençaient à s'apercevoir de l'ambition des Espagnols et les deux partis étaient également fatigués de la guerre. Un grand nombre de villes ouvrirent leurs portes, le duc de Guise et Mayenne firent leur soumission et demeurèrent fidèles serviteurs de Henri IV. Enfin, Paris, à son tour, ouvrit les siennes et Henri de Navarre fut reconnu roi de France. Tous ceux qui l'avaient combattu se rangèrent sous ses bannières, et l'Espagnol vaincu fut obligé d'accepter la paix que lui dicta Henri et qui fut signée à Vervins (1598). Le royaume, sous l'administration de ce bon roi, put enfin respirer après les longues et déplorables guerres qui l'avaient réduit aux extrémités de la misère.

Henri IV n'eut désormais qu'a se louer de la fidélité du duc Charles de Guise, et c'est avec raison qu'il put dire : « Qu'il faisoit revivre en soy, par sa valeur, la mémoire de la magnanimité de ses ancêtres », car, dit le P. Deverdun, l'historien de Guise, il se distingua souvent par les faits militaires les plus éclatants. Aux portes de Gray, en Bourgogne, il entreprit, avec quinze gentilshommes, de couper le chemin à une partie de l'armée du connétable de Castille; il franchit, au milieu d'une grêle de mousqueterie et d'arquebussade, un ruisseau très-dangereux, et chargea si vivement qu'il mit la cavalerie ennemie en déroute, tua un grand nombre de soldats et fit beaucoup de prisonniers. Un des capitaines de la ville étant sorti, en lui criant par raillerie : *A moi, armes dorées,* Charles fondit sur lui l'épée a la main, le tua sur la place et revint triomphant au milieu de la fumée des mousquets et des canons. Le roi fut si charmé de ce trait de bravoure qu'il l'embrassa publiquement et lui témoigna l'estime qu'il avait conçue pour lui, en le nommant gouverneur de Provence, avec la qualité d'amiral du Levant (1), (1594).

Henri IV devait aussi périr assassiné; son fils lui succéda sous le nom de Louis XIII. Ce fut deux ans après l'avenement de ce prince qu'une élection (2) fut établie à Guise (1612). Quatre-vingt-sept paroisses furent distraites de celle de Laon pour en former la circonscription. Parmi ces quatre-vingt-sept paroisses, les vingt-trois plus proches de Guise suivaient la coutume de Ribemont ; nous citerons entre autres : Dorengt, Hannape, Lavaqueresse, Leschelle, La Neuville-lès-Dorengt, Vadencourt, etc. Cette nouvelle élection fut ajoutée, en 1614, aux six élections de Soissons,

---

(1) *Triomphe de Guise*, par le P. Deverdun.
(2) Voir 2e partie, p. 114.

Laon, Noyon, Clermont, Crepy et Château-Thierry, qui composaient déjà la généralité de Soissons établie sous Henri IV, en novembre 1595, sur la demande du duc de Mayenne, à qui ce prince avait donné Soissons comme place de sûreté.

Après quelques années de paix intérieure, la France fut de nouveau troublée par les Huguenots. On fut obligé, après avoir tenté plusieurs accommodements, de les désarmer pour les réduire. Cette opération difficile ne put s'effectuer sans troubles. Ils étaient nombreux et puissants dans la Thiérache, où des ministres aussi fervents qu'éloquents avaient contribué à la propagation de la réforme. A Guise, à Lesquielles, aussi bien qu'à Saint-Quentin, La Fère et Laon, la résistance fut vive et alla jusqu'à l'effusion du sang (1621). Ces villes appelèrent les Espagnols à leur secours, et Mansfeld poussa un parti à travers la Thiérache où furent commis de nouveaux dégâts. Les maux causés par la guerre étaient à peine réparés que cette malheureuse région eut de nouveau à souffrir des ravages de la peste, qui la parcourait en tous sens et lui enleva une partie de ses habitants. Enfin, le grand ministre Richelieu, qui arriva aux affaires en 1624, mit pour longtemps les réformés à la raison. Le protestantisme a, toutefois, conservé des racines dans la Thiérache; les villages de Lemé, Landouzy-la-Ville et Esquéhéries en renferment les principaux débris. Charles de Guise rendit un nouveau service à Louis XIII en gagnant, le 18 octobre 1622, une grande bataille sur l'armée navale des Rochelois protestants (1).

Cependant Richelieu faisait peser sa main puissante

---

(1) Devismes, *Manuel hist.* — D. Lelong. — *Hist. de France.*

sur les grands du royaume, et parvint ainsi à apaiser nos discordes civiles; mais son administration impérieuse ouvrit de nouveau nos frontières aux armes de l'étranger. Justement irrité de la conduite de l'Espagne à notre égard, le cardinal lui fit la guerre; mais à peine fut-elle déclarée que le duché de Guise vit l'ennemi reparaître et recommencer ses courses dévastatrices. Le baron du Bec, gouverneur de La Capelle, parvint néanmoins à lui faire repasser la frontière. Il avait déjà pillé Foigny et s'était répandu aux environs de Vervins. Là se bornèrent pour le moment les hostilités de ce côté. Ce fut un bonheur pour le pays, car la peste qui l'avait ravagé dix ans auparavant y avait reparu sur la fin de l'année 1635. Elle parcourut une deuxième fois la Thiérache qu'elle désola pendant plusieurs mois. Guise, Le Nouvion, La Capelle, Hirson et Vervins en ressentirent les terribles atteintes. Les populations effrayées se retiraient dans les bois, espérant de s'y soustraire au fléau; mais emportant avec eux les germes de la contagion, la plupart y trouvèrent la mort qu'ils avaient voulu fuir (1).

Néanmoins l'épidémie n'abattit point le courage de la garnison du fort de La Capelle, car on la vit, au début de l'année 1636, prendre part à un brillant fait d'armes. Les garnisons espagnoles de Landrecies, d'Avesnes et de Maubeuge avaient envoyé, de concert, quatre cents cavaliers et un millier de fantassins faire le ravage en Thiérache. Le détachement venait de piller Sorbais et emmenait, tambour battant, huit cents moutons, deux cent cinquante vaches, trente-cinq chevaux et vingt-

---

(1) *Manuel hist* Devismes. — D. Lelong; — *Hist. de Guise*, Pécheur

cinq habitants, quand, tout-à-coup, quarante-cinq carabins, détachés du fort de La Capelle, aperçoivent les pillards traversant Lerzy en bon ordre ; ils en donnent avis au commandant Hupy, qui forme une colonne de cent cinquante-six fantassins, trente carabins et deux cents habitants de la cité. Cette colonne va se mettre en embuscade à Bellevue où devaient passer les Espagnols, les surprend au moment où ils défilaient entre la forêt du Nouvion et les haies de Bellevue, leur tue deux cents hommes, entre autres le fils du maire de Prisches, capitaine, leur reprend tout le butin et les poursuit jusqu'à Floyon (1) (27 février).

Toujours en mouvement, les Espagnols recommencerent les hostilités et firent une puissante diversion du côté de la Picardie, pour obliger les Français à abandonner le siége de Dôle. Le 21 juin 1636, un engagement eut lieu près du Catelet, entre les Espagnols et les compagnies de chevau-légers de Guise, soutenues par les garnisons de Péronne et de Bohain. Ceux-ci chargèrent l'ennemi avec vigueur, lui tuèrent deux cents hommes et firent soixante-dix prisonniers, sans perdre un seul homme.

Cependant l'armée espagnole parut devant La Capelle qui fut prise, et Guise ne dut son salut qu'à la valeur du comte de Guébriant qui le défendait et qui fit des prodiges de valeur. Enfin, après une courte trêve, la guerre recommença. L'armée française poursuivit le cours de ses premiers succès en reprenant la plupart des places conquises par les Espagnols les années précédentes. A ces divers succès ne se mêla qu'un revers : la déroute que le capitaine Duhamel, de la

---

(1) Grotius — Mennesson, *Hist de La Capelle*.

garnison de Landrecies, nouvellement reprise, éprouva après être tombé dans une embuscade entre Guise et Le Nouvion, et où il perdit la plus grande partie de son escadron. Cette déroute fut le prélude de nouvelles incursions en Thiérache (1638), et durant lesquelles une partie du pays fut désolée par le fer et par le feu. La reprise du Catelet et des représailles en Hainaut furent nos seules compensations de ce côté, en cette année qui vit naître Louis XIV. Mais en 1640, les avantages furent du côté de la France. Après la prise de Chimay, les Français ayant parcouru le Hainaut, un de leurs corps, fort de 800 hommes, fut écrasé dans la Fagne, le 28 novembre; mais en revanche, la garnison de Guise battit, le 3 décembre suivant, près des villages d'Iron et d'Esquéhéries, la garnison espagnole qui s'était trop avancée dans ces quartiers couverts de bois (1).

Tandis que notre contrée était ainsi travaillée sans relâche par la guerre, Charles de Lorraine, duc de Guise, fils du Balafré, s'éteignait dans l'obscurité, loin de sa patrie, en Toscane, où Richelieu, à qui ce grand nom des Guise portait ombrage, l'avait forcé de se retirer. Louis III, son frère, troisième et dernier cardinal de Guise, homme de guerre plutôt qu'homme d'église, était mort en 1621 des suites des fatigues supportées au siége de Saint-Jean-d'Angely. Leur mort amena la dissolution de ce duumvirat redoutable formé par les Guise depuis leur arrivée en France, par lequel, investis des plus hautes dignités militaires et ecclésiastiques, ils mirent en péril la royauté et furent sur le point de se substituer aux Valois comme autre-

---

(1) Lelong — Matton, *Annales hist.* — Péchem, *Hist de Guise*

fois les Capétiens s'étaient substitués aux descendants dégénérés de Charlemagne. Ainsi qu'une lampe, avant de s'éteindre, jette de vives et passagères lueurs, ainsi la dynastie princière des Guise brilla d'un vif éclat avant de disparaître pour toujours.

Charles de Lorraine avait eu de Henriette de Joyeuse, entre autres enfants, Henri de Lorraine, Louis de Lorraine et Marie, dite mademoiselle de Guise.

Henri II de Lorraine, qui succéda à Charles, ne fut pas l'homme le moins extraordinaire de sa race. Né à Blois, le 4 avril 1614, duc de Guise, comte d'Eu et prince de Joinville, pair de France, il fut, dès sa naissance, destiné à l'état ecclésiastique, et pourvu de quatre abbayes, étant encore au berceau. A l'âge de quinze ans, il fut promu à l'archevêché de Reims; mais heureusement, il n'avait aucune vocation pour l'église, et on ne put le faire entrer dans les ordres. Il refusa d'apprendre la theologie, afficha partout le costume et les manières de la cour et mena la vie la plus déréglée. Si l'on en croit un écrivain (1), il porta l'immoralité jusqu'à introduire la débauche dans le couvent de Saint-Pierre, de Reims, dont sa sœur était abbesse, et entretint des liaisons scandaleuses avec la femme de son intendant. On eût dit que le généreux sang des ducs de Guise s'était épanché entièrement sous le poignard des assassins armés par Henri III. Pourtant, avec une âme aussi vile, Henri n'était point tout-à-fait dégénéré. Il était grand, bien taillé, avait la figure noble et belle, l'air martial et était aventureux jusqu'à la folie. Il avait suivi son père en Toscane ou il se distingua dans les troupes de l'empereur. Fatigué de l'exil, il revint à la

(1) Tallemand des Réaux

cour où il eut plusieurs liaisons criminelles, notamment avec Anne de Gonzague, fille cadette du duc de Nevers, avec laquelle il fit courir le bruit qu'il était marié ; mais il la quitta bientôt pour épouser, à Bruxelles, la comtesse de Bossu, qui fit tant de bruit pendant la Fronde. Elle n'en fut pas moins abandonnée par le duc sous prétexte de défaut dans la forme du mariage. Richelieu ne pouvait laisser impunie une semblable félonie, et fit faire le procès du duc, dont les biens furent confisqués, et lui-même condamné à mort, ce qui ne l'empêcha pas de continuer ses déportements à l'étranger durant son exil et en France à son retour. Louis XIII fit don à la reine douairière de Guise des biens confisqués sur son fils, à condition toutefois que les pairies de Guise, de Joinville et d'Eu et les titres de duché demeureraient éteints, sauf à obtenir de nouvelles lettres d'érection.

Cependant les affaires du roi changèrent de face en 1642, et la Thiérache, toujours exposée aux premiers coups de l'ennemi, eut à déplorer de nouveaux malheurs. Le gouverneur des Pays-Bas, Dom Francisco de Mellos, qui avait repris l'offensive, se rendit maître, en peu de temps, de la plupart des places enlevées par les Français. Mais cette campagne fut de courte durée en Thiérache et n'offre rien de bien remarquable.

La mort de Richelieu, arrivée en cette année 1642, fut le signal de la rentrée en France de nombre d'exilés, entre autres de la duchesse de Guise et de ses enfants (1). Profitant aussi de la mort du cardinal-ministre, le duc de Guise revint à Paris, où la comtesse de Bossu ne tarda pas à le suivre, se promettant bien de

---

(1) Mémoires de Montglas. — D. Lelong.

le poignarder de sa propre main, s'il ne la reconnaissait pour sa femme légitime ; mais on la contraignit de quitter le royaume avant son arrivée à Paris, et elle mourut de misère quelque temps après, victime des passions d'un prince intrigant et volage.

    A peine de retour, Henri avait déjà volé à d'autres amours, et s'était lié à la duchesse de Montbazon. Celle-ci ayant été exilée, Guise la remplaça dans son cœur par une des filles d'honneur de la reine Anne d'Autriche. Cette fille cependant, remarquable par sa laideur, n'avait que la coquetterie en partage. En vertu de lettres d'abolition qu'il obtint en 1644, Henri de Lorraine put rentrer en possession de ses biens; il fit, en qualité de volontaire, la campagne de cette année et la précédente et donna même, au siége de Gravelines, de grandes preuves de courage, à la tête de la noblesse qu'il commandait. Mais Louis XIV était monté sur le trône; le jeune duc d'Enghien commandait ses armées et étonnait l'Europe de ses coups foudroyants. Le duc de Guise fit pendant ce temps le voyage de Rome en vue d'obtenir les dispenses nécessaires à son mariage avec mademoiselle de Pons, et eut encore durant ce voyage des aventures scandaleuses, notamment à Naples, où il voulut s'occuper d'affaires politiques et où il fut retenu prisonnier pendant quatre ans par les Espagnols.

IX

La Thiérache pendant les guerres de Louis XIV.

(1643-1756.)

Troubles de la Fronde. — Sac d'Aubenton. — Siége de Guise par les Espagnols et Turenne. — De Bridieu, gouverneur de Guise — Levée du siége. L'ennemi ravage les environs de Guise et du Nouvion. — Le château du Sart incendié. — La famine et la peste déciment la Thiérache. — Saint Vincent de Paul. — Le Nouvion, Boué, Bergues et Barzy abandonnés par leurs habitants. — Turenne et Condé dans la Thiérache. — Fin de la guerre avec l'Espagne. — Paix des Pyrénées. — Mort de Henri de Guise. — Forges, verreries dans la Thiérache — Mort de Henri de Guise; — Louis-Joseph de Lorraine lui succède. — François-Joseph de Lorraine, dernier duc de Guise. — Marie de Lorraine, dite Mlle de Guise. — Louis XIV à Saint-Quentin et à Vadencourt. — Conquêtes en Flandre. — Libéralités de Marie de Lorraine ; — Sa mort — Henri-Jules de Bourbon. — Condé, seigneur de Guise et du Nouvion. — Etat de l'agriculture et de l'industrie dans la Thiérache. — Hiver de 1709 — Famine. — Villars à Denain. — Growestem et Drongard. — Louis de Bourbon, prince de Condé — Louis-Henri de Condé. — Louis-Joseph de Bourbon. — Troubles au Nouvion à propos du droit de terrage — Revendication du droit de lods et ventes. — Progrès de l'agriculture dans la Thiérache. — Les campagnes au XVIIe et au XVIIIe siècle.

Après les misères et les souffrances causées par les guerres de religion et celles de la ligue, le pays commençait à respirer : la paix de Vervins et l'édit de Nantes avaient paru inaugurer une période de calme et de tranquillité relative ; mais, hélas, ce bonheur devait passer comme l'éclair. Bientôt, en effet, reparurent les désordres ; l'ambition des grands se donna de nouveau carrière et avec elle se déchaînèrent encore tous les maux sur nos contrées désolées.

La première moitié du XVIIe siècle va rappeler les horreurs du XVIe, ce siècle tragique par excellence, siècle de guerres, de meurtres, de crimes et de ruines.

Le xviie siècle sera de plus un siècle de misère, de famine et de peste, qui verra, comme au siège de Jérusalem, des mères dévorer leurs enfants, des enfants se repaître des cadavres de leurs pères morts de faim.

Pendant que le duc Henri de Guise gémissait dans les fers à Madrid, « ses amés et féaux sujets » du duché de Guise avaient à combattre de leur côté les mêmes adversaires. Le mécontentement des grands contre Mazarin avait éclaté et donné lieu à la Fronde. Une moitié du royaume, enrôlée dans le parti des princes, s'était armée contre l'autre, qui demeurait fidèle à son roi; et les rebelles, non contents d'une guerre intestine, avaient fait intervenir les étrangers dans la querelle en appelant à leur aide les Espagnols, dont les prétentions au trône de France n'étaient pas encore éteintes.

Guise et les environs sont menacés par l'archiduc Léopold d'Autriche, commandant l'armée espagnole, qui parut le 27 mai 1647 devant Landrecies. Cette place se rendit le 18 juillet. Heureusement, l'archiduc fut obligé d'aller secourir La Bassée (1), ce qui l'empêcha de pousser sa pointe sur la Thiérache. Aubenton ne fut pas aussi heureux que Guise. Le vidame d'Amiens, sur l'ordre de Condé, se présenta devant ce bourg le 12 octobre 1648; tout s'y préparait pour une vigoureuse défense. On voyait l'avocat Millet insulter le vidame du haut des murailles, lorsqu'à la prière de l'abbé de Bucilly, le vaillant Roger de Villelongue, — qui fut tué à Effry par le gouverneur de La Capelle, Roquepinc, — les habitants consentirent à livrer passage au vidame,

---

(1) Chef-lieu de canton, près Lille.

à condition qu'on respecterait leur vie et leurs propriétés ; mais au mépris de la parole donnée, Aubenton fut saccagé avec ses environs, et les habitants passés au fil de l'épée. Le prince de Condé reprocha au vidame sa barbarie en termes si vifs, que celui-ci en mourut, dit-on, de chagrin. Il paraît même que le prince avait poussé la vivacité jusqu'à lui donner de son gant dans la figure.

Dès le printemps de 1650, les Espagnols et Turenne, qui, mécontent de la cour, avait commis la faute de s'allier avec les ennemis de son pays, vinrent, après plusieurs feintes, se présenter devant Guise, avec la résolution d'en pousser vigoureusement le siége. Ils prirent sur le champ leurs dispositions ; tous les corps disséminés se réunirent au gros de l'armée, qui passa l'Oise à Vadencourt et à Lesquielles, le 16 mai, et parut, vers huit heures du matin, sur les hauteurs de Guise, où elle prit successivement ses positions pour procéder à un siége dans toutes les formes. La garnison de Guise, quoique assez nombreuse, ne paraissait pas en état de soutenir la lutte contre une armée de 40,000 hommes ; mais elle avait à sa tête un homme de cœur et de résolution. De Bridieu, gentilhomme poitevin, avait été élevé, depuis l'âge de treize ans, à la cour du duc de Guise, dont il fut l'un des pages. Le duc, après s'être démis de son archevêché, l'avait fait successivement son écuyer, son capitaine des gardes, puis gentilhomme de sa chambre, lieutenant général de ses troupes, et enfin gouverneur de la ville, du château et du duché de Guise. Voyant leur ville menacée, et satisfaits d'avoir à leur tête un homme aussi énergique que de Bridieu, les bourgeois rappelèrent le courage de leurs ancêtres et s'offrirent résolument à défendre la place à leurs risques et périls.

Plusieurs actes de dévoûment héroïque se produisirent pendant ce siége ; nous citerons notamment celui accompli par Pierre Wateau, dit *Malcontent*, jeune homme de vingt ans, né à Guise, qui, pour sauver la ville sur le point d'être prise, se jeta à la nage pour aller détruire, sous le feu de l'ennemi, un pont de bâteaux qui devait faciliter l'assaut de la ville [29] Mais ce trait de courage ne servit qu'à retarder le désastre ; quatre jours après, attaquée pendant la nuit par trois endroits à la fois, la ville fut prise, et ce fut à grand'peine que ses huit cents défenseurs, acculés jusqu'au jour dans l'étroit chemin qui conduit au château, purent enfin s'y jeter. Ce fut là qu'un citoyen recommandable, nommé du Mangeot, se distingua si honorablement : avec ses deux fils et cinquante hommes, il soutint pendant plusieurs heures les efforts des assaillants, afin de laisser aux habitants, dont il couvrait la retraite, le temps d'entrer dans le fort.

Les ennemis prirent possession de la ville le 27 juin 1650, après onze jours de siége et d'une opiniâtre défense ; mais les Espagnols ne purent se rendre maîtres du château. Pressés d'un côté par le maréchal du Plessis-Praslin qui venait de se porter sur leur droite avec un corps de 18,000 hommes, et de l'autre, par de nombreux partis royalistes qui leur enlevaient tous leurs convois, ils ne pouvaient s'éloigner de leurs lignes, et la disette se faisait sentir dans le camp. Aussi résolurent-ils de tenter un suprême effort.

Le 1er juillet, à six heures du soir, après avoir tout disposé pour un assaut général, les ennemis donnent l'ordre de faire jouer une mine dont ils avaient pu dérober l'existence aux assiégés. Mais l'effet fut tout autre que celui qu'ils attendaient : la commotion fut terrible, à la vérité ; il y eut une sorte de tremblement de terre ; toutefois la tour seule fut lézardée, aucune autre partie du fort ne fut endommagée et les murs restèrent debout ; de sorte que les préparatifs faits pour l'assaut devinrent inutiles. Enfin, manquant de vivres et de munitions, craignant à tout moment l'apparition du maréchal du Plessis-Praslin avec des troupes fraîches, les généraux ennemis se décidèrent à lever le siège et, profitant de la nuit, ils se retirèrent par la route de La Capelle et Le Nouvion après avoir mis le feu à la ville.

Cependant, exaspérés de l'échec qu'ils avaient essuyé devant Guise, les Espagnols ne s'étaient pas contentés de l'incendie de la ville ; ils brûlèrent tous les environs : le château de Vadencourt, pour se venger du courage qu'avaient déployé pendant le siège les de La Fons, seigneurs de ce lieu, qui commandaient dans le régiment de Guise ; Étréaupont, Sorbais, Luzoir et le château du Sart, en haine de la brillante conduite qu'avait tenue Jean de Récourt, à qui il appartenait.

Aux horreurs de la guerre succèdent trop souvent deux autres fléaux non moins redoutables, la famine et la peste. La Thiérache, après tant d'épreuves, devait encore être désolée par l'une et par l'autre. Tous les vivres étaient consommés, les moissons foulées aux pieds, soit par l'armée étrangère pour subsister, soit par l'armée française pour affamer la première. On abandonnait les villages pour aller chercher de quoi vivre dans les villes ; mais là aussi, toute subsistance avait disparu ; le riche citadin comme le pauvre paysan, était sans pain, et tous se mouraient d'inanition. Des soldats, débris des deux armées, attaqués de diverses maladies, erraient çà et là aux environs du Nouvion, de La Capelle, de Guise, et s'efforçant pareillement d'aller chercher quelque soulagement dans les villes, mouraient de langueur sur les chemins, privés de tous secours.

Les premières nouvelles de ces calamités furent portées à Paris par des personnes du pays qui les répandirent dans différents quartiers; mais elles passaient inaperçues; on ne voyait en ce moment qu'une seule chose, la levée du siège de Guise. On se mettait peu en peine de l'état de ceux qui, par leur courage, avait amené la retraite des alliés. Cependant elles parvinrent aux oreilles de Vincent de Paul, qui se mit aussitôt en devoir de les soulager. Sans calculer si les moyens dont il disposait pourraient suffire à l'excès du mal, le généreux apôtre de la charité prit des dispositions avec une dame de qualité, la présidente de Herse, qui se montrait toujours prête à seconder ses pieux desseins. Puis il envoya sur les lieux deux de ses disciples qui s'assurèrent par eux-mêmes de l'étendue des misères qu'on avait signalées. Ils purent reconnaître que les rapports étaient bien au-dessous de la réalité. Ils distribuèrent d'abord avec intelligence les secours dont ils étaient porteurs, et allèrent ensuite rapporter à leur maître ce qu'ils avaient vu. Effrayés d'une désolation si générale, Vincent résolut de faire les derniers efforts pour secourir tant de malheureux. Des dames charitables de la capitale lui remirent des secours considérables qu'il distribua sagement, et qui apportèrent quelques soulagements aux pauvres affamés, en attendant que le retour de la santé leur permît de reprendre leurs travaux.

Le Vermandois, la Thiérache, le Laonnois et le Rethellois étaient surtout frappés par la contagion. Les détails rapportés par les commissaires envoyés à Guise, à Laon et à La Fère peignent l'état affreux où ces localités et leurs environs étaient réduits. Partout ce n'était que cris, que gémissements, que malheureux accablés de maladies hideuses causées par la mauvaise qualité des aliments. Il ne mangeaient depuis longtemps que des fruits gâtés, des racines d'herbes et du pain de son, dont les chiens n'auraient pas voulu. Ces infortunés, pressés par la faim, se traînaient à peine ; cependant ni les pluies, ni les mauvais chemins ne les empêchaient de se mettre en voyage et de faire plusieurs lieues pour se procurer un peu de potage. Mais il n'arrivait que trop souvent qu'ils mouraient sur les chemins où leurs corps restaient privés de sépulture.

« Nous venons, disent les auteurs du rapport à Vincent de Paul, nous venons de visiter nombre de villages du duché de Guise, et nous y avons trouvé plus de six cents personnes dont la misère est si grande qu'ils se jettent sur les chiens et sur les chevaux, après que les loups en ont fait leur curée ! Dans la seule ville de Guise, il y a plus de cinq cents malades retirés en des caves ou des trous de cavernes plus propres pour servir de retraite à des fauves que pour loger des hommes. »

« Il y a un très-grand nombre de pauvres de la Thiérache qui depuis plusieurs semaines n'ont pas mangé de pain, non pas même celui qu'on fait avec du son d'orge, et qui est la nourriture des plus riches. Ces malheureux n'ont eu pour vivre que des lézards, des grenouilles et l'herbe des champs. Les plus considérables habitants de quantité de villes ruinées sont dans une honteuse nécessité. Il les faut assister secrètement aussi bien que la pauvre noblesse de la campagne, qui, privée de pain et réduite à coucher sur la paille, a encore honte de mendier ce qui lui est nécessaire pour vivre ; et d'ailleurs, à qui pourrait-elle le demander, puisque le malheur de la guerre a mis partout une égalité de misère. »

« Non-seulement, ajoute le même rapport, le peuple de ces frontières n'a ni pain, ni bois, ni linge, ni couverture, mais il est encore sans pasteurs et sans secours spirituels, la plupart des curés étant morts ou malades, et les églises ruinées, pillées ou démolies ; en sorte que dans le seul diocèse de Laon, il y en a plus de cent dans lesquelles, faute d'ornements, on ne peut célébrer la messe. »

C'est sous le règne de Louis XIII, à la suite des longues et sanglantes guerres suscitées par la politique de Richelieu, et non à l'époque de la Fronde, comme on le croit communément, que la presque totalité des habitants du Nouvion et des villages circonvoisins se retira aux environs de La Fère, et notamment à Fourdrain. Cette émigration, qui dura, dit-on, quarante ans, s'étendit à beaucoup d'autres localités de la Thiérache, également détruites ou saccagées par la guerre. Les incendies jouaient un grand rôle dans les calamités de cette époque ; c'était un des passe-temps du soldat, et l'on comprend quels désastres ils devaient causer dans les villes et villages alors mal bâtis de notre contrée, presque toujours couverts en chaume et privés de tous secours contre ce terrible élément de destruction (1).

« Il semble, dit un écrivain, que l'histoire humaine est finie quand on entre dans la période de cette horrible guerre, qui n'avait eu jusqu'alors pour théâtre que la misérable Allemagne, la guerre de Trente ans, qu'on pourrait appeler plus justement *inexpiable*. Plus d'hommes, et plus de nations, seulement la brutalité de la guerre et son rude outil, le soldat... C'est son règne, et on lui livre le peuple, biens et vie, âme et corps, hommes, femmes, enfants. Quiconque a au côté un pied de fer est roi et fait tout ce qu'il veut. Alors plus de crimes, tout est permis. L'horreur du sac des villes et les affreuses joies qui suivent l'assaut, renouvelées tous les jours sur des villages tout ouverts et des familles sans défense. Partout l'homme battu, blessé, tué; la femme passant de main en main. Partout des pleurs, des cris! » (2).

La Picardie et la Thiérache furent naturellement exposées les premières au fléau dévastateur, ces provinces étant limitrophes de la Flandre. C'était sur ce théâtre étroit, resserré, que tous les efforts devaient se réunir, et que les armées lutteraient et vivraient; c'était, quel que fut le sort de la guerre, la ruine de ces malheureuses contrées, et dès ce jour commençaient pour elles vingt-cinq années d'indicibles douleurs, de 1635 à 1660 (paix des Pyrénées), long quart de siècle durant lequel elles n'eurent que le temps de compter leurs blessures, sans jamais espérer les voir se cicatriser.

---

(1) On sait que les pompes à incendie n'ont été connues à Paris qu'en 1699.
(2) Michelet.

Comme toute population en détresse, celle de nos contrées, ruinée pour longtemps, privée de ses habitations et dénuée de tout moyen d'en rebâtir de nouvelles, fut naturellement portée à se réfugier là où de vastes bois pourraient lui rendre l'existence plus facile et moins coûteuse. Situé à environ quinze kilomètres à l'ouest de Laon, sur la route de La Fère, et à cinquante-deux du Nouvion, le village de Fourdrain était à cette époque perdu dans un massif de bois qui allait s'allongeant de La Fère à Coucy-le-Château, par un arc dont la convexité se dessinait à l'est de ces deux villes. C'est là, au milieu de ces retraites boisées, imparfaite image de leur luxuriante futaie, que nos ancêtres trouvèrent une hospitalité que ne leur offrait plus le sol natal dénudé, couvert de ruines et de broussailles (1).

Cet exil devait durer jusqu'à la paix des Pyrénées.

Tant d'horribles calamités n'arrêtaient cependant pas la fureur de la guerre civile et étrangère, et les courses continuaient toujours sur la frontière. Attaqué le 22 octobre 1650 par un détachement de huit cent cinquante hommes, parti d'Avesnes, avec du canon, Vervins se défendit avec courage, quoique étant dépourvu de troupes et de munitions. La prise de Rethel et un échec qu'il avait essuyé devant cette ville, le 15 décembre (1650), firent incliner Turenne vers un accommodement ; la retraite de Mazarin et l'élargissement des princes détenus, acheva de l'y déterminer. Le prince de Condé, au contraire, toujours excité par les frondeurs, traita avec l'Espagne et résolut de continuer la lutte (1651). Le retour du ministre vint encore

---

(1) A L. De Laleu, Mém

augmenter les troubles. Les partis continuerent à se livrer à une guerre d'intrigues, de chansons et de jeux de mots qu'on avait nommée pour cela *la guerre de la Fronde* (1652); et pendant ce temps, nos malheureuses provinces gémissaient, torturées par les partisans et les coureurs, la famine et la peste : pauvre peuple !

La campagne de 1653 ne commença qu'au mois de juillet. Après la prise de Rethel, Turenne apprenant que l'ennemi concentrait ses troupes a l'Arbre-de-Guise, sur les hauteurs qui séparent Wassigny du Cateau, et aux environs de La Capelle, se mit aussitôt en marche vers Guise; mais ayant appris à Noircourt qu'une partie de l'armée espagnole s'était réunie à Chimay, il s'avança jusqu'à Anor avec la majeure partie de ses forces et campa ensuite avec toute son armée à Saint-Algis, où il arriva le 17 juillet. Le roi vint, accompagné du cardinal, faire la revue de ses troupes. Le camp fut levé le 26 et le jeune monarque s'avança avec toute l'armée sur Ribemont, pour s'opposer à une nouvelle irruption que les Espagnols campés à Fonsomme, au nombre de 30,000 hommes, se disposaient à faire en France.

Les Espagnols qui ne voulaient pas plus que nous hasarder une affaire décisive, s'étant retirés derriere la Sambre, Louis XIV et le cardinal vinrent de La Fère à Guise, le 23 juillet. Ils y tinrent, avec le maréchal de Turenne, un conseil de guerre où il fut décidé qu'on continuerait la campagne. En conséquence, le roi alla faire à Buironfosse et à Leschelle la revue de son armée, et entra dans le Hainaut avec 35,000 hommes. Après la prise de Maubeuge, les Français ayant quitté la Sambre pour se diriger sur Avesnes et La Capelle, et étant revenus ensuite repasser cette riviere, le roi quitta l'armée à Landrecies, le 28 août, et partit de Guise le 29, pour se rendre à La Fère, auprès de la reine-mère. L'armée, elle-même, après avoir pris et fortifié Condé, rentra en France (1).

Les grands avantages que le roi remporta les années suivantes amenèrent enfin la paix des Pyrénées. Conclue le 27 novembre 1659, elle procura à nos frontières du Nord, ruinées par la guerre et la famine, un repos dont la France tout entière avait le plus grand besoin. La réunion du Catelet, de Landrecies, du Quesnoy, d'Avesnes, et de quelques autres places fortes, à la couronne, recula la frontière de France bien au-delà de Guise, qui avait été jusque-là sur la première ligne, et lui ôta beaucoup de son importance militaire. Comme on a pu le remarquer, telle était, au XVe et au XVIe siècle, la marche suivie sur les frontières de Picardie par les armées d'invasion. Elles arrivaient sur l'Escaut, qu'elles franchissaient vers l'abbaye de Mont-Saint-Martin, traversaient le plateau qui sépare les sources de ce fleuve de celles de la Somme, arrivaient à Fervaques et tombaient sur Guise et sur Saint-Quentin. De là elles descendaient la vallée de l'Oise pour se diriger sur Paris, ou bien elles se rejetaient à droite ou à gauche sur le pays, selon les circonstances. Celles qu'on leur opposait remontaient la vallée de l'Oise ; le monarque s'avançait jusqu'à Compiègne, puis jusqu'à La Fère, d'où l'on allait s'appuyer sur Guise et Saint-Quentin. Dans les guerres des impériaux et jusque sous Louis XIV, les frontières de Picardie, entre la mer et Saint-Quentin, étaient le théâtre où se rencontraient les armées belligérantes. Saint-Quentin for-

---

(1) D. Lelong. — Matton, An.

mait l'extrémité droite de la base d'opérations; elle était soutenue par La Fère et Guise, destinées à garder le passage de l'Oise : cette position garantissait tout le pays au sud de cette rivière. Parfois l'ennemi tombait directement sur La Capelle et Guise par Landrecies et Le Nouvion. Le temps qu'il mettait à assiéger ces villes et celles de Saint-Quentin et Péronne, donnait presque toujours aux Français le temps de respirer et de venir arrêter leur marche. L'importance de ces places diminua encore par l'incorporation au royaume des provinces d'Artois, de Flandre et de Hainaut, surtout après les immenses travaux de Vauban, qui nous dotèrent de ce côté comme d'une ceinture de places presque imprenables (1).

Tandis que toutes ces choses se passaient sur nos frontières, le duc de Guise, nouvellement rendu à la liberté, se reposait de ses longues agitations et ne prenait aucune part aux affaires. Ce même homme qui avait brillé sur tant de théâtres, qui avait attiré si longtemps les regards de l'Europe, désertant l'arène politique, mit désormais toute sa gloire à devenir le roi de la mode. On le vit, au carrousel donné par Louis XIV en 1662, figurer dans un costume des plus galants à la tête de la quadrille des Sauvages, tandis que Condé, réconcilié avec la cour, figurait à la tête de celle des Turcs. La bonne mine de Guise, les souvenirs qui s'attachaient à sa personne, le firent encore remarquer, et en les voyant ainsi paraître tous deux, une femme d'esprit, transportée par une sorte d'admiration rétrospective, s'écria : « Voilà les héros de la fable et de l'histoire. »

(1) Brayer, *Statist. de l'Aisne*.

La nouvelle royauté de Henri de Guise, toute futile qu'elle fût, ne tarda pas du reste à lui échapper: après avoir pris part à quelques autres carrousels, et notamment à celui de mai 1664, il fut enlevé par la mort un mois après, à l'âge de cinquante ans (1) En lui finit la branche masculine de la célèbre maison de Guise, « qui sembloit destinée à périr, du moment que la réconciliation de la royauté et du peuple eut garanti la stabilité du trône et la paix du pays. » Henri a laissé des *Mémoires* qui ont été traduits en plusieurs langues et qu'on peut lire avec plaisir, si non avec une entière confiance (2).

Henri de Guise parut s'occuper un instant de ses possessions de Thiérache, car il obtint, en 1662, des lettres patentes qui lui accordaient la faculté de rendre l'Oise flottable et navigable depuis sa source (Maquenoise, *tête de l'Oise*), jusqu'à Sempigny (Noyon), par Guise, La Fère et Chauny. On lui concédait, à lui et à ses hoirs, *le fonds et le très-fonds* de la rivière et trois perches de terre de longueur de chaque côté, à partir des bords, avec droit de péage fixe (2). Les travaux s'opérèrent à cet effet de Sempigny à La Fère, et la navigation s'établit; mais les choses restèrent en cours d'exécution. Le roi fit encore au duc une concession non moins importante, celle d'établir des forges et des verreries, pour toutes sortes de verres, dans les bois du duché de Guise, et à dix lieues aux environs, et de détruire celles qui s'étaient établies sans auto-

---

(1) Dr Chérubin, *Lettres sur l'hist. de Guise*.
(2) *Mém. du duc de Guise, Biog. du duc*, par Moreau.
(3) Voir Deuxième Partie, Note D, p. 151

risation (1). Cette espèce de monopole accordé par Louis XIV ne pouvait avoir d'autre but que celui de donner plus d'extension au mouvement industriel que son ministre Colbert favorisait de tout son pouvoir, et qui devait prendre, dans la Thiérache, un si grand développement. Bientôt, en effet, ses antiques forêts virent s'élever et prospérer toutes les branches de l'industrie, celles surtout que favorise l'exploitation du bois, comme les fonderies, les forges, les verreries, etc. C'est de 1660 à 1662 que prit naissance, sous la direction de Nicolas Vaillant, seigneur de Charlefontaine, le premier établissement du Garmouzet, qui a pris successivement un si remarquable accroissement (2).

Henri II de Lorraine n'ayant point laissé d'héritiers directs, malgré ses nombreuses unions, le duché de Guise passa à son neveu Louis-Joseph de Lorraine, premier du nom, duc de Guise, de Joyeuse et d'Angoulême, pair de France, prince de Joinville, comte d'Aletz et de Penthièvre, né le 7 août 1650, de Louis de Lorraine, duc de Joyeuse, et de Françoise de Valois. Le nouveau duc fit, en 1667, un mariage illustre, en épousant Élisabeth d'Orléans, duchesse d'Alençon, cousine germaine du roi, et l'une des princesses les plus accomplies de son temps (3). L'année qui suivit son mariage, le duc accompagna le roi en Franche-Comté, et fut à la prise de Dôle, où il se distingua par sa brillante valeur. Il s'était avancé si loin qu'il ne fallut rien moins que les ordres du roi pour ralentir son ardeur. Le jeune prince, qui donnait de si belles espérances, fut

---

(1) MS. de Dom Grenier. — Règl. du Conseil d'État, etc.
(2) Voir Deuxième Partie, l'art. Verreries, p. 73.
(3) Anselme, *Hist. gén.* — *Dictionnaire de la Noblesse.*

enlevé par la petite-vérole, à l'âge de vingt-un ans. Il mourut à Paris, à l'hôtel de Guise, le jeudi 30 juillet 1671, et fut inhumé à Joinville, dans le tombeau de ses ancêtres.

Louis-Joseph de Lorraine n'avait eu de son mariage avec Élisabeth d'Orléans, qu'un fils, nommé François-Joseph de Lorraine, deuxième du nom, duc d'Alençon, etc., né à Paris, le 28 août 1670, quelques mois avant la mort de son père. Le jeune prince reçut alors le titre de duc de Guise, qu'il ne porta guère, car il mourut au Luxembourg, le 7 mars 1675. Ce fut le dernier duc de Guise proprement dit. Le duché revint alors à Marie de Lorraine, dite *Mademoiselle de Guise*. Marie, née le 15 août 1615, était le huitième enfant de Charles de Lorraine, et la survivante de sa famille. Cette princesse se distinguait par sa piété, sa bienfaisance et ses hautes qualités.

L'extinction de la ligne masculine de la maison de Guise devait, par suite des anciennes ordonnances, mettre fin aux priviléges dont la ville jouissait en qualité de duché-pairie. L'une des clauses de la charte d'érection concédée par François Ier porte, en effet, que ce titre ne se transmettrait qu'aux descendants mâles de la famille. Guise tombée en quenouille à cette époque, était descendue au rang de comté. Mais Louis XIV, par une attention toute particulière, fondée sans doute sur la considération dont Mademoiselle de Guise jouissait à la cour, et sur le souvenir du siége de 1650, lui conserva son ancien titre et la prérogative d'après laquelle « les appellations des sentences et jugements des officiers du duché devoient être portées directement au parlement, et non dans les juridictions intermédiaires, pendant la vie de la duchesse, nonobstant l'extinction de la pairie. » Cette concession, accordée par lettres patentes données à Versailles le 14 avril 1675, ne fut enregistrée que le 1ᵉʳ avril 1677.

Cependant Louis XIV en était arrivé à cette époque de son règne où tout pliait sous ses armes. Mais son orgueil et son amour des conquêtes avaient armé contre lui ses voisins, jaloux de sa prospérité. Dans un voyage qu'il fit de Saint-Quentin à Landrecies avec la reine, le dauphin et la cour, il s'était arrêté à Vadencourt, où fut servi le dîner royal. Il fit en personne la campagne de 1676 à la tête de 50,000 hommes ; il alla prendre Condé, Aire, Ypres, Bouchain, Gand, et faire lever le siége de Maëstricht au prince d'Orange. Nos ancêtres le virent revenir triomphant à la suite de ces rapides succès. C'était la troisième fois qu'il traversait nos parages pour se rendre à Saint-Germain. Il coucha à Guise le mercredi 15 juillet, y tint conseil avec ses généraux, et le jeudi 16, vers midi, il était à Saint-Quentin, d'où il se rendit à La Fere (1).

D'autres gloires vinrent à cette époque se joindre à celle de nos armes : les lettres, les arts, les sciences florissaient de toutes parts en France ; les monuments de la piété de nos pères se relevaient ou s'embellissaient. On en créait même de nouveaux ; on fondait des hôpitaux, des maisons d'école, des maisons de retraite pour la vieillesse. Louis XIV et sa cour avaient donné le ton, et la province put croire un instant que les jours d'épreuves allaient faire place au bien-être. Mademoiselle de Guise ne resta pas étrangère au mouvement de son siècle ; ses possessions de Thiérache, qu'elle sembla affectionner beaucoup, lui durent un

---

(1) Colliette, *Mémoires du Verm.* — D. Lelong.

grand nombre de fondations pieuses et charitables. Elle remplaça à Guise (1680) l'hôpital fondé au xiiie siècle, sous Jeanne de Châtillon, par un autre destiné à recevoir les malades pauvres tant de la ville que du duché, les militaires de la garnison, et les étrangers passants qui tombaient malades. Mademoiselle de Guise étendit aussi ses bienfaits sur les écoles gratuites de son domaine, en établit de nouvelles à Guise et autres lieux de son duché, à Hirson, à Aubenton, au Nouvion, etc. (1). On la considère comme la restauratrice de l'institut du Sacré-Cœur, dit depuis du Saint-Enfant-Jésus, fondé à Guise, au xviie siècle, par le P. Barré, religieux minime. Pressentant les éléments de bien que renfermait cet établissement, Marie de Lorraine lui confia l'éducation des filles dans les écoles de ses terres. Cette maison, qui joignit plus tard un pensionnat aux écoles gratuites, fut longtemps le seul en possession de donner, dans nos contrées, cette éducation sérieuse dont l'illustre Fénelon venait de formuler les préceptes, dans son livre : *De l'Éducation des Filles* (2).

Louis XIV, qui continuait le cours de ses victoires, les fit suivre (1685) d'un coup d'État qui pouvait procurer la gloire de la religion catholique et la tranquillité du royaume, mais qui, en enlevant aux réformes la liberté de conscience, les obligea ou de renoncer à leurs opinions religieuses, ou de s'expatrier. La révocation de l'Édit de Nantes eut dans la Thiérache sa pleine exécution; les protestants qui y avaient conservé des prêches nombreux, préférèrent fuir plutôt

---

(1) Voir Deuxième Partie, Note X, p. 182.

(2) Archives de Guise.

que de renoncer à l'exercice public de leur religion.
Déjà un édit rendu en 1664, à la sollicitation de César
d'Estrées, évêque de Laon, avait fait abattre plusieurs
de leurs temples et interdire tout exercice de leur religion dans les villages de Landouzy-la-Ville, Gercy,
Lemé et Fontaine-lès-Vervins. Cette mesure priva le
roi de près d'un million de ses sujets qui portèrent
leurs richesses, leur industrie et leurs talents en Hollande, en Prusse, en Allemagne et dans d'autres pays
protestants.

Cependant le duché de Guise avait encore eu à
subir de nouveaux changements dans la succession de
ses seigneurs. Marie de Lorraine était morte le 3 mars
1688 à l'âge de soixante-treize ans, emportant les
justes regrets des habitants de ses terres, dont elle
avait su rendre la condition meilleure par sa munificence et ses dotations pieuses. Par son testament, elle
avait laissé son héritage aux puînés mâles de Charles V,
duc de Lorraine, sous cette clause que celui qui
porterait le nom de Guise recevrait la rente annuelle
de 35,000 livres qu'elle possédait sur les gabelles du
Languedoc. Mais ces dispositions qui tendaient à rendre le duché *masculin,* tandis que de sa nature il *tombait en quenouille,* ne furent point exécutées. Cette
belle succession revint naturellement à Anne-Bénédictine, palatine de Bavière, femme de Henri-Jules de
Bourbon, prince de Condé et petite-fille de Catherine
de Lorraine, fille elle-même du duc de Mayenne, chef
de la Ligue, et descendante, par conséquent, en ligne
directe de Claude de Lorraine, en faveur duquel
François Ier avait érigé la terre de Guise en duché-
pairie. Le prince à qui elle apportait le nom de Guise
était fils du grand Condé; il était donc digne, par son

origine, et surtout par les brillantes qualités qui le distinguaient, d'ajouter ce nom de Guise à celui de Condé. Par ordonnance datée de Versailles au mois de juillet 1704, Louis XIV accorda, en faveur de Henri-Jules de Bourbon, prince de Condé, premier prince du sang, grand-maître de France, et de son épouse Anne de Bavière, de nouvelles lettres d'érection qui firent remonter la terre de Guise au rang qu'elle avait perdu de droit en passant par les mains de Marie de Lorraine. Ces lettres concédaient les mêmes « prérogatives et prééminence de duché-pairie de France, avec continuation du ressort du parlement de Paris; et après le décès du prince et de la princesse, pour leurs hoirs, successeurs mâles et femelles, seigneurs de Guise, à toujours perpétuellement... A foi et hommage de la couronne à cause de la grosse tour du Louvre (1). »

Au XVIIe siècle, l'agriculture n'avait encore fait que peu de progrès dans les terres froides de notre Thiérache, qui ne produisaient guère que du blé, de l'orge et de l'avoine. Celles de notre canton, notamment, n'étaient alors que d'une très-médiocre qualité, et leurs produits presque nuls (2). Les fruits n'y croissaient également qu'en petite quantité, et encore étaient-ils de qualité très-inférieure. Mais si l'agriculture marchait lentement, en revanche l'industrie se développait, dans de très-larges proportions, dans les bois du duché. On y voyait plusieurs forges et fourneaux, des verreries, dont les produits étaient exportés sur Reims, Amiens, Saint-Quentin et Paris; on en tirait aussi des

---

(1) Anselme, Ordon. de Versailles; — D. Lelong.
(2) Voir Deuxième Partie, Note L, p. 171.

munitions pour l'artillerie. La fabrication des toiles y prenait également une grande extension et préludait déjà à celle des matières plus précieuses dont Saint-Quentin allait devenir le centre. Aussi, les habitants de la Thiérache passaient-ils pour être industrieux, durs à la fatigue, et propres à la guerre dont ils avaient pris le goût et l'habitude dans les invasions multipliées de leur frontière, et bons surtout pour servir dans la cavalerie.

Au Nouvion, l'industrie consistait principalement dans l'exploitation des bois de la forêt, la saboterie, la boissellerie, la fabrication du verre et celle du fil a dentelle, tout récemment importée de Belgique (1).

Cependant l'inconstante fortune abandonna le grand roi, et aux grandes prospérités du royaume succédèrent les plus grands malheurs. Les éléments eux-mêmes semblèrent se tourner contre nous. Le cruel hiver de 1709, qui sévit sur la France, fut suivi d'une famine qui désola tout le pays. Dans le district de Guise, le blé qui, les années précédentes, s'était tenu au prix modéré de trois livres cinq sous trois deniers du jalloi, s'éleva jusqu'au prix de vingt livres. La misère et le découragement furent tels que, dans la Thiérache, plus d'un dixième des terres fut laissé en friche, ce qui n'était guère propre à faire cesser la famine. Tandis que le froid, la faim et d'autres fléaux encore désolent le royaume, nos armées, par les désastres qu'elles éprouvent en Allemagne, laissent la Flandre ouverte aux invasions. Maître de Douai, du Quesnoy, de Bouchain et de la plupart des places de la frontière, le prince Eugène menace à la fois la Picardie, l'Artois et

---

(1) Voir Deuxième Partie, p. 66.

assiége Landrecies. Mais là, heureusement, s'arrêtèrent ses succès, et notre pays put admirer de près le coup de génie qui sauva la France et la mit de nouveau en état de faire la loi à ses ennemis. Pendant que le prince Eugène, trompé par la marche du duc de Coigny, que Villars envoie inquiéter le siége de Landrecies, rapproche son armée de cette place, et se retire sur Guise pour s'opposer aux courses sur la frontière, le maréchal tombe tout à coup sur les lignes de Denain, enlève les retranchements au moyen d'une fausse alerte et s'empare des magasins de Marchiennes.

La prise de Douai, de Bouchain, du Quesnoy, fut le résultat de cette rapide et brillante manœuvre.

Notre contrée avait encore eu dans cette campagne sa part des maux de la guerre. Un officier hollandais, du nom de Growestein, y fit une course, à la tête de 3,000 chevaux, pendant le siége du Quesnoy, et mit un grand nombre de villages à contribution. Ayant passé l'Oise à Proisy, le 6 juin 1712, il se jette sur Vervins, Marle et Crécy qu'il pille et rançonne avec une audace que peuvent seuls expliquer nos derniers revers. Un des détachements de Growestein, composé de quinze hommes, fut néanmoins enlevé d'une manière assez singulière. Conduits par un berger de Landifay, nommé Hubert, ces quinze pillards s'approchèrent de Courjumelles (1), pour mettre à contribution les fermiers du lieu. Mais un de ces derniers, Pourrier de Sansay, ayant appris que ces maraudeurs attendaient dans un bosquet voisin que la nuit fût venue pour exercer, à sa faveur, leurs pilleries, rassembla ses domestiques, leur fit distribuer des armes, et ayant fait investir le bois,

---

(1) Alors village important, près Origny-Sainte-Benoîte.

vint à bout de les envelopper; il parvint même, à force de ruse et d'audace, à les conduire à Guise, où ils furent retenus prisonniers.

Un autre partisan, Drongard, avait aussi porté le fer et le feu à travers nos villages, dont il était devenu le fléau. Un jour qu'il passait à Bucilly, il entendit une mère qui faisait reciter cette prière à ses enfants : « Seigneur, préservez-nous de Drongard et de sa troupe; » le partisan en fut si touché, qu'entrant dans la chaumière, il donna quelque argent à la pauvre femme et renonça pour toujours à la profession des armes qu'il avait déshonorée par ses brigandages. La paix d'Utrecht, conclue en 1713, vint mettre un terme à une guerre désastreuse qui, après avoir amené la France à deux doigts de sa ruine, avait fini à son avantage et à sa gloire (1).

Louis XIV ne survécut que trois ans à la conclusion de cette paix. Il avait été précédé dans la tombe par Henri-Jules de Bourbon, mort à Paris en 1709. Ce prince avait eu pour successeur et héritier Louis III de Bourbon, prince de Condé, qui avait épousé, en 1685, Mademoiselle de Nantes, Louise-Françoise, fille légitimée de Louis XIV, dont il eut Louis-Henri, prince de Condé. Le duché de Guise, y compris la terre du Nouvion, passa successivement entre les mains de ces princes sans autre événement remarquable.

Le duc Louis III de Bourbon, mort en 1710, avait eu pour héritier Louis-Henri, prince de Condé, dit *Monsieur le duc*. Il avait épousé Mademoiselle de Conty, sa cousine, le 9 juillet 1713, et fut disgràcié en 1726. Son successeur, Louis-Joseph de Bourbon, prince de

---

(1) *Hist. de France.* — D. Lelong. — *Hist. de Vervins.*

Condé, était né en 1736; il fut chef de l'armée de Condé pendant les premières années de la République, père du dernier des Condé, mort en 1830, et aïeul de l'infortuné duc d'Enghien fusillé à Vincennes en 1804. Le duc Louis-Joseph avait fondé à Guise, en 1740, un collège, sous le nom de Bourbon-Guise, où les belles-lettres furent enseignées avec quelque éclat pendant la fin du xviii° siècle.

En ces temps déjà si malheureux, de lourdes charges pesaient encore sur nos campagnes appauvries par des guerres presque sans trêve. Un seigneur du Nouvion avait bien, il est vrai, dès le xii° siècle, et tant pour lui que pour ses successeurs, aboli tous les droits de servitude et de mainmorte, réels ou personnels, dans toute l'étendue de sa terre du Nouvion; mais s'il « étoit reconnu que ils (les bourgeois) ne doibvent donner au seigneur nulle exaction ou queste, ils *doibvent donner et servir les rentes établies.* »

Or, ces rentes, aux termes mêmes du pacte d'arrangement (1) intervenu entre le seigneur et les habitants du Nouvion, étaient encore nombreuses et diverses au xvii° siècle. C'étaient « celles en argent, en avoine, en pains, en chapons, sur les maisons (art. 1er), les droits de bourgeoisie (art. 2); d'issue (2) (art. 36); de thonlieu (3) (art. 6); de rouage, forage ou vinage (4) (art. 7); de brasserie (art. 10, 11, 12); ceux de four (art. 13); de marché (art. 14); de dixme et terrage (5) (art. 15); et et les cens (tribut ou rente) des prez (art. 16). »

---

(1) Voir Note 16, la Charte et Coutume locale du Nouvion.
(2) Droit à payer pour quitter la ville et résider ailleurs.
(3) Impôt payé pour le transport des marchandises.
(4) Droit prélevé sur les boissons mises en vente.
(5) Droit prélevé sur les récoltes. Le cultivateur ne pouvait enlever sa récolte qu'après le prélèvement d'abord de la part de Dieu, c'est-à-dire la dîme, et ensuite, de la part du seigneur, qu'on désignait encore sous le nom de *champart, (campi, pars,* part du champ).

Parmi tous ces droits, celui de terrage ou de champart semblait le plus onéreux et le plus vexatoire, depuis surtout qu'il était affermé à des particuliers. « Des difficultés qui renaissaient toujours en raison de la manière inégale et arbitraire dont ce droit se levait au Nouvion, avaient occasionné de nombreux procès. En 1738, les fermiers avaient agi de voies de fait contre les habitants pour le percevoir. Ceux-ci ayant obtenu un arrêt de défenses, et l'ayant fait signifier, les fermiers avaient répondu à la signification avec des sabres, des baïonnettes, des fusils; de sorte que pour échapper aux peines dues à leur rebellion à justice, et pour tâcher d'avoir bonne composition des habitants pour le terrage, ces fermiers avaient pris le parti de récriminer contre eux ; et sur de fausses accusations suivies de décrets de la part du juge seigneurial qui les soutenait, ils avaient fait emprisonner les principaux. Mais, depuis, voyant que la cour les avait élargis en connaissance de cause, ces mêmes fermiers, profitant de la minorité de M. le prince de Condé, s'étaient adressés à M. le comte de Charolois, qui, trompé par leurs rapports, avait cru devoir faire pour son pupille ce que M. le prince de Condé n'eût pas fait lui-même s'il eût été majeur. En conséquence, il était venu au Nouvion d'abord une compagnie de grenadiers, soutenue d'un détachement de cavalerie [30]. Non que l'on eût aucunes contraintes judiciaires à exercer comme on en avait pris le prétexte; les habitants avaient pour eux un arrêt de défenses. Mais on voulait par ces vexations les forcer au désistement d'un procès au moins douteux. On tenait en captivité plusieurs habitants qui avaient été emprisonnés sans décret, sans aucun ordre émané d'une légitime autorité, entre autres, un enfant dont tout le crime était d'avoir pleuré à la porte de la prison où était son père, et l'on ne se proposait de les relâcher qu'après que la communauté des habitants aurait souscrit à un arrangement. Tout fut au pillage, Le Nouvion, traité en pays ennemi; tant qu'à la fin, le besoin d'un peu de tranquillité pour vaquer aux travaux de la campagne, négligés pendant ces troubles; la perspective d'une misère inévitable, si la faiblesse luttait plus longtemps contre la force; l'intérêt présent, la crainte dont étaient saisis les vieillards, les enfants et les femmes, l'impatience de voir la fin d'un procès qui avait l'air d'une guerre; de nouveaux officiers municipaux, attachés au seigneur par des places qu'ils tenaient de lui, amenèrent la transaction ou soumission de 1742, où les habitants du Nouvion signèrent ce qu'on voulut (1).

Par un acte d'assemblée du 22 juillet 1742, la communauté du Nouvion avait déjà déclaré unanimement se soumettre au paiement des arrérages des droits seigneuriaux dont elle était redevable depuis l'année 1728; ces arrérages atteignaient la somme considérable de 38,400 livres, tant pour le terrage, les chapons, poules, avoine, etc., que pour les cens en argent. « Mais sur les représentations et témoignages qu'elle avoit reçus des bonnes dispositions actuelles des habitants du Nouvion, S. A. S., son conseil entendu, voulut bien consentir à restreindre et modérer ces arrérages, pour les treize années de 1728 à 1741 compris, à la somme de 16,000 livres que les habitants s'obligèrent solidairement de payer dans l'espace de dix années,

---

(1) A. Leg. de Laleu. *Mémoire pour la communauté du Nouvion*, Paris, 1786

en vingt termes égaux, de chacun 800 livres, de six mois en six mois. »

Ce sont ces arrangements qui ont donné lieu à la transaction précitée du 15 août 1742, passée pardevant les notaires royaux au bailliage du Vermandois, résidence de Guise. Le libellé dudit acte se termine ainsi : « Les susdits habitants rendent de très-humbles grâces à S. A. S. pour la clémence dont elle a bien voulu user à leur égard, promettant sincèrement de lui rendre tous devoirs de bons et fidels censitaires et vassaux; sont convenus en outre lesdits habitants que les deux premiers payements de ladite somme de seize mille livres seront imputés sur les sommes qui leur reviennent pour les rations des fourrages qu'ils ont fournis aux troupes qui étoient en garnison au Nouvion, et qui sont dus; de tous lesquels dire, requisitions et consentements, nous avons donné acte auxdits, si comme promettant, obligeant, consentant nantissement et les défenses. Fait et passé audit Nouvion audevant de la grande porte et principale entrée de l'église dudit lieu, lieu ordinaire où se tiennent les assemblées, lesdits jour et an, lecture faite, le contrôle signifié en la minute des présentes; signée Gillet, curé, Mariage, maguillier, Vaudigny, maire, Garbe, syndic, Claude Bertrand, lieutenant-maire, La Chaussée, échevin; » suivent encore 264 signatures de menbres de la susdite communauté (1).

Ainsi se termina pour Le Nouvion cette longue querelle du droit de terrage qui remontait à l'année 1718, et qui se prolongea pour Boué, Bergues et Barzy jus-

---

(1) Archives de l'ancien duché de Guise : mémoires, procédures et jugements, liasses 41 à 52.

qu'en 1747. Mais elle fut bientôt suivie d'une autre suscitée cette fois par les fermiers du domaine, à propos du droit dit de *lods et ventes.*

« Longtemps on avait senti qu'aucun texte de loi ne donnait le droit de lods et ventes au Nouvion. En effet, nulle reconnaissance dans les terriers, nulle déclaration de ce droit dans les dénombrements, nulle demande formée à cet égard contre les habitants jusqu'en 1772, où l'on entreprit de le conquérir. Il existait bien au Nouvion quelques propriétés concédées au XVIIe siècle par le seigneur à différents particuliers, à la charge expresse des lods et ventes. De cette partie, on voulait conclure pour le tout, et prétendre que le droit était général. Le bail du domaine du Nouvion fait avec la communauté en 1765, semblait favoriser cette prétention par la réserve que le seigneur y avait faite de ce droit, sans qu'il y eût eu réclamation. On ne fit point attention que les représentants de la communauté qui avaient signé cet acte, étant sans qualité et sans pouvoir, relativement à la reconnaissance d'un nouveau droit, la réclamation n'était nullement nécessaire; que d'ailleurs, en supposant que l'on fût dans le cas d'induire du défaut de réclamation une véritable reconnaissance du droit, elle ne pouvait concerner tous les héritages, mais seulement les biens concédés à cette charge, à l'égard desquels il y avait titre.

« C'est sur un fondement si peu solide que les premières attaques ont commencé contre quatre particuliers, dont les fermiers du seigneur avait espéré triompher aisément, en les effrayant par la crainte d'un procès que la médiocrité de leur fortune ne les mettait pas dans le cas de soutenir. Ils furent assignés par exploit du 11 mai 1772, pardevant le bailly de Guise, pour se voir condamner à payer les lods et ventes au douzième denier du prix de leurs acquisitions, suivant l'art. 137 de la coutume de Laon. Cependant comme ils ne se rendirent pas, les poursuites se ralentirent jusqu'en 1777. Alors voyant qu'on les troublait de nouveau, la communauté se mit en règle pour intervenir en cause, et se fit autoriser par le commissaire départi en province. La charte et coutume du Nouvion fut en meme temps communiquée à l'officier préposé à la recette du duché de Guise; l'affaire parut abandonnée.

« Elle reprit une nouvelle vigueur en 1784, sous le sieur Saulce, directeur des terriers du domaine de Guise, procureur-fiscal en la justice du duché-pairie. Les habitants se défendirent par leur Charte et Coutume; la sentence rendue par le bailly du prince de Condé, sans avoir tenu compte de l'intervention des habitants, condamna les particuliers au payement du droit de lods et ventes. Mais les habitants, conjointement avec leurs concitoyens condamnés, pour lesquels ils prirent fait et cause, en appelèrent de la sentence, » et justice leur fut rendue. Ils avaient confié la défense de leurs intérêts à un célèbre avocat, leur compatriote, M. Louis-Auguste Legrand De Laleu, chevalier de la Légion-d'Honneur, correspondant de l'Institut, né au Nouvion en 1755 et mort à Laon en 1819 (1).

Le prince Louis-Joseph de Bourbon s'occupa activement de donner à son duché tout l'éclat dont il était encore susceptible. Il parvint à obtenir la mise en vigueur du privilège accordé en 1553 à Claude de Lor-

---

(1) Voir Troisième Partie, Monogr du Nouvion — Mémoire de M. Legrand De Laleu

raine, par lequel le duché était déclaré ressortir directement du parlement, et dont l'exécution avait été suspendue depuis deux siècles. Il obtint également du roi Louis XV par un édit et des lettres patentes, en date du mois de juin 1766, la suppression du bailliage de Ribemont et sa translation à Guise même sous le nom de bailliage ducal général. Il renferma dans l'étendue de son ressort plus de deux cents villages, et ressortit au siége présidial de Laon. C'est ainsi que la petite ville de Ribemont perdit un établissement ancien et important d'où elle tirait à peu près tout son éclat, depuis que la race célèbre de ses seigneurs avait disparu avec le moyen-âge.

L'année 1761 avait vu l'établissement des sociétés d'agriculture de Soissons, Laon et Saint-Quentin, qui eurent pour objet le défrichement des terres incultes, la propagation et l'amélioration de la culture de la vigne, des pommes de terre et des prairies artificielles. Les membres de la société de Laon pour l'élection de Guise avaient été choisis parmi les hommes les plus distingués de la contrée. C'étaient le marquis d'Hervilly, lieutenant général des armées du roi, seigneur de Leschelle, qui avait déjà établi une fabrique de velours pour procurer du travail aux indigents; de La Fons, seigneur de la Plesnoye et de Vadencourt ; de Montaigle, seigneur de Le Heric, Camp-Laurent, commissaire des guerres, et Desmoulins, lieutenant général au bailliage de Guise. Ces hommes recommandables, secondant les vœux de la société et s'aidant de l'expérience de tous ceux qui s'occupaient des progrès de l'agriculture, rendirent un véritable service au pays en propageant l'emploi, comme engrais, de la marne et des cendres noires pyriteuses. La marne était commune en Thiérache, mais l'importante découverte des cendres noires n'avait eu lieu qu'en 1757, et cette découverte fut décisive pour la culture dans nos contrées, dont le sol naturellement froid avait besoin d'être réchauffé pour produire la puissante végétation dont il est susceptible. Ce sel précieux opéra une sorte de révolution dans l'agriculture locale, et des terres qui jusque là n'avaient guère produit que du seigle, se couvrirent bientôt de blé et d'autres céréales de première classe. A côté de nos prairies naturelles surgirent tout-à-coup de magnifiques fourrages artificiels. La situation florissante où nous voyons de nos jours l'agriculture dans notre Thiérache, est donc due en grande partie à l'emploi des cendres pyriteuses, propagées par les membres qui représentaient, dans l'élection de Guise, la Société d'Agriculture (1).

L'histoire de notre France depuis Louis XIV jusqu'à nos jours présente le spectacle d'un changement complet, non-seulement dans nos institutions, mais encore dans les travaux de tous genres qui ont été accélérés ou simplifiés. Au premier abord, quand on compare les âges antérieurs et l'époque moderne, on est tenté de dire qu'une métamorphose subite s'est faite d'un seul coup dans le pays. La liberté du travail, le progrès des sciences appliquées, la rapidité des communications, les inventions prodigieuses qui répandent partout le bien-être, feraient croire qu'il n'y a rien d'impossible aux hommes d'aujourd'hui ; cet aspect nouveau de la France forme un contraste si violent avec celui des siècles précédents que l'on oublie parfois les progrès accomplis par nos pères. Mais rappelons-nous

---

(1) Brayer, *Statistique de l'Aisne*. — L'abbé Pécheur, *Hist. de Guise.*

ce qu'ils ont fait pour mieux juger ce qu'il restait à faire.

A travers des siècles d'activité, de combats et de patience, la France s'était enfin constituée ; sa vieille noblesse avait porté au dehors la passion de l'honneur militaire, ses rois avaient fondé l'unité politique et religieuse ; les ministres, depuis Suger jusqu'à Colbert, avaient organisé peu à peu une administration aux mille rouages et des codes qui étaient de véritables monuments législatifs. Enfin, la bourgeoisie et les classes ouvrières avaient obtenu, par l'*association,* des droits et des richesses qui leur donnait un rang. L'agriculture était devenue assez florissante pour que l'anglais William Temple témoignât, en 1678, combien il l'admirait. L'ensemble de ces progrès forma l'unité étonnante du xviie siècle.

Mais cette unité parut excessive le jour où la mort enleva Colbert, et avec lui l'esprit de sagesse qui présidait aux conseils du grand roi. A partir de ce jour, au lieu de développer au dedans les forces du pays, on les dépensa au dehors. Les vingt-cinq dernières années du règne de Louis XIV, depuis qu'il s'attaque aux Pays-Bas et à l'Angleterre, jusqu'au jour où il meurt triste et affaibli, forment une période de décadence, malgré la gloire extérieure qui voile d'abord le déclin du règne. Les sacrifices sont énormes, les revers sont nombreux, le travail se paralyse de jour en jour ; enfin la disette arrive, et la misère.

Les impôts qui frappent les campagnes sont écrasants. Bientôt on ne peut plus faire assez de pain ; un grand seigneur apporte et jette sur la table du roi un pain de fougère : « Sire, lui dit-il, voilà ce que mangent vos sujets ! » — Cette protestation qui se fait entendre à Versailles, au temps de la monarchie absolue, durera cent ans. Elle commence et pendant un siècle elle ne cessera plus. Colbert meurt en 1683 ; la Révolution éclate en 1789. Il faut enfermer entre ces deux dates la grande crise qui a transformé la France. Ce long terme a été nécessaire pour élaborer et mûrir les idées de réforme annoncées par les hommes les plus sages de la fin du XVIIe siècle.

Bossuet fit un jour un sermon sur *l'éminente dignité des pauvres*. « Quelle injustice, s'écriait-il, que les pauvres portent tout le fardeau, et que tout le poids des misères aille fondre sur leurs épaules ! S'ils s'en plaignent et s'ils murmurent contre la Providence divine, Seigneur, permettez moi de le dire, c'est avec quelque couleur de justice ; car, étant tous pétris d'une même masse, et, ne pouvant y avoir grande différence entre de la boue et de la boue, pourquoi verrons-nous d'un côté la joie, la faveur, l'affluence ; et de l'autre, la tristesse et le désespoir, et l'extrême nécessité, et encore le mépris et la servitude ? »

La Bruyère, ami de Bossuet, écrivait une page effrayante sur la condition des paysans : on les traite comme « des animaux farouches... répandus par la campagne, noirs, livides et tout brûlés du soleil, attachés à la terre qu'ils fouillent et qu'ils remuent avec une opiniâtreté invincible ; ils ont comme une voix articulée ; et quand ils se lèvent sur leurs pieds, ils montrent une face humaine, et en effet ils sont des hommes. Ils se retirent la nuit dans des tanières, où ils vivent de pain noir, d'eau et de racines ; ils épargnent aux autres hommes la peine de semer, de labourer et de recueillir pour vivre, et méritent ainsi de ne pas manquer de ce pain qu'ils ont semé. »

On n'a jamais rien dit de plus amer contre l'injustice qui frappait l'habitant des campagnes.

Un prince, élevé par ces grands écrivains, le duc de Bourgogne, accusait formellement les auteurs de ces maux. « Des seigneurs particuliers, écrivait-il, commandent en despotes des corvées pour l'embellissement de leurs terres; ils élargissent et plantent des chemins à leur profit contre les ordonnances; ils établissent, sous des titres supposés, des péages, des fours et des moulins banaux. »

En effet, le paysan d'alors vivait dans une situation étrange. Il n'était plus serf, il n'avait pas encore les droits du citoyen. Attaché à la propriété du seigneur, il était encore *mainmortable*, c'est-à-dire, qu'il faisait partie de cette propriété comme l'instrument qui cultive et non comme l'homme qui possède. Les réclamations élevées en sa faveur par les Bossuet et les La Bruyère, auxquelles il faut ajouter celles de Racine, ne furent pas entendues. Le duc de Bourgogne ne régna pas. Le régent et Louis XV firent la sourde oreille. Mais on ne se découragea point. Tantôt c'était un magistrat, comme d'Argenson qui, en 1735, signalait la détresse des campagnes, en disant : « Il faudrait que les villages ne fussent pas déserts et que leurs habitants ne fussent pas eux-mêmes des mendiants; » tantôt c'était un prêtre, Massillon, qui, du fond de l'Auvergne écrivait à un ministre : « Le peuple de nos campagnes vit dans une misère affreuse, sans lits, sans meubles; la plupart même, la moitié de l'année, manquent du pain d'orge et d'avoine qui fait leur unique nourriture, et qu'ils sont obligés d'arracher de leur bouche et de celle de leurs enfants pour payer les impositions. J'ai la douleur chaque année de voir ce triste spectacle devant mes yeux, dans mes visites. »

Ainsi les hommes les plus éclairés du XVIIe siècle demandaient pour les habitants des campagnes, la *protection* dont ils avaient besoin. Les hommes du XVIIIe siècle vont à leur tour réclamer pour eux et pour tous la *liberté et l'égalité civile et politique*.

Les idées nouvelles et les projets de réforme entrèrent dans les esprits, où ils fermentèrent pendant un demi-siècle. Comme il arrive toujours, il y eut d'abord un long trouble avant qu'on examinât de sang-froid les conditions du progrès à accomplir. Au milieu du désordre général, on discuta sur les vices de l'impôt, sur l'imperfection des lois, sur la décadence de la société. Bien des erreurs se mêlèrent aux théories naissantes; mais ce débat général de tant de graves questions ne fut pas stérile : il s'en dégagea des idées importantes, des idées constitutives, qui provoquèrent la rénovation et les progrès du pays (1).

---

(1) Em. Chasles, *Les grands faits de l'histoire de France.*

X

La Thiérache pendant et après la Révolution de 1789.

Avènement de Louis XVI. — Convocation des États généraux. — Député de l'Élection de Guise. — Cherté du blé. — Hiver de 1788-89. — Troubles des Carahots ; — Misères, révoltes. — Nouvelle division de la France. — Le canton du Nouvion ; — Son premier juge de paix. — Camille Desmoulins. — Compétition de Guise et de Vervins pour le siége du second district de l'Aisne — Constitution civile du clergé. — Émigration des prêtres. — Les Sœurs de l'Enfant-Jésus au Nouvion. — La municipalité réclame l'établissement d'une foire-franche et la création d'un bureau de poste aux lettres. — Vente des biens de la cure du Nouvion. — Exportation des blés à l'étranger. — La Convention nationale — Émigrations. — Rochambeau à l'armée du nord. — La levée en masse. — Balland à Guise. — Victoire de Wattignies. — Les Églises consacrées à la déesse *Raison*. — Toulon repris aux Anglais. — Sociétés populaires. — Réquisitions de l'armée du nord. — Le général Thory et le commandant Dumoulin au Nouvion. — Nouvelles réquisitions. — L'ennemi aux frontières du nord. — Saint-Just et Lebas à Guise. — Combat sur le Noirieu. — L'ennemi chassé d'Étreux et de Vénérolles. — Les Églises rendues au culte. — Napoléon et l'Empire. — Invasions de 1814-1815. — Les 50 dernières années. — Conclusion.

Au règne dissipateur et corrompu de Louis XV avait succédé celui de l'infortuné Louis XVI, qui monta sur le trône en 1784. Certaines réformes tentées par le prince, tout en montrant la bonté de son cœur et la rectitude de son jugement, n'avaient fait qu'exciter dans les esprits le désir d'une rénovation profonde : les temps paraissaient accomplis.

Le 24 janvier 1789, paraissait la lettre de convocation des États généraux à Versailles, et elle était accompagnée d'un règlement prescrivant la forme des élections. Les bailliages de Laon, Noyon, Chauny, La Fère, Guise et Marle se réunissent à Laon en mars de la même année, et y nomment trois députations composées chacune de quatre membres, dont un pour le clergé, un pour la noblesse et deux pour le tiers-état. Chaque ordre devait rediger ses cahiers de *doléances, plaintes et remontrances* à présenter à Sa Majesté, avec l'exposé des moyens les plus propres à subvenir aux besoins de l'État, ainsi qu'à la prospérité du royaume. Rien n'est plus intéressant que de parcourir les procès-verbaux de ces milliers d'assemblées où le plus obscur des citoyens, dans le coin le plus reculé du pays, put venir épancher ses aspirations et ses vœux.

Les électeurs qui se rendirent à Laon avaient été nommés, dans chaque bailliage, par les assemblées primaires, ce qui formait alors l'élection à deux degrés. Le nom de M. Viefville des Essarts, ancien avocat au parlement, sortit de l'urne électorale. Il était né à Malzy, en 1744, et exerçait à Guise les fonctions de procureur du roi aux eaux-et-forêts et de subdélégué de l'intendance, lorsqu'il fut choisi pour représenter son pays à l'assemblée nationale. C'était un homme de talent et qui sut remplir avec distinction les diverses fonctions politiques et administratives qui lui furent confiées (1).

Au milieu des préoccupations politiques qui agitaient la France, une disette causée par la stérilité de l'année 1788 et le rude hiver de 1788 89 jetèrent parmi les populations les craintes les plus anxieuses. Dès le 13 juillet 1788, les provinces du Nord et la Thiérache avaient vu leurs récoltes ravagées par la grêle, et l'on avait constaté, dans l'élection de Guise, que la moisson avait rendu moitié moins que dans les années ordinaires. La France ne disposait pas alors de ces magnifiques voies ferrées qui sillonnent aujourd'hui le pays, et qui apportent des

---

(1) Devismes, *Manuel historique* — Matton, An. — C. Gomart, *Histoire de Ribemont*.

contrées plus favorisées, dans celles qui souffrent, les denrées nécessaires à l'alimentation ; aussi, voyons-nous, depuis quelques années, de mauvaises récoltes affliger des contrées, dont des localités plus favorisées venaient combler le déficit par des importations que facilitaient les canaux, les routes et les chemins de fer.

Ce fut au milieu des sinistres appréhensions causées par la certitude d'une disette prochaine qu'on atteignit l'affreux hiver de 1789. Le froid commença dès le mois de septembre, et atteignit bientôt un degré d'intensité inouï. Jamais pareil deuil ne s'était étendu sur la nature ; la rivière d'Oise gela si profondément que le poisson périt ; les usines s'arrêtèrent sur tous les cours d'eau ; on entendit les arbres éclater dans les vergers et dans la forêt ; la semence confiée à la terre y périt ; nombre de malheureux moururent de froid et d'inanition sur les routes et jusque dans leurs lits. La Thiérache vit se renouveler l'affreuse misère qui l'avait désolée en 1652. Toutes nos provinces devinrent bientôt la proie du brigandage que le désespoir et la faim y avaient fait naître.

A ces malheurs atroces, vinrent se joindre tout-à-coup de nouvelles alarmes. Elles sont causées par l'annonce de l'apparition de ces terribles *Carabots*, ou brigands faucheurs de blés verts, dont Dumourier parle dans ses Mémoires. L'épouvante gagne Soissons, Laon, puis notre contrée ; la terreur fut à son comble quand on répandit le bruit que le peuple de Paris s'était soulevé, qu'il avait pris les armes et qu'il était sorti de la ville pour envahir et piller les campagnes. La panique augmenta vers la fin de juillet ; les *Carabots*, disait-on, on les avait vus, on allait même jusqu'à décrire leur

costume ; ils portaient « un accoutrement particulier :
veste ronde, chapeau rond, pantalon de coutil rayé. »
La nouvelle venait de Paris, apportée par des femmes
et des enfants en pleurs qui fuyaient le carnage ; les
paysans effrayés cachent leur argent et ce qu'ils ont de
plus précieux, quittent les travaux de la moisson, courent aux armes ou s'enfuient dans les villes. Laon,
Soissons, La Fère, les villes fortifiées sont encombrées
de fuyards.

Cependant, il n'y avait pas de brigands, pas de faucheurs de blés verts ; mais seulement çà et là quelques
bandes de pauvres, de gens affamés et de soldats traînards, qui, à la faveur des troubles, parcouraient les
fermes, gaspillant les vivres et portant parfois le pillage et l'incendie dans les campagnes (1). Toutefois,
pour s'opposer aux dévastations de ces hordes souvent
imaginaires, le pays s'était levé en masse : ce fut l'origine des gardes nationales, car une fois qu'on eut pris
les armes, on se crut appelé à la défense du pays et
on ne les quitta plus. Cette nouvelle milice remplaça
toutes les anciennes milices bourgeoises, et elle s'organisa sur le modèle de celle de Paris, qui s'était formée à la suite de la prise de la Bastille.

Malheureusement, chacune des nouvelles milices
allait servir à autre chose que de parer à un danger
imaginaire. Malgré les promesses de la moisson, toute
l'election de Guise était devenue la proie du brigandage que la faim et la misère y avaient provoqué. Des
bandes composées de cinq à six cents personnes,
hommes, femmes, enfants, armés de bâtons, de faux,
de fourches et même de fusils, attaquaient toutes les

---

(1) M. Ch. Gomart. *Hist. de Ribemont.*

propriétés; elles pillèrent surtout aux environs de Guise, du Nouvion, de La Capelle et de Vervins. Le désordre continua pendant plusieurs mois; chaque nuit, on voyait briller au loin les flammes qui dévoraient les fermes et les nouvelles récoltes amassées en meules !

Pour échapper à ces pillards, il fallait voyager par troupes capables de leur résister. Malheur à ceux qui étaient soupçonnés d'avoir caché du blé chez eux! ils devenaient victimes des plus graves excès. Le commerce avait disparu, la contrebande se faisait sur toute la frontière, l'exportation du blé avait repris son cours. Des marchands de Vervins et de La Capelle achetaient tout le blé nouveau qu'ils pouvaient trouver, pour le conduire hors de France et le réimporter ensuite afin de gagner les primes promises à ceux qui feraient entrer des grains dans le royaume. Les violences que les campagnards irrités exerçaient envers ces misérables, en pillant les convois dont ils encombraient les chemins, ne paraissaient que trop justifiées par une aussi lâche spéculation.

Cependant, le 22 décembre, sur la proposition de l'abbé Sieyès, l'Assemblée nationale décréta une nouvelle division de la France, qui entraîna bientôt l'abolition de tout le système administratif. Aux anciennes provinces, généralités, élections, succédèrent quatre-vingt-trois départements, divisés en arrondissements ou districts subdivisés en cantons. Le département eut un conseil administatif de trente-six membres et un directoire exécutif de cinq membres. Le district eut aussi un conseil et un directoire, mais moins nombreux et relevant des premiers.

Le canton, composé d'un certain nombre de paroisses, fut une division électorale et non administrative comme les deux premières. On établit un tribunal criminel pour tout le département; un tribunal civil pour chaque district et un tribunal de paix pour chaque canton. La commune était administrée par un conseil général et une municipalité nommés par élection, qui pouvaient seuls requérir la force armée. Notre vieille Thiérache alla se perdre dans les limites du département de l'Aisne, qui fut formé de diverses portions de territoires prises sur le Soissonnais, la Champagne, la Brie, le Laonnois et la Picardie. On voulut centraliser le pouvoir, faire oublier les anciennes formes et fusionner les diverses populations qui composaient la France féodale, qu'on avait vues si longtemps divisées d'intérêts, d'habitudes et de langage.

Le Nouvion qui, sous l'ancien régime, dépendait de l'élection de Guise et de la généralité de Soissons, devint le chef-lieu de canton de huit communes (1). Le premier juge de paix du canton du Nouvion fut M. Godelle-Desnoyers (Jean-François), nommé le 31 octobre 1790. Il prêta serment en cette qualité le 29 décembre de la même année et fut installé le même jour. Il exerça ses fonctions jusqu'en avril 1816.

Guise avait donné le jour au trop fameux Camille Desmoulins qui, à l'époque de nos premiers troubles, « s'attaqua avec une sorte de fureur à la noblesse, a la royauté, au clergé, dont il offrit en proie les biens au peuple, joignant a la plus insigne mauvaise foi le langage le plus exalté, comme le plus grossier. » Dans un écrit qu'il publia au mois de juin 1789,

---

(1) Bergues, Boué, Oisy, Fesmy, Le Sart, Barzy, Fontenelle et Papleux. — La loi du 8 pluviôse an IX et l'arrêté du 3 vendémiaire an X ont depuis modifié la circonscription cantonale du Nouvion

La France libre, il paraît consumé par une sorte de fièvre révolutionnaire; il y dénigre et renverse toutes les institutions. Cette brochure fut censurée, condamnée par le parlement de Toulouse, et brûlée par la main du bourreau; mais elle n'en eut pas moins un grand succès, et elle lui valut les suffrages de tous les partisans des idées nouvelles. Non content d'écrire, Camille agissait. On le voyait partout, dans les clubs, au milieu de la foule, dans toutes les séditions de détails qui déjà agitaient Paris. Il haranguait la populace partout où il la trouvait, notamment au Palais-Royal, devenu comme une sorte de *forum.* Accusé de modérantisme, il se récrie et se fait un titre de gloire d'avoir été *le premier des révolutionnaires :* « J'ai été plus encore, s'écrie-t-il, j'étais un brigand et je m'en applaudis! » Il devait, le malheureux, finir comme la plupart des héros du jour. Saint-Just, son compatriote et d'abord son ami (1), le fit décréter d'accusation comme contre-révolutionnaire : c'était l'envoyer au supplice. Desmoulins fut exécuté le 6 avril 1794 (2).

A l'époque où il fallut en venir à fixer les limites des nouvelles divisions administratives, deux villes rivales, Vervins et Guise, se disputèrent le titre de chef-lieu du second district de l'Aisne, avec une animosité telle, que la querelle menaça de dégénérer en collision sanglante. L'Assemblée nationale avait confié ce choix aux électeurs du département, qui se prononcèrent d'abord pour Vervins; cependant, après plusieurs autres épreuves, Guise finit par l'emporter.

---

(1) Saint-Just, député de l'Aisne à la Convention et membre du fameux comité de Salut public, était né à Blérancourt (Coucy-le-Château).

(2) Devismes, *Manuel historique.*

Mais sous prétexte que les électeurs réunis à Guise s'étaient laissé gagner par les Guisards, le canton de Vervins se leva comme un seul homme, et deux mille de ses habitants, armés chacun comme il l'avait pu, se portèrent tout-à-coup vers Guise pour le punir. Les éclaireurs des deux partis s'étaient déjà rencontrés à quelque distance de Guise, mais sans en venir aux mains; tout se borna à l'échange d'épithètes plus ou moins retentissantes.

Guise devait succomber devant des électeurs activement travaillés par sa rivale, et Vervins fut choisi comme chef-lieu d'arrondissement.

Dans son ardeur de réforme, l'Assemblée nationale voulut aussi changer la constitution de l'Église. Par une loi du 2 novembre 1789, elle déclara propriété de la nation tous les biens du clergé, pour en arriver ensuite, par décret du 13 février 1790, à supprimer les vœux monastiques et à briser violemment les ordres et les congrégations religieuses. De sa propre autorité, elle changea les circonscriptions des diocèses et soumit les dignités ecclésiastiques au régime de l'élection, depuis l'évêque jusqu'au simple vicaire. C'était remplacer cette fois la Révolution par l'excès de l'arbitraire.

Tout prêtre qui se refusa à prêter serment à la nouvelle constitution, dite *constitution civile du clergé*, était appelé *prêtre réfractaire* ou insermenté. Au contraire, celui qui, manquant à sa conscience, prêtait le serment, s'appelait *prêtre constitutionnel* ou *assermenté*, et s'il occupait un évêché, une cure, *prêtre intrus*. On doit le dire, à l'honneur du corps, une minorité infime donna dans la réforme, mais le plus grand nombre la combattit. Les citoyens restèrent neutres dans ces discussions et ne se passionnèrent ni pour, ni contre le décret.

Monseigneur de Bourdeilles ayant refusé de prêter serment à la constitution civile du clergé, le siége de Soissons avait été déclaré vacant, et le corps électoral convoqué à Laon pour procéder au choix d'un autre évêque. L'abbé Marolles, curé de l'une des paroisses de Saint-Quentin et député au bailliage de cette ville, fut élu évêque de l'Aisne, le 4 février 1791, sur le refus du père Flamain (1), qui avait été nommé au premier tour de scrutin.

Beaucoup de prêtres de nos environs imitèrent leur évêque en refusant de prêter le serment voulu. Nous pouvons citer entre autres ceux d'Esquéhéries, de Lavaqueresse, de Leschelle, de Lesquielles, qui ne voulurent point se soumettre à la juridiction de l'évêque constitutionnel ; ceux de Proisy, de Boué, de Bergues, d'Oisy, de Vadencourt, avaient imité l'exemple de leurs vénérables confrères, en rétractant un serment qu'on leur avait comme arraché. Tous furent frappés de dénonciation aux tribunaux et destitués. La plupart quittèrent leur patrie et se retirèrent à Chimay, qu'ils avaient choisi pour lieu de rendez-vous commun.

Le serment qu'avaient juré le prêtre et les vicaires du Nouvion ne les protégea pas contre les exigences toujours croissantes de la fougue démagogique de l'époque, et ce dut être un spectacle affligeant, que celui d'un prêtre, déjà âgé, qui se vit forcé, par la populace, d'épouser sa propre domestique. Tel fut le sort de maître Noël Michel, prêtre-curé de la paroisse du Nouvion. Dès le 7 novembre 1790, cet ecclésiastique et ses

---

(1) Abbé du monastère de Cuissy (Craonne).

deux vicaires, « les citoyens Hecquard (Jean-François-Marie) et Blot (Nicolas-André) se pésentèrent spontanément à la maison de ville pour faire acte de soumission au décret de l'Assemblée nationale; » le dimanche 28 suivant « avant la messe paroissiale, en présence du maire, du procureur, des officiers municipaux de la paroisse et des fidèles réunis », ils jurent solennellement « d'être fidèles à la nation, à la loi, au roi, et à la constitution *même* civile du clergé. » Mais, ajoute par renvoi le procès-verbal (1), « le dit citoyen Blot a fait une restriction conçue en ces termes : *sans toutes fois déroger à la puissance ecclésiastique à la quelle je veux me soumettre jusqu'au dernier souffle de ma vie.* » Il est à supposer que le directoire du district trouva la soumission insuffisante, car le dimanche 5 décembre de la même année, ledit Blot formulait à nouveau son adhésion à l'acte constitutionnel, et cette fois sans restriction aucune.

Le maire et les officiers municipaux de l'époque paraissent avoir usé d'une grande circonspection dans les divers actes de leur administration, touchant l'exécution des décrets de l'Assemblée nationale. On en trouve la preuve à chaque page du registre des délibérations. Une maison d'éducation pour les filles, tenue au Nouvion par des religieuses de l'Enfant-Jésus, de Guise, avait dû fermer devant le mauvais vouloir de la population. L'une des religieuses, la sœur Motot, était tombée malade à la suite des frayeurs que lui avaient causées les excès des premiers jours de la Révolution. Sa compagne, la sœur Duteil, ne paraissait guère plus rassurée. Dans une lettre adressée

---

(1) Arch. munic. du Nouvion, Reg. des délib., an. 1790, f° 72.

au corps municipal, cette dernière exprime d'une manière touchante « les regrets qu'elles éprouvent, » elle et sa compagne, « de ne pouvoir plus seconder utilement la sollicitude de ces messieurs de la municipalité pour l'instruction de la jeunesse du pays, » ainsi que sa reconnaissance « pour tous les témoignages de bonté » dont on les avait jusqu'alors entourées. Elle annonce, en même temps, son intention de quitter Le Nouvion « avec sa pauvre malade » et réclame pour cela un passe-port et un certificat. Ces pièces furent délivrées (1).

Nous ne pouvons énumérer ici sans devenir fastidieux les différents travaux de nos premières assemblées municipales : en feuilletant leurs archives on reconnaît d'ailleurs que ces travaux sont à peu de chose près identiques à ce qui se fit partout à cette époque. Il nous suffira de rappeler qu'à la date du 21 novembre 1790, les officiers municipaux et les notables du Nouvion réclamaient, mais sans succès, « l'établissement d'une poste aux lettres et celui d'une foire franche à tenir le 6 de chaque mois, en outre des deux marchés-francs » hebdomadaires déjà existants. Parmi les considérants apportés à l'appui de cette dernière demande, on trouve ceux-ci : « que la position de la paroisse et son territoire, situé en un local (lieu) très-cru, froid et aquatique, ne laissoient au cultivateur que très-peu d'espoir de recueillir le fruit de son travail ; qu'il y a lieu pour lui d'assimiler à sa culture une branche quelconque de commerce pour subsister, et qu'il est indispensable de chercher, par tous les moyens possibles, à augmenter le com-

---

(1) Arch. munic. du Nouvion, Reg. des délib. an. 1790, f° 85, recto.

merce actuel reposant exclusivement sur la vente des grains, beurre, fromages, œufs, volatiles et légumes. » — On lit également qu'il fut alors procédé (avril 1791) à la vente des biens « terres et prés appartenant ci-devant à la cure du Nouvion ; — à la création d'une caisse patriotique et de billets de « 1 sou, 1 sou 6 deniers, 2 sous, 2 sous 6 deniers, pour faciliter les échanges du petit commerce qui se faisoit avec beaucoup de difficultés. »

Les perturbations jetées dans la propriété par la vente des biens du clergé et des ordres religieux, les réquisitions de toutes sortes avaient en effet apporté de graves embarras dans l'agriculture, le commerce et l'industrie ; nos contrées ressentirent, des premières, les effets de ces mesures désastreuses. Et lorsque le 20 mai 1792 la commune du Nouvion, au nom et comme mandataire de toutes celles d'alentour, suppliait le Directoire de l'Aisne de « s'opposer par tous les moyens possibles *aux manies du peuple qui ne tendent qu'à faire manquer les bleds nécessaires à l'approvisionnement des marchés,* » elle ne manque pas de faire le tableau de la triste situation « où se trouve plongée la population du canton. (1) »

Le pays tout entier fut bientôt dégoûté de la constitution octroyée par l'Assemblée nationale, et que la législative devait appliquer. La Convention fut convoquée pour en élaborer une nouvelle. Nous n'avons pas à rappeler ici les mesures sanguinaires que décréta cette troisième assemblée. Ses proscriptions, ses massacres, ses confiscations ont laissé dans notre histoire une trace sanglante que la postérité voudrait pouvoir

---

(1) Arch. munic. du Nouvion, an. 1792.

en effacer. Elle inaugura son règne par les visites domiciliaires, par les emprisonnements et bientôt par l'échafaud. Tous ceux qui possèdent sont pour elle des ennemis de la patrie; tous ceux qui, de près ou de loin, ont appartenu à l'ancien régime, sont décrétés d'accusation, jugés et condamnés. Dominée par les clubs et les comités de Paris, elle met à l'ordre du jour la terreur et la mort, et se rend exécrable en déshonorant à jamais la liberté. L'émigration, dans l'origine, fut sans doute une faute; mais elle devenait, sous le régime de la Convention, l'unique ressource de quiconque voulait éviter la mort. Nos villages, comme les grands centres, eurent aussi leurs émigrés, et ils furent assez nombreux au Nouvion; mais beaucoup d'entre eux, en s'expatriant, fuyaient la misère plutôt que la mort.

Cependant les rois s'effrayent d'une révolution dont les secousses terribles se font sentir aux quatre coins de l'Europe. Celle-ci va bientôt se lever contre la France. La Législative avait forcé Louis XVI à déclarer la guerre à l'Autriche qui possédait toujours les Pays-Bas : nos contrées du nord, comme toujours, avaient eu les prémices des nouvelles hostilités. Rochambeau avait reçu le commandement de l'armée du Nord et fixé à Valenciennes son quartier général; — La Fayette, à la tête de 23,000 hommes, avait été envoyé sur La Capelle. Mais les premières opérations de cette armée devaient être désastreuses : l'ennemi s'empara de Condé, de Valenciennes et du Quesnoy; 100,000 Prussiens menaçaient la Champagne, mais ils furent heureusement repoussés par Dumouriez qui, après l'affaire de Valmy, était accouru avec son armée victorieuse pour couvrir notre frontière envahie jusqu'au Nouvion, Wassigny et Wiége-Faty.

Nos armées éprouvèrent de nouveaux échecs dès les premiers mois de 1793 : le pays fut sauvé par l'énergie de la Convention qui avait su déployer la plus grande activité. Une levée en masse avait lancé 300,000 hommes à la suite de nos armées régulières; un petit corps qui s'était formé à Guise occupait les villages et les plateaux au nord de l'Oise, sous les ordres du général Balland, soldat de fortune comme la plupart des généraux républicains. Balland était attaché à l'armée du Nord, alors commandée par Jourdan; on le dit né à Laon, en 1751. Entré au service dès l'âge de quinze ans, il était parvenu en peu de temps au grade de sous-lieutenant. La Révolution accéléra son avancement, et sa belle conduite à la brillante affaire de Jemmapes lui valut le grade élevé de général de division. Le séjour qu'il fit a Guise, durant la guerre, lui fit estimer cette ville où il vint finir ses jours.

Par suite des plans strategiques de Carnot, Jourdan avait choisi Guise pour base des opérations; c'est là et aux environs qu'il rassembla toutes les recrues.

Il marche en cinq colonnes sur Maubeuge, bloquée par les armées ennemies, et oblige celles-ci à lever le siége par la victoire de Wattignies, qui vint heureusement rassurer les esprits.

Après avoir porté le désordre dans la discipline du culte catholique, les démagogues de la Révolution finirent par le supprimer. Beaucoup d'églises, sinon toutes, furent pillées et fermées, puis affectées aux usages civils. On essaya de ramener le peuple à l'état de nature en proclamant l'établissement du culte de la Raison. L'église du Nouvion avait subi le sort commun : « La maison du culte (1), cette maison dédiée au mensonge, à l'hypocrisie, a été entièrement dépouillée des ornements imposteurs qui la décoroient;.... Maintenant, pour faire disparaître l'ouvrage de la superstition et du charlatanisme, la vérité doit triompher : ce monument doit être consacré aux dieux de l'homme libre, à la Raison, l'Égalité, la Justice et l'Humanité. » Telle fut la proclamation du citoyen Dumoulin commandant militaire de la place du Nouvion, la première fois qu'il s'adressa au corps municipal et au conseil général de la commune solennellement assemblés pour le recevoir. Sur la motion du susdit commandant, il fut arrêté ce jour-là : 1° « Que le bâtiment ci-devant dédié à la superstition et au mensonge serait dès lors et pour toujours consacré à la Raison; 2° Qu'il serait placé au-dessus de la principale entrée une inscription portant ces mots : *Temple consacré à la Raison et à la Vérité*; 3° Que chaque decadi serait employé à la lecture des lois et à l'instruction du peuple; 4° Qu'enfin il serait planté six arbres de la liberté vivaces aux lieux ci-après : au-devant de la porte du temple, — Grand'rue, emplacement du ci-devant calvaire, — Rue de Prisches, — Rue de la Croix et Rue de Dessous, vis-à-vis le chemin qui conduit à la forêt. »

La cloche d'alarme étant devenue la seule nécessaire, les deux autres (2) furent démontées et envoyées au district de Vervins pour être converties en monnaie de billon.

---

(1) Délib. du 19 frim. an II, Arch. munic.

(2) Elles avaient été achetées en 1790, à la fabrique de l'église de Marbais (Nord), Arch. munic.

Un mois plus tard, le corps municipal du Nouvion se joignait au général de brigade Thory, — qui avait alors son quartier général en cette commune,— « pour célébrer par des réjouissances publiques, la reprise par nos armes de la place de Toulon. La fête s'ouvre au bruit sonore de la musique qui exécute l'hymne marseilloise et autres chants patriotiques. » Des discours sont prononcés par le citoyen Buffy, maire, par le patriote Viéville, agent national, et par le général lui-même, qui cherchait alors à électriser ses hommes pour la lutte qui devait bientôt « chasser du Quesnoy, de Valenciennes et de Condé, ces vils satellites des despotes qui souillent de leurs crimes affreux la terre de la liberté. » Il fut ensuite procédé par l'officier public à la dernière publication des bans de mariage du citoyen Michel, ci-devant curé de la paroisse, puis « au baptême? d'un enfant mâle dont le général Thory fut le parrain avec la citoyenne Legrand, épouse du citoyen Bertrand. »

Le Nouvion eut donc aussi ses clubs politiques et sa société populaire, réunions qui offrirent la même physionomie que celles de presque toutes les communes du pays. De simples ouvriers, des artisans, des petits industriels transformés tout-à-coup en orateurs, s'y écriaient parfois avec force gestes et mine grotesque : « Citoyens, *la raison n'a pas besoin de l'homme, mais l'homme a besoin de la raison.* » Puis ils déclamaient contre les aristocrates, la superstition et le fanatisme, c'est-à-dire contre les riches, contre les prêtres et la religion catholique. Il suffisait bien souvent de quelques fous furieux pour en imposer par la crainte à tout un pays animé du meilleur esprit.

Cependant Pichegru avait remplacé Jourdan au commandement de l'armée du Nord. Cette armée se trouvait alors dans l'état le plus déplorable : point de vivres, point de vêtements; aussi, les états-majors de Guise et de Cambrai signaient-ils réquisitions sur réquisitions à prélever sur les villes et les villages de l'Aisne et du Nord. Nos localités, Guise, Le Nouvion, La Capelle, encombrées de troupes, étaient encore les premières mises à contribution. Ces troupes étant mal organisées, mal payées, il en résultait un désordre difficile à décrire, mais que notre génération ne sait que trop comprendre. Un régiment de dragons était alors cantonné au Nouvion sous les ordres du commandant Dumoulin. Le 3 décembre « les chefs des cavaliers se plaignent, par l'organe du commandant, du manque d'approvisionnement d'avoine dans le magasin de la place, accusant le citoyen Louis-André Le Comte, chef de ce magasin, d'être l'auteur de ce défaut de vivres, par la vente qu'il faisoit de l'avoine aux particuliers de la commune. » Ledit Le Comte fut arrêté et sommé de rendre ses comptes sans délai, et de rapporter ses registres de recettes, en fourrages, paille, avoine, et ceux de distribution. Le 11 du même mois, « en vertu du réquisitoire du général Thory, daté dudit jour, la municipalité du Nouvion est sommée de mettre en adjudication la construction de douze baraques destinées aux troupes; l'adjudicataire était autorisé à prendre dans la forêt les bois nécessaires ; — nombre d'autres réquisitions furent faites encore tant sur la population du canton que sur les municipalités, pour le vêtement et la subsistance des troupes, le chauffage de la division Balland, à destination d'Étreux.

Un jour, la municipalité avait à requérir tous les ouvriers charpentiers, menuisiers, charrons, scieurs de long, terrassiers, pour assurer « la conservation du poste gardé au Nouvion par les troupes de la République. » (Thory). — Un autre, « tous les citoyens sont tenus de mettre à leur porte tous les bois qu'ils ont pour faire chauffer la troupe. » (Dumoulin). — Une autre fois encore (13 novembre 1793), les citoyens maire et officiers municipaux auront à requérir sur le champ tous les habitants valides pour travailler aux ouvrages qui doivent servir à la défense du Nouvion, et la municipalité sera responsable du retard qui sera apporté, comme de la mauvaise volonté des ouvriers (1). »

On ne fut guère plus épargné en 1794 : réquisitions d'hommes et de vivres, de chevaux, de voitures, etc., tant pour Guise, où commandait Ferrand, que pour Landrecies et Avesnes. Vers les premiers jours d'avril, l'armée du Nord occupait les positions suivantes : la droite commandée par Fromentin, était à Avesnes et comptait 15,600 hommes; la gauche, forte de 11,200 hommes, était aux ordres de Goguet, à Bohain ; et Balland formait le centre avec 36,000 hommes vers Étreux, en s'appuyant sur Guise. Pichegru commandait en chef ces divers corps stationnés sur les frontières de la Belgique. Comme les plus importantes opérations de la campagne devaient avoir lieu sur cette frontière, Saint-Just et Lebas avaient été députés à Guise pour soutenir l'énergie de l'armée.

Le prince de Cobourg, à la tête de 90,000 hommes, menaçait la Picardie; deux autres corps devaient agir sur les ailes de cette armée, 18,000 hommes sous le prince de Kaunitz à la gauche; et à la droite, Clerfayt

---

(1) Registre des délib., Arch. munic.

avec 25,000 hommes. Un tel déploiement de forces n'était rien moins que rassurant. Cependant, au lieu de tomber avec toutes ces troupes, réunies aux environs du Cateau, sur les divisions françaises disséminées entre Guise, Landrecies et Avesnes, l'ennemi partagea ses forces en huit colonnes, pour pousser sur autant de rayons divergents les troupes françaises qui lui étaient opposées. Une se dirigea par Fesmy et Oisy; une autre, où était le quartier général de l'empereur d'Autriche, par Wassigny; une autre encore par Vaux et Bohain, etc. La troisième colonne, arrivée sur les hauteurs du Grand-Blocus, rejeta les troupes du général Balland, qui avaient fait un mouvement en avant jusque dans le village d'Étreux. Finalement, ne pouvant tenir contre des forces si considérables, les Français battirent en retaite, sans essuyer de grandes pertes, se replièrent derrière le Noirieu et vinrent se reformer sur l'Oise.

Tandis qu'un corps hollandais investissait Landrecies, Cobourg, pour couvrir le siége, prenait position près de Guise, et Clerfayt s'avançait dans une reconnaissance jusque Hannape. En refoulant la division Balland, centre de l'armée française, les alliés avaient fait sur Boué, Le Nouvion et La Capelle une trouée qui allait rendre plus précaires les communications de notre droite avec les corps de Guise et de Cambrai. Heureusement, l'ennemi ne sut pas profiter de cet avantage, et le 20 avril, la division française, campée aux environs de Guise, parvint à chasser l'ennemi de ses positions d'Étreux et de Vénérolles, et le força même d'évacuer Bohain, Prémont et d'autres postes voisins. Sur l'ordre de Balland, la brigade Duvigneau quitta ses positions de Guise, se dirigea par Vervins sur La Capelle et en chassa les avant-postes ennemis, qui se retirèrent dans la forêt du Nouvion. Le siége de Landrecies continuant malgré les mouvements des colonnes de Balland, le centre de l'armée française dut renouveler ses tentatives pour le faire lever. Tandis que nos autres corps devaient se concentrer sur cette place chacun de leur côté, Balland, en partant de Guise, devait chercher à déloger les postes de Cobourg vers Le Nouvion, et se diriger sur Barzy, à l'aide des troupes de la division Goguet, ralliées sous Guise et destinées à marcher sur Étreux. Mais notre centre ayant donné contre la masse des alliés, fut battu, et la division Balland, rétrogradant devant les forces combinées des alliés, les colonnes de Cambrai et La Capelle furent repoussées. Landrecies dut capituler le 30 avril 1794, malgré la courageuse résistance de ses habitants (1).

Quoique absorbés par la direction de l'armée du Nord, Saint-Just et Lebas n'en jetaient pas moins les yeux sur la contrée qu'elle occupait. Dès le mois de janvier 1794, ils avaient prescrit l'arrestation de tous les nobles des départements de l'Aisne, du Nord, du Pas-de-Calais et de la Somme. A son retour à Guise, en mai suivant, Saint-Just s'irrita du petit nombre de détenus dont il lut les noms sur les listes dressées par les administrations départementales. La chute de Robespierre entraîna heureusement celle de Saint-Just et ouvrit les portes des prisons aux innocentes victimes de la furie démagogique.

Cependant la situation de nos campagnes était des

(1) Pécheur, *Hist. de Guise*. — Devisme; *Man. hist.*.

plus déplorables. Ceux qui aiment à lire les détails de la période révolutionnaire trouveront aux archives communales des pages qui font saigner le cœur. La mauvaise saison, le trouble apporté dans le travail des champs, la dépréciation des assignats, le séjour des armées avaient occasionné une disette affreuse. L'agiotage avait remplacé la loi du *maximum* et les marchands, comme beaucoup de cultivateurs, se vengeaient sur les consommateurs des pertes qu'ils avaient subies. Une pétition des habitants du Nouvion, inscrite au registre de délibérations de 1794, et que nous demandons la permission de citer ici textuellement, nous fournit une peinture malheureusement trop éloquente des misères de l'époque :

« DU PAIN OU LA MORT!

« A la Convention nationale,

« LES CITOYENS DU CANTON DU NOUVION,

« *Mandataires du peuple.*

« **Nous avons faim!** L'irruption des cannibales
« autrichiens et l'intempérie des saisons ont frappé
« de stérilité notre sol déjà naturellement infertile.
« Les marchés ne sont pas approvisionnés; l'adminis-
« tration du district a des inquiétudes pour l'avenir et
« ne fournit rien à nos besoins actuels; ses greniers
« dits d'abondance n'ont été l'année dernière et ne
« seront jamais réellement que des greniers de famine.
« Pour prolonger notre triste existence, nous sommes

« accablés, ils *(sic)* demandent un remède sûr et rapi-
« de : s'ils sont l'effet de la malveillance, faites tomber
« les têtes coupables ; mais si, comme nous le pen-
« sons, ils sont le produit des lois réglementaires sur
« les subsistances, rendez la liberté au commerce des
« grains, la sagesse vous y invite et l'intérêt de nos
« malheureuses contrées vous en fait un devoir.

« Nous rendons hommage aux principes que vous
« avez consacrés dans votre adresse au peuple français ;
« mais si vous ne nous faites avoir du pain, bientôt le
« souvenir de leur proclamation sera avec nous dans
« le tombeau. »

« Au Nouvion, ce 6 brumaire an III° de la Républi-
« que française. »

Après la reddition de Landrecies, Pichegru prit de nouvelles dispositions pour agir vigoureusement en Flandre, car là était le point décisif. Les Autrichiens sont repoussés de leurs positions sur la Somme ; Clerfayt est battu à Courtrai par l'armée de Pichegru ; Cobourg, à Fleurus par celle de Jourdan, qui venait de prendre Charleroy. Bref, de nouvelles manœuvres rappellent la fortune sous nos drapeaux : la Belgique et les Pays-Bas tombent en notre pouvoir ; Landrecies, Valenciennes, Condé et Le Quesnoy sont repris. La coalition avait reculé, le sol de la patrie était redevenu libre (août 1795) (1).

Cependant, le régime de la terreur avait passé, emportant avec lui les hommes qui avaient, un instant, tenu la France enchaînée sous un joug trois fois sanguinaire. A la Convention avait succédé le Directoire, mais une molle dictature ne peut avoir de durée. Bonaparte fut nommé consul. Après avoir contraint l'é-

---

(1) *Hist. de France.* — Devisme, *Man. hist.*

tranger à faire la paix, il s'occupa du bien-être du pays. Par un concordat conclu avec le Saint-Siége en 1801, il rétablit le culte catholique, rouvrit les églises et fit rappeler les prêtres non-assermentés qui avaient émigré. Le peuple reconnaissant des bienfaits qu'il devait au premier consul, le nomma empereur en 1804.

Tandis que tout se réorganise de toutes parts sous la main puissante de Napoléon, et que la victoire à ses ordres couronne toutes nos entreprises en Italie, en Egypte, sur les bords du Rhin, en Allemagne, l'industrie se relève ou prend un nouvel essor, surtout dans le nord de la France. La Thiérache se couvre de fabriques. On en établit à Voulpaix, au Nouvion, à Aubenton. En 1806, le couvent de Bohéries est transformé en filature de coton ; la fabrique de Saint-Michel, fondée en 1808 par M. Raux, riche propriétaire de forges, expédie bientôt d'immenses produits sur Saint-Quentin, Guise et nos environs. En même temps des hôpitaux s'élèvent ou augmentent le nombre de leurs lits ; mais ces lits vont devenir encore insuffisants pour la quantité de malades, de soldats blessés qu'ils auront bientôt à recevoir. Napoléon, arrivé à l'apogée de sa grandeur, a vu pâlir son étoile à Moscou ; il la verra bientôt s'éteindre à Waterloo. Maintenant que nos armes ont perdu leur prestige, l'Europe va de nouveau se liguer contre la France (1). Sept cent mille soldats ébranlés par elle franchissent nos frontières sur tous les points. L'Empereur lutte avec un génie surhumain contre ces forces colossales. Tandis que ses généraux contiennent avec peine la marche des divers

---

(1) Pécheur, *Hist. de Guise.*

corps envahissants, lui, porte les plus grands coups sur les deux armées de Bohême et de Silésie, commandées par Schwartzemberg et Blücher. Il ne peut opposer à ces masses que 70,000 hommes, le reste de ses troupes étant occupé ailleurs; néanmoins, il les bat à Montmirail, à Champaubert, à Montereau. Mais la fatale reddition de Soissons l'empêche de détruire Blücher. Pendant ce temps, d'autres forces alliées pénètrent dans l'Aisne, par la route de Vervins à Laon. Un détachement apparaît même à Guise, où il loge; le corps de Ziethen s'avance jusqu'à Etœungt, poussant une division jusqu'à La Capelle et de la cavalerie jusqu'à Etréaupont. En même temps, Bulow occupe Fesmy et envoie sa cavalerie à Hannape. Le 22 juin 1815, l'armée prussienne se trouve concentrée à Avesnes, Etrœungt et Fesmy. Le duc de Wellington qui, avec l'armée anglo-batave, avait pris la direction du Cateau, se rendit lui-même dans cette ville, où il reçut Louis XVIII, et d'où ce prince lança sa première proclamation à la France. La veille, les Prussiens s'étaient portés sur l'Oise; peu après, Thiélemann, général saxon, commandant un corps de l'armée alliée, occupait Le Nouvion et envoyait des partis vers Hirson et Vervins, pour s'assurer des mouvements de Grouchy qui avait joué un rôle inexplicable à Waterloo. Obligé d'abdiquer, Napoléon demande asile aux Anglais qui, pour ne pas mentir à leur caractère, l'envoient mourir à Sainte-Hélène. Louis XVIII monte sur le trône. La France avait donc encore subi la honte et les souffrances qui accompagnent une invasion. L'arrondissement de Vervins éprouva des pertes qui ne s'élevèrent pas à moins de cinq millions; aussi fut-il, ainsi que celui de Saint-Quentin, exempté de l'occupation étrangère. Pour comble de maux, les récoltes manquèrent en 1816-17, et le pays eut à essuyer une disette non moins affreuse que celle de 1812.

La France, sous le gouvernement de Louis XVIII, goûtait avidement les loisirs d'une paix si chèrement achetée, et voyait de jour en jour ses plaies les plus profondes se cicatriser.

L'avénement de Charles X au trône apparaissait comme un nouveau gage de prospérité. Ce prince se vit tout d'abord entouré d'une véritable popularité, et le sacre laissait entrevoir des espérances qui ne devaient pas se réaliser. Il n'est personne qui ne connaisse le coup d'Etat qui amena la Révolution de 1830. En trois jours la monarchie est renversée au cri de : *Vive la Charte;* et l'opposition, après avoir nommé le duc d'Orléans lieutenant général du royaume, s'arrogea le droit de lui décerner la couronne. Entreprise dans le sens républicain, mais conduite par la bourgeoisie, la Révolution de 1830 fut exploitée par cette dernière. Ce fut elle qui, par l'organe de ses représentants, fit tomber sur le chef de Louis-Philippe Ier cette couronne qui devait lui échapper en quelques heures dix-huit ans plus tard. La fin tragique du dernier des Condé avait fait passer au jeune duc d'Aumale, filleul du prince, les biens qui lui restaient de l'ancien duché de Guise (1).

M. le duc d'Aumale visita plusieurs fois ses nouvelles possessions. En 1847, le prince revenant de Bruxelles, traversa la partie nord-est de l'arrondissement de Vervins. Reçu avec sympathie par nos populations de Thiérache, il parut sensible aux démonstrations

---

(1) *Hist. de Guise*, de M. l'abbé Pécheur.

dont il fut l'objet. Ce fut par Guise, où résidait alors le directeur de ses domaines, que le prince entra dans l'arrondissement. Il vint ensuite à La Capelle, puis au Nouvion, après en avoir parcouru la belle forêt.

Le prince garda un bon souvenir de cette excursion, car Mme la duchesse d'Aumale étant accouchée d'un fils, au palais de Saint-Cloud, le 11 septembre de la même année, il voulut qu'il portât le titre de duc de Guise. Le jeune prince reçut, en effet, les noms de Henri-Léopold-Philippe-Marie d'Orléans, duc de Guise. « C'était à la fois, a dit un publiciste, un souvenir qu'il accordait à la ville et un hommage qu'il rendait à une race d'hommes si éminents ensevelie maintenant dans la poussière du tombeau, mais toujours vivante dans les fastes de l'histoire. » Le jeune duc de Guise ne vécut que peu de temps.

Le 12 janvier 1852, on écrivait de Naples, devenu le lieu d'exil de la duchesse d'Aumale : « Madame la du-
« chesse d'Aumale, cousine du roi, est heureusement
« accouchée hier au soir, à huit heures, d'un prince
« qui a reçu le nom de duc de Guise. Il doit être bap-
« tisé aujourd'hui. Le roi de Naples sera son parain et
« la duchesse douairière de Salerne, sa marraine. »
Ce second duc de Guise ne devait pas fournir une plus longue carrière que son aîné : il mourut trois mois après, le 15 avril, au château de Claremont, autre lieu d'exil de la branche cadette (1).

Nos localités étaient à peine remises de l'émotion que leur avait causée le voyage du duc d'Aumale et la naissance d'un nouveau duc de Guise quand éclata la Révolution de février 1848, qui fut suivie du rétablis-

---

(1) Pécheur, *Hist. de Guise.*

sement de la République. L'étonnement fut grand dans nos campagnes; cependant on en vint à saluer, à acclamer la nouvelle forme de gouvernement, qui proclamait les grands principes de la Liberté, de l'Egalité et de la Fraternité. Des chants patriotiques se firent entendre comme en 1830; des arbres de liberté furent plantés et bénits avec solennité; les gardes nationales réorganisées dans chaque commune, le suffrage universel décrété. Mais la Révolution avait répandu l'épouvante, interrompu les affaires, suspendu le travail, ruiné le commerce et l'industrie. Des milliers d'ouvriers sans pain et sans ouvrage, séduits par les théories de réformateurs chimériques, qui aspiraient à une égalité impossible des conditions et des fortunes, remplissent les rues de Paris de leurs clameurs et arborent le drapeau rouge. Le gouvernement d'alors comprit qu'il y avait quelque chose à faire pour les déshérités, et de cette époque date en effet cet esprit d'association, ces sociétés de bienfaisance et de secours mutuels, ces caisses d'épargne, de retraite pour la vieillesse, etc., qui rendent aujourd'hui des services universellement appréciés.

M. le duc d'Aumale emporta dans l'exil l'affection qu'il avait vouée à ses domaines de Thiérache, et notamment à celui du Nouvion, où fut édifiée une magnifique maison de campagne (le château), qui est devenue le siége administratif du domaine de Guise. — Un troisième fils lui naquit le 5 janvier 1854. Il voulut qu'il fût nommé François-Louis-Philippe-Marie d'Orléans, et qu'il portât le titre de duc de Guise. Resté seul de sept enfants, le duc de Guise mourut le 26 juillet 1872. Il avait dix-huit ans; il était intelligent, studieux, aimable et bon. Le jour même de sa mort, il devait prendre son grade de bachelier et venir ensuite passer ses vacances au château du Nouvion.

Cependant les troubles continuaient dans les grands centres, et la société en péril, menacée de tomber au pouvoir des anarchistes et des utopistes, crut voir une espérance de salut dans un nom glorieux et populaire, dans un nom dont les traditions et les souvenirs semblaient être une garantie d'ordre et de sécurité pour l'avenir : La présidence de la République, puis l'empire, furent dévolus au prince Louis-Napoléon Bonaparte, le neveu du grand homme.

« L'empire, c'est la paix, » avait dit Napoléon III ; mais par une fatalité étrange, l'expédition de Rome, les guerres de Crimée et d'Italie, les expéditions de Syrie, de Chine, du Mexique étaient venues donner le plus formel démenti au programme impérial. Dans l'intervalle, cependant, et même pendant ces luttes lointaines et presque toujours glorieuses pour nos armes, le pays s'enrichissait par le développement de son commerce et de son industrie, par le perfectionnement de son agriculture, par l'établissement de concours et d'expositions agricoles et artistiques, par la création et le progrès des voies de communication, des chemins de fer, des canaux, de la télégraphie électrique, des lignes maritimes de navigation à vapeur, le percement du canal de Suez ; et surtout par la fondation de nombreux établissements de crédit, la vive impulsion donnée aux travaux publics par l'amélioration des ports, l'assainissement des villes, etc.

Ce sont là des faits d'une vérité incontestable.

D'un autre côté, de nombreuses institutions de bienfaisance furent créées et destinées à protéger, à éclairer les classes populaires : asiles, orphelinats, écoles de toutes sortes, cours d'adultes, sociétés de prêt au travail, caisses des invalides, etc.; — Jamais le bien-être matériel et le progrès intellectuel n'avaient été l'objet d'une plus grande sollicitude, n'avaient été plus honorés, plus encouragés.

Mais l'expérience, une trop cruelle expérience, hélas ! est venue, depuis, démontrer tout le danger qu'il y a pour un gouvernement, même pour le gouvernement d'un grand et noble pays, — à pousser l'esprit public vers la spéculation exclusive des intérêts matériels, — vers la satisfaction exagérée des besoins factices et l'amour effréné du bien-être. Plusieurs années de prospérité générale avaient abouti pour la nation française à ce triste résultat : désintéressement égoïste de la chose publique, ruine de l'esprit d'iniative, funeste habitude de toujours regarder en haut, d'attendre tout de l'État. — Et quand arriva le jour de l'épreuve, la patrie en détresse chercha avec effroi autour d'elle, mais vainement, ses enfants d'autrefois : elle ne trouva plus qu'indécision, mollesse, absence presque complète de ces mâles vertus publiques qui, pendant de longs siècles, avaient fait sa force et sa gloire.

Le cadre de ces études ne nous permet pas, comme nous en avions eu d'abord l'intention, de passer, même brièvement, en revue les divers épisodes de la dernière guerre. Nos communes n'ont eu d'ailleurs à endurer, pendant cette triste période, que les douleurs morales de la défaite; l'invasion ayant épargné nos localités, nous n'avons eu à souffrir ni la honte, ni la tristesse, ni l'ennui de l'occupation étrangère.

Disons, toutefois, que Le Nouvion, comme plusieurs

communes de son canton, eut sa part des charges et des soucis de la guerre. Dès octobre 1870, et cédant à la force, M. Ferrand, et après lui, M. Anatole de la Forge, tous deux préfets de l'Aisne, avaient dû quitter Laon, où vint se *poser un préfet prussien.* Le 6 novembre suivant, M. F. Achard était nommé à son tour préfet de ce département; le 13, il venait se fixer au Nouvion, avec tous les services de la préfecture, qui furent installés à l'Hôtel-de-Ville.

Pour se conformer au décret du gouvernement de la défense nationale sur la levée en masse, M. F. Achard déployait une louable activité. Non-seulement il parcourait les communes non envahies de la partie nord du département, dans le but de hâter le départ des hommes appelés à en faire partie, mais il adressait encore à ceux restés chez eux, dans les localités occupées, l'ordre d'obéir également à ce décret, s'ils ne voulaient être, après la guerre, poursuivis comme déserteurs et punis comme tels. Beaucoup répondirent à son appel, et Le Nouvion devint le point de ralliement de toutes ces recrues, qui devaient concourir à la formation des divers corps de l'armée du Nord.

D'autres plus autorisés ont rendu compte des succès et du patriotisme de cette jeune et brave armée, qui n'a succombé que sous le nombre (1). Proclamons-le bien haut, en terminant, elle a vaillamment fait son devoir et bien mérité du pays.

---

(1) Voir *Campagne de l'Armée du Nord en 1870-71*, par le général de division L. Faidherbe; et surtout le remarquable travail de notre compatriote, M. Ern. Lavisse : *L'Invasion dans le département de l'Aisne (1870-71).*

CONCLUSION.

Ici finit la partie historique de nos Études sur Le Nouvion et son canton. Quelque rapide que soit le coup-d'œil que le lecteur vient de jeter avec nous sur le passé de notre pays, il a pu se convaincre, néanmoins, qu'à tout prendre, ce passé a été honorable, s'il n'a pas toujours été heureux. Le cœur se remplit de tristesse au souvenir des maux de la guerre, des misères de toutes sortes qui ont traversé l'existence de nos ancêtres; mais, en somme, la gloire a égalé les malheurs; et le bien-être qu'ont su se créer les populations laborieuses et intelligentes de notre chère Thiérache ne peut que progresser, aidées comme elles vont l'être, par le développement agricole et industriel que ne manquera pas de provoquer l'établissement des lignes ferrées qui nous sont promises.

La perspective de cet avenir n'est-elle pas faite pour adoucir quelque peu l'amertume du passé?

NOTES

RELATIVES A LA PREMIÈRE PARTIE

[1]. — L'origine du nom de *Thiérache* est fort incertaine, et les sentiments à cet égard sont très-opposés. Sans rapporter ici toutes les opinions émises, nous nous bornons à mentionner celle qui paraît la plus vraisemblable, et qui ferait dériver le mot Thiérache de *Terra essa*, *terre essartée*, d'où Terrasse, puis *Thiérache*, ce qui signifierait *terre brûlée*, parceque pour cultiver notre contrée qui n'était primitivemement qu'une vaste forêt, on aurait dû *essarter* le sol, c'est-à-dire le mettre en culture par la hache et le feu (1).

[2]. — Certaines portions de la Thiérache, celles notamment qui avoisinent les forêts, reflètent encore de nos jours cette simplicité de mœurs de nos aïeux. Ces nombreux hameaux, ces habitations isolées, construites en bois et en terre, nous rappellent leur vie nomade, quasi patriarcale. Les habitants de ces parages nés et élevés au milieu d'une nature puissante où ils ont puisé santé et vigueur, sont encore aujourd'hui de vrais enfants des forêts; ils y passent la plus grande partie de leur vie, s'y livrant à la fabrication de toutes sortes d'objets en bois, et n'en sortent guère qu'au temps de la fenaison ou de la moisson.

[3] — Les Belges primitifs n'avaient pas de plus grande joie que de prendre leurs couteaux de pierre, leurs flèches à la pointe de silex, leurs *gais* ou pieux durcis au feu, et leurs grands boucliers de planches, puis de s'aventurer dans quelque expédition. On les voyait, avec leurs longs cheveux et leurs moustaches épaisses, s'avancer nus contre l'ennemi ; et ceux qui sortaient vainqueurs du combat rapportaient la tête du vaincu attachée au poitrail de leur cheval. En rentrant dans le village, qui était fait de cabanes de terre recouverte de branches, ils s'asseyaient tous sur la paille ; un festin commençait, composé de viandes, de bière et d'hydromel, et

---

(1) *Notice sur la Thiérache*, par Am. Piette, 1847.

l'appétit des convives était tel qu'on eût dit, selon un historien, « un repas de lions. » La fête se terminait par quelques récits merveilleux que répétait un barde, ou par des combats simulés ; les chefs orgueilleux, la tête haute, le bras et le cou chargés d'anneaux et de colliers d'or, présidaient. Puis, les guerriers se séparaient, et allaient dans leurs cabanes attendre le signal d'une expédition nouvelle.

[4]. — Les Gaulois avaient la plus grande vénération pour le *gui* que portaient quelques chênes privilégiés, et le cueillaient au premier jour de l'an. Un prêtre revêtu d'une tunique blanche montait sur l'arbre où on l'avait découvert, et armé d'une faucille d'or, il abattait le gui sacré qui était reçu sur un linge blanc. On attribuait à cette plante parasite de grandes vertus, et on l'employait avec confiance dans les remèdes. — Les druides attribuaient également une vertu médicale et magique à la verveine (1) et aux œufs des serpents. C'était dans la profondeur des sombres forêts, qu'ils avaient leurs retraites et leurs principaux sanctuaires. Il était défendu de couper ou d'élaguer le bois des forêts sacrées ; le peuple les croyait inaccessibles aux animaux sauvages, impénétrables à l'ouragan, et à l'abri de la foudre : le sol, disait-il, y tremblait, il s'y ouvrait des gouffres d'où s'élançaient des serpents qui s'attachaient aux arbres ; ceux-ci se courbaient et se redressaient d'eux-mêmes, et toute la forêt étincelait de feux. Les druides y conservaient les étendards militaires ; ils y avaient seuls accès, et n'y pénétraient eux-mêmes qu'avec terreur.

[5]. — Les Gaulois Belges, d'abord barbares, ne semblaient pas faits pour le travail des champs ou des ateliers. Les deux castes qui dominaient avaient d'autres penchants. Ceux qui demeuraient près de la mer se jetaient dans des barques d'osier recouvertes de cuir et cherchaient aventure. Qui donc cultivait les terres ? c'étaient les esclaves, les vieillards, les femmes. D'ailleurs, rien n'était plus simple que la vie pastorale chez nos pères. De temps en temps, on mettait le feu aux bois qui couvraient partout le sol ; on semait du grain sur les espaces mis à découvert, et la moisson était assurée. L'année suivante, le même lieu servait de pacage.

---

(1) Cette plante croit spontanément aux environs de Vervins, ce qui a fait dire à quelques antiquaires que cette ville doit son nom à cette jolie plante.

On n'obtenait ainsi que des plantes alimentaires de culture annuelle. Mais on avait coutume de torréfier les grains, et on les conservait dans des chambres souterraines appelées *siris*. D'un autre côté, on vivait moins de grain que de la chair et du lait des animaux. Des pâtres habiles élevaient de grands troupeaux de porcs, de bestiaux et de chevaux, qu'ils poussaient devant eux quand il y avait quelque migration.

[6]. — Sur les coteaux boisés, au sein des marécages, des bruyères et des nombreux pâturages enclos de haies vives et qu'arrosaient la Sambre, la Meuse et leurs affluents, vint se fixer, environ 200 ans avant J.-C., une peuplade germanique qui assujettit les anciens habitants de la contrée et les réduisit à l'état de colons tributaires. Cette peuplade célèbre sous le nom de *Nerviens*, avait conservé, avec les mœurs de sa race, toute l'âpreté et le caractère indomptable des barbares. César qui la combattit, qui faillit en être exterminé et qui ne la vainquit qu'avec une peine extrême, rend ce témoignage aux hommes qui la composaient, qu'ils étaient les plus énergiques de la Gaule, parce qu'étant moins en contact avec les nations civilisées, le luxe, l'usage du vin et des autres superfluités de la vie avaient moins pénétré chez eux, et que, par là, ils s'étaient affranchis de tous les besoins et de toutes les habitudes qui amollissent l'homme. Ils n'avaient point de villes, mais seulement des *oppida*, retraites formées au milieu des bois par des palissades, des abattis et des quartiers de rochers, dans lesquelles ils se renfermaient en temps de guerre avec leurs troupeaux et leurs instruments de travail. Leur principale force consistait en infanterie et ils combattaient à la manière des piquiers germains, en phalanges serrées et profondes. Bien qu'exterminés pour la plupart dans deux rencontres successives par César, bien que subjugués, ils furent traités par le vainqueur avec clémence et avec les égards que l'on doit à un peuple héroïque et malheureux. On les vit prendre place sous les drapeaux du conquérant et ils furent du nombre des Gaulois qui l'aidèrent à vaincre à Pharsale. Plus tard, ils entrèrent dans la garde germanique des empereurs, comme le prouve la présence de deux personnages de leur nation dans les rangs de l'armée de Drusus, sous les titres de tribuns militaires : Senectius et Anectius. Leur pays devint, sous la domination romaine, une des provinces les plus fertiles et les plus importantes de la Gaule. Elle eut pour capitale une des oppida nervienne, *Bagac*, ville que les empereurs firent fortifier, agrandir et embellir, et qui sous le nom de *Bagacum Nerviorum*, devint en quelque sorte la métro-

pole des provinces Belgiques. Huit chaussées magnifiques, un aqueduc de cinq lieues de long y aboutissaient. Des camps, des stations populeuses, des forts dont on retrouve encore aujourd'hui les traces et qui ont depuis donné leurs noms à un grand nombre de localités, s'élevèrent çà et là autour de cette métropole pour en défendre l'approche. La foi chrétienne fut portée dans ce pays par saint Piat, l'apôtre de Tournai, par Supérieur, qui fut évêque de Bavai, par saint Victrice, évêque de Rouen. Ravagée au ve siècle par les barbares, qui firent de Bavai un monceau de ruines, la Nervie tomba au pouvoir des Francs. Leur chef Childéric, fut roi de Tournai, comme le prouve la découverte qu'on y a faite de son tombeau en 1655. Occupée, partagée alors entre plusieurs princes et comtes de race mérovingienne, cette contrée vit se renforcer dans sa langue, dans ses mœurs, dans sa législation, dans sa population l'élément germanique qu'y avaient importé les Nerviens et que la civilisation romaine n'avait pu détruire. Ces éléments divers réunis au celtique et mêlés en des temps plus modernes à l'espagnol, à la suite d'une longue possession, ont donné naissance à une race et à un idiome, le patois wallon, dont l'origine et les caractères sont très-curieux à étudier (1). C'est de cette race devenue prédominante dans le nord de la Gaule, que tirent leur origine les populations de la partie de la Thiérache arrosée par la Sambre (2).

[7]. — Le camp dit *de Maquenoise* est situé dans la forêt de Saint-Michel, sur les confins de la Belgique et à l'extrême limite nord-est de l'arrondissement de Vervins. Ce n'est plus aujourd'hui qu'une vaste enceinte de plus d'un kilomètre de long sur 100 à 150 mètres de large, formée de murs découronnés, autrefois défendus par de profonds retranchements en terre, et dont la trace aussi bien que les vestiges tendent de plus en plus à disparaître. Est-ce un monument de l'époque romaine ou du moyen-âge? — La question ne paraît pas avoir été tranchée. Nous n'en parlons d'ailleurs ici qu'incidemment et à propos d'un prétendu trésor que la rumeur publique, toujours aussi prompte que naïve, supposait exister à quelque distance sur une éminence voisine des retranchements. Les archives de l'ancien duché de Guise conservent la correspondance échangée à ce sujet entre divers employés du Domaine ; on

---

(1) Z. Piérart, exc. arch. dans l'arrondissement d'Avesnes.

(2) Celles notamment qui ont peuplé à l'origine la partie nord des cantons de Wassigny, du Nouvion et de La Capelle, parmi lesquelles se sont conservés les usages et l'accent flamands.

y trouve des détails et des traits de mœurs intéressants pour l'étude de l'époque.

C'était en octobre 1723. M. de la Lande, maître général des eaux-et-forêts du duché de Guise, fut informé par le procureur fiscal des Grueries d'Hirson et de Saint-Michel « qu'en un certain lieu, près de Saint-Michel, où il y a une butte de terre, on trouveroit, suivant le récit de gens du pays, un trésor qui y auroit esté enfoui pendant les dernières guerres (1); sur quoy, pour ne rien négliger dans une affaire de cette conséquence, et vu l'impossibilité où il estoit de s'y rendre, à cause de la vente extraordinaire des bois, M. de la Lande ordonna audit procureur fiscal de faire travailler des gens du pays pour rechercher ce prétendu trésor. Pour agir avec plus de sûreté on eut recours à un nommé Denis Vandenawes, devin flamand qui s'en vinst sur les lieux, avec la baguette divinatoire. Après quelques heures de recherches : « C'est là qu'est le trésor, s'écrie le devin, le Seigneur par sa grâce m'a conduict. » Les ouvriers se sont de suite mis à l'ouvrage; mais à peine ils avoient commencé quand un grand nombre de bandits des Pays-Bas autrichiens qui habitent près de ce lieu, avoient eu quelque connaissance du travail qu'en fesoit, et que s'estant assemblés ils avoient pris la résolution d'aller attaquer les ouvriers, de se rendre maîtres du lieu et de fouiller eux-mêmes après la beste. Sur quoy ledit procureur fiscal en ayant donné avis à M. de la Lande, celui-ci dépêcha un courrier à M. de la Grange, commandant à Rocroy, pour lui demander trente grenadiers avec un officier pour estre en estat de repousser ces scélérats, s'ils se mettaient en devoir d'entreprendre quelque chose. Mais estant de nouveau averty que ces bandits s'estoient rassemblés au nombre de 200 et qu'ils estoient dans le dessein d'exécuter leur premier projet, M. de la Lande ordonna au procureur fiscal de faire combler le trou qui avait 36 pieds de profondeur, au fond duquel on avait même trouvé une vouste, ce qui donnait lieu d'espérer un succès favorable, et de faire retirer les ouvriers et les soldats et d'examiner ponctuellement si ces bandits n'entreprenoient pas de faire la même recherche, en attendant qu'il put avertir le Conseil et recevoir les ordres qu'il jugerait à propos de lui donner. »

« Après délibéré, M. de Prougen fut chargé d'informer M. de la Lande qu'il y avait lieu de suspendre les recherches commencées, de renvoyer le détachement de Rocroy et de commettre quelques gardes à la surveillance des lieux. »

---

(1) Et qui devint la fameuse *cabre d'or* dont parle D. Lelong dans son manuscrit sur l'Abbaye et Bourg de Saint-Michel-Rochefort-en-Thiérache

Les travaux furent néanmoins repris en novembre de la même année. Le devin Denis avait sans doute cherché à y continuer son rôle de charlatan, car il écrivait le 16 de ce même mois à M. de la Lande :

« Je n'ai pas voulu, Monsieur, manqué de vous escrier pour la connaissance que j'ai touchant l'entreprise du lieu de Maquenoise, je suis toujour dans le mesme sentiment que j'ai eue par la bagquete divinatoir. Là ou j'ai reçu un a fron je mais trouvez immobil dans mon entreprise par un homme de mauvaise fois là où le Seigneur par sa grâce my avez conduict, Monsieur je peu vous assuré que c'es de faut raport con vous a raporté contre moi. je vous fai asavoir si je navez eue aucune connaissance je n'auré pas esprouvez 50 et queu et trois mois de tant perdus, je suis toujours prête à vous rente service si je suis quapabe Monsieur je ne partirai pas si je nai les mesme pouvoir.

« Après la présente receu vous me ferez plaisir de me crire, mon adresse ceras à la maison du Bray a Barbanson. Je suis vostre très haumble et très obéissante serviteur. »

« Deni Vandenawes. »

Le charlatan ajoute au-dessous :

« Ce qui m'avez donné de la préhention sont les troupes qui ont arrivé après qu'on m'a raporté que cestoit pour mes venir prendre sans avoir rien faict pour cela. Je ne crain rien par toutes la Terre cij ce n'est pour ce sujet là, jai connaissance de ces affaire la par la vertus de la baguete, il ij a plusieurs ecclésiastique qui cherche de me faire arrester pour ces affaires la. Jattent un de mes camarate dabort qu'il est venu jaspire de vous parler.

« Je demeur vostre hobéissant serviteur,

« Deni Vandernaw. »

La lettre suivante, écrite d'Hirson le 25 novembre 1723, à M. de la Lande, rend compte de nouvelles recherches faites à la butte, et démontre assez clairement que le devin Denis ne travaillait pas seulement par amour de l'art :

« Monsieur,

« Je viens de Macquenoise avec M. Millot, nous avons vu Lancien et le devin qu'on nomme Denis, qui nous a renouvelé l'asseurance qu'il y avoit un trésor considérable, que les ouvriers en estoient à sept pieds de distance. Il compte demain à midi en donner d'autres particularités plus certaines, et espère vendredy en faire la découverte, pourvu que le devin en second qu'il a envoyé chercher aujourd'hui à deux lieux au delà de Beaumont, arrive demain, n'osant luy seul entreprendre de chasser la bette. Il nous a promis quettant de nostre part, il ne cacheroit rien et ne feroit point l'ouverture du trésor avant que nous aions le temps de vous en donner avis; il nous a paru fort en défiance contre les Desprez et les Hallets à cause d'un autre devin qu'ils ont fait venir sans sa participation, et de luy avoir osté les deux meilleurs ouvriers de la bande et sur lesquels il contoy, ne lui aijant laissé que gens de leur part et de leurs parents. Il dit cependant qu'ils ne peuvent rien enlever sans luy. Les Desprez et les Hallets doivent demain l'y trouver et rester jusques là la fin de la trouvaille, et leur bande qui sera de dix à douze personnes y comprenant leurs travailleurs. Je m'y rendray avec M. Millot et deux hommes, l'un pour vous donner avis de ce qui se passera et l'autre pour courir au secours que vous m'avez indiqué, si nous jugeons en avoir besoin de nouveau. Les hommes de M. de la Grange nous ont esté bien utiles, et le secours nous est venu à temps, car nous ne serions plus en vie personne de notre bande. Je prens la liberté d'estre, avec un très-profond respect, Monsieur,

« Votre très-humble et très-obéissant serviteur,

« DAUDIGNY. »

La correspondance est muette sur ce qui s'est fait jusqu'au 17 décembre suivant, date d'une lettre de M. de la Lande au procureur fiscal et où il est dit : « je crois que vous avez très-sagement agi en faisant arrester la recherche du prétendu trésor, la saison n'estant point propre pour de semblables ouvrages ; et je croy mesme que la recherche en sera peu vtile, mais comme il ne faut avoir rien à se reprocher, vous pourrez faire recommencer vos ouvriers quand vous le jugerez à propos. »

Si de nouvelles recherches furent tentées dans la suite, ce fut sans résultat, comme le prouve ce passage d'une décision du Conseil d'administration du Domaine en date du 23 juillet 1724 : « Les recherches faites jusqu'ici n'ayant pas eu le succès qu'on en attendait, pour éviter de plus grandes dépenses, il sera proposé à une compagnie quelconque de faire à ses propres dépens les investigations nécessaires, sous la condition de céder aux entrepreneurs dudit ouvrage la moitié de ce qui seroit trouvé, sans recours ni répétition aucune... »

La fameuse question de Maquenoise paraît donc avoir été délaissée vers la fin de 1724, et alla, comme beaucoup de ses pareilles, se noyer au catalogue des faits légendaires. Elle continua néanmoins, sous cette forme de fournir pendant longues années encore un ample champ à l'imagination populaire de la contrée; et plus d'un paysan des bords du Gland et de l'Artoise croit encore aujourd'hui à l'existence de la *Cabre d'or* (1).

[8]. — Telle était, suivant l'itinéraire d'Antonin, la direction de la chaussée romaine de Bavai à Reims. De Bavai elle allait à *Duronum*, que les uns prétendent être La Capelle ou Dorengt, d'autres Etrœungt (2) sur la rivière de l'Helpe (Nord); de *Duronum* elle se rendait à *Verbinum*, qui ne peut être autre que Vervins, à *Catusium* (Chaourse) puis à *Minaticum* (Nizy-le-Comte); elle gagnait ensuite *Auxuenna* (Neufchâtel-sur-Aisne), d'où elle se dirigeait sur *Durocortorum* (Reims).

Aux approches de Vervins, dans le village de Hary, elle se montre encore en bien des endroits à cinq ou six pieds au-dessus du sol naturel; mais sur le territoire de Vervins, elle ne se remarque plus guère que derrière les haies des jardins, au couchant de la ville, jusque près du village de Fontaine où elle se confond avec la route actuelle de la Capelle. Au sortir d'Etréaupont, la voie passait au pied d'une montagne où l'on croit que saint Eloque fut inhumé. Cette montagne, disent les actes des saints, était située entre la chaussée et l'endroit où la rivière de Sommeron se jette dans l'Oise, au-dessous de Gergny.

Beaucoup de lieux qu'elle traversait dans la Thiérache lui durent sans doute leur origine, les populations et les colonies tendant naturellement à se rapprocher le plus possible du voisinage des chaussées. C'est ainsi que se formèrent Etréaupont, où cette voie traversait l'Oise et le Ton, Froidestrées (Fracta-strata), route brisée (3); le hameau de la chaussée d'Hary; les fermes de Straon qui, tous, ont pour racine le mot *strata* qui veut dire *chaussée*.

---

(1) On sait que *cabre* est un terme picard qui signifie *chèvre*, comme le wallon *Gad* ou *Cab*.

(2) La racine celtique *duro* de *Duronum* signifiant évidemment *eau*, et la distance d'Etrœungt à Bavai correspondant à peu de chose près à celle donnée par Antonin dans son itinéraire, il est probable que la position de *Duronum* est bien celle d'Etrœungt.

(3) On remarque en effet que la route de La Capelle à Vervins décrit une courbe à sa sortie de Froidestrées. Cette déviation était autrefois bien plus accentuée, puisque la chaussée passait à Lerzy (Mennesson, *Hist. de la Capelle*).

[9]. — Deux hommes qui vivaient au temps de la décadence romaine, Eumène et Lactance, ont témoigné de ce qui se passait alors. Eumène, secrétaire de l'empereur Constance, lui adresse ces paroles, dans un discours public :

« Tu as pleuré sur cette contrée, car tu n'y as pas vu comme dans les autres pays, des terres bien cultivées, d'un accès facile, des routes spacieuses, des fleuves navigables, baignant les portes mêmes des villes; mais depuis le coude que forme la voie qui se dirige vers la Belgique, tout est inculte, dévasté, hideux, plongé dans le silence et les ténèbres. »

A son tour, Lactance exprime ainsi les résultats effrayants des exactions romaines :

« Si nombreux étaient les percepteurs, si rares étaient les contribuables, telle l'énormité des impôts, que les forces manquaient aux laboureurs, les champs devenaient déserts et les cultures se changeaient en forêts!... Le percepteur mesurait les champs par mottes de terre; on comptait les arbres, les pieds de vigne! on inscrivait les bêtes; on enregistrait les hommes. On n'entendait que les fouets, les cris des gens mis à la torture, de l'esclave qu'on faisait parler contre son maître, de la femme qu'on interrogeait contre son mari, du fils questionné contre son père. Quand on manquait de témoins, on torturait un homme pour qu'il déposât contre lui-même : et quand il cédait, vaincu par la douleur, on écrivait ce qu'il n'avait pas dit. »

Lactance était chrétien : c'est la voix du christianisme qui s'élève dans ces temps malheureux et qui va, non pas guérir les plaies du monde ancien, mais créer un monde nouveau.

[10]. — Certains étymologistes font dériver le nom *Boué* de *bos, bous*, bœuf, en raison, disent ils, des pâturages qui couvraient le pays à l'origine. Ce n'est pas l'avis des historiens du Valois, de la Picardie, ni celui de Morlot et autres, qui nous représentent nos contrées comme étant encore couvertes de bois lors de l'établissement des Francs dans le nord de la Gaule. Il est plus vraisemblable que *Boué* vient de *beau we*, bel étang, du wallon *wé*, étang, abreuvoir, exemple : Grand-Wé, hameau d'Esquéhéries (1).

Le village de Boué doit son accroissement, sinon sa naissance, à

---

(1) Il est certain que cette dépendance doit son nom : *Grand-Wé*, à l'abreuvoir qui en occupe le centre, et bordant la route N° 32, de Sains-Richaumont à Landrecies. — Les gens du pays désignent toujours cet abreuvoir par l'expression *we* (OE)

l'abbaye de Fesmy, fondée vers 1080 ; les religieux de cette maison possédaient un vaste étang ou vivier entre Boué et Oisy, et il est présumable que de la dénomination de *beau wé* donnée à ce vivier à cause de son étendue, on a fait dans la suite et par corruption *Bouwés*, *Bouweis*, puis *Boué*, des deux termes rapprochés Beauwé, nom par lequel on désignait encore cette commune au siècle dernier.

[11]. — « Tacite a dit des Germains qu'ils n'avaient point de villes (1), que leurs maisons étaient isolées et éparses, et qu'une fontaine, un champ ou un bois décidaient souvent de leur emplacement. Les Veromandui, les Nerviens et les Trévires avaient les mêmes usages, lorsque la fertilité du sol de nos contrées les décida à s'y fixer. Les animaux que renfermaient leurs demeures portaient tous au cou une clochette qui devait, lorsqu'elle était agitée, prévenir le gardien de leur enlèvement ou de leur fuite. On voyait alors généralement une habitation principale entourée d'autres habitations placées sous sa sauvegarde, et réunissant en quelque sorte les membres d'une même famille. Cet état de choses n'avait pas changé sous Charlemagne, non plus qu'à l'époque où l'habitation principale devint le château, et c'est à l'agglomération des diverses habitations qui entouraient le château qu'il faut faire remonter le premier établissement des villages.

« Les châteaux qui furent érigés pendant les Xe, XIe et XIIe siècles étaient placés sur des éminences où l'on aurait pu les croire suspendus ; ils étaient renfermés tout entiers dans leur donjon ; et si les populations qui les entouraient n'y trouvaient pas l'administration patriarcale que Charlemagne avait établie dans ses villas, elles étaient sûres du moins d'y avoir un refuge en cas d'invasion des seigneurs du voisinage ; aussi n'hésitaient-elles pas à s'y retirer pour les défendre.

« En échange de cette protection, les châtelains jouissaient de certains droits sur les paysans qui, de leur côté, s'y soumettaient par l'accomplissement de devoirs déterminés ; et c'est cette récipro-

---

(1) Il est bon de dire ici que beaucoup de localités gauloises et franques, désignées par les historiens sous le nom de *villes*, n'étaient à proprement parler que de grandes bourgades dont les maisons, spacieuses et de forme ronde, étaient d'une architecture toute primitive : murs formés d'un agencement de poteaux et de claies, aux intervalles remplis de terre battue ; toits de bardeaux de chêne recouverts de tuiles grossières, le plus souvent de chaume, de paille hachée et pétrie dans l'argile. Le riche patron avait maison d'hiver à la ville et maison d'été à la campagne.

cité de droits et de services qui amena tout naturellement la concession de lois spéciales à chaque localité et qu'on appela *chartes, coutumes*, etc.

« La plupart des villages doivent leur nom à leur configuration ou à leur peu d'étendue, à leur situation sur une montagne, sur une colline ou dans un bas-fond, près d'un cours d'eau, d'un gué, d'un confluent, d'une rivière, d'un torrent, d'un fleuve ou de la mer, d'un rocher, d'un bois, d'une prairie ou d'un marais, et il ne faut pas chercher l'origine des noms de leurs habitants ailleurs que dans les qualités physiques, (Legros, Legrand, Lepetit ou Petit, Leblond, Leroux, Lebeau, Joli, Vilain);

et morales, (Ledoux, Legai, Lefranc, Hardi, Vaillant);

dans les professions qu'ils exerçaient, (Barbier, Charpentier, Couturier, Foulon, Legueux (cuisinier), Maréchal, Serrurier, Lefebvre (Faber);

Dans le nom des animaux qu'ils élevaient, (Lebœuf, Cochon, Mouton);

ou qu'ils avaient à craindre (Lecerf, Leleu, Leloup, Loiseau, Souris);

dans la qualification de leurs autorités ecclésiastiques, (Canonne (chanoine), Doyen, Lévêque);

ou civiles, (Lemaire, Le Mayeur, Mayeur, Le Prévost, Prévost, Leroy);

et généralement dans tous les objets qui les entouraient, (Dujardin, Desjardins, Lagrange; Maison, Delamaison, Moulin, Desmoulins, Dutemple, Desfossés, Delafosse, Rivière, Lavallée, Deschamps, Dumont, Duchâteau, Dubois, Dupin, Dupré, Desprez, etc. (1). »

[12]. — Le Capelle du Castiau du Nouvion.

ARRANGEMENT INTERVENU ENTRE HUGUES DE CASTELLION COMTE DE BLOIS, SEIGNEUR D'AVESNES, ET LES RELIGIEUX DE L'ABBAYE DE FESMY (2).

Nous, Hugues de Castellion, comte de Blois et seigneur d'Avesnes, faisons à tous savoir que comme l'Abbé et le Couvent du monastère de Fesmy, diocèse de Cambrai, nous ont effectivement transmis, ainsi qu'à nos héritiers, comme il est clairement indiqué dans une lettre faite à ce sujet et scellée de leur sceau, la collation et la

---

(1) Ext. d'une notice de M. A. Wilbert, prés. de la société d'ém. de Cambrai.
(2) Cart de l'abbaye de Fesmy, Arch. mun. de Guise.

présentation du Capelle de notre Maison du Nouuion-en-Thiérasche, qu'ils disent estre de leur ressort, en conservant toutefois intact le droit paroissial et le leur, dans les oblations et autres articles de la protestation qui nous a esté signifiée et que nous avons approuvée, nous ne voulons réclamer dans ledit Capelle d'autre droit que celui de collation et de réclamation, et respectons intégralement tous les autres droits que l'on sait appartenir audit monastère et à l'Église paroissiale du Nouvion.

En témoignage de quoi nous avons fait sceller les présentes de nostre sceau.

Donné l'an de Notre-Seigneur 1298, le cinquième jour après la fête des BB. Apôtres Pierre et Paul.

Le contenu est en notre ferme bien scellé.

. . . .

A quelle époque et comment ont disparu ce château et sa chapelle? — Mystère, aucun titre ne l'indique, mais il est à croire que ce fut à l'époque de la lutte de François Ier avec Charles-Quint, et pendant l'une de ces courses de partisans où furent incendiés et détruits tant de lieux de la Thiérache. Il est certain que ces constructions n'existaient déjà plus qu'à l'état de ruines à la date du 26 mars 1605, époque d'un dénombrement des biens et droits du domaine de Guise. On lit en effet dans ce document à propos de l'existence d'un castel au lieudit la Prélette : « ... *mais il est sûr qu'il y a là quelques apparences de vestiges de bâtiments d'un vieux château.* »

[13]. — « C'étaient de fiers et intraitables féodaux, que ces premiers seigneurs d'Avesnes, toujours à cheval, guerroyant la lance au poing, affrontant les puissants, molestant les faibles, foulant aux pieds vassaux et vilains, ne doutant de rien si ce n'est d'eux-mêmes. En lisant leur histoire, on croirait retrouver celle des fameux sires de Coucy. Même mépris du droit, même turbulence, même cruauté mêlée de bravoure, de traits magnanimes, de repentirs soudains, chez les uns; chez les autres, même piété, même libéralité envers le clergé, mêmes vertus chevaleresques, même respect du devoir.

« Werric-le-Sor ou le Roux, père de Werric-le-Barbu, remplit de consternation la ville de Tournai, et les chevaliers qu'il y avait placés pour contenir les habitants se signalèrent par tant d'excès, qu'on les désigna sous le nom de *fatalites*. Werric-le-Barbu est particulièrement célèbre par ses violences envers les chanoines de Liessies. Se fondant sur ce que le comte de Hainaut avait cédé à son père tout le territoire qui était situé entre les deux Helpes, il leur enleva la plus grande partie de leurs biens et se montra sourd à toutes les réclamations, à toutes les supplications qu'ils lui firent pour en avoir la restitution. Ceux-ci pour se faire rendre justice, furent obligés de s'adresser au comte de Hainaut qui fit venir devant lui les parties. Là Werric affecta de se montrer soumis et disposé à donner satisfaction aux religieux. Mais au moment où les chanoines, enhardis par une telle attitude, se disposaient, afin de prouver leur bon droit, à faire lecture du testament par lequel sainte Hiltrude avait doté leur monastère, le rusé seigneur s'en saisit violemment et le jeta au feu (1). »

[14]. — Voici comment M. Michaux, aîné, rend compte de l'épisode qui aurait amené la mort de Gérard, frère puîné de Thierry d'Avesnes : « Quand, après la prise de Jérusalem, Godefroy-de-Bouillon attaqua Arsur, Gérard resta dans la ville comme otage, fut attaché par les assiégés à la pointe d'un mât très-élevé, qu'on planta sur la muraille où se dirigeaient tous les coups des croisés. A la vue d'une mort sans gloire et qui semblait inévitable ce malheureux chevalier poussa des cris douloureux et conjura Godefroy, dont il était l'ami, de lui sauver la vie en abandonnant son entreprise. Ce spectacle cruel déchira l'âme de Godefroy, mais n'ébranla point sa fermeté. Comme il était assez près de Gérard pour se faire entendre de lui, il l'exhorta à mériter par sa résignation la couronne du martyre : « Je ne puis vous sauver, » lui dit-il, « mourez donc, illustre et brave chevalier, avec le « courage d'un héros chrétien ; mourez pour le salut de vos frères, « pour la gloire de Jésus-Christ. » Ces paroles de Godefroy donnèrent à Gérard la force de mourir. Il recommanda à ses anciens compagnons d'offrir au Saint-Sépulcre, pour le salut de son âme, son cheval de bataille et ses armes, les seuls biens qui lui restassent. Il succomba peu de temps après, sous les traits mêmes des chrétiens. »

[15]. — Ce Gauthier pourrait, sous plusieurs rapports, être comparé au fameux Thomas de Marle dont il fut le contemporain. Détrousseur de passants, vassal rebelle, comme lui, il se montra peu soucieux de respecter les gens d'église et leurs biens. Il avait fait

---

(1) Z. J. Piérard, Exc. arch.

prendre les armes à ses vassaux pour piller le couvent de Liessies. L'abbé fut averti de sa marche et sauva ce qu'il put, notamment les vases sacrés, les livres et les ornements d'église; puis il résolut de se plaindre de cette agression à Beaudouin, comte de Hainaut, qui se trouvait alors à Maubeuge. Il lui envoya pour cela une députation de jeunes gens admis au nombre des cénobites de son monastère. Comme ils arrivaient près de la ville, dit Jacques de Guyse, le comte qui en sortait les aperçut, descendit de son cheval et s'avança à leur rencontre. Ils l'abordèrent les yeux noyés de larmes, la voix entrecoupée de sanglots. Après les avoir écoutés, Beaudouin se mit à pleurer avec eux, et s'adressant ensuite à leurs conducteurs, il leur dit que Gauthier d'Avesnes lui avait fait à lui-même plusieurs dommages, puis il leur recommanda de planter, en cas de nouvelle insulte, sa bannière au bout d'une lance sur la tour de l'abbaye, afin qu'on put la voir, et que ses gens, avertis par ce signal, allassent prêter secours. Il congédia ensuite cette petite troupe et la fit escorter par son prévôt. Le seigneur d'Avesnes n'en continua pas moins ses exactions et la bannière ne tarda pas à flotter au-dessus du monastère. A cette vue Gauthier devint si furieux qu'il fit abattre la tour et chassa les moines. C'est alors que saint Bernard se rendit comme arbitre à Liessies; il parvint à réconcilier le sire d'Avesnes avec les religieux qu'il fit réintégrer dans leur maison. Mais la paix ne fut pas de longue durée; Gauthier recommença peu après ses vexations et dépouilla de nouveau les moines, qui durent abandonner leur asile pour chercher de quoi vivre.

Cependant la providence frappa l'intraitable seigneur dans ses affections : son fils aîné, Thierry, qui avait épousé la fille du comte de Hainaut, trouva la mort dans une de ces courses qu'à l'imitation de son père il se permettait sur les terres de ses voisins. Son corps, percé de coups, fut rapporté à l'abbaye de Liessies où on l'inhuma. Ce funeste événement jeta l'épouvante dans l'esprit de Gauthier, et il rétablit les moines dans leur monastère, dont il demeura, jusqu'à la fin de sa vie, le fidèle avoué.

[16]. CHARTE & COUTUMES LOCALES DU NOUVION

Données par Gauthier, seigneur d'Avesnes

EN L'AN 1196, LE 6 DÉCEMBRE

Au nom du Père et du Fils et du Saint-Esprit. Ainsi-soit-il.

Faire connaître voulons à tous, tant présents que futurs, que Moi, Gauthier, sire d'Avesnes, par le Conseil de toute ma Cour, et le commun assentiment des bourgeois du Nouvion, avons octroyé auxdits bourgeois pour les tenir à toujours, sans aucun trouble ni empêchement de mes successeurs, les lois et la commune, les conventions, rentes et franchises que tiennent ceux de Prisches.

1º — Quiconque tiendra manse (1) dans la ville du Nouvion, doit payer à la fête de Saint-Remy *douze deniers* et un mancaud d'avoine à la mesure de Landrecies, et le quatrième jour de la Nativité de Notre-Seigneur, deux pains et deux chapons.

2º — Et s'il tient deux manses, il paiera les rentes des deux manses, moins les douze deniers.

3º — Il ne sera loisible à aucun de tenir plus de deux manses. S'il en veut acheter ou acquérir une ou plusieurs, il paiera intégralement les rentes de celles qu'il aura achetées ou acquises.

4º — Qui ne tiendra pas de manse et voudra demeurer en la franchise de ladite ville, paiera seulement douze deniers à la fête de Saint-Remy.

5º — Pour le marché établi, chacun des habitants de ladite ville, à la fête de Saint-Martin, paiera quatre deniers de tonlieu (2).

6º — Et les marchands étrangers paieront le tonlieu dû suivant la coutume d'Avesnes, et s'ils ne le paient, ils doivent payer l'amende selon la loi d'Avesnes.

De la vente du Vin.

7º — Si un bourgeois amène vin en ladite ville par quatre roues ou deux, la charge d'une jument ou d'un âne, et le vend, il ne doit nulle rente de ceci.

8º — Mais si lui ou un autre veut vendre ce vin ou autre par forage, il donnera de quatre roues un setier, de deux un demi-setier, de la charge d'une jument ou d'un âne, un obolat de vin.

---

(1) *On doit* entendre, en général, par *manse*, une sorte de ferme, ou une habitation rurale, à laquelle était attachée, à perpétuité, une quantité de terre déterminée. (CHERUEL).

(2) Impôt sur les marchandises exposées pour la vente.

9° — Et si un étranger y amène vin, il donnera de quatre roues quatre deniers, et de deux roues deux deniers; de la charge d'une jument ou d'un âne, une obole.

De la Brasserie.

10° — Quiconque voudra établir une brasserie dans ladite ville, le fera, et de chaque brassin, il paiera deux setiers de cervoise (1).

11° — Et si le seigneur veut établir une brasserie, il lui sera loisible de l'avoir.

12° — Qui vendra (moût?) en donnera un setier à la mesure qu'il vendra.

13° — Quiconque voudra faire un four, le fera, de telle manière qu'il en paie au seigneur tous les ans trois pains à trois époques, à la Nativité, à Pâques, à la Pentecôte; un pain chaque fois.

De la loi de ceux qui se rendent au marché.

14° — L'homme de ladite ville allant au marché paiera en allant, les droits et le vinage, et en revenant, il ne paiera ni droits ni vinage.

15° — Mais de leurs terres, ils donneront dîme et terrage.

16° — Un chacun tenant pré de ladite ville paiera pour chaque journal un denier à la fête de Saint-Jean.

17° — Il pourra labourer le pré un an sans terrage, et s'il le laboure une seconde année, il paiera dîme et terrage.

18° — Il est aussi arrêté qu'ils ne doivent donner au seigneur nulle taxe ou aide en dehors des rentes établies, s'ils ne le font de libre volonté.

19° — Si aucun veut ravager ou ravir l'héritage propre du seigneur de ladite ville, le seigneur les pourra mener avec lui cinq fois dans l'année contre ses ennemis; le premier jour, ils iront à leurs propres frais, les autres jours, aux dépens de leur seigneur.

20° — Il les pourra mener par tout où il voudra pendant un jour, une fois dans l'année, toutefois à leurs dépens.

Du Mayeur.

21° — Quant au Mayeur, nous avons établi que nul ne leur peut être donné, s'il n'est de leur loi, et qu'il ne peut rester en ladite mairie qu'autant qu'il plaira au seigneur et aux bourgeois.

Des Mesures.

22° — Toutes les mesures, tant de froment que d'avoine et de vin, doivent être fixées par le conseil du seigneur et des bour-

---

(1) *Cervoise*, sorte de bière.

geois, selon les mesures d'Avesnes; et si quelqu'un commet fraude dans ces mêmes mesures, il sera puni d'une amende de quinze sous, dont dix au seigneur et cinq aux bourgeois.

Des Gages du seigneur.

23° — Si le seigneur donne gage à un bourgeois pour quelque marchandise, il le conservera pendant quinze jours; mais ces quinze jours étant passés en la présence du seigneur et devant témoins, ce gage lui sera représenté : s'il ne le veut racheter, à partir de ce jour, il sera loisible au bourgeois de le déposer comme gage, ou de le vendre. S'il manque quelque chose au prix, le seigneur y suppléera, et s'il y a surabondance, le seigneur le recevra.

24° — Si quelqu'un des hommes d'armes a dette envers un des bourgeois, et qu'il le nie, il se pourra défendre suivant leur loi, si le bourgeois n'a témoins suffisants.

25° — Mais s'il reconnaît la dette et qu'il refuse de la payer, en quelque lieu que chose à lui appartenant soit trouvée dans ladite ville, soit en sa présence, soit hors de sa présence, s'il ne la tient à la main (1), cette chose sera saisie pour la dette.

26° — Et si de cette manière la dette ne peut être acquittée, que l'habitation et le marché de ladite ville lui soient défendus devant témoins.

27° — Et si quelqu'un des bourgeois n'en tient compte, il paiera la dette.

28° — Si aucun a dette envers un autre, et le nie, et que plainte en vienne devant le juge, si le plaignant a témoins suffisants, il recouvrera ce qui lui est dû, et le débiteur pour l'amende de sa forfaiture, donnera au seigneur trois sous et deux au plaignant.

29° Si les bourgeois ont délibéré quelque chose entre eux, et qu'après cela quelqu'un d'eux aille à l'encontre; de plus, si par colère il renonce à sa bourgeoisie, pour cette cause, il paiera d'abord ce qui aura été délibéré.

30° — Ensuite pour le retour de sa bourgeoisie, il donnera douze deniers, et pour l'amende, il donnera au seigneur trois sous et deux aux bourgeois, et se purgera par serment d'avoir fait cela à leur déshonneur.

31° — Si aucun, de quelque manière que ce soit, enlève, sans jugement, quelque chose à un autre, il paiera au seigneur dix sous d'amende et cinq au réclamant.

32° — Chacun peut vendre sa maison à son voisin sans aucune rente (droit).

---

(1) Peut-être : *à moins qu'il ne la tienne de la main d'autrui.*

33° — Aucune maison ne peut être vendue de sorte qu'elle soit dite hors de la ville.

De ceux qui sortent de la ville.

34° — Aucun voulant sortir de la ville, ne pourra vendre à personne ce qu'il possède, si ce n'est dans l'église.

35° — Et ses voisins ayant été convoqués, il paiera ce qu'il doit, et il s'en ira avec leur congé.

36° — Mais il donnera au seigneur douze deniers pour sa sortie, et celui-ci le conduira, autant qu'il le pourra, sans fraude (sans engin).

37° — Dans les bois propres de leur seigneur, ils ne donneront aucun apanage.

38° — Il est aussi établi que les hommes de ladite ville enverront leurs fils et leurs filles pour se marier partout où ils voudront.

39° — Et s'ils amènent ou introduisent des étrangers dans ladite ville, cela leur sera loisible.

40° — Il est aussi dans leur loi qu'ils ne pourront retenir dans ladite ville personne de la ville de leur seigneur sans congé.

De ceux qui meurent sans héritier.

41° — Si quelqu'un meurt dans ladite ville sans héritier, et héritier tels que sont un enfant, ou l'enfant d'un fils ou d'une fille, ou d'un frère ou d'une sœur, il pourra donner en aumône la moitié de son argent, et l'autre part sera gardée jusques à un an et un jour.

42° — Si un héritier survient, il la recevra intégralement; et s'il n'en survient pas, le seigneur la recevra.

43° — Mais s'il a été prévenu par une mort subite, son argent sera gardé jusques à un an et un jour.

44° — S'il ne survient pas d'héritier, les bourgeois en recevront la moitié et la donneront en aumône, et l'autre partie sera à l'usage du seigneur.

45° — L'homme gardera ce qui lui appartient après la mort de sa femme, sans aucune contestation; de même la femme, après la mort de son mari.

Des survenants en la ville.

46° — Item. — Si dans ladite ville vient et veut demeurer quelqu'un qui ait commis chose telle qu'il n'ose se présenter en jugement, ils ne le recevront pas.

47° — Mais s'il advient qu'il soit trouvé tel, tant qu'il osera se présenter en jugement, il demeurera en sûreté parmi eux.

Des Homicides.

48° — Si quelqu'un a commis clandestinement un homicide, et s'est réfugié dans ladite ville et qu'il y soit poursuivi, il ne sera rien fait contre lui hors de leur loi.

59° Nul homme de la maison de leur seigneur ne sera amené en témoignage contre eux.

50° — Si toutes les rentes du seigneur ne sont payées aux termes établis, il doit y avoir une amende de deux sous.

51° — Si aucun dit injure à un autre, si celui-ci a témoins suffisants, et mène la chose jusqu'à plainte, celui qui aura dit l'injure paiera au seigneur dix sous, et au plaignant cinq.

52° — Celui qui frappera du poing ou du bâton ou de baguette, sans perte de membre ou sans effusion de sang, de telle manière que le battu ne tombe pas, paiera une amende de vingt sous : cinq au battu, quinze au seigneur.

53° — Après cela, ferme paix sera entre eux deux et leurs amis ; et que celui qui ne voudra observer la paix soit banni.

54° — De quelque manière qu'aucun ait frappé un autre, en telle sorte que le sang coule ou que le battu tombe, il donnera soixante sous : vingt au battu, quarante au seigneur.

55° — Mais s'il y a perte de membre, quelque tort qu'il ait fait, tel il le subira, c'est-à-dire œil pour œil, dent pour dent, mort pour mort. Ensuite, il y aura paix solide et ratifiée.

De la rixe des femmes.

56° — La femme qui dira injure à une autre femme, si l'injuriée a le témoignage de deux hommes, ou d'homme et de femme, ou de deux femmes, et si elle va porter plainte, celle qui a dit injure donnera dix sous, ou elle portera à son cou, du commencement de la ville jusqu'au bout, les deux pierres à ce affectées ; et si les dix sous sont donnés, qu'ils soient dépensés pour l'usage de la ville par les bourgeois.

De l'Ivrogne.

57° — Si aucun ivrogne dit injure à quelque homme dans ladite ville, celui-ci ne cherchera pas bâton s'il ne l'a en main ; mais il le frappera du poing s'il le veut.

58° — S'il lui dit injure de rechef, il le mènera au juge, et celui-ci en fera justice.

59° — Et s'il lui dit injure dans sa maison, il le battra autant qu'il le voudra, sans mort ni perte de membre; puis, s'il lui plaît, il le jettera dans la boue.

Du Larron.

60° — En quelque lieu qu'un larron soit trouvé, en monastère ou en maison, les bourgeois le prendront et en feront justice.

61° — S'il a volé au-dessus de la valeur de cinq sous, qu'il soit pendu, s'il leur plaît; et s'ils ne le veulent, ils le livreront au seigneur et celui-ci en fera justice.

Des Fugitifs.

62° — Si aucun des habitants de ladite ville s'enfuit clandestinement, sans la loi et le congé du seigneur et des bourgeois, et qu'étant poursuivi, il puisse être pris, d'abord s'il a dette, il la paiera; ensuite, lui et tout son avoir seront en la main du seigneur.

63° — Nous accordons aussi cet établissement de paix : à savoir que dans les limites de la paix, nul ne peut saisir sans jugement serf ou homme libre quelconque si ce n'est pour rupture de paix.

64° — Et si aucun fait tort à un autre, natif ou étranger, si celui qui a fait tort est de la paix, qu'étant sommé il vienne devant le mayeur et les jurés, et qu'il se justifie du tort qui lui est reproché, ou qu'il le répare ainsi qu'il lui sera prescrit.

65° — Mais si celui qui a fait tort n'est pas de la paix, il lui faudra en suivre justice dans les quinze jours; et s'il ne veut venir en justice ou devant son seigneur, ou devant nous, qu'il soit loisible au mayeur et aux jurés de tirer justice de lui et de ses biens, sans forfaiture.

66° — Si aucun dit offense à un autre ou le frappe, sauf notre droit sur tout le reste, il sera à la discrétion du mayeur et des jurés.

67° — Nous abolissons entièrement les mainmortes.

68° — Si aucun a haine contre aucun autre, qu'il ne lui soit permis ni de le poursuivre s'il soit de la paix, ni de lui tendre embûche s'il y vient.

69° — Et s'il le fait, même hors des limites de la paix, qu'il vienne répondre comme de rupture de paix.

70° — Que s'il lui estropie quelque membre ou le tue, et qu'il soit convaincu par témoignage légitime, qu'il rende membre pour membre, tête pour tête, ou qu'à l'estimation du Mayeur et des jurés, il paie le rachat proportionné selon la qualité du membre ou de la tête.

71° — Les hommes de la paix ne seront pas astreints à plaider hors de la paix, à moins qu'ils n'aient forfait hors de la paix.

72° — Et s'ils ont forfait hors de la paix, et qu'ils y reviennent sans trouble, ils plaideront dans les limites de la paix.

73° — Mais s'ils ont entrepris sur notre droit ou celui de nos barons, qu'il leur soit loisible de s'amender, sans forfaiture, dans les quinze jours à dater de celui où ils auront été prévenus.

74° — Si quelqu'un a possession dans les limites de la paix et la tient un an et un jour sans légitime opposition, il la gardera désormais en repos, excepté à l'égard de ceux qui sont hors du pays, et ceux à qui en raison de leur âge il n'est pas accordé voix pour plaider.

75° — Mais s'ils n'ont pas d'héritage et que par les acquêts du mariage ils aient augmenté leur avoir, l'un des deux mort, tout l'argent reste à l'autre (1).

76° — Si quelqu'un refuse d'obtenir justice par le Mayeur et les jurés, que le Mayeur lui défende de faire mal à celui qu'il a en haine.

77° — Que s'il lui fait mal, soit dans les limites de la paix soit en dehors, il encourra le jugement de rupture de paix.

78° — Si aucun commet telle chose que, d'après les lois, sa maison doive être abattue; selon la volonté du seigneur, elle sera détruite ou épargnée.

79° — Et pour que cette chose ne puisse être enfreinte par personne, nous l'avons fait confirmer par les témoins soussignés et par l'application de notre sceau.

80° — Et de plus, cet amendement de la ville du Nouvion, de notre consentement et de celui des bourgeois, Moi, je l'ai juré, et mon héritier le jurera et l'approuvera, et les susdits hommes du Nouvion le jureront semblablement à lui.

81° — En outre, nous abolissons entièrement du Nouvion le Duel..., excepté pour trahison et meurtre.

82° — Si aucun élève aucune réclamation contre un autre, il la prouvera par le serment simple; et l'autre se défendra par le serment triple; ou s'il ne se veut défendre, il paiera ce qu'il doit.

83° — En conséquence, si le seigneur de la ville élève aucune réclamation contre aucun autre, le sergent du seigneur, qui gardera la ville, jurera pour le seigneur.

84° — Mais le bourgeois se défendra par le serment triple, et s'il ne se veut défendre par serment et, comme il est dit, par le serment triple, il rendra ce qu'il doit.

---

(1) Cet article 75 fait évidemment suite à l'article 45

Sont témoins de ceci, Moi, Gauthier, sire d'Avesnes, qui ai donné et octroyé à tenir et de plus ai juré cette loi, selon la coutume et la loi de la ville de Prisches.

Mon fils aussi Nicolas et sa femme Mathilde, mon père aussi Jacques, et ma mère Adelysia présents ont juré.

Sont aussi témoins de ceci :

Jacques de Landrecies, mon frère, et Nicolas de la Flamengrie, qui l'ont aussi juré avec moi.

Fait l'An de l'Incarnation du Verbe, mil cent quatre-vingt-seize.

L'original latin de cette charte se trouve à la Bibliothèque impériale parmi les manuscrits provenant de la maison de Guise.

La traduction en français du XIIIe siècle est une copie faite en 1621 dont l'exactitude est attestée par le procès-verbal suivant :

« Aujourd'hui, septième de décembre mil six-cent-vingt et un,
« par devant nous Michel Delettres, licencié ès-lois, Bailli du du-
« ché de Guise, la présente copie a été collationnée à son original,
« à la cinquante-quatrième feuille, Verso; cent cinquante-cinq et
« cent cinquante-six, Recto, d'un certain registre dûment écrit, et
« couvert de cuir rouge, au 1er feuillet duquel il est inscrit : LES
« CHARTES COLLATIONNÉES DE MONSEIGNEUR LE DUC DE GUISE ONT
« ÉTÉ TRANSCRITES PLUS RÉCEMMENT; — et au second est aussi
« inscrit au terme ce mot : GUIZE; — lequel registre est resté en
« l'hôtel de Monseigneur en ses cartulaires, et la copie a été ainsi
« collationnée à l'origine à la requête de Pierre DUVAL, cy-devant
« fermier du droit de forage et terrage du bourg du Nouvion, et
« remise présentement en la présence de maître Nicolas Delacroix,
« avocat dudit Duval; et pardevant le notaire, ledit Duval et habi-
« tants du Nouvion; et leur avons accordé acte de la présente col-
« lation tirée sur l'original, nette et entière d'écriture et de signa-
« tures. Sont signés : Delettres, — Delacroix, — Devergnois, tous
« avec paraphe. »

NOTA. — C'est sur cette copie que le 4 novembre 1784, M. Legrand de la Leu fit faire celle qui se trouve ici reproduite, pour servir aux besoins d'un procès que soutenait alors les habitants du Nouvion contre les fermiers du prince de Condé, seigneur de Guise et du Nouvion.

Cette charte fut transcrite et traduite en français moderne par Me Manesse, avocat. L'exactitude de la copie et la fidélité de la traduction sont affirmées, après collation, par M. Louis-François-Joseph Pillot, conseiller du Roi, Lieutenant général du Bailliage royal d'Avesnes.

Le texte cependant paraît avoir été peu compris ou traduit avec une extrême négligence. C'est pourquoi l'on a remplacé ici la paraphrase de l'avocat Manesse par un mot à mot où le sens se trouve conservé aussi complètement que possible.

Laon, le 2 septembre 1855.

(Traduction française de M. Ronit, ancien Directeur de l'École normale primaire de l'Aisne.)

[17]. — Le premier auteur des lois du Nouvion est donc Nicolas d'Avesnes. « Le douzième siècle dans lequel il vivait, est l'époque d'une révolution chère à l'humanité, où sur les ruines de l'ancienne servitude, on vit s'établir le gouvernement municipal. Alors s'érigèrent en communes la plupart des villes et villages qui étaient sous la dépendance du seigneur d'Avesnes ; Prisches, Landrecies, Etrœungt, Le Nouvion eurent des chartes et coutumes locales qui, en les affranchissant de la servitude ou main-morte, réglèrent dans le plus grand détail les droits du seigneur, et en général ce qui concerne les personnes, les choses et les actions, à la différence d'une foule de chartes qu'on vit dans le même temps se multiplier en France, lesquelles ne sont que de simples chartes d'affranchissement, sans contenir de loi sur aucune autre matière » (1).

[18]. — Robert d'Aire était parvenu à la dignité épiscopale par la faveur de Philippe d'Alsace, alors comte de Flandre. L'obscurité de sa naissance et sa mauvaise conduite le faisaient mépriser de tous ceux qui le connaissaient. Il vivait dans les plaisirs et s'était rendu odieux à la noblesse par son insolence et au clergé par ses exactions. Voyant que Jacques d'Avesnes seul osait braver son orgueil, il s'en irrita et résolut de se venger, *estimant que ce serait petit jeu que d'affronter un tel homme.* Il dépeignit Jacques aux yeux du comte de Flandre comme un usurpateur des biens *de ses églises* et comme un ambitieux qui ne cherchait qu'une occasion pour s'emparer de ses États. Leur animosité l'un pour l'autre ne fit

---

(1) Legrand de Laleu, Mém. pour la com. du Nouvion.

bientôt plus qu'augmenter et se manifesta en maintes circonstances. Robert n'ignorait pas que le sire d'Avesnes le haïssait avec une fureur jalouse et cherchait l'occasion d'exercer sur lui sa vengeance ; aussi redoutant ses menaces, il s'était longtemps tenu sur ses gardes. Mais un jour qu'il passait sans crainte par Condé, ville du domaine de son ennemi, pour entrer dans l'évêché de Cambrai, il fut assailli tout-à-coup, entre deux ponts, par les *hommes* de Jacques d'Avesnes. Sa suite prit *misérablement* la fuite, le laissant aux mains de ces brigands, et il fut ignominieusement massacré.

On estime que les auteurs flamands ont exagéré la mauvaise conduite de l'évêque de Cambrai pour amoindrir l'attentat du sire d'Avesnes, mais il est remarquable avec quelle justice tous les chroniqueurs du temps savent infliger à chacun des auteurs le blâme qu'il mérite. S'ils parlent de Jacques comme d'un chevalier *puissant*, *habile* et *généreux*, et s'ils flétrissent la mémoire de l'évêque, ils n'en traitent pas moins l'attentat commis sur sa personne comme un crime affreux, *un horrible parricide* (1)

[19]. — Par sa valeur, ses poésies et surtout ses amours, Renaud de Coucy, connu également sous le nom de Raoul, est celui qui a peut-être le plus contribué à immortaliser le nom de cette famille. Il est le héros de la tragique histoire de la Dame de Fayel (2) à qui il légua son cœur en mourant. — Le mari de cette dame ayant surpris le chevalier qui apportait ce triste souvenir, résolut de se venger de l'infidélité de sa femme, en lui faisant manger le cœur de son amant. Après le repas, la dame apprit l'horrible mets qu'elle venait de manger, jura de n'en plus prendre d'autres et se laissa mourir de faim. — Renaud de Coucy fit de ses amours le sujet de ses vers : il les a chantées avec une sensibilité et une grâce que n'a point fait disparaître l'extrême vieillesse du langage. — L'aventure dont Fayet fut le théâtre a fourni à Du Belloy le sujet d'une tragédie intitulée : *Gabrielle de Vergy*. nom que Froissard donne à la Dame du Fayel (3).

[20]. — Les expressions *mainmorte*, *gens de mainmorte*, *main-*

---

(1) Pécheur, *Hist. de Guise*.
(2) Aujourd'hui Fayet, village du canton de Vermand.
(3) Devisme, *manuel hist. du département de l'Aisne*.

mortables, avaient deux significations dans l'ancienne organisation de la France. Elles désignaient : 1° les corporations ecclésiastiques, les corps de ville, les colléges, hôpitaux, en un mot toutes les corporations tant ecclésiastiques que civiles ; parceque les biens ne sortaient plus de leurs mains, quand ils y étaient entrés. Ils avaient la *main vive* pour recevoir et *morte* pour rendre ; de sorte que l'Etat ou le seigneur, duquel relevaient les biens de la *mainmorte*, étaient privés de tous les droits qu'ils percevaient d'ordinaire sur les domaines situés dans leurs terres, pour toutes les transactions auxquelles un domaine pouvait donner lieu ; — 2° les gens de condition servile, qui étaient sujets de corps envers leurs seigneurs ; parcequ'on les regardait comme morts quant aux fonctions civiles et politiques : Selon Laurière, le nom de *mainmorte* viendrait de ce qu'après la mort d'un chef de famille sujet à ce droit, le seigneur venait prendre le plus beau meuble de sa maison, ou, s'il n'y en avait pas, on lui offrait la main droite du mort, en signe qu'il ne le servirait plus.

Les mainmortables ne pouvaient pas tester, et les seigneurs s'emparaient de droit de leur héritage. On distinguait deux classes parmi ces mainmortables : les uns ne l'étaient que pour leurs propriétés, et ils pouvaient devenir libres en y renonçant ; les autres étaient serfs de corps et attachés à la terre, ou, comme on disait, à la glèbe ; ils ne pouvaient obtenir la liberté que par un affranchissement auquel le seigneur donnait son consentement. *La mainmorte* existait dans presque toute la France et a duré jusqu'au règne de Louis XVI dans les domaines royaux. Ce prince l'abolit par un édit du mois d'août 1779.

On désignait sous le nom de *lods et ventes* un droit que l'on payait à la vente d'un héritage censier ou compris dans la censive, c'est-à-dire, pour lequel un impôt était payé au roi ou au seigneur. Quelques coutumes désignaient le droit de *lods et ventes* par le nom d'*honneurs*, d'autres par celui d'*accordement*, d'autres, enfin, par celui de *gants et ventes*. On l'appelait *accordement* surtout dans les lieux où, la somme n'étant pas déterminée d'une manière précise, on la faisait alors régler par un avis de prud'hommes : elle s'élevait assez souvent au douzième de la valeur de la terre. Les *honneurs* en étaient le sixième dans plusieurs coutumes. Le douzième était le plus ordinairement la mesure du droit de *gants et ventes*. Ce nom de *gants*, venait de ce que primitivement les seigneurs prenaient des *gants* pour donner l'investiture aux nouveaux possesseurs, ou plutôt de ce que le *gant* transmis était un signe d'investiture féodale (1).

---

(1) A Chéruel, *Dict. hist. des Inst. de la France*

[21]. — Lorsqu'en 1556 les Etats du bailliage de Vermandois furent assemblés à Reims pour la réformation de leur coutume, personne du ressort de Prisches n'y assista, la réunion n'ayant dû être composée que de ceux qui dépendaient de ce bailliage. Mais dans la suite, comme la nouvelle coutume parut beaucoup mieux rédigée que l'ancienne dans les points où elle était observée au chef-lieu de Prisches, les officiers de cette justice en levèrent une copie au greffe du bailliage de Laon, et après que le prince de Chimay, seigneur d'Avesnes et de Prisches, l'eût ratifiée, ils en firent la publication à Prisches le 26 décembre 1564, pour avoir cours dorénavant dans tout le ressort.

La ratification est du 1er décembre 1564. Elle porte permission à ceux de l'Échevinage et ressort de Prisches, de se gouverner suivant cette coutume « *en tous faits de lois et pour tous cas et choses dont les dits officiers et justiciers de Prisches ont accoutumé cognoître et juger, et qui dépendent de leur état et office tant seulement... sans déroger aux chartres, lois et ordonnances précédentes.* »

Ainsi, la nouvelle coutume ne fut approuvée que comme loi échevinale, et les chartres et coutumes locales de chaque endroit furent conservées.

D'autres ratifications de la part des princes de Chimay, en leur qualité de seigneurs d'Avesnes et de Prisches, des 2 août 1606 et 11 mars 1613, et de la part de l'un d'eux, en sa qualité de Grand-Bailli du Hainaut, du 30 novembre 1611, sont « *sous les mêmes clauses, conditions, restrictions et modifications.* »

On observe qu'il n'y eut point ici d'homologation par main souveraine.

Le Nouvion, quoiqu'uni au duché de Guise en 1527, ressortissait encore à la juridiction de Prisches au commencement du xvııe siècle. On le voit par une ordonnance du prince de Chimay, du 2 août 1606, qui énonce entre autres villes et villages dépendants de ce chef-lieu, *Landrecies, Etrœnngt-Cauhie, La Rouillies, Anor, Monsegnies, Trélon, Boutonville, La Buissière, Beaurepaire, Ohain, Beauwé, Seloigne, Monceau, Bailiève, Robescies, Barzy pays de Hainaut; et de France, les villes et villages du Nouvion-en-Thiérache, Bergues, Beauwé, Barzy, sart du Nouvion; ceux de la cour de Guise, Buironfosse, Fontenelle et Papleux.* L'objet de cette ordonnance était de défendre aux habitants de tous ces endroits de se pourvoir à Laon pour leurs procès, au préjudice des chartes et privilèges de Prisches, à peine de deux cents écus d'or d'amende contre les contrevenants.

Depuis, les bourgeois de Landrecies renoncèrent à la loi de Prisches, pour se ranger sous la loi échevinale de la ville de Mons, et y prendre leur conseil et chef-lieu, et Louis XIV ayant ensuite conquis le Hainaut français, y établit des juges royaux, qui furent substitués en tout aux officiers municipaux dans l'administration de la justice. Il créa, en 1661, les deux bailliages du Quesnoy et d'Avesnes, et alors toute juridiction contentieuse fut éteinte à Prisches.

Déjà depuis un temps assez considérable, Le Nouvion n'y prenait plus ses enquêtes. Les guerres l'avaient fait abandonner par ses habitants, qui pour la plupart s'étaient réfugiés au village de Fourdrain, où leur transmigration dura quarante ans. De retour dans leur patrie, après la paix, ils n'eurent plus de communication avec Prisches pour la juridiction ; elle n'existait plus. Les affaires se portèrent alors à Guise, à Ribemont. Les rapports se multiplièrent avec ces villes. Il ne fut pas difficile de se familiariser bientôt avec leurs usages. Des notaires dépendants du seigneur par leurs offices, prenant l'esprit qu'on leur donnait, réglèrent les conventions, firent les testaments, les partages, suivant la coutume de Ribemont. Ainsi le peuple perdait insensiblement la trace de son origine, et devenait disposé à recevoir toutes les nouvelles lois qu'on voudrait lui donner, d'autant plus facilement que tout ce qui concerne les lois de Prisches et du Nouvion n'est qu'en manuscrit, et que l'on a persuadé à beaucoup de gens de ce pays, qu'il ne peut y avoir de loi que ce qui est imprimé (1).

On verra dans la suite comment certains intérêts particuliers tenteront d'exploiter à leur profit ce vague qui planait alors sur la jurisprudence contentieuse du pays.

[22]. — Pendant que le sire d'Avesnes, Gauthier II, continuait les hautes traditions de ses ancêtres, son frère puîné, Bouchard, attirait par le scandale qu'il donnait au monde, une déplorable illustration sur sa famille. Bouchard, le troisième fils de Jacques et d'Améline, avait été élevé à la cour de Philippe, comte de Flandre, qui l'avait envoyé aux écoles de Bruges, de Paris et d'Orléans. Il y fit de tels progrès qu'au bout de quelques années, il fut jugé par les maîtres et les docteurs suffisamment instruit dans la philosophie tant naturelle que morale. Reçu chevalier et docteur ès-lois, la carrière des honneurs ecclésiastiques (2) s'ou-

---

(1) A. Legrand de Laleu, Mém. pour la comté du Nouvion.
(2) Souvent la seule ouverte aux cadets de maisons au moyen-âge.

vrit bientôt devant lui. Il fut pourvu de la prébende de chantre, ou, selon Jacques de Guyse, de l'archidiaconé de Laon. Son protecteur, le comte de Flandre, qui ne le perdait pas de vue, lui fit de plus obtenir la trésorerie de Tournai. En raison de ces bénéfices, les deux églises l'obligèrent de prendre les ordres, ce qu'il fit bien malgré lui, et il fut ordonné sous-diacre à l'insu de tous, parents et amis. Mais au lieu de mener la vie qui convenait à un chanoine, Bouchard étala le faste militaire d'un chevalier ou d'un baron; il se distingua dans la guerre de Flandre et l'emporta bientôt, en valeur, sur tous les chevaliers de la province. Il laissa ses prébendes, abjura l'état clérical et ne respira plus que gloire militaire. Plein d'admiration pour sa renommée, le Cœur-de-Lion d'Angleterre voulut l'armer chevalier de sa main et lui donna des biens dans ses Etats. Bref, par sa bravoure, sa justice, son éloquence, autant que par la sévérité de ses mœurs, la beauté, l'élégance et la force du corps, Bouchard devint l'un des plus brillants chevaliers de la cour de France, et le conseiller du comte, des communautés et des bonnes villes de Flandre.

Lors de son départ pour la Terre Sainte, Beaudouin lui fit accepter de se joindre au comte Philippe de Namur pour le gouvernement de ses Etats. Mais cette charge allait lui devenir funeste. Les deux filles de Beaudouin, Jeanne et Marguerite, revinrent à Bruges de la cour de France où elles avaient été envoyées. Jeanne fût mariée plus tard à un fils du roi de Portugal, et Marguerite dût être confiée, jusqu'au temps convenable, avec un état de maison digne de sa naissance, à Bouchard dont la réputation de sagesse ne laissait rien à désirer. La prudence lui fit d'abord repousser une charge qui lui inspirait autant de crainte qu'elle devait lui rapporter d'honneurs; mais il dût se rendre aux vives instances de son hôte, et se chargea, sur son honneur, d'élever la demoiselle Marguerite, selon les bonnes mœurs, et de la nourrir comme il convient à la fille d'un grand empereur et d'un noble comte telle qu'était Beaudouin.

Les débuts de l'éducation de la jeune Marguerite furent des plus rassurants; elle passait « saintement le temps que Dieu lui avait accordé, et sans mériter aucun reproche », dans un château solitaire sous la garde et les directions de son précepteur Bouchard. Ses qualités naturelles habilement développées en firent avant l'âge et en peu de temps une princesse accomplie; elle se vit bientôt recherchée en mariage par une foule de comtes et de barons: le roi de France lui-même demanda sa main pour un prince du sang; mais les Flamands n'y voulurent point accéder. Une parole imprudente de la reine Mahaut, aïeule de la jeune fille, inspira à Bouchard le courage de donner suite à un projet que sans doute il nourrissait, mais que jusque là il n'avait osé mettre à jour. — « Bouchard propose au conseil de Flandre et à nous, » avait dit Mahaut, « divers partis pour ma fille, et ne parle point pour lui même. » Une des femmes de la reine rapporta ces paroles à Bouchard, qui se mit à réfléchir et prit l'avis de son aîné, Gauthier d'Avesnes et de ses amis, après leur avoir fait part de cette découverte. Comme ceux-ci ignoraient son *incapacité* pour le mariage, ils ne purent que féliciter Bouchard de l'heureuse fortune qui s'offrait à lui et l'engager à la tenter. Bouchard se présenta donc, mais tremblant, devant la reine, pour lui déclarer ses intentions, lui demander son consentement et son appui. Après avoir consulté son conseil et ses bonnes villes, Mahaut trouva, de son côté, qu'il y aurait plus de sécurité à marier Marguerite en Flandre ou en Hainaut qu'avec un étranger et surtout un Français dont les prétentions pouvaient plus tard *être un sujet de ruine pour la patrie flamande.*

Tout le monde étant d'accord, parceque chacun ignorait l'empêchement de Bouchard, le mariage fut conclu par les amis des deux partis. « Les noces furent célébrées au château du Quesnoy, mais non clandestinement, comme quelques auteurs l'ont prétendu. En effet, après qu'on eût reconnu que la publication des bans avait eu lieu d'une façon régulière, un prêtre, nommé Géry, du Nouvion, frère d'un des chevaliers attachés au service de Bouchard, demanda au cadet d'Avesnes et à Marguerite, agenouillés aux pieds des autels, s'ils voulaient l'un et l'autre vivre désormais comme époux, puis il joignit leurs mains et la cérémonie s'acheva au milieu d'un grand concours de témoins auxquels on avait ouvert toutes les portes du château. Le soir, Marguerite prit part aux fêtes et aux jeux. Quoiqu'elle eut à peine atteint sa douzième année, elle montrait une affection si vive et si peu contenue pour Bouchard, que plusieurs chevaliers aguerris baissèrent les yeux, et, la nuit étant venue, un chevalier du Hainaut, Gobert de Berseillis, prit un flambeau de cire et conduisit les barons dans la chambre nuptiale où les nouveaux époux s'étaient déjà retirés. « Quel mariage, » ajoute un historien, « fut jamais plus authentique (1). »

« Bouchard et Marguerite se retirèrent au château d'Étrœungt, où la jeune comtesse mit au monde deux enfants, Jean et Beaudouin d'Avesnes, dont l'aîné devint la tige d'une nouvelle branche des comtes de Hainaut.

---

1) Reiffenberg, *Hist. du Hainaut.*

« Mais le secret qui avait d'abord caché les antécédents de Bouchard, son entrée dans les ordres, ne tarda pas à être divulgué. La comtesse de Flandre, Jeanne, sœur de Marguerite, ainsi que leur tante, la reine de France, apprirent que Bouchard n'était point comme elles le croyaient un chevalier et un prince, mais tout bonnement un clerc, un docteur ès-lois, un archidiacre de Laon, un chanoine-trésorier de Tournai, qui avait quitté le rochet pour la cape, dans l'espoir d'hériter de son frère aîné, Gauthier d'Avesnes, et parceque ses penchants étaient mondains. Grand fut le scandale. Jeanne, dont la piété était sans égale, saisie d'indignation et d'horreur à la certitude d'une profanation, d'un outrage si audacieux, fit sommer Bouchard de lui rendre sa sœur, promettant clémence et pardon en cas d'obéissance. Mais les menaces furent aussi inutiles que les exhortations. Alors, prenant un parti extrême, Jeanne écrivit au pape. Une excommunication terrible s'en suivit, fulminée par Innocent III, en concile de Latran. Bouchard ne s'en laissa pas émouvoir. Une nouvelle bulle, plus énergique, du pape Honorius, vint tomber *sur la tête de fer et le front d'airain* de l'apostat, ainsi que le nommait le pontife. Mais cette sentence n'eut pas plus d'effet que la première. Marguerite, toujours sous l'empire de la passion, s'attachait à son époux en raison des efforts que l'on faisait pour l'en séparer. Un jour, devant toute la cour de Flandre, en présence de sa sœur et de plusieurs évêques, elle s'écria : « Oui, je suis la femme de Bouchard, et sa « femme légitime; jamais, tant que je vivrai, je n'aurai d'autre « époux que lui. » Et se tournant vers la comtesse : « Celui-là, « ma sœur, vaut encore mieux que le vôtre, il est meilleur mari « et plus brave chevalier. » Ayant voulu mal à propos réclamer les armes à la main le douaire de Marguerite, Bouchard tomba au pouvoir de la comtesse Jeanne, qui le retint prisonnier au château de Gand.

« Après deux ans de captivité, Bouchard recouvra la liberté; mais une troisième excommunication, du 2 avril 1219, fut lancée six ans après la première, et cette fois, non-seulement contre lui, mais contre son frère, contre ceux de ses amis qui lui avaient donné asile, contre ceux des prêtres désobéissants qui avaient osé célébrer la messe devant lui, et surtout contre son épouse, Marguerite elle-même. Aussi, celle-ci, dont la passion s'était évanouie, se hâta d'abandonner celui à qui elle avait juré d'être unie pour la vie. Elle épousa peu après Guillaume de Dompierre et écrivit à celui qui avait tout sacrifié pour elle : *de la laisser en paix et de besogner à dire ses heures!* Plus tard, épouse marâtre, elle voulut déshériter ses enfants du premier lit en faveur de ceux qu'elle avait eus de son second mariage. Saint

Louis fut obligé d'intervenir. Il adjugea la Flandre au fils aîné de Guillaume et le Hainaut à Jean d'Avesnes, qui, en épousant l'héritière de Hollande, donna naissance à plusieurs enfants, dont l'un, comme nous l'avons dit, fut la tige de la seconde branche des comtes de Hainaut (1).

Quel fut, pour le cadet d'Avesnes, le dénoûment d'une vie si agitée? Les chroniques flamandes diffèrent sur ce point. Les unes disent qu'abandonné par son inconstante épouse, Bouchard passa la fin de ses jours dans la tristesse et l'isolement, au château d'Etrœungt que lui avait donné son frère Gauthier; d'autres affirment qu'il fit le voyage de Rome en vue d'obtenir du pape une dispense des ordres et la validation de son mariage. Celles-ci ajoutent que sur le refus du pontife, et tout effrayé des foudres de l'Eglise, Bouchard partit pour la Terre-Sainte, bien résolu de ne plus reprendre Marguerite; mais qu'à son retour il n'eut pas le courage de tenir sa promesse. « Absous, mais non dispensé, » dit Jacques de Guyse, « Bouchard rentra dans ses domaines, n'approchant de la Flandre qu'avec honte et confusion. » En revoyant Marguerite et ses enfants, continue le même annaliste, Bouchard poussa un cri déchirant et s'écria qu'il aimeroit mieux être écorché vif et coupé par morceaux, que de faire ce que le Romain lui avait ordonné. » Cet amour constant et fatal, après avoir fait le malheur de sa vie, serait devenu la cause de sa mort. Selon Jacques de Guyse, Bouchard aurait été arrêté à Gand en 1818, et décapité à Rupelmonde; sa tête aurait été portée ensuite dans toutes les villes de Flandre et de Hainaut comme un objet de risée. Exécution barbare et condamnable que ne saurait dans tous les cas, faire excuser la rupture ouverte d'engagements solennels.

[23]. — Les templiers formaient un ordre de chevalerie chrétienne fondé à la suite de la première croisade, par plusieurs des chevaliers français qui avaient suivi Godefroy de Bouillon. Ils se consacrèrent d'abord au service des pèlerins, sous le nom de *Pauvres chevaliers de la sainte cité*. Hugues de Payens en forma un ordre en 1118, et ils ne tardèrent pas à prendre le nom de *Templiers*, soit parce qu'ils étaient établis près des ruines de l'ancien *temple* de Jérusalem, ou parce qu'ils se considéraient comme les défenseurs du nouveau *temple*. Le Concile de Troyes approuva l'ordre des Templiers en 1128, et saint Bernard, qui était alors l'oracle de la

---

(1) Jacques de Guyse. — Piérart, *Ex. arch.* — Pécheur, *Hist. de Guise*.

chrétienté, traça la règle des *Chevaliers du Temple*. Ils devaient toujours accepter le combat, fût-ce d'un contre trois, ne jamais demander quartier, ne point donner de rançon, *pas un pan de mur, pas un pouce de terre* (1).

Tant que durèrent les croisades, les templiers rendirent les plus grands services à la chrétienté; mais lorsque la Palestine fut définitivement perdue (1294), ils revinrent en Europe et se répandirent dans leurs commanderies. Il paraît qu'ils n'y vécurent pas toujours d'une manière édifiante. L'habitude de la vie militaire, un séjour prolongé dans l'Orient, au milieu des Arabes, et surtout l'opulence de l'Ordre, avaient altéré leurs mœurs et peut-être même la pureté de leurs doctrines. On leur a reproché d'avoir adopté quelques-unes des croyances mystiques et licencieuses de l'Orient.

D'après certaines traditions, qu'aucun titre toutefois ne vient appuyer, il aurait existé une *templerie* sur le territoire du Nouvion. Les uns disent qu'elle était située entre la ville et Malassise, au lieudit le Mont-de-Câtillon, dont nous avons déjà parlé (voir p. 17); d'autres au Petit-Rejet-d'en-Haut, à proximité de la fosse dite du *Général*; d'autres, enfin, ont souvent entendu dire « qu'il y avait eu des templiers au vieux château. » (vieux cakiau, voir p. 31) : cela pourrait bien avoir été: mais ces chevaliers n'auraient possédé ce château que bien peu de temps, soit avant 1147, soit un peu avant leur condamnation. Si la tradition parle, il faut qu'il y ait quelque chose de vrai.

[24]. — Il s'établit au XIIe siècle et au XIIIe, dans le nord de la France et en Belgique, des associations d'hommes et de femmes, qui, sans faire de vœux, se réunissaient pour prier. La première association de cette nature fut établie à Liége, en 1173, par Lambert Begg. Les hommes qui la composaient reçurent, de leur fondateur, le nom de *béghards*; les femmes, celui de *béguines*, et la maison où ils se réunissaient fut appelée *béguinage*. Les hommes travaillaient, les femmes instruisaient les enfants, soignaient les malades et les pauvres. On accusa les *bégards* et les *béguines* d'aspirer, comme tous les mystiques, à une perfection impossible et de dédaigner les actes pour ne s'occuper que de l'esprit. Ils soutenaient que l'homme peut en cette vie atteindre un degré de perfection qui le rende impeccable, obtenir ici-bas la béatitude

---

(1) Devise qui en rappelle une autre devenue de nos jours si tristement célèbre : « Pas un pouce de notre territoire, pas une pierre de nos forteresses ».

finale et en jouir comme dans l'éternité. Les conséquences pratiques qu'ils tiraient de ces rêveries ne tendaient à rien moins qu'à ruiner les dernières limites de la morale, car ils disaient : qu'arrivé à ce point de perfection où la chair se trouve entièrement soumise à l'esprit, ils ne devaient ni jeûner, ni prier, ni même obéir aux ordres de l'Eglise, mais qu'ils pouvaient accorder à leur corps tout ce qu'il convoitait; qu'il était indigne d'une âme élevée en grâce de s'abaisser à la pratique des vertus, à la méditation des mystères de l'homme-Dieu, de recevoir l'eucharistie et de lui accorder quelque marque de respect et de vénération (1). Cependant les béguines furent longtemps en grande vénération; saint Louis en appela à Paris où leur communauté compta bientôt plus de quatre cents personnes. Le roi Philipe III envoya consulter la béguine de Nivelle avant de prononcer sur la culpabilité ou l'innocence de la reine sa femme. Les béguinages ne furent entièrement supprimés que vers la fin du XVe siècle.

[25]. — On distinguait deux sortes de lèpres, la *cutanée*, qui entamait la peau, la faisait tomber comme une dartre, défigurait affreusement le malade et n'offrait pas d'autre danger; et celle dite *éléphantide*, horrible maladie qui mettait le malade dans la plus hideuse situation. « Les pieds et les mains enflent à telles gens, dit Falcon, la peau de leur corps s'en va par écailles, les cheveux leur tombent, leur bouche s'empuentit, leurs dents branlent, toutes les parties charnues de leur corps ne sont à proprement parler qu'un ulcère, et il croit sur ces parties des pustules grosses comme des châtaignes, d'où flue continuellement un jus infect. Le malade est en proie aux accès des passions les plus brutales; aussi nomme-t-on ce fléau *grande maladie*. »

Chaque espèce de lèpre se divisait, selon son origine, en deux natures : l'une, appelée lèpre de naissance, s'apportait en venant au monde, l'autre dite lèpre d'accident, se gagnait par la débauche et par le passage d'un pays chaud dans un climat froid. Ce qu'il y avait d'étrange dans cette maladie, c'est que plus elle avait d'intensité, plus le lépreux éprouvait de fureur de se mêler aux personnes saines, ce qui donna lieu à ce proverbe : « Ladres et larrons veulent tout le monde pour compagnons. »

Les maladreries n'étaient guère qu'un amas de cellules à côté desquelles il y avait une chapelle dédiée à sainte Marthe, à sainte Magdeleine ou à saint Lazare. Avant de quitter sa demeure, le lépreux se formait une pacotille des choses les plus nécessaires à

---

(1) Lelong, *Hist. du diocese de Laon*. — Chéruel, *Dict. des Inst.*

la vie : « Une tartarelle, souliers, chausses, robes de camelin, une housse et un chaperon de la même étoffe, deux paires de drapeaux, un baril, un entonnoir, une courroie, un couteau, une écuelle de bois... un lit étoffé de coutte, coussi et couvertures, deux paires de draps à lit, une huche ou un escrin, fermant à clef, une table, une selle, une lumière, une poêle, un andier, des écuelles à mangier, un bassin, un pot à mettre cuire la chair. » Telle devait être la composition de son mobilier. De plus on était tenu de lui faire une maison et un puits. On fuyait les lépreux comme des spectres ambulants, des cadavres déjà corrompus qui exhalaient des odeurs pestilentielles. Aux anciennes lois sur les lépreux, Charles V, en 1371, en ajouta une nouvelle, à la fois sage et sévère, pour arrêter les progrès effrayants de cette maladie que le défaut de surveillance dans les léproseries et la méchanceté de certains ladres multipliaient comme à plaisir. Ces misérables irrités de l'horreur qu'ils inspiraient, et souvent pressés par la faim, quittaient par bandes les maladreries, erraient par les campagnes et s'ingéniaient à répandre le fléau pour rendre, disaient-ils, tout le monde *mésel* (lépreux). On réveilla par des mesures rigoureuses et par l'appareil lugubre dont l'église elle-même entourait cette séquestration, l'horreur que causait autrefois le seul nom de la lèpre (1). »

[26]. — La France des xı^e et xıı^e siècles n'a été qu'un vaste champ de bataille ensanglanté chaque jour par mille petits combats, hérissé de forteresses, où chaque rocher, chaque bouquet de bois cache souvent une embuscade, et où nul ne peut espérer ni sécurité, ni repos, s'il n'est toujours prêt à tirer l'épée, et s'il n'est capable de se faire justice lui-même. On ne saurait voyager une demi-journée sans voir se dresser au sommet d'une colline quelque château aux épaisses murailles, aux fossés profonds, dominant de sa masse sombre et sévère les chaumières de paysans et le clocher du village groupés à ses pieds. Au centre du château, défendu par un second fossé et une seconde enceinte, s'élève une tour, espèce de citadelle où se réfugient au besoin les défenseurs de la place, et qui se nomme le *donjon*. Sur la plate-forme veillent nuit et jour des sentinelles qui observent au loin la campagne. Découvrent-elles quelque troupe armée, elles sonnent du cor et donnent l'alarme à la garnison. Si ce sont des amis, le pont-levis s'abaisse, la herse se lève, les valets s'empressent pour aider à descendre de cheval

---

(1) *Hist. du Valois.* — *Hist. de Soissons.*

les cavaliers gênés par leurs pesantes armures, et les introduire auprès de la châtelaine et du seigneur. Mais la journée ne s'écoule pas toujours tranquille; bien souvent le son du cor annonce l'approche ou l'apparition d'une troupe de maraudeurs, ou d'un seigneur ennemi qui espère surprendre le château. Alors les archers courent aux murailles; on entasse sur les remparts les pierres, les poutres, l'huile bouillante, que l'on jettera sur les assaillants; les cavaliers se tiennent prêts à s'élancer sur l'ennemi si l'assaut est repoussé; et pendant ce temps, des flammes s'élèvent du pied de la colline : c'est le village qui brûle; heureux encore si l'église est épargnée et peut offrir un asile aux femmes, aux enfants et aux vieillards, à qui l'on a fermé les portes du château pour ne pas avoir à nourrir de bouches inutiles! (1).

Ces scènes de carnages et d'incendie se renouvelaient tous les jours; car chaque château était la capitale d'un petit Etat à peu près indépendant, qui avait ses guerres, ses ennemis et ses alliés, comme il avait ses lois particulières et son souverain, le seigneur châtelain.

Après avoir visité le château, pénétrons maintenant dans le village; entrons dans une de ces cabanes, basses, obscures, couvertes d'un toit de chaume, et dont les murs, de bois ou de terre, peuvent à peine résister aux intempéries des saisons. C'est là que vivent, pêle-mêle avec le bétail, les paysans, ceux qu'on appelle les *serfs* d'un mot latin signifiant esclave. Ainsi que nous l'avons dit, il est attaché à la terre et fait partie du domaine, il ne peut le quitter; c'est en quelque sorte un instrument de travail qui passe de main en main avec la terre qu'il cultive. Le seigneur peut exiger de lui, sous le nom de *corvée* et de *taille*, tel travail et tels impôts qu'il lui plaît, il peut, avec ses chiens et ses chevaux, poursuivre, à travers les enclos, les moissons et les vignes, le gibier que le serf n'a pas le droit de toucher, sous peine de mort ou de prison. Tristes souvenirs qui doivent nous faire bénir notre société moderne où la loi assure à tous les mêmes droits, et ne reconnaît dans tous les Français que les citoyens libres d'une seule

---

(1) On sait que les églises de notre Thiérache offrent cette particularité remarquable, que beaucoup d'entre elles avaient été jadis fortifiées pour servir de refuge en cas de *courses* ou de guerre, surtout dans les villages. Aussi, les voit-on même encore aujourd'hui flanquées de deux, quatre ou six tours de forme ronde, et présenter les caractères d'une citadelle ou d'un fort susceptible d'opposer une certaine résistance. Telles sont notamment celles d'Origny, La Bouteille, Wimy, Saint-Algis, Marly, Esquéhéries, etc.

A. DEMARSY, au *Recueil la Thiérache*.

patrie, soumis aux mêmes obligations, et protégés avec une égale sollicitude par une justice impartiale et une autorité vigilante !

[27]. Mahaut de Châtillon, comtesse de Saint-Pol, fille de Jean de Châtillon, comte de Saint-Pol, avait épousé en 1350 Guy de Luxembourg, comte de Ligny, qui fut l'un des ôtages du roi Jean, en Angleterre. Ils eurent plusieurs enfants, entre autres Jean Ier de Luxembourg, seigneur de Beaurevoir, qui continua la branche masculine. Jean Ier eut de son mariage avec Marguerite d'Enghien trois fils : Pierre de Luxembourg, qui continua la lignée, Jean II de Luxembourg, dont nous rapportons les faits et gestes, et un autre nommé Louis de Luxembourg qui devint archevêque de Rouen, puis chancelier de France. Ils eurent aussi une fille, nommée Jeanne de Luxembourg.

Pierre de Luxembourg laissa une nombreuse postérité, tandis que son cadet, Jean II, qui avait épousé Jeanne de Béthune, comtesse douairière de Marle et de Soissons, veuve de Louis de Châtillon, comte de Saint-Pol, trépassa *sans hoirs de son corps*. L'aîné des fils de Pierre de Luxembourg, fut Louis de Luxembourg, connétable de France, que messire Jean de Luxembourg, son oncle, paraît avoir affectionné plus particulièrement. Une de ses filles, Ysabeau de Luxembourg, épousa, en 1443, Charles Ier d'Anjou, auquel elle fut censée porter comme on l'a vu, le comté de Guise et la seigneurie du Nouvion contentieux entre ce duc et les héritiers de Jean de Luxembourg, son grand-oncle.

Notre capitaine bourguignon descendait donc de Mahaut de Châtillon, mais ses prétentions n'en étaient pas moins inadmissibles. La branche directe des Châtillon seigneurs de Guise était éteinte, il est vrai, mais on sait que Marie de Bretagne, avant l'extinction de cette famille, avait porté en dot le domaine de Guise à Louis Ier, duc d'Anjou, qui l'avait laissé à Louis II. Celui-ci eut pour successeur Réné d'Anjou, roi de Sicile, son second fils, et duc de Lorraine du chef de sa femme, Isabelle de Lorraine. Le comté de Guise appartenait donc à Réné ; mais les deux frères Pierre et Jean de Luxembourg, s'appuyant sur leurs prétendus droits n'en portèrent pas moins un œil d'envie sur le comté, au point de faire la guerre à Réné pour s'en assurer la possession. On dit même qu'ils allèrent jusqu'à jeter Réné en prison, pour le contraindre à leur céder ses droits. Ce moyen violent, et condamné comme inique, n'ayant pas réussi au gré des deux Luxembourg, Jean eut recours à un autre plus décisif, en prenant, comme nous l'avons vu, le parti de s'emparer de Guise de vive force (1).

---

(1) *Traité des Droits du Roi*, par Dupuis. — Duchesne, *Hist. de la maison de Châtillon.* — Pécheur, *Hist. de Guise.*

[28]. — Outre le privilége qui lui fut concédé la première année du règne de Charles IX, la châtellenie du Nouvion, en raison « des grandes pertes qu'elle avait souffertes durant les troubles du royaume » sous Charles VI « à l'occasion qu'elle est située en confins de l'extrême du royaume » obtenait, dès 1398, des lettres par lesquelles ce prince permettait aux habitants du Sart-du-Nouvion (Le Nouvion, Barzy, Bergues et Boué) le libre achat du sel moyennant 40 livres par an. L'octroi de ces lettres fut confirmé dans la suite par les rois Henri IV, Louis XIII et Louis XIV, ainsi que l'établissent les extraits de l'enregistrement des dites lettres et de celles qui furent octroyées en 1716 par Louis XV aux mêmes fins.

Semblable concession fut faite en 1612 par Louis XIII aux échevins, habitants et manans du Nouvion, Le Sart, Barzy, Bergues et Boué, concernant l'usage du sel ou *franc-salé* (Archives communales du Nouvion antérieures à 1790 : divers titres en parchemin, avec sceaux, dont plusieurs en cire verte et rouge, dont il ne reste que des débris).

[29]. — « Les assiégeants avaient poussé leurs tranchées fort avant vers le château et ils étaient parvenus à se loger au bord de la rivière à côté du Grand-Pont, près d'une palissade ruinée. Résolus de faire un suprême effort. Ils employèrent la journée à construire un pont de bateaux et se préparèrent à donner l'assaut à la ville.

« Guise se trouvait donc menacé du plus grand danger : ce pont une fois franchi sous le feu de la redoute où l'ennemi s'était logé, il n'y avait plus pour défense qu'une simple muraille, et la porte du Grand Pont était évitée. Il fut sauvé par un trait de courage digne des temps antiques. Il s'agissait de rompre le pont en coupant les câbles qui unissaient les bateaux. Le comte de Clermont proposa une récompense à celui des soldats du poste qui oserait tenter cette entreprise hardie, mais aucun ne répondit à l'appel du commandant, lorsqu'un Guisard, nommé Pierre Wateau, se présenta ; déjà même il se disposait à sauter du haut du Grand Pont dans la rivière, mais le fils de ce généreux citoyen étant survenu, lui dit : « Non, mon père, vous n'exposerez pas des jours « si chers à vos enfants ! Vivez pour votre famille, vivez pour vos « compatriotes ; » et il s'offrit de se dévouer pour le salut de sa patrie. Son offre fut acceptée avec une vive reconnaissance. On implore le ciel pour la réussite de son entreprise, on chante dans toute la ville le *Salve Regina*, la prière des grands périls ; Wateau s'agenouille pour une courte prière, embrasse son père, se dépouille de ses habits, saisit un couteau entre les dents, s'élance dans la rivière sous le feu de plus de mille coups de mousquet, et nageant avec vigueur, il va couper les amarres, rompt le pont, et pousse l'audace juqu'à ramener en triomphe au pied de la muraille l'un des bateaux, tandis que les autres s'en vont au courant de l'eau. Ce jeune héros n'avait que 20 ans ; il se nommait Pierre, comme son père, et par sobriquet *Malcontent*. Le roi et le duc de Guise lui accordèrent des lettres-patentes en témoignage de sa bravoure. L'action généreuse de Pierre Watteau ne fit que redoubler l'ardeur de l'attaque. Comme la rivière seule séparait les combattants, on fit pleuvoir de chaque côté une grêle de balles. Les assiégeants perdirent, dans la chaleur de l'action, un grand nombre des leurs, et les assiégés, un brave capitaine du régiment de Guise et un bourgeois nommé Burlot (1). »

[30]. — Si les princes de la maison de Condé se montrèrent toujours favorables au bien-être de leurs vassaux du Nouvion, il n'en fut pas de même de leurs agents, qui, sans profit pour leurs maîtres, se plaisaient trop souvent à contrarier et à vexer les habitants.

Leurs exigences à propos de la perception du droit de terrage provoquèrent différents conflits de 1738 à 1742 ; ces conflits motivèrent une supplique en parlement d'un sieur Georges Gougenot, tuteur onéraire de M. le prince de Condé (Louis-Joseph de Bourbon) « non encore nommé prince du sang, » laquelle supplique portait : ..... « qu'au préjudice des différents arrêts obtenus par les ducs de Guise, qui ont condamné les habitants du Nouvion à payer un droit de terrage à raison de 7 gerbes du cent, ces habitants refusent toujours de le payer, et il n'est pas possible que les fermiers et terrageurs puissent le percevoir par rapport aux rébellions qui arrivent à chaque récolte de la part de ces habitants, malgré la précaution que l'on a prise de l'autorité de la cour de faire assister les fermiers et terrageurs de la maréchaussée; en 1740, il y eut une rébellion considérable dont on a porté des plaintes à la cour, et sur les informations qui ont été faites, quelques particuliers ont été décrétés de prise de corps et emprisonnés.

« Le suppliant se flattoit que cet exemple feroit rentrer ces habitants dans leur devoir, et qu'ils payeroient le droit de terrage à la récolte de 1741. Mais malgré les précautions que le suppliant

---

(1) P. Deverdun. — Lelong et Brayer ; — Ext de l'abbé Pécheur.

avoit prises de faire assister les fermiers et terrageurs d'une brigade de la maréchaussée et d'un détachement de 23 hommes de la garnison de Guise, il n'a pas été possible de percevoir le droit de terrage, la rébellion a été même des plus complètes.

« Ces habitants s'étant attroupés au nombre de plus de 600, armés de bâtons ferrés, fourches, pioches et pistolets de ceinture, ce qui a engagé l'huissier, porteur des ordres du roi et des arrêts de la cour à se retirer, ainsi que la maréchaussée et le détachement d'invalides, après avoir dressé procès-verbal par lequel il paroît que l'huissier après avoir attendu un jour dans l'espérance que ces mutins rentreroient en eux-mêmes, il prit le parti, le 24 octobre 1741, de faire sonner la cloche pour faire lecture aux habitants de l'ordre du roy, portant commandement au sieur de Sainte-Suzanne, de donner un détachement de sa garnison afin d'exécuter les arrêts de la cour, laquelle lecture ayant été faite et les habitants sommés en parlant au syndic de répondre s'ils vouloient obéir aux ordres du roy, et laisser exécuter les arrêts de la cour, ce syndic ne répondit qu'avec des paroles de mépris et d'injures, en disant : qu'il se moquoit desdits ordres, et que s'il n'avoit pas autre chose à leur apprendre, il ne falloit pas faire cet appareil ; et ayant investi la halle et s'étant emparé de toutes les issues et, retranchés dans plusieurs granges, ils ont menacé d'assommer le détachement et la maréchaussée, s'ils vouloient exécuter leurs ordres ; criant qu'il ne falloit pas qu'aucun d'eux retournât à Guise, que leurs habits bleus seroient teints en rouge, disant : « Nous ne
« nous embarrassons point des arrêts ni des ordres du roy, nous
« ne paierons aucuns droits seigneuriaux quand nous devrions tous
« être tués ou pendus ; on n'a que faire d'envoyer quelqu'un pour
« faucher les prés du seigneur, car nous les faucherons nous-
« mêmes l'année prochaine ; nous irons à Ribemont enlever des
« prisons notre maire et nous sommes résolus de nous opposer de
« force à tout ce que l'on voudra faire contre nous ; nous avons
« bien battu et roué de coups l'année dernière la maréchaussée,
« nous devions, à ce que l'on disoit, être tous pendus, et nous
« voilà encore ; et nous vous ferons pis, car vos fosses sont prêtes,
« si Garde, un de vos receveurs, ne s'étoit retiré, il auroit été
« abymé, nous aurions commencé par lui ; » lesquelles menaces étoient accompagnées de juremens et blasphèmes horribles, en sorte que l'huissier, les invalides et la maréchausssée ont été obligés de se retirer. De laquelle rebellion le suppliant a été obligé de rendre plainte à la cour, et de lui demander permission d'en informer.

« Ce, considéré, nos seigneurs, il vous plaise donner acte au suppliant de la plainte qu'il rend contre le maire du Nouvion, Jacques-Thomas Amasse, laboureur à Barzy-sur-France, Nicolas Plichard, laboureur à Lalouzy, Jacques Capon, Jean Berger, Jacques Moreau, Jean Mastis, Jacques Beaubeauchez, Antoine Moreau, Jean Legrand, marchands et laboureurs, demeurant au Moulin-Lointain; Louis Brunot, Antoine Goret, Pierre Duchesne, André Duchesne, Marie Fréquant, tous marchands, laboureurs, demeurant à Malassis, Charles Barnoville, Guillaume Azambre, Jean-Baptiste Azambre, fils de Denis Azambre, Philippe Fornier, Pierre Fornier, demeurant à Lalouzy-et-Beaumont, Thomas Dehen, Jean Huget, laboureurs au même lieu, Nicolas Blatier, tonnelier, le nommé Lemaire, garçon maréchal, Alexandre Chevalier, fils de Louis Chevalier, Louis Lagasse, gendre du sindic, le nommé Chéry, fils de Claude Chéry, sindic, Louis Azambre, fils de Charles Azambre, Jean Chevalier, Antoine Acabre, Jean Acabre, Nicolas Chevalier, marchands-laboureurs et manouvriers, demeurant au Nouvion, Pierre Emon, Pierre Denis, Jean-Louis Ophemont, l'aîné, la veuve Louis Ophemont, Marie Moreau, femme de Philippe Fornier, Marie-Anne Vuatier, Toussaint Duchesne, le nommé Melot, fils de Jacques Melot, Alexandre Dehen, Philippe Watier, Lejeune, laboureur, Pierre Emon, Antoine Lejeune, demeurant à Fontaine (sans doute la Fontaine des Pauvres), et autres quidams, au nombre de 600, de la rébellion arrivée au village du Nouvion, le 24 octobre 1744, des menaces, injures, blasphèmes ci-dessus détaillés, lui permettre de faire informer de ladite rébellion, devant le lieutenant général de Ribemont, lequel pourra à cet effet, si besoin est, se transporter hors de son territoire et de l'étendue de sa juridiction, et lui sera remis une expédition du procès-verbal du 24 octobre dernier qui demeurera joint à la présente plainte, et copie signée par duplicata, par le greffier de la requête du suppliant; ordonner que l'huissier et ses records seront répétés dans leur procès-verbal par forme de déposition pour l'information faite, et rapportée et communiquée à M. le procureur général, estre par la cour ordonné ce qu'il appartiendra et vous ferez bien. »

Signé : « CAILLARD. »

Au-dessous est écrit :

« Veu les pièces sy attachées,

« Je n'empêche pour le roi estre donné acte au suppliant de sa plainte, permis à lui de faire informer des faits y contenus pardevant le lieutenant criminel de Ribemont, même faire répéter l'huissier et ses records par forme de déposition, auquel effet pourra ledit juge se transporter partout où besoin sera, même hors de l'étendue de son ressort, pour l'information faite apportée en la cour et à moi communiquée, estre ordonné ce que de raison. »

Signé : « PIERRON, avec paraphe.

« Pro duplicata, YSABEAU (1). »

Cette supplique provoqua la transaction du 22 juillet 1742, et la rebellion dont il y est question fut la dernière qui se produisit au Nouvion à propos de l'impôt *terragien*. Des résistances s'élevèrent encore çà et là et par intermittences, jusqu'en 1750 ; on voit, en effet, qu'un arrêt du Parlement en date du 10 juillet 1747 condamne les habitants de Boué, Bergues et Barzy à payer les cens et autres droits seigneuriaux au duc de Guise ; — que semblables arrêts sont édictés en 1748 et 1749 contre plusieurs cultivateurs de Fesmy et d'Etreux, de La Neuville-Francheville, Dorengt et Cocréaumont, les condamnant pareillement à payer les droits de cens, terrage et autres par eux dus sur 51 pièces de terre situées sur leurs terroirs respectifs (2) Mais le temps approchait où les traditions et les priviléges du moyen-âge allaient disparaître sans retour, et leur abolition prononcée dans la séance du 4 août 1789, fut en effet, le premier acte des réformes entreprises et accomplies par les grands Etats généraux.

---

(1) Arch. de l'anc. duché de Guise.
(2) d° liasses 41-49.

ERRATA.

PAGE	LIGNE	AU LIEU DE	LISEZ
7	32	Adriani Valesii	Adrianus Valesius.
9	16	Tiérache	Thiérache.
43	11	Alliés aux parents	Alliés ou parents.
47	15	et ce par le salut	et ce pour le salut.
48	18	formée dans le principe	comprenant dans le principe.
64	30	ave Améline	avec Améline.
95	14	passa par mariage	passèrent par mariage.
107	25	(1336)	(1346).
123	5	La guerre contina	la guerre continua

TABLE DES MATIÈRES

PREMIÈRE PARTIE

Période celtique ou gauloise.

I. — Temps obscurs 1

Période gallo-romaine.

II. — Le pays de Thiérache à l'époque de la conquête romaine (57 ans avant Jésus-Christ à 418 ans après) 9

Période franque (418-713).

III. — La Thiérache pendant et après l'invasion des Germains 24

IV. — La Thiérache pendant et après les courses des Normands (858-987) 35

V. — La Thiérache sous le régime féodal (987-1180) 39

VI. — La Thiérache à l'époque de la Révolution communale (1180-1337) 50

VII. — La Thiérache pendant la guerre de cent ans et les guerres d'Italie (1337-1515) 94

VIII. — La Thiérache pendant les guerres de religion et la lutte contre l'Autriche (1550-1643) 134

IX. — La Thiérache pendant les guerres de Louis XIV (1643-1756) .. 151

X. — La Thiérache pendant et après la Révolution de 1789 186

Notes et pièces justificatives 217

ÉTUDES HISTORIQUES

ET STATISTIQUES

SUR

LE NOUVION-EN-THIÉRACHE

SON CANTON

ET LES COMMUNES LIMITROPHES

(Oisy, Étreux, Buironfosse, Fontenelle, Prisches (Nord)

SUIVIES DE

NOTICES MONOGRAPHIQUES

SUR CHACUNE DES LOCALITÉS DU CANTON

OUVRAGE ORNÉ DE CARTES, DE DESSINS D'ÉGLISES ET D'UNE VUE DU NOUVION EN 1870

Par L.-H. CATRIN, Instituteur

AVEC LA COLLABORATION DE SES COLLÈGUES

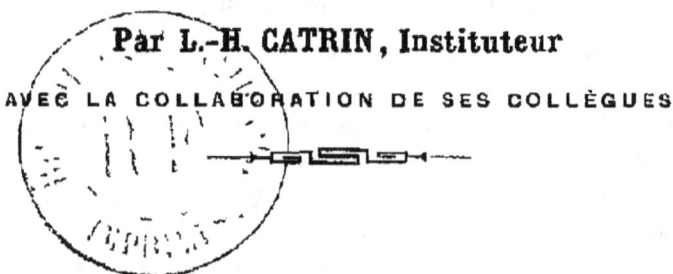

A VERVINS

Aux Librairies TOUSSAINT & BACHELET

ET AU NOUVION

CHEZ L'AUTEUR ET A LA LIBRAIRIE JUNIET

1870-1871

GUISE

IMPRIMERIE BERTHAUT & BARÉ, LITHOGRAPHES

DEUXIÈME PARTIE

LE CANTON

I

TOPOGRAPHIE

Idée générale. — Jusqu'ici, la subdivision cantonale est restée surtout judiciaire. Chaque canton compose la juridiction d'une justice de paix séant au chef-lieu. Cependant, l'administration ecclésiastique fait correspondre la division en doyennes aux divisions cantonales, et dans chaque canton, un curé-doyen exerce une juridiction sur tous les curés du canton. Les circonscriptions électorales s'appuient également sur la division cantonale pour les élections au Conseil général.

Situation, Division. — Le canton du Nouvion est situé dans la région nord du département de l'Aisne: il était compris presqu'en entier dans cette partie de la Haute-Picardie appelée *Thiérache*, dont Guise était regardé comme la capitale. Il se compose actuellement (1) des dix communes de Le Nouvion, Barzy, Bergues, Boué, Dorengt, Esquéhéries, Fesmy, La Neuville, Leschelle et Le Sart.

---

(1) Les communes de Fesmy et Le Sart, jadis détachées du Cambrésis, ont d'abord fait partie du canton de Wassigny; elles en ont été distraites et réunies à celui du Nouvion par ordonnance du 26 juin 1822.

La latitude du chef-lieu est : N 50° 1', et la longitude : E 1° 28'. Si l'on fait passer un méridien par Le Nouvion, il traversera, dans la direction du sud, les cantons de La Capelle, de Guise, de Vervins, de Sains, de Marle, de Sissonne, de Craonne et de Neufchâtel, et atteindra la limite champenoise vers Fismes. Dans la direction du nord, ce méridien traversera le département du Nord, atteindra la frontière belge près Quiévrain et tombera directement sur Gand.

Si l'on fait pareillement passer un parallèle par Le Nouvion, il traversera, dans la direction de l'est, le canton de La Capelle et atteindra la Belgique au sud de Chimay; dans la direction de l'ouest, ce parallèle atteindra le département de la Somme, après avoir traversé les cantons de Wassigny, de Bohain et du Catelet.

Position géographique. — Le canton du Nouvion est un pays méditerrané, région du nord; son chef-lieu est situé à 382 kilomètres du centre de la France, pris à Bourges.

Limites. — Notre canton a pour limites : à l'est, le canton de La Capelle, au nord, le département du Nord, à l'ouest, le canton de Wassigny, et au sud ceux de Guise et de La Capelle.

La deuxième zone de canton qui enveloppe celui du Nouvion se compose : à l'est, de ceux d'Hirson et d'Aubenton, au sud, de Rozoy, de Marle et de Crécy-sur-Serre, et à l'ouest, de Ribemont, de Saint-Quentin et de Bohain.

Dimensions. — La plus grande longueur du canton se mesure sur une ligne tirée du nord-ouest au sud-est et offrant un développement de 15 kilomètres; la plus grande largeur, sur une ligne tirée de l'ouest à l'est et qui se trouve être de 14 kilomètres. La ligne qui limite le canton se développe sur une longueur d'environ 56 kilomètres, savoir : 22 entre les cantons du Nouvion et de La Capelle ; 14 kilomètres entre ceux du Nouvion et d'Avesnes-Landrecies (Nord) ; 13 kilomètres entre ceux du Nouvion et de Wassigny, et 7 kilomètres seulement entre le canton du Nouvion et celui de Guise.

Superficie. — La superficie du canton est de près de 140 kilomètres carrés (1), exactement de 13930 hectares; dont 13580 hectares composant le domaine imposable, et 350 hectares le domaine non imposable.

Configuration. — Considéré dans son ensemble, le territoire du canton du Nouvion se rapproche de la forme circulaire, et son périmètre n'offre que peu d'irrégularités.

Nature et aspect du sol. — On ne rencontre dans le canton aucun indice de mines, si ce n'est quelques traces de cuivre qui se montrent çà et là dans les marnes bleues qui y abondent. Mais on y trouve d'excellente terre argileuse propre à la fabrication des briques, des tuyaux de drainage, tuiles, mîtres de cheminée et autres articles de poterie ; — des carrières de sable et de silex s'y rencontrent en divers endroits. Il n'y a point d'eaux minérales ; mais plusieurs sources, entre autres celle de la fontaine des *Trois Planes* et celle dite de la *Chèreveine*, territoire du Nouvion, sont renommées pour leurs propriétés digestives et recommandées aux malades par les médecins de la localité.

Le sol est généralement formé de terres d'alluvion ; la surface des plateaux, dont la masse est argileuse et siliceuse, n'est recouverte que d'une très-mince couche de terre végétale.

---

(1) C'est sensiblement celle d'un cercle de 13 kilomètres et demi de diamètre

L'observateur qui regarderait à vol d'oiseau le canton du Nouvion ne verrait guère à ses pieds que des pâturages en grande partie plantés d'arbres fruitiers, séparés par des haies vives et arrosés par plusieurs cours d'eau de peu d'importance, parce qu'ils y sont près de leur source, mais dont la direction lui montrerait immédiatement que le canton est comme assis à cheval sur le faîte d'une ligne de partage des eaux. Du côté du nord, dans le bassin de la Meuse, coule la Sambre; du côté opposé, dans le bassin de l'Oise, la fausse Sambre et le Noirieu, trois petites rivières qui prennent leur source dans la forêt.

Celle-ci marque presque exactement, par sa médiane longitudinale, la ligne de démarcation des pâturages et du peu de champs cultivés que possède encore le canton, et que l'on distingue au midi de la forêt sur Esquéhéries, Dorengt, la Neuville et quelque peu sur Boué.

C'est à l'époque du renouveau qu'il faut voir la nature à l'œuvre dans ces riants pâturages et dans cette épaisse forêt; les arbres fruitiers se chargent de fleurs que le vent détache et emporte en tourbillons de neige odorante et bigarrée; les vaches, fatiguées du triste séjour de l'étable, manifestent par leurs bonds et leurs mugissements, leur joie d'être rendues à la nature et à la liberté; on devine bientôt la richesse du pays dans ces mamelles gonflées de lait et dans ces génisses déjà grassouillettes que le propriétaire destine à la boucherie.

Les villages septentrionaux se cachent et se perdent comme dans une autre forêt d'arbres fleuris, et ne s'accusent guère que par la flèche aiguë de leurs clochers. Quant au Nouvion lui-même, il offre l'aspect charmant d'une petite ville bien au large; on n'y remarque pas cet entassement de maisons des villes ordinaires; ses quatre grandes rues convergentes et reliées entre elles par une série elliptique de rues nouvelles, présentent un ensemble symétrique parfaitement ordonné.

Semblable à une bordure semi-circulaire, la forêt s'étend du levant au couchant où elle semble fuir, en présentant à l'œil des aspects variés : sur certains points, épargnée depuis longtemps par la main de l'homme, elle paraît aussi vieille, aussi imposante que le temps dont elle est l'œuvre, couverte de chênes plusieurs fois séculaires et de hêtres lisses à l'épais feuillage ; sur d'autres, où la hache a passé tout récemment, elle repousse jeune et riante dans sa sève éternelle et qui ne se lasse jamais de reproduire, nouveau monde sorti des débris de l'ancien, frais taillis, demeure ombragée des oiseaux.

Puis, pour que rien ne manque au tableau, sur le bord de la forêt qui regarde Le Nouvion, s'élève comme une villa que l'on appelle le Château, quoique cette habitation, trop grande pour une villa, soit trop petite pour être un château. Des charmilles, un petit lac, des promenades sous les routes ombreuses de la forêt contrastent agréablement avec la sauvage rudesse des alentours, et l'on ne sait ce que l'on doit le plus admirer de la nature abrupte et primitive ou du travail de l'homme.

Population. — La population totale du canton, d'après le dernier recensement officiel, est de 11,298 habitants : c'est un peu plus de la 49ᵉ partie de celle du département. La population moyenne, pour chacune de nos dix communes, serait donc d'environ 1130 habitants. Mais il existe une telle différence entre cette moyenne et la population réelle, maximum et minimum de ces communes, qu'on ne peut faire usage de la moyenne indiquée que comme renseignement général.

Localités principales. — Le canton ne renferme qu'une seule ville, Le Nouvion, qui occupe, pour la population, le 10e rang parmi toutes celles du département ; — qu'un bourg, Esquéhéries, dont la population est de 2280 habitants. — Deux autres communes ont plus de 1000 âmes : Boué et Leschelle ; les autres localités ont de 850 à 350 habitants.

Orographie. — La surface du sol ne présente que de légères ondulations formées par quatre petites vallées se diririgeant toutes de l'est à l'ouest : celle de la Sambre, au nord (versant de la Meuse), celles de l'Ancienne-Sambre et du Noirieu (versant de l'Oise), dans la partie moyenne, et enfin, celle de l'Iron ou rivière de Lechelle au sud (versant de l'Oise).

Il existe entre ces quatre vallées plusieurs plateaux assez remarquables :

Celui de Saint-Pierre, situé sur les territoires de Fesmy et Le Sart, entre la Sambre et le ruisseau de Saint-Pierre. Il est compris tout entier dans le bassin de la mer du Nord, versant de la Meuse.

Le plateau de Malassise, section du Nouvion, le plus étendu de tous, séparant les vallées de la Sambre et de l'Ancienne-Sambre ; c'est l'un des points culminants du canton, et il y forme l'extrême limite nord de la chaîne des Ardennes (A) qui sépare les deux grands bassins de la Seine et de la mer du Nord.

Le plateau du Grand-Foucommé, entre l'Ancienne-Sambre et le Noirieu, et celui de la ferme de Ribeaufontaine, séparant les deux vallées du Noirieu et de l'Iron. Ces trois derniers plateaux font partie du bassin de la Seine.

La culture des céréales, dans le canton, reste à peu près exclusive aux plateaux du Grand-Foucommé et Ribeaufontaine.

On remarque que l'attitude décroit sensiblement du midi au nord du canton. Les points les plus élevés se montrent sur les plateaux de Ribeaufontaine et du Grand-Foucommé, où ils sont cotés à 170 mètres au-dessus du niveau de la mer. Notons, malgré cela, que le lit de l'Iron, à l'extrême sud du canton, ne se trouve plus qu'à 100 mètres environ au-dessus de ce niveau.

Hydrographie du canton. — Nous venons de voir qu'au point de vue hydrographique, le canton du Nouvion appartient à deux bassins différents : à celui de la Seine dans la partie sud, par le versant de l'Oise, et dans la partie nord, au bassin de la mer du Nord, par le versant de la Meuse.

Le bassin de l'Oise se divise en cinq vallées principales : la vallée propre ou centrale de l'Oise ; celle du Noirieu, qui relève de sa région de droite, et les vallées du Ton, de la Serre et de la Lette, qui relèvent de sa région de gauche.

Vallée du Noirieu. — Considérée dans son ensemble, c'est-à-dire avec tous les vallons qui en relèvent, cette vallée se développe sur une longueur de 28 kilomètres environ et a une largeur de 8 kilomètres à peu près au pied du versant. Elle s'ouvre dans la forêt du Nouvion, se dirige d'abord de l'est à l'ouest, puis s'incline vers le sud-ouest, jusqu'à sa chute dans la vallée centrale, en empruntant la moitié à peu près du canton du Nouvion et une très-petite partie, de l'est au sud, de celui de Wassigny. Cette vallée, qui est longée, dans presque toute son étendue, par le canal de la Sambre à l'Oise, offre quelques pâturages sur les bords de la rivière, mais les céréales y sont d'une importance très-secondaire.

Les vallons ou vaux dépendant de la vallée du Noirieu sont celui de l'ancienne Sambre, qui se rattache à la rive droite du Noirieu, et celui de l'Iron, s'y rattachant par la rive gauche.

Vallée de la Sambre. — La vallée de la Sambre n'a que son ouverture dans le canton ; sa largeur, prise au pied du versant, est d'environ 26 kilomètres ; elle absorbe un tiers à peu près du canton de La Capelle, un sixième de celui du Nouvion et une faible portion de l'extrémité nord de celui de Wassigniy. De beaux bois (forêt de Mormal et partie de celle du Nouvion) couvrent cette vallée à sa naissance, et plusieurs cours d'eau qui viennent se réunir à la Sambre, dans le nord notamment, fertilisent les prairies naturelles de cette vallée qui donne d'excellents et nombreux pâturages.

Cours d'eau. — Le canton ne possède aucun cours d'eau remarquable que la Sambre qui y prend sa source ; les autres n'y sont, à proprement parler, que des ruisseaux ne rendant à l'industrie que de faibles services.

Ces cours d'eau sont :

1º Versant de la Meuse.

La **Sambre** (Sabim des commentaires). Elle prend sa source sur le territoire de Fontenelle, en un lieudit la Haie-Equiverlesse, portion défrichée de la forêt du Nouvion ; passe au hameau de Beaucamp, où elle prend le nom de Ruisseau de France, et sert de limite aux départements de l'Aisne et du Nord, sur une étendue d'environ 3 kilomètres ; traverse le hameau de Lalouzy, les villages de Barzy et de Bergues, et va couper le canal de jonction de la Sambre à l'Oise à mi-chemin des villages de Fesmy et d'Oisy, sans avoir activé aucune usine (B). Le cours de la Sambre dans le canton est de 11 kilomètres.

Affluents de la Sambre. — La Sambre reçoit sur sa rive droite les deux ruisseaux de Saint-Pierre et de l'Autreppe, qui arrosent les territoires du Sart et de Fesmy, sur la rive gauche, le Ru de Lalouzy et quelques autres ruisselets peu importants.

2ment **Versant de l'Oise.**

1° L'Ancienne-Sambre, qui prend sa source dans la forêt, au-dessous du Garmouzet (fontaine Malerme) et au lieudit le Chevalet; elle alimente la verrerie du Garmouzet-Nouvion, active le moulin de Marlemperche, la filature du Nouvion, les moulins du hameau dit le Moulin-Lointain, le moulin de Boué, et entre dans le canton de Wassigny au lieudit Le Gard, dépendance d'Étreux, où elle commence à donner ses eaux au canal de jonction de la Sambre à l'Oise. L'Ancienne-Sambre arrose le canton sur une étendue de 16 kilomètres.

Affluents de l'Ancienne-Sambre. — Cette rivière reçoit sur sa rive droite plusieurs ruisseaux dont les principaux sont : le Waquart, au Moulin-Lointain, l'Errésy et le Vannois, sur le territoire de Boué; — sur la rive gauche, quelques autres dont le plus important est le Ru qui alimente l'étang du château de la société Seillière au Nouvion.

2° Le Noirieu (Niger rivus), (C) sortant aussi de la forêt du Nouvion, au lieudit la Haie-Payenne; il arrose Sarrois, Esquéheries, Dorengt, La Neuville, et va se jeter dans l'Oise à Vadencourt (Guise), après avoir activé six moulins à farine. Son parcours dans le canton est d'environ 15 kilomètres.

Affluents du Noirieu. — Ils sont nombreux dans la forêt, mais sans importance; les principaux sont, par la rive droite, le Ru de la Porte-Bernier, et celui de la Petite-Rue (Esquéhéries); et par la rive gauche, le Ru de la Fontaine-sans-Fond.

3° L'**Iron**, ou rivière de Leschelle, entrant dans le canton au hameau de la Rue des Halliers; il arrose le village de Leschelle où il reçoit le Ruisseau de Le Val, et après avoir activé trois moulins à farine, entre dans le canton de Guise, près de la commune de Lavaqueresse. Il parcourt dans le canton environ 8 kilomètres.

On pêche dans nos petites rivières, l'anguille, la carpe, la perche, le meunier, le goujon, l'ablette et la rose de fond.

L'écrevisse de l'Iron est particulièrement recherchée.

Canal. — Le canal de jonction de la Sambre à l'Oise traverse l'extrémité sud-ouest du territoire de Fesmy, sur un parcours d'environ 900 mètres. Il est destiné à faciliter sur Paris le transport des marchandises venant de Liége et de Namur, et qui remontent la Meuse, ainsi que celui des marchandises qui se dirigent sur Bruxelles par Charleroi. Ce canal suit la vallée de l'Oise jusqu'à Vadencourt, suit et coupe à plusieurs reprises la petite rivière du Noirieu, et gagne à Oisy et Fesmy la vallée de la Sambre. Sa longueur dans le département de l'Aisne est de 58 kilomètres. Il passe à La Fère, Travecy, Moy, Proix, Bohéries, Vadencourt, Verly, Tupigny, Vénérolles, Étreux, Oisy et Fresmy. Son parcours dans notre canton est d'environ un kilomètre (D).

Routes et Chemins. — Les voies naturelles de communication sont en général indiquées par la direction des vallées. Le pied des collines et arrrière-collines qui encaissent les cours d'eaux et les berges des rivières et canaux sont choisis, autant que possible, pour asseoir les routes et les chemins. Toutefois, la situation du pays, du chef-lieu ou des centres industriels influe sur ces données principales. Dans le canton, la plupart des routes et chemins convergent sur le Nouvion qui en occupe la position centrale.

Notre canton est sillonné par d'excellentes voies de communication qui, sous le nom de routes nationales, routes de grande communication, lignes vicinales, rendent les rapports, dans toutes les directions, excessivement faciles. Ces voies ont un autre avantage : elles contribuent à assainir sur leurs parcours les localités qu'elles traversent; en effet, pour les établir, les rues sont élargies et l'écoulement des eaux rendu plus praticable. Peu à peu, on y élève des constructions nouvelles qui remplacent les anciennes chaumières, où l'air et la lumière ne pénétraient qu'avec tant de difficulté (E).

1ᵐᵉⁿᵗ ROUTES NATIONALES.

Trois grandes routes traversent le canton du Nouvion :

1° Route nationale de 3ᵉ classe, de Montreuil-sur-Mer à Mézières. — Cette route est classée sous le N° 39. Elle coupe le canton vers la région moyenne dans la direction de l'ouest à l'est et entre dans l'Aisne à Fesmy; traverse la forêt du Nouvion, les routes Nᵒˢ 30 et 2, qui se bifurquent avec elle à La Capelle, et entre dans les Ardennes à Auge (Ardennes); elle a une longueur de 49 kilomètres. Elle passe à Bellevue (Tambour). Hirson, Mondrepuis, La Capelle, Le Nouvion, Bergues et Fesmy, et va s'embrancher au hameau du Chapeau-Rouge avec la route N° 45, de Marle à Valenciennes.

2° Route nationale de 3° classe de Rouen à La Capelle. — Cette route, classée sous le N° 30, passe à l'extrémité sud et à un kilomètre du centre du village de Leschelle, où se trouve un relai de poste. Elle entre sur le territoire de l'Aisne à Villers-Saint-Cristophe (Saint-Simon), se dirige du sud-ouest au nord-est jusqu'à Saint-Quentin, puis de l'ouest à l'est jusque Origny-Sainte-Benoîte, et enfin du sud-ouest au nord-est jusqu'à La Capelle, où elle se confond avec la route nationale N° 2.

Cette route traverse la Somme, le Canal de Crozat l'Oise et le canal de la Sambre à l'Oise, puis une seconde fois cette rivière à Guise. Sa longueur est d'environ 66 kilomètres.

Elle passe à Villers-Saint-Christophe, Douchy, Roupy, Saint-Quentin, Harly, Homblières, Marcy, Origny-Sainte-Benoîte, Mont-d'Origny, Jonqueuse, Guise, Villers-lès-Guise, Leschelle et Buironfosse.

3° Route nationale de 3° classe, de Marle à Valenciennes et à Tournai (Belgique). — Cette route est classée sous le N° 45. Elle passe au nord-ouest du canton du Nouvion, au hameau de Sans-Fond, dépendant de Fesmy, et va s'embrancher avec celle N° 39, au hameau du Chapeau-Rouge, situé à la limite des départements de l'Aisne et du Nord. Cette route traverse l'Oise à Guise et le canal de l'Oise à la Sambre, à Étreux et à sa sortie du département, territoire de Fesmy. Son développement est de 38 kilomètres.

Elle passe à Béhaine (Marle), Le Hérie, la Bretagne (Puisieux), Louvry (Audigny), Guise, Lesquielles-Saint-Germain, Vénérolles, Étreux, Oisy et Fesmy.

2ment ROUTES DE GRANDE COMMUNICATION.

Aucune route départementale ne traverse le canton. mais il est sillonné dans toutes les directions par de nombreuses voies de grande communication.

Ce sont :

1º La route de grande communication Nº 14, d'Étreux à La Capelle, qu passe par Le Gard, Le Grand-Foucommé (La Neuville), Esquéhéries et joint la route de grande communication Nº 32 au Grand-Wé. Son parcours est de 9 kilomètres et demi.

2º La route Nº 32, de Sains-Richaumont à Landrecies, passant à Richaumont, Le Sourd, La Rue Guttin, Gomont, Marly, Chigny, Leschelle, Le Grand-Wé, Sarrois, Le Pot-Sale, Le Nouvion, Lalouzy et La Justice. Elle gagne le Nord à Prisches, après un parcours de 29 kilomètres.

3º La route Nº 33, du Nouvion à Étrœungt; elle passe à Marlemperche, au Garmouzet, à Fontenelle, où elle se joint au chemin d'intérêt commun de Floyon à Étrœungt (Nord). Longueur : 5 kilomètres 7 hectomètres.

4º La route Nº 72, de Bohain à Avesnes; elle traverse la forêt d'Andigny, passe à Wassigny, longe la ferme de l'Arrouaise, coupe la route nationale Nº 45 et le canal de la Sambre et Oise à Oisy, passe au Robizeux, à Bergues où elle se confond, sur un parcours de 1500 mètres avec la route nationale Nº 39; se dirige ensuite sur Barzy par la Carrière-Étreux de Bas, traverse la Sambre en quittant Barzy, gagne Lalouzy-Hainaut où elle coupe la route N° 32, et arrive à l'Horty, où elle se soude au chemin d'intérêt commun gagnant Avesnes par Beaurepaire et Cartignies (Nord).

5° **La route N° 73, de Wassigny au Nouvion**, qui passe à Étreux, où elle traverse la route nationale N° 15, emprunte la route N° 14 sur un parcours de 2 kilomètres, gagne le Gard ou elle traverse le canal, Boué, La Folie, Le Moulin-Lointain et Le Nouvion. Son parcours est de 12 kilomètres 2 hectomètres.

3ment LIGNES VICINALES DE MOYENNE COMMUNICATION.
(Chemin d'intérêt commun).

Les lignes vicinales de moyenne communication qui traversent le canton du Nouvion sont au nombre de 3, savoir :

1° **La ligne vicinale de moyenne communication N° 20 de Guise à Avesnes.** — Elle prend son origine à la route nationale N° 45, entre Lesquielles-Saint-Germain et Iron, au lieudit la *Maison-Rouge*, passe par Iron, où elle traverse la rivière de ce nom *(Gravier-Bourgeois)*; Dorengt, où elle coupe le Noirieu; sépare, sur environ 400 mètres, les communes de Dorengt et de La Neuville, puis se dirige sur Esquéhéries par les hameaux du Ratentout et du Pré-Cailloux ; traverse la route N° 14 à Esquéhéries, remonte la Planchette, la Petite-Rue et joint la route N° 32 au Pot-Sale; emprunte cette route sur environ 2600 mètres, s'en sépare en face de la rue de l'Église, au Nouvion, pour joindre la route nationale N° 39 en haut de la rue du Moulin; se confond avec cette dernière sur un espace de 300 mètres, gagne Beaucamp et la limite du Nord au ruisseau de France (La Sambre), et se joint à la ligne vicinale qui traverse le village de Beaurepaire pour gagner

Avesnes par Cartignies. Longueur du parcours : 16 kilomètres 4 hectomètres.

Embranchement. — Cette ligne a un embranchement dont l'origine est entre Iron et Dorengt; il se dirige sur La Neuville où il coupe le Noirieu, gagne le hameau de la Junière où il traverse la route N° 14; gagne la rue de la Nation à Boué, ou il joint la route N° 73; emprunte cette route sur un parcours d'environ 800 mètres, traverse le village de Boué, se dirige sur Bergues où il aboutit à la route nationale N° 3J, en face de la route de grande communication N° 72. Cet embranchement se développe sur une longueur de 7 kilomètres.

2° La Ligne N° 21 d'Étreux à Buironfosse. — Elle commence à la route nationale N° 45, à Étreux, passe à La Neuville, à Dorengt, où elle joint la ligne vicinale N° 20; suit cette ligne jusqu'à sa rencontre avec la route N° 14, à Esquéhéries, sur un parcours d'environ 5 kilomètres, se confond avec cette dernière sur un trajet de 2600 mètres pour joindre la route N° 32 au Grand-Wé; suit cette dernière sur un espace de 150 mètres, reprend son nom et se dirige sur Buironfosse par les hameaux du Tilleul et de Dohis, traverse l'Iron à sa naissance, vers le moulin de Buironfosse, et se termine à la route nationale N° 30, en face du chemin du Boujon. Sa longueur est d'environ 8 kilomètres.

3° La ligne N° 39 de Fesmy à Prisches. — Cette ligne part de la route nationale N° 45, près l'ancienne abbaye de Fesmy; traverse ce village par la rue du Calvaire, coupe la route nationale N° 30 au lieudit la Viéville (Maison Gauguier), et de là gagne le hameau de Robert-le-Maître, passe à la Cambotte, à Zobeau, au Sart, ou elle se soude au chemin de Prisches, près du calvaire, après un parcours de 6 kilomètres 2 hectomètres.

4^{ment} CHEMINS VICINAUX.

Outre celles que nous venons de décrire, il y a encore dans le canton de nombreuses voies connues sous la désignation de *chemins vicinaux*. Ce sont ceux que chaque commune construit et entretient sur son territoire pour le service de l'agriculture ou pour faciliter ses relations avec les communes avoisinantes.

On en compte 23 dans le canton, presque tous entièrement construits. Nous en donnons la description dans la troisième partie de l'ouvrage. (Voir Notices monographiques).

Ligne télégraphique. — Le canton du Nouvion est traversé, dans l'extrémité de sa partie ouest, par un tronçon de ligne télégraphique portant le N° 42 et reliant Le Nouvion et Étreux au bureau limité établi à Guise, lequel fait partie de la région divisionnaire du Nord. (Voir 3e Partie, bureau télégraphique du Nouvion).

II
HISTOIRE NATURELLE.

Géologie. — Le sol du canton du Nouvion, comme celui de toute la région nord du département, atteste une constitution géologique sous-marine et paraît appartenir à la période tertiaire (F).

Si à partir du sommet de nos plateaux jusqu'à la plus grande profondeur ou l'on soit parvenu au fond des vallées qui les séparent, on examine la nature des diverses couches qui constituent ces plateaux et ces vallées, on reconnaîtra généralement sous une couche de terre végétale dont l'épaisseur varie de 0^m25 à 0^m70 :

1° Un banc d'alluvions anciennes d'une épaisseur moyenne de 2 à 5 mètres ;

2° Une couche de marnes bleues d'une épaisseur et d'un niveau très-variables (1) ;

3° Enfin, au-dessous des précédentes couches superposées, le diluvium constituant le fond des vallées.

Dans les cantons du Nouvion et de La Capelle, l'alluvion ancienne renferme, outre les silex brisés, mais non roulés, de la craie (marne) et des amas subordonnés de sable glauconnieux avec des silex verts roulés.

Ce banc, superposé au dépôt de cailloux roulés diluviens, forme le premier niveau d'eau de la région. Les sources de la Sambre, de l'Ancienne-Sambre, du Noirieu et de l'Iron, toutes celles qui sortent des forêts du Nouvion et du Regnaval, et enfin plusieurs des

---

(1) Cette couche a été trouvée au Nouvion d'une épaisseur de 30 à 35 mètres sur la rive gauche de l'Ancienne-Sambre, lors du forage de plusieurs puits artésiens.

cours d'eau qui descendent directement au sud ont leur origine dans ce dépôt. Toutefois, dans le canton du Nouvion, la partie inférieure offre quelques accidents particuliers qui doivent être étudiés avec d'autant plus de soin, que, vus superficiellement, ils conduiraient à des conséquences erronées.

A la sortie de La Capelle, sur la route de Buironfosse à Leschelle, les silex de l'alluvion ancienne sont empâtés dans une terre rougeâtre (Sablière de la Rue-des-Halliers, au-dessus de Leschelle) couverte d'un sable glauconnieux de 2 à 3 mètres ; dépôt très ferrugineux vers le haut en passant aux glaises panachées de l'alluvion ancienne.

On pourrait croire que ces sables sont en place si, vers la route, les silex non roulés, mais brisés, et les silex verts, ne sortaient de dessous ces mêmes sables, pour se prolonger ensuite des deux côtés de la vallée jusqu'à Buironfosse.

A la briqueterie de M. Bombart-Loiseau, chemin de Malassise, alluvion (6 mètres d'épaisseur). Le sable paraît plus continu au Moulin-Lointain et se rencontre aussi dans plusieurs endroits sur la rive droite de l'Ancienne-Sambre et dans la forêt.

Toutes ces veines irrégulières de sables appartiennent, comme les glaises et les silex, à l'alluvion ancienne qui les recouvre toujours et à laquelle elles se lient de la manière la plus intime ; seulement, sur cette limite de la formation crétacée, le sable glauconnieux tertiaire remanié avec les silex verts roulés qu'il renferme souvent à la base, se sera déposé en même temps que les silex non roulés et les glaises. Dans les cantons de La Capelle et du Nouvion, aucune couche tertiaire n'est en place.

La partie argileuse du département, plus puissante et plus continue dans ces mêmes cantons que partout ailleurs, forme un niveau d'eau à un mètre et demi seulement au-dessous de la surface du sol; aussi, dans chaque enclos où l'on engraisse les sujets de la race bovine, suffit-il de creuser une tranchée avec rampe à cette faible profondeur pour en faire une fosse servant d'abreuvoir.

Les glaises ou marnes bleues abondent dans nos parages et semblent former l'étage inférieur de nos formations explorées.

A Etreux, elles se montrent au fond de la vallée du Noirieu; et autour du village d'Oisy, elles occupent celui de la vallée de la Sambre.

Elles affleurent, au Nouvion, au bas d'un escarpement longeant la rive gauche de l'Ancienne-Sambre, et fournissent une excellente pâte pour la fabrication des tuiles, mitres, tuyaux de drainage et autres poteries. Ces marnes, le plus ordinairement sans solidité et sans stratification, acquièrent parfois un certain degré de dureté qui permet de les employer pour la bâtisse.

Si l'on remarque le peu de distance à laquelle la couche aquifère se trouve de la surface du sol, dans tout l'arrondissement de Vervins, et que presque toutes les sources qui y prennent naissance sont dans les bois, on sera porté à croire qu'il y a une relation intime entre l'existence des premières et celle des seconds. En effet, dans notre contrée, il pleut davantage que dans les autres; par suite de l'influence de ces mêmes bois, l'évaporation y est aussi plus faible et l'humidité plus constante.

On peut donc penser que si les forêts du Nouvion,

du Regnaval, de Saint-Michel, d'Aubenton, etc., venaient à être abattues, les sources qui en sortent seraient moins abondantes et que plusieurs d'entre elles en seraient peut-être taries (1).

Productions minérales. — D'après l'exposé qui précède, il est facile de juger que notre contrée n'est pas un pays à mines; elle n'en a ni l'aspect ni les caractères. Ce n'est donc pas du regne minéral qu'il faut attendre, dans nos parages, des sources de richesse; c'est à la superficie que la nature les offre à nos proprietaires-herbagers, et c'est par l'étude et l'application des bonnes methodes qu'il faut chercher à les mettre en valeur. Si notre sol est parfois exploré, c'est principalement pour l'extraction de celles des substances minérales qui peuvent servir à l'amelioration de l'agriculture et aux besoins de l'industrie. Les excellentes terres argileuses, propres à la fabrication des briques et carreaux, des tuiles, des drains et autres poteries; les carrières de moellons et de sable, fournissent en effet des ressources journellement utilisées.

Productions animales. — La faune du canton du Nouvion, comme celle de tout le département de l'Aisne, n'offre aux recherches de l'amateur rien de particulier et ne diffère pas sensiblement de celle de Paris. Aussi, n'avons-nous guère à nous occuper ici que des animaux domestiques ou qui ont rapport à la culture.

Les animaux domestiques ont une grande importance dans l'exploitation du domaine agricole. Une partie d'entre eux suppléent par leur force à la force humaine; ils labourent la terre et transportent les

---

(1) M. d'Archiac, géologie du département de l'Aisne

récoltes ; une autre partie servent à notre nourriture par leur chair et par leur lait; tous procurent à la ferme une masse considérable d'engrais. La plupart fournissent aux arts et à l'industrie des matières premières fort importantes.

Les bestiaux peuvent être considérés, à un certain point de vue, comme chargés de transformer en produits utiles des objets dont nous ne tirerions aucun parti. Ainsi, l'herbe et le foin de nos pâtures, la paille des céréales ne peuvent nous servir à nous-mêmes; nous les faisons consommer par nos chevaux, nos bœufs, nos ânes, qui nous donnent de la force; par nos vaches, qui nous fournissent leur lait, leur chair, ainsi que la chair de leurs veaux; — leur peau, pour nous faire des chaussures, des malles, des objets de sellerie; tout est utile : leurs excréments mêmes sont un précieux engrais; et quand bien même ils n'auraient pas d'autre utilité que celle-là, ce serait encore un avantage immense, car point de culture sans engrais.

On comprend sous le nom d'animaux domestiques les bêtes de selle et de trait, chevaux, ânes, mulets; les bestiaux proprement dits, taureaux, bœufs, vaches; les moutons, chèvres, porcs; les animaux de basse-cour, les poules, canards, oies, dindons, lapins; il faut y ajouter les abeilles.

Chevaux. — Le nombre des chevaux est relativement restreint dans ce canton où domine la culture des herbages. On les y emploie au transport des engrais et des récoltes, au service de la canne à lait et au transport des produits de la ferme au marché. Un seul cheval suffit largement aux besoins de chaque exploitation. Ils sont généralement de la race ardennaise, moins dispendieuse d'achat et de nourriture. On fait quelques élèves à Dorengt et à La Neuville.

Le cheval de selle est très-rare dans le canton, mais on y trouve assez communément le cheval de luxe, dit *carrossier :* c'est le plus souvent le produit de la jument ardennaise du pays et d'un cheval primé.

Bœufs. — Le commerce et l'industrie du canton du Nouvion consistent principalement dans l'élève et l'engraissement des sujets de la race bovine (G). Chaque année, vers la fin de l'hiver, nos industriels tirent de la Franche-Comté et du Nivernais, de la Normandie et de la Bretagne, une quantité de bœufs maigres qu'on évalue, année moyenne, à environ 1,200 têtes, et dont s'approvisionnent les engraisseurs du pays.

La race la plus suivie, celle qui s'assimile le mieux nos herbages, est la race comtoise. Elle s'offre sous deux variétés :

1° Le bœuf dit *fémelin ;* c'est la plus ancienne race du pays. Elle a pour caractères : pelage blond, sujets moins charnus, mais viande de qualité supérieure. Le prix de revient en est aussi plus élevé. Cette variété est propre à la Haute-Saône.

2° Le comtois ordinaire, connu dans le pays sous le nom de bœuf *grivelé.* Il provient du Doubs (1) et se distingue à son poil rouge ou blanc ; il est plus fort et plus épais de viande que le fémelin. C'est un croisé du taureau suisse avec la vache comtoise et l'une de nos bonnes races françaises. On le tire généralement de Villersexel (Haute-Saône). Le bœuf grivelé vaut en maigre, année commune, de 700 à 800 fr. la paire.

---

(1) Les principaux centres de production sont Besançon, Baume-les-Dames, Clerval, Lille-sur-le-Doubs et Vercel.

Les bœufs du Nivernais et du Charollais sont supérieurs à tous ceux des autres provenances françaises, mais coûtent aussi plus cher d'acquisition. Ils reviennent en maigre, à 1,000 ou 1,200 fr. la paire; il s'en vend même jusqu'à 1,600 et 1,700 fr. Mais c'est généralement pour le travail de fabrique. Cette race se distingue par le pelage blanc de ses sujets, qui sont beaucoup plus forts que ceux de la race comtoise.

Le bœuf du Cotentin, ou bœuf rayé, est élevé de pattes et moins bien conformé que le comtois. Il est assez estimé pour la viande et la croissance. On le tire de Saint-Lô, d'Avranches, de Montebourg et de Carentan. Il vaut en maigre 1,000 à 1,100 fr. la paire.

Le bœuf breton est un diminutif de celui du Cotentin; il grossit peu. On le trouve aux environs de Rennes.

La Mayenne fournit aussi un bœuf croisé anglais à peu près de même force que le bœuf normand, dont il rappelle les formes. Il coûte plus d'acquisition que les bretons. La race mancelle (du Mans) est aussi une race inférieure qui croise généralement avec la race anglaise. Elle donne néanmoins d'assez beaux produits.

Les bœufs destinés à l'engrais sont pris de 5 à 9 ans au plus; on les paie, maigres, à raison de 60 c. le kilogramme, poids brut; le poids moyen est d'environ 600 kilogrammes. Un bœuf gras peut rendre en viande près de 56 pour cent de son poids; maigre, il ferait à peine la moitié du poids d'arrivée.

L'engraissement se fait aux pâturages et jamais on n'a recours à la stabulation. La mise en pâture a lieu généralement du 15 avril au 1ᵉʳ mai et se poursuit jusque fin d'octobre. Les sujets gras sont alors écoulés sur Saint-Quentin, Péronne, Ham, Noyon, Reims,

Épernay, le Nord et la Belgique. Cette industrie s'est implantée dans le canton il y a un demi-siècle, à la suite de la conversion du sol arable en pâturages.

Vaches. — Le choix de la race était pour le pays une question de première importance. Après divers essais, nos herbagers s'en tiennent, depuis plusieurs années, à la vache du pays, dite vache picarde, provenant de différents croisements des races flamande et normande. C'est une excellente laitière. Elle est aussi très-précoce pour l'engrais, et sous ce rapport, la boucherie l'estime 10 c. plus cher au kilogramme que les sujets des autres provenances.

Nos meilleures laitières rendent pendant cinq mois un litre de lait par quantité de nourriture (en vert) équivalant à 1 kilogramme de foin. Ensuite, leur lait diminue peu à peu, mais elles peuvent encore être traites six semaines avant une nouvelle mise bas. On reconnaît les bonnes vaches à lait aux caractères suivants : tête sèche et cou mince, parties postérieures du corps très-développées, poil fin et peau souple, notamment aux mamelles; veines qui aboutissent à ses organes, très-apparentes; pis ample, rosace au bas des fesses et écusson (légère touffe de poils) à la partie supérieure du pis.

Les vaches nouvellement vêlées donnent de 16 à 20 litres de lait par jour; mais cette quantité s'élève graduellement jusqu'à 25 litres et plus. On trait trois fois le jour : le matin, des quatre heures l'été, à midi et le soir.

Une bonne laitière se vend, année commune, de 250 à 400 fr.; une bonne lunière (vache qui a cessé de produire), de 300 à 350 fr.; et lorsqu'elle est grasse, de 450 à 500 fr.

Un bon taureau de deux à trois ans vaudrait de 200 à 250 fr. Pour celui-ci, on tient surtout aux formes extérieures : tête courte, front large, yeux saillants et petites cornes. On trouve dans le canton le taureau dit du pays, le taureau flamand et le normand.

Il est d'usage de faire servir le taureau dès l'âge de un an ou quinze mois; c'est un abus signalé par les agronomes, qui prescrivent d'attendre l'âge de dix-huit mois à deux ans.

Les vaches commencent à mettre bas vers la fin de février ou le commencement de mars; les veaux les plus forts et les mieux conformés, sont élevés, génisses ou taurillons; les autres sont nourris de trois à huit jours, quinze au plus, et livrés à la boucherie. Ils se vendent généralement, savoir : un veau de trois jours, de 12 à 15 fr.; de huit jours, 25 à 30 fr.; s'il a quinze jours, de 35 à 40 fr. La moyenne annuelle du prix varie de 60 c. à 1 fr. le kilogramme.

Porcs. — L'arrondissement de Vervins est le seul du département où l'on engraisse les porcs pour en faire un objet d'exportation. Il est vrai que cette exportation, peu considérable par elle-même, est encore subordonnée au plus ou moins de succès de la récolte des seigles et surtout de la culture herbagère, qui fait cette industrie en grand (H).

La race aujourd'hui préférée de nos propriétaires, mais non des charcutiers, est la boulonnaise ou artésienne, dont les sujets arrivent plus tôt au gras. Elle a pour caractère : soie courte et rare, pattes moyennes, oreilles et queues petites. Bien nourri jusqu'à six mois, le porc boulonnais donne de 70 à 80 kilogrammes de viande.

D'autres espèces s'engraissent encore dans le canton;

1° Le grand porc français, haut de pattes, avec soie longue et serrée, oreilles moyennes et grosse queue. Sa viande, blanche et succulente, est très-recherchée des charcutiers. Il coûte plus à engraisser que le boulonnais et n'arrive à la boucherie que vers huit mois ou un an. Poussée plus longtemps, cette espèce fournit des sujets à taille énorme et pouvant atteindre un poids de 2 à 300 kilogrammes.

2° Le bâtard, provenant d'un croisement anglo-français. C'est un cochon court, avec tête petite, ventre fort, pattes menues et courtes, queue petite et fine. Il donne une viande de qualité moyenne et graisse assez facilement.

3° Le vrai croisé aux soies longues et abondantes. Il vient d'un croisement du bâtard avec le boulonnais et donne un bon produit. Sa viande est presque aussi recherchée que celle du cochon français.

Une autre espèce, qui a presque disparue du pays, est celle du porc dit *marcassin*. C'est un cochon noir, de race anglo-chinoise, introduit dans nos contrées en 1822; il donne une viande de bonne qualité, mais trop grasse. Oreilles et pattes très-petites, facile à engraisser. A 100 kilogrammes, le lard de cette espèce mesure 15 à 20 c. d'épaisseur.

Conservée pure ou croisée avec celle du pays, cette espèce offrait de grands avantages. Ses sujets engraissent facilement et atteignent le terme de leur croissance plus promptement que ceux des autres espèces, dont il peut partager la nourriture en plus petite quantité. On paraît l'avoir abandonné dans le canton à cause du peu de viande qu'on en tirait.

On élève très-peu le porc dans le canton du Nouvion; ceux qui y sont engraissés sont tirés en majeure partie des Ardennes, des Flandres et du Pas-de-Calais ; on les prend généralement à l'âge de deux à trois mois et on les livre au commerce vers l'âge de six à huit mois ou un an. Année commune, le porc de deux à trois mois est acheté 20 fr. ; graissé et vendu à six ou huit mois, il rapporte une valeur de 80 à 90 fr.

Dans nos pays d'herbages, on nourrit un porc de la manière suivante :

De 2 à 3 mois, petit lait, autrement dit lait clair ; de 3 à 5, son et rebulet avec petit lait ; le reste du temps de la graisse et surtout vers septembre et octobre, même nourriture à laquelle on ajoute de la farine de seigle additionnée de laitage. En fin d'année, on y joint la pomme de terre pour achever de mettre le sujet en état. On engraisse peu ou point durant l'hiver.

On tue généralement de six mois à un an. Le boulonnais pris à dix-huit mois donne un poids de 150 kilogrammes ; — à deux ans, le français pèserait 200 kilogrammes ; — le vrai croisé, de 170 à 200 kilogrammes ; mais le marcassin atteindrait à peine ce chiffre. Le porc frais vaut, depuis quelques années, de 80 c. à 1 fr. le demi-kilogramme au détail.

Epizooties. — Les épizooties sont assez rares dans le canton du Nouvion, et celles qui, à diverses époques, se sont manifestées dans le pays, ont presque toujours été occasionnées par des communications extérieures.

La contagion qui fut si meurtrière en 1814 et 1815, provenait du contact d'animaux malsains amenés du dehors, et de la nécessité de les cacher en des lieux privés d'air et où la nourriture ne pouvait leur être fournie régulièrement. De nos jours, des évènements analogues ont amené des conséquences semblables :

le typhus qui décima nos espèces bovines et porcines de l'est et du nord de la France en 1870-71, ne s'est déclaré qu'à la suite de l'invasion allemande. Grâce aux soins vigilants de nos administrations locales, le canton du Nouvion n'a eu aucune perte à déplorer pendant la durée de cette dernière épizootie.

Ce qui contribue souvent à altérer la constitution des vaches, c'est la construction vicieuse des étables. Si l'on excepte celles qu'on remarque aujourd'hui dans les exploitations bien tenues, il n'est que trop ordinaire de voir ces animaux, pendant la stabulation d'hiver, placés au-dessous du niveau des cours où les eaux n'ont point l'écoulement suffisant.

Les maladies auxquelles les bêtes à cornes sont parfois sujettes dans le canton sont : les météorisations ou indigestions, la pomelière ou la toux, les fièvres charbonneuses et inflammatoires, la pneumonie et l'ophthalmie ou inflammation des yeux. Une nourriture peu abondante ou de mauvaise qualité, le défaut d'air, la malpropreté des étables, une eau de mare bourbeuse ou corrompue sont les principales causes de ces maladies.

Volailles. — Dans quelques communes du canton, on élève des dindons, des oies et des canards qui se consomment généralement sur les lieux ; les poules ordinaires, celles surtout de l'espèce dite cochinchinoise y sont très-communes ; aussi quantité d'œufs se débitent sur les foires et marchés du Nouvion.

Abeilles. — L'éducation des abeilles n'est point l'objet d'une spéculation sérieuse. Le miel est de bonne qualité et se consomme en totalité dans le pays.

Gibier. — Le gibier est assez rare dans nos parages. Si l'on en excepte les plateaux de Ribeaufontaine et du

Grand-Foucommé, où se rencontrent le lièvre et la perdrix, la forêt du Nouvion, où abondent le lièvre et le lapin sauvage, on ne chasse guère, dans la région herbagère du canton, que quelques rares pièces de gibier.

Les approches de l'hiver amènent régulièrement les oiseaux aquatiques du nord ; ils ne séjournent que peu dans nos contrées. Le voisinage des Ardennes et de la Belgique amène aussi quantité de bécasses qui retournent au mois d'avril dans ces mêmes contrées.

Animaux nuisibles. — Le sanglier, qui peuplait autrefois la forêt, y est devenu très-rare depuis quelques années, et le loup se rencontre peu aujourd'hui (1). Mais le renard, la fouine, le putois ne sont que trop communs ; le blaireau est plus rare.

Les couleuvres proprement dites sont également assez rares dans le canton. On n'en rencontre que dans la forêt et sur le bord des étangs qui alimentent les usines. Elles sont inoffensives.

La vipère existe aussi dans certains triages de la forêt où la température se maintient assez douce. Il est difficile de savoir, de prime-abord, si l'on a affaire à une vipère ou à une couleuvre. Celle-ci a de 60 à 70 centimètres de long ; la vipère de 40 à 50 au plus. Lorsqu'on examine une vipère après sa mort, on reconnaît ses crochets à venin implantés sur des espèces de tubercules et repliés sur la gencive. On n'a cependant jamais entendu dire que la présence de ce reptile ait occasionné des accidents dans le pays.

On peut encore citer les crapauds et les salamandres dont la peau sécrète, lorsqu'ils sont tourmentés, une liqueur âcre et venimeuse (1).

---

(1) Aug. Penant, Top. méd. de l'arrondissement de Vervins.

Recensement du bétail. — La statistique officielle de 1866 a donné, pour le canton du Nouvion, les chiffres suivants :

Chevaux entiers et hongres	260
Juments	394
Poulins et pouliches	184
Anons, ânes, ânesses	250
Bœufs à l'engrais	1,120
Vaches laitières et autres	5,171
Veaux de l'année	889
Bouvillons, taurillons et génisses	1,602
Taureaux d'âges divers	83
Nombre de têtes	9,953
représentant une valeur totale de	2,500,000 fr.
et donnant un revenu annuel de	950,000

Consommation de la viande. — La quantité de bestiaux de toute sorte consommés dans le canton est, année commune, d'environ 1,000 têtes, donnant en viande un poids de 91,300 kilogrammes, et représentant une valeur de 104,340 fr. La consommation des autres viandes n'est pas appréciable.

Productions végétales. — C'est surtout en parcourant les bois et les forêts que l'on peut apprécier la flore particulière à une contrée. L'arrondissement de Vervins mérite à cet égard d'attirer l'attention du naturaliste qui désire connaître la distribution géographique des plantes dans le nord de la France. La végétation offre en effet dans ces parages de notables différences avec celle des environs de Paris, et la Thiérache, en particulier, possède des plantes qui lui sont propres ou qui deviennent assez rares autour de Laon et dans les Ardennes.

Nous pouvons citer notamment :

L'*ellébore vert*, qui croît dans nos bois et forêts ; — le *tussilage pétasite*, qui étend ses larges feuilles au-dessus des eaux limpides qui traversent nos prairies ; — la *renouée bistorte*, qui foisonne dans les bois sujets aux inondations ; — les *dorines* à feuilles alternes et à feuilles opposées ; — la *scrophulaire* aquatique ; — la *lysimaque* des bois ; — le *sureau à grappes* ; — le *séneçon sarrasin* ; — la *clandestine* écailleuse ; — la *belladone* ; la *pyrolle à feuilles rondes* ; — la *digitale pourprée* ; — l'*alchimille commune* ; — la *raiponce en épi* et quelques autres moins bien connues.

On cite encore comme croissant spontanément au Nouvion et aux environs :

1° Parmi les **renonculacées** :

La *clématite des haies* (CLEMATIS VITALBA) ou herbe aux gueux (1), arbrisseau grimpant que l'on cultive pour ses jolies fleurs ; — la *grande douve* (RANUNCULUS LINGUA), qui croît dans les parties humides de la forêt ; — la *serratule* aux feuilles dentelées ; — la *scélérate* (R. SCELERATUS), que l'on trouve dans les fossés, les mares et autres lieux humides ; — le *bassinet* (R. ARVENSIS), nom vulgaire de plusieurs espèces de renoncules, très-communes dans les pâtures et les bois ; — l'*ancolie* (AQUILEGIA VULGARIS), qui croît sur les parties montagneuses des bois ; — la *digitale pourprée*, reconnaissable à ses longs épis de grandes fleurs pourprées ; — la *mercuriale*, l'aconit napel, que l'on trouve souvent dans les jardins ; — les différentes variétés de renoncules qui brillent dans les herbages humides. Toutes ces plantes contiennent un principe âcre qui les rend irritantes et dangereuses.

---

(1) Nommée ainsi de ce que les mendiants s'en servent pour ulcérer leur peau

On trouve encore dans nos environs le *colchique d'automne*, fleurissant en septembre et octobre, offrant de grandes fleurs roses qui s'épanouissent longtemps avant les feuilles. Le colchique peut déterminer tous les accidents des poisons âcres.

2° Parmi les **crucifères** :

Le *cresson amer* (CARDAMINE AMARA), abondant au lieudit la *Fontaine-aux-Tessons,* et dans les ruisseaux remplis d'eau; — le *cresson des prés,* le *cresson élégant,* le *lait buré* (CV. PRATENSIS), dans tous les prés, bois ou lieux humides, et comme variété le *flore pléno,* dans la forêt du Nouvion et le bois de Leschelle.

3° Parmi les **solanées** :

La *belladone* (ATROPA BELLADONA) : tige de 1 mètre à 1 mètre 30 centimètres de haut, fleur pourpre obscur, dont les fruits sont des baies noires, luisantes, très-vénéneuses, de la grosseur d'une cerise, avec saveur douceâtre, faciles à confondre avec les cerises appelées *guignes*. On a observé sur des enfants différents cas d'empoisonnement par les baies de belladone. Cette plante est assez commune dans nos bois.

La *jusquiame noire* (DYOSCYAMUS NIGER), qui croît parmi les décombres et le long des routes; plante à l'aspect repoussant, haute de 5 à 8 décimètres; tiges velues, sécrétant un suc visqueux et fétide, exhalant une odeur forte et désagréable; très-vénéneuse. On trouve encore la *douce amère,* la *morelle,* la *pomme épineuse.*

4° La famille des **ombellifères** offre aussi plusieurs plantes vénéneuses qu'il importe de distinguer : la *ciguë vireuse* (CICUTA VIROSA), qui se rencontre sur le bord des mares et des ruisseaux. Sa racine charnue se confond aisément avec celle du panais; elle en diffère par son suc jaune et âcre; — la *grande ciguë* (CONIUM MACULATUM), dont la tige cylindrique rameuse est tachetée extérieurement de teintes rougeâtres. Elle croît dans les lieux incultes. Il faut avoir soin de la distinguer du persil avec lequel on pourrait la confondre aisément : elle a une odeur vireuse; — la *petite ciguë* (OETHUSA CYNAPIUM), également facile à confondre avec le persil : l'odeur du persil est aromatique, celle de la ciguë, vireuse et nauséabonde; les fleurs de l'éthuse sont blanches, celles du persil d'un jaune verdâtre : la tige de l'éthuse est lisse et glauque ; celle du persil, cannelée et verte.

5° **Champignons.** — Nous avons plusieurs espèces de champignons. Les comestibles se montrent dans les pâturages, surtout dans ceux qui sont fréquentés par les bœufs à l'engrais. Le champignon comestible (AGARICUS CAMPESTRIS) a le chapeau blanc, les lamelles rosées ; il doit être cueilli de bonne heure si on veut l'obtenir dans sa plus grande bénignité. Diverses sortes de champignons pullulent aussi dans les bois; on les distingue à leurs chapeaux de couleurs variées. On devra rejeter tous ceux qui ont une odeur fétide, une saveur âcre, amère ou acide et dont la chair change de couleur quand on les casse (1).

Plantes agricoles. — Les principales plantes agricoles sont le froment, le seigle, l'orge, l'avoine, le colza, les pommes de terre, le trèfle, la luzerne et le sainfoin, cultivés seulement à Boué, à Esquéhéries, à La Neuville, à Dorengt et à Leschelle. Le seigle n'est plus cultivé aujourd'hui dans le canton que pour sa

---

(1) Recueil intitulé : *La Thiérache*, catalogue des plantes croissant dans l'arrondissement de Vervins, par M. Demaisy — A. Penant, topog. méd.

paille dont on fait des liens : il a cessé de faire partie de l'alimentation du pauvre.

Gazons et Prairies naturelles. — Les gazons naturels du canton du Nouvion se composent généralement des plantes dont les noms suivent :

Les *petits trèfles*, le *vulpin des prés*, la *centaurée jaucée*, le *fléau des prés*, l'*agrostis tolonifère*, le *pâturin des prés*, le *dactyle pelotonné*, l'*ivraie vivace*, les *ray-grass*, le *brôme des prés*, la *phléole des prés*, l'*amourette tremblante*, la *fétuque* et la *flouve odorante*, qui sont toutes classées parmi les bonnes herbes de prairies. On rencontre encore dans quelques sols humides des *joncs*, des *laîches* ou *carex*, la *queue de cheval* ou *prêle*, et les *renoncules*, qui sont de très-mauvaises plantes ; mais elles tendent de plus en plus à disparaître depuis l'introduction du drainage. La nouvelle école leur fait d'ailleurs une guerre de chaque jour.

Arbrisseaux. — On trouve le coudrier (*corylus*), le houx (*ilex aquifolium*), le sureau, (*sanbucus nigra*), l'épine *(cratægus oxyacantha)* et l'aubépine ; l'épine noire (*prunus spinosa*), le cornouiller sanguin (*cornus sanguinea*) dans les bois ; l'églantier (*rosa canina*), le troëne (*ligustrum*), le myrtille (*vaccinium mirtyllus*) ou raisin des bois ; la bruyère *(calluna vulgaris)*, néanmoins assez rare.

Arbres. — Les produits forestiers proprement dits sont à peu près les mêmes que ceux des parages circonvoisins, et les espèces ne varient guère que dans la proportion qu'elles présentent.

Voici la liste des arbres qui peuplent nos bois, en commençant par les espèces le plus abondamment répandues :

1º **Charme** (*carpinus betulus*). — Il domine surtout dans les taillis.

2° **Hêtre** (*fagus sylvatica*). — Très-abondant partout.

3' **Chêne** (*quercus robur*). — Le sol lui est très-favorable. Le chêne pédonculé (glands attachés par une queue plus ou moins longue) est assez rare.

4° **Bouleau** (*bétula alba*). — C'est une espèce des plus communes.

5° **Tremble** (*populus tremula*). — Se trouve partout.

6° **Frêne** (*fraxinus elatior*). — Assez rare.

7° **Aulne** (*alnus glutinosa*).— Commun dans les taillis.

8° **Cerisier** (*cerasus avium*).

9° **Érable** (*acer compestris*). — Offre diverses espèces, plane ou platane, sycomore, etc.

10° **Orme** (*ulmus campestris*). — L'orme tortillard ne paraît pas exister à l'état spontané.

11° **Tilleul** (*tilia microphylla*). — Peu abondant.

12° **Sorbier des Oiseleurs** (*sorbus auccuparia*). — On en récoltait autrefois les fruits pour en faire un mauvais cidre, mais d'excellent vinaigre.

13° **Saule Marceau** (*salix capræa*).— Commun dans les taillis.

Les résineux manquent jusqu'ici. On doute que le sol leur soit favorable (1).

Bois et Forêts. — Le sol forestier du canton présente une étendue relativement très-considérable, 4,183 hectares (J). La forêt du Nouvion entre dans ce chiffre pour plus de 3,000 hectares. Elle comprenait autrefois la *Haie-Equiverlesse*, pour une contenance de 259 hectares ; — le surplus de la même haie, pour 258 hectares, appartenait à l'Etat (2), d'après une ordonnance

---

(1) M. Demarsy, catalogue des plantes des environs de Vervins, au recueil *la Thiérache*.

(2) Depuis quelques années, vendu à des particuliers, défriché et converti en pâturages.

du 16 août 1820 qui en avait sanctionné la division. Cette forêt, jadis contiguë à la ville, en est aujourd'hui distante d'environ 1,500 mètres; elle s'exploite en taillis sous futaie par coupes réglées de 25 à 30 ans. Les essences dominantes sont le charme et le chêne.

L'exploitation de la forêt donne lieu à d'importantes opérations commerciales. Les produits en sont dirigés sur Paris au moyen des chemins de fer et du canal de la Sambre à l'Oise; sur Reims, Laon, Saint-Quentin, Valenciennes, Cambrai, Rouen, ainsi que dans les usines et communes des environs. — On tire de la forêt du Nouvion les plus beaux chênes pour les constructions navales et civiles, et un très-grand nombre de perches de fortes dimensions pour prémunir les ouvriers qui travaillent dans les fosses d'Anzin (Nord), contre les éboulements de terre. Avec les hêtres, les frênes et les bouleaux, on fabrique des attelles, des jantes de roue, des pelles, des palons, des sabots et quantité d'autres objets de boissellerie connus dans le commerce sous le nom de *bois-jolis*.

Les coupes de futaies et celles d'éclaircies produisent année commune :

De 4 à 5,000 stères de bois de chauffage;

Plus de 10,000 stères de bois de charbon;

Environ 240,000 perches à fosses,

Et 2,000 stères de bois d'œuvre ou marchand.

La forêt du Nouvion peut être considérée comme l'une des plus belles et des plus importantes de France, eu égard à la puissance de sa végétation et à la qualité de ses produits. Son sol, à part quelques coteaux peu élevés, est généralement plat et repose sur un sous-sol argilo-siliceux ; quantité de fontaines et de petits ruisseaux le sillonnent en tous sens. Cette forêt est percée dans toutes les directions, d'une infinité de routes, laies et routillons qui en rendent l'accès facile et contribuent à en assurer la sécurité.

Il y a en outre dans le canton quelques autres bois et bosquets plus ou moins étendus, appartenant aux communes ou à des particuliers. Nous citerons entre autres le bois de Leschelle, d'une contenance de 457 hectares, et dont l'excellent aménagement est dû à M. le marquis d'Hervilly, et ceux de Dorengt, d'une étendue de 167 hectares.

Météorologie. — La température moyenne de l'année est de 11° 28 centig. La présence de la forêt et les nombreux pâturages qui couvrent le sol rendent la température excessivement basse, comparativement à celle des autres cantons de l'arrondissement. Aussi, les récoltes sont-elles généralement assez tardives.

Vents. — Les vents d'est et d'ouest soufflent assez rarement; ceux du nord et du sud-ouest se font le plus souvent sentir. Les vents du nord et du nord-est amènent souvent un temps sec et froid ; ceux de l'ouest et du sud-ouest, une température douce, le dégel, la pluie et des chaleurs humides.

Pluies. — Les mois de mai, juin, juillet et août amènent souvent des pluies abondantes; ceux de janvier, fevrier, mars, avril et novembre en amènent de moindres. Le nombre des jours humides de l'année est à celui des jours secs comme 3 : 5. Si l'on prend en considération le grand nombre de cours d'eau qui sillonnent le pays, l'étendue considérable occupée par les bois et les pâturages, circonstances qui favorisent la formation des vapeurs aqueuses et la précipitation des nuages, on sera porté à admettre que la quantité moyenne d'eau qui tombe annuellement dans le canton du Nouvion peut bien être de 0^m 593, ainsi que cela a été constaté. — Des brouillards se produisent principalement en janvier, novembre et décembre.

Orages. — Les orages sont généralement peu fréquents dans le canton, ce qui paraît tenir encore à la présence des bois et des forêts qui l'environnent ou le couvrent en partie. Celle du Nouvion a pour effet de scinder les nuages orageux qui nous arrivent du sud-ouest et qu'elle semble écarter à gauche et à droite sur les cantons de Wassigny et de La Capelle. Les observations faites ces années dernières dans le département pour l'Observatoire de Paris, nous ont amené à constater souvent cette particularité (K).

Gelées. — Les gelées sont souvent très-intenses en décembre et janvier; elles durent parfois une quinzaine de jours consécutifs et se terminent souvent par des *verglas* dont nous avons eu en janvier 1871, pendant trois jours, un exemple très-remarquable. La *neige* est souvent fort abondante; il en tombe quelquefois de 40 à 50 centimètres, elle séjourne longtemps sur le sol, ce qui tient à la nature essentiellement humide et froide de celui-ci. Nous avons, en résumé, une température ordinairement basse, des hivers longs et rigoureux.

Tremblements de terre. — Depuis près de 800 ans, trois tremblements de terre seulement se sont fait sentir dans le département de l'Aisne; en voici les dates précises :

Le 14 juillet 1087, la terre trembla à Soissons; pendant l'été de 1466, on a ressenti les secousses violentes d'un tremblement de terre dans la même ville; le 28 février 1756, à 7 heures 5 minutes du matin, un tremblement souterrain se fit sentir dans toute la Lorraine, à Saint-Quentin et à Versailles.

Baromètre et Thermomètre. — Les plus grandes variations barométriques ont lieu pour nous vers les mois de décembre, janvier et février. Ces variations oscillent entre 0^m 778 et 0^m 723. La moyenne constatée est de 0^m 747.

Moyenne des observations faites au Nouvion sur le baromètre et le thermomètre pendant les années 1868, 69 & 70.

ANNÉES	BAROMÈTRE	THERMOMÈTRE	DIRECTION DU VENT		ÉTAT DU CIEL	
			O ou S	E ou N	Jours beaux	Jours couverts ou pluvieux
1868	742,7	11° 5	240 J	126	102	264
1869	743,4	11° 6	248	117	156	209
1870	743,9	13° 2	190	175	140	225

Pendant ces trois années, la plus forte pression barométrique a été de 0^m 761 ; elle a eu lieu le 5 janvier 1869 ; la plus faible, de 0^m 716 ; elle a eu lieu le 21 octobre 1868.

La température la plus élevée a été observée le 23 août 1870 ; elle fut de 30° 5 (1) ; la plus basse, 16° 7, le 13 décembre de cette même année.

---

(1) A l'ombre

III
AGRICULTURE

Idée générale — Antérieurement à 1800 (L), toute la superficie non occupée par les forêts était employée à la culture des céréales, mais l'humidité du sol a fait renoncer à ce mode d'exploitation, et il n'existe plus de terres labourables que dans les communes de Fesmy, La Neuville, Dorengt, Esquéhéries et Leschelle.

Dans les autres communes, le sol est couvert d'enclos connus dans le pays sous le nom de pâtures grasses.

Domaine agricole. — Voici d'ailleurs la division du territoire entre les diverses natures de culture, constatées par le cadastre, qui date de 1839, et les travaux de péréquation exécutés en 1852.

Terrains de qualité supérieure.

Jardins, vergers	294 h.
Terres labourables	3,678
Prés et pâtures	5,324
Bois, taillis, peupleraies, aulnaies, oseraies.	4,183
Pépinières, étangs, chemins particuliers	16
Sol des propriétés bâties	102
Chemins et rivières	333
Superficie totale	13,930 h.

Tenue et assolement. — Le sol arable est exploité en grande, moyenne et petite tenue par portions à peu près égales. Il y a 9 grandes propriétés en domaines arables et en pâturages et 2 en bois : la forêt du Nouvion, appartenant actuellement à la société Seillière de Paris, et le bois de Leschelle, appartenant à M. d'Hervilly et à Mme la comtesse de Caffarelli. En général, les propriétaires exploitent par eux-mêmes. On compte 82 fermiers de profession et 249 cultivateurs affermant des propriétés de peu d'étendue pour compléter leur exploitation.

L'assolement des terres arables est biennal pour celles de bonne qualité, dont l'accès est facile, et triennal pour les autres; c'est-à-dire, que dans les premières on fait des blés tous les deux ans, et dans les autres, tous les trois ans.

Les immenses progrès que l'agriculture a faits dans le pays depuis 70 ans sont dus, en majeure partie, à l'introduction et au développement de la culture des prairies artificielles, ce qui a modifié le mode d'assolement qui autrefois était invariablement triennal.

Répartition des cultures. — On peut estimer que, pour 3,678 hectares de terre, les cultures sont annuellement distribuées ainsi qu'il suit :

Froment.	1,250 h.
Seigle.	160
Avoine.	700
Féveroles	452
Foins artificiels	350
Jachères.	766
Total.	3,678 h.

Amendements et engrais. — Le sol humide et froid du canton oblige d'amender à intervalles assez rapprochés. On a généralement recours à la marne, et, parfois encore, aux cendres noires, pyriteuses, substances qui ont la propriété de réchauffer les terres grasses et compactes de la zone du sud, qu'il est nécessaire de rendre friables pour les mieux féconder.

Dans la zone herbagère, on n'emploie guère plus aujourd'hui que l'engrais de ferme ou fumier d'étable, après lui avoir fait subir une certaine préparation.

Ce fumier est fait l'hiver de la paille qu'on tire des localités agricoles voisines à titre de fourrage ou de litière. On a soin d'ordinaire que cette litière soit en proportion des déjections des bestiaux; que le tas de fumier soit placé dans la cour ou dans un coin de l'enclos voisin et à proximité des étables; qu'il ne soit pas exposé à la sécheresse et qu'il repose sur un fond d'argile afin que le jus du fumier ne se perde pas dans le sol; que ce jus et le purin des étables soient reçus dans une citerne ou simplement dans une fosse pour les employer ensuite à arroser le fumier. Cet arrosage a lieu toutes les fois que le fumier entre en fermentation, afin d'éviter qu'il moisisse. Arrivé à la hauteur voulue, le tas est recouvert d'une couche de terre ou de boue pour empêcher les vapeurs de s'en échapper.

L'excédant du purin dont on peut disposer est épandu sur l'herbage au printemps et à l'automne.

Parmi nos herbagers, les uns fument le gazon naturel vers la fin de mai, après la récolte des *renues* (portion de l'herbage non consommée par les animaux) et vers la fin de septembre. En mai, disent-ils, le gazon a bientôt recouvert le fumier qui ne tarde pas à faire terreau; en septembre, on n'a plus à craindre les chaleurs qui enlèveraient au fumier ses principes essentiels et les sels solubles qui font toute sa valeur; le fumier s'enterre alors dans de bonnes conditions, s'assimile au sol durant l'hiver et lui donne la vigueur nécessaire à la prochaine végétation.

D'autres fument en hiver, prétendant que l'engrais agit alors plus énergiquement; d'autres, enfin, ne fument qu'en septembre et exclusivement avec le fumier réduit à l'état d'humus.

Le fumier d'étable qui se décompose lentement et dont les déjections contiennent beaucoup de matières aqueuses, est un fumier froid ou frais. Il est moins riche en azote et partant plus lent à fermenter que ceux de cheval ou de mouton, qui sont dits fumiers chauds. On a donné le nom de fumier long et pailleux à celui dont la matière est peu décomposée. Ce dernier convient aussi beaucoup aux terres froides et argileuses de notre région qu'il allège, divise et réchauffe. Aussi beaucoup d'herbagers tiennent-ils à épandre leur engrais au sortir même de l'étable.

Les pâtés ou composts utilisés également par la culture herbagère sont des engrais composés de toutes sortes de substances organiques habituellement négligées ou perdues. On les confectionne communément de la manière suivante :

1° Une couche de fumier d'étable ;

2° Une couche de chaux vive, ou de cendres, ou de suie ;

3° Une nouvelle couche de paille, ou autres herbages ;

4° Une couche de terre ou de boue provenant soit du curage des fossés ou ruisseaux, soit du grattage des routes, et ainsi de suite.

Le tout arrosé d'eau ou de purin de temps en temps, jusqu'à décomposition complète.

Drainage. — Le drainage n'a été introduit dans le canton du Nouvion qu'en 1854, époque à laquelle remontent d'ailleurs les différents essais tentés sous ce rapport dans le reste du département.

Nos grands propriétaires, entre autres la Société Scillière, MM. Vandelet-Lecat, Caudron-Goret, Longuet-Vandelet, Chéry-Tordeux, du Nouvion, Bertrand, de Ribeaufontaine, Lemaire (François) d'Esquéhéries, Legrand-Baudry, de Bergues, ont été les initiateurs de ce progrès dans le canton.

Les avantages du nouveau procédé d'assèchement ne tardèrent pas à le généraliser ; chacun voulut se débarrasser au plus tôt de l'humidité qui, sur la majeure partie du sol de la région, s'opposait à une culture facile et avantageuse. Il reste aujourd'hui très-peu de propriétés non drainées dans le canton.

Le drainage n'a pas pour unique objet, comme on le croit généralement, d'égoutter un terrain trop aqueux et de favoriser l'accès de l'air jusqu'aux racines de la plante ; il entretient aussi dans le sol une fraîcheur constante due à l'eau qui peut séjourner dans les drains. Il arrive presque toujours que, pendant la sécheresse, l'eau des canaux de drainage s'infiltre de bas en haut et remonte jusqu'aux racines, de sorte que l'eau inutile et même nuisible, en certains moments, est tenue comme en réserve et graduellement distribuée au moment opportun.

Un autre avantage du drainage, tout spécial à notre région, c'est d'empêcher le trop grand refroidissement du sol qu'occasionnait une longue évaporation de l'eau. En vertu d'une loi physique bien connue, l'eau qui s'évapore continuellement à la surface d'un sol humide refroidit ce dernier et en fait une terre froide. Or, l'eau s'écoulant par l'effet du drainage, l'évaporation n'a plus lieu aussi abondamment et le refroidissement cesse. On sait qu'une température élevée est toujours propice à la végétation.

Voici comment l'on procède communément pour l'exécution des travaux de drainage :

Les drains collecteurs occupent les parties basses et sont le plus souvent placés en travers des versants ; — la profondeur des drains varie de 1^m à 1^m 20 ; — l'espacement des rayons est en raison directe de la profondeur des tranchées :

A 1^m de profondeur, l'espacement est de 10^m
A 1^m 20 — il serait de 13 à 14^m.

L'inclinaison ou pente est le plus souvent de 2 à 3 millimètres par mètre et, dans tous les cas, uniforme ; — les drains d'assèchement ont ordinairement de 25 à 27 millimètres de diamètre intérieur ; celui des collecteurs varie de 5 à 8 centimètres, selon la longueur et le nombre des drains qu'ils doivent recevoir.

La main d'œuvre est de 8 à 9 centimes par mètre de pose, ce qui joint, au coût d'un mètre de tuyaux, donne un prix de revient d'environ 17 centimes par mètre courant.

Productions agricoles. — Le pays produit principalement des céréales et quelques plantes commerciales, colzas, lin, betteraves, mais sur une faible échelle ; des fourrages artificiels pour la consommation des bestiaux, et quantité de foins naturels d'excellente qualité.

Aménagement des gazons naturels. — Fenaison. — Il est à remarquer toutefois qu'une notable partie de l'herbage du pays, les deux tiers environ par exploitation, est livrée au pâturage ; la faux ne passe guère que sur le dernier tiers ainsi que sur les *renues* des enclos pâturés. On fait peu ou point de regains.

Relativement à la tenue et à l'exploitation des gazons naturels, on se base surtout sur ce principe que le fauchage les fatigue et que le pâturage leur donne vigueur. Aussi, l'usage est-il de ne récolter qu'une fois par an et de faire pâturer ensuite. — Si une prairie a été épuisée par des récoltes trop multipliées, on la livre au pâturage pendant plusieurs années; — on ne laisse jamais brouter l'herbe à un degré tel que le collet de la plante en soit déchiré; — on redoute surtout la dent très-incisive des poulains et des chevaux; — on réunit dans le même enclos assez d'animaux pour que l'herbe, toujours raccourcie, ne puisse fleurir et l'on fauche de temps à autre les plantes montées.

Par un beau temps, aucune opération n'est plus simple que la récolte des foins. L'herbe fauchée est étendue, puis retournée deux ou trois fois, enfin amassée en meulettes ou tas de deux mètres de haut. Si le temps est pluvieux, on met, à deux ou trois reprises, l'herbe en gros tas qu'on démolit dès qu'ils sont fortement échauffés à l'intérieur. Si le temps, quoique incertain, ne paraît pas assez mauvais pour nécessiter ce genre de fenaison, dont le travail est considérable, on ne perd pas de vue que l'herbe ne se gâte, ni lorsque, verte, elle gît sur la terre, ni lorsque, à moitié sèche, elle reste en meulettes pendant quelques jours, mais qu'elle se détériore à chaque averse ou forte rosée qu'elle reçoit, étendue sur le pré dans un état de dessication incomplète. — Quant aux plantes de prairies artificielles, comme leur feuillage tombe facilement, on ne secoue pas ces fourrages comme l'herbe des gazons naturels, mais on laisse sécher les andains en les retournant une ou deux fois, ou bien on les amoncelle, encore verts, en petits tas de 50 centimètres de haut, qu'on laisse sécher doucement.

On est d'accord à dire que le vert tendre est la

nuance des meilleurs gazons; le vert noirâtre, celle des mauvais. L'herbe nutritive est grasse et lente à sécher; la mauvaise est dure, souvent cotonneuse, et la dessication en est rapide. Un bon gazon est ferme sous le pied; un gazon médiocre fléchit à cause de la présence de mousses et de détritus non décomposés. Pour peu que les troupeaux soient nombreux, ils rasent très-court les gazons de bonne qualité, tandis que, livrées aux pâturages, les mauvaises pâtures présentent presque toujours des plantes d'une certaine hauteur auxquelles les bestiaux ne touchent qu'à regret.

Animaux nuisibles aux récoltes. — Un ver, désigné vulgairement sous le nom de *vermeau,* est un ennemi redoutable pour les blés, surtout dans les terres humides; il ronge habituellement la tige vers la racine, la fait languir et souvent périr. D'autres fléaux non moins redoutables sont le taupin des blés, l'aiguillonnier, insecte qui attaque le chaume; la cécydomie et les blaniules qui s'en prennent, la première à la fleur du blé et les autres au blé en germination.

Le moyen le plus simple à employer contre ces destructeurs consiste à protéger les êtres qui en sont les ennemis naturels. Tels sont les oiseaux insectivores : hirondelle, rouge-gorge, fauvette, bergeronnette, rossignol, etc. — Mais l'ennemi qui, depuis quelques années, exerce les plus grands ravages dans notre contrée, est la larve du hanneton ou *man,* connue sous le nom de ver blanc. On devrait, par une mesure administrative, proscrire partout les hannetons qui dévorent au printemps le feuillage des arbres et dont les larves, qui vivent en terre, rongent nos gazons et anéantissent parfois des récoltes entières (M).

Plantations, arbres fruitiers. — Le goût des

plantations s'est propagé dans le pays depuis le commencement du siècle (N); beaucoup de propriétaires du canton en ont fait d'importantes sur leur domaine. Ces plantations se composent en grande partie de pommiers dont les espèces sont celles des environs de Paris ; mais les fruits en sont moins précoces, notre latitude étant beaucoup moins favorisée. Le poirier n'est guère cultivé qu'en espalier dans les jardins.

Le produit des arbres fruitiers constitue pour le canton un revenu important. On pourrait citer tel fermier qui a vendu dans les bonnes années pour 8 à 10 mille francs de pommes à cidre. La plupart des enclos étant plantés, il se conçoit qu'une grande partie de la récolte des fruits soit livrée au commerce. Ces fruits sont d'ailleurs de bonne qualité et fort demandés. On en récolte, dans le canton, pour fabriquer plus de 30 mille hectolitres de cidre, année commune.

Éducation des bêtes bovines. — Nous considérons l'éducation des bêtes bovines au point de vue local de l'élève, de la production du lait et de l'engraissement; et il arrive précisément que les diverses races se répartissent en catégories dont chacune répond à l'un de ces points de vue. C'est là-dessus aussi que sont basées les améliorations des espèces.

Il est admis dans la contrée que les races flamande, hollandaise et suisse se distinguent par la production du lait; celles du Cotentin (Normandie), du Charollais et de la Franche-Comté paraissent surtout propres à l'engraissement.

Une race encore neuve dans le pays, et qui nous est venue d'Angleterre, paraissait appelée à remplacer toutes celles qui, depuis longtemps, étaient préférées sous le rapport de l'aptitude à l'engraissement : c'est la race de Durham. Le principal avantage des sujets de cette espèce, disait-on, c'est qu'ils peuvent s'engraisser dès l'âge de quatre ans, tandis que les autres ne sont propres à l'engraissement que deux à trois ans plus tard. Cette appréciation peut être fondée ; néanmoins elle n'a pu faire prévaloir la race anglaise ; les bouchers, comme les engraisseurs, donnent toujours la préférence à nos races françaises.

On repousse au point de vue de l'engraissement les animaux qui ont l'air vif et peureux ; on recherche par contre le sujet aux allures calmes, qui offre une croupe large, un poitrail très-ouvert, une peau douce.

Les vaches qu'on destine à la reproduction ont d'ordinaire le thorax bien développé ; on rejette celles qui auraient le dos pointu à la manière de celui d'un hareng.

Nous avons déjà parlé des qualités extérieures de la vache bonne laitière ; nous ajoutons qu'elle a ordinairement la peau lisse, la physionomie douce, de gros vaisseaux tordus de chaque côté du ventre, l'écusson bien marqué, le ventre assez large à la partie inférieure, l'ossuaire mince, des mamelles grandes et molles.

Les vaches vêlent toute l'année, mais plus ordinairement en janvier, en février et en mars. Aussitôt que le veau est né, on le sépare de sa mère et on lui fait boire du lait écrémé dans un baquet ; on y mêle parfois de l'eau d'orge ou des œufs. Dans le troisième mois, il commence à manger du foin ou du regain. Une vache porte environ deux cent quatre-vingt-cinq jours. On coupe les mâles pendant l'allaitement, et on leur donne alors beaucoup de soins.

Il est reconnu que c'est une erreur de calculer les

bénéfices à faire sur les vaches d'après le nombre des têtes; deux vaches mal nourries coûteront plus qu'une qui l'est abondamment, et cependant elles ne donneront guère plus de lait ni de fumier, et elles perdront de leur valeur au lieu d'en augmenter. Aussitôt qu'une vache a un défaut bien reconnu, soit parce qu'elle est mauvaise laitière, soit parce qu'elle n'est pas propre à la reproduction, on se hâte de s'en défaire.

Quant à la nourriture des bêtes, on leur donne, l'hiver, outre le foin et le regain, de la paille de blé ou d'avoine, des racines diverses, carottes ou betteraves, des pommes de terre, qui leur conviennent parfaitement.

Si l'on évite de nourrir avec parcimonie, on se garde aussi de prodiguer la nourriture, attendu que la dépense ne serait pas alors compensée par le produit. On observe communément la proportion suivante : pommes de terre ou betteraves, 10 à 15 kilogrammes; foin, 6 kilogrammes; paille, 4 à 5 kilogrammes; — le tout équivalant à 14 ou 15 kilogrammes de foin.

Il a été constaté que l'abondance du lait dépend des races, de la nourriture, de l'âge des bêtes, enfin de la température. Dans nos pays de plaine, on a ordinairement plus de lait que dans les montagnes. Après son troisième veau, une vache donne le meilleur lait, et à l'âge de huit ou dix ans, il diminue en qualité et en quantité. Le lait trait le matin est plus riche que celui du soir. Lorsqu'on trait, on a soin de ne rien laisser dans le pis. Si le lait n'est pas d'un beau blanc, cela dénote quelque maladie de la vache ou la mauvaise qualité des fourrages. Pour savoir si le lait est riche, on se sert d'un instrument appelé *lactomètre*, et qui se divise en degrés.

Engraissement. — (Voir p. 24 : Productions animales, art. Bœufs).

« Les sujets à l'engrais dans l'herbage n'exigent d'autre soin que celui de les changer de pâture. Un petit abreuvoir, dans chaque enclos, est mis à leur disposition ; il se trouve çà et là un poteau auquel ils se frottent ; on les visite chaque jour pour vérifier s'ils sont en bonne santé ; quand l'animal s'isole, qu'il ne s'étire pas les membres quand on le fait lever, qu'il ne mange pas ou broute à peine, le gardien doit y voir autant de symptômes qui appellent un examen attentif de la bête. — Il est bon d'enlever les fientes qui salissent la pâture et produisent ces touffes dédaignées par les animaux ; M. Caudron, du Nouvion, fait exécuter cet enlèvement d'une manière régulière et qui nous a paru fort intelligente, » disait en 1859 M. Lefour, inspecteur général de l'agriculture.

« Tout le monde sait que le bétail en pâture affectionne spécialement quelques places de l'herbage qu'il rase de beaucoup plus près ; tandis qu'il en dédaigne d'autres où l'herbe croît, durcit et forme des touffes appelées refus qu'on est quelquefois obligé de faucher ; les places souillées par les excréments de l'animal sont surtout l'objet de cette répugnance. Plus on laisse séjourner les excréments sur le sol, plus l'herbe, très-vigoureuse d'ailleurs, contracte cette saveur que repousse l'animal. Pour parer à cet inconvénient, voici le procédé suivi par M. Caudron :

« Dans les herbages, une femme est continuellement occupée à ramasser, à l'aide d'une brouette, les crottins des animaux, et elle les met en petits tas, de distance en distance, sur l'herbage même ; lorsque cet herbage a été suffisamment brouté, un ouvrier y conduit un tonneau porté sur une voiture dont les roues légères sont à larges jantes; le tonneau plein d'eau peut contenir six hectolitres, un autre ouvrier suit, traînant une brouette à coffre bien étanche, de la contenance de deux hectolitres environ; ce dernier ouvrier prend à la pelle des crottins aux tas indiqués plus haut, les met dans la brouette, approche celle-ci sous le robinet placé à l'extrémité postérieure du tombereau, et l'emplit en même temps qu'il délaye la matière avec le rabot; la brouette remplie, il l'approche des places où l'herbe a été rasée par la dent de l'animal, et, avec l'écope, il répand sur ces places le purin préparé, en ayant soin de n'en pas jeter sur les touffes plus élevées qu'il refusait auparavant, pour laisser à l'herbe qu'il avait broutée de trop près le temps de repousser.

« Une femme suffit pour ramasser journellement les fientes sur 8 à 9 hectares, où paissent 50 à 60 bœufs; deux hommes avec un cheval peuvent apporter l'eau et répandre le purin sur un hectare par jour. Par cette méthode, les herbages reçoivent en même temps une fumure nouvelle.

« Au moyen de ce système, M. Caudron n'éprouve pas le besoin d'introduire la faux dans ses herbages, si ce n'est pour couper l'herbe de quelques encoignures et bordures où les animaux ne vont pas, et qu'il donne en vert à l'étable (1). »

Maladies habituelles des bestiaux. — La pé-

---

(1) Rapport de M. Lefour, inspecteur général de l'agriculture, sur le système suivi par M. Caudron-Goret, pour l'exploitation des herbages de la ferme de Fontenelle (Mémoire des concurrents à la prime d'honneur décernée en 1859, au concours régional de Saint-Quentin).

ripneumonie et les maladies de poumons qui en dérivent sont celles qui attaquent le plus communément les animaux de la race bovine dans le canton. Un moyen préservatif qui réussit généralement, consiste à inoculer les animaux à la queue avec du virus pris dans les poumons d'un animal dont la maladie est bien constatée après qu'il a été abattu.

Produits de la ferme. — Beurre, fromage. — Les produits directs de nos fermes et de nos métairies sont le beurre et le fromage. Le bénéfice le plus sûr à réaliser sur le lait s'obtiendrait en le vendant en nature : c'est ce que font quelques petits herbagers du pays; mais à une certaine distance des grands centres, cette pratique n'est guère possible, et on tire parti du lait en le transformant en beurre et en fromage.

Les bons fromages du pays, comme le beurre, du reste, le disputent à ceux de Normandie et de Gruyère; ceux dits de *Maroilles* ou confectionnés avec du lait non écrémé, se vendent depuis quelques années 1 fr. pièce au détail; en gros, ils valent couramment de 45 à 55 fr. la grosse (49).

Beurre. — Pour faire le beurre, on place le lait dans des vases en terre cuite ou en zinc, nommés *crémeuses*; ces vases sont plutôt plats que profonds. Lorsque le liquide arrive à une température de dix à douze degrés en été, treize à quinze en hiver, la crème se sépare; en été cela arrive ordinairement au bout de 40 à 48 heures. Pour la conserver fraîche, cette crème est reçue dans de grands pots de grès et déposée dans une sorte de cave nommée laiterie ou cellier, dont la température se maintient assez basse. — Pour obtenir de bon beurre, on a soin d'écrémer avant la caséation ou formation du caillé. On bat (O) ensuite, et si le beurre ne se forme pas, on y ajoute un peu de sel pour aider à sa venue.

Il faut habituellement de 15 à 20 litres de lait, ou environ trois kilogrammes de crème pour faire un kilogramme de beurre. — On bat le beurre deux fois par semaine, la veille des marchés; la crème à battre n'a donc jamais plus de trois jours. Au bout de huit, elle a atteint son maximum d'âge et commence à tourner à l'aigre; le beurre qu'on en tirerait alors serait de mauvaise qualité.

Le prix du beurre varie selon la saison; on le vend généralement depuis 1 fr. 10 c. jusqu'à 1 fr. 90 c. le demi-kilogramme.

Fromages. — Pour faire le *maroilles* ou fromage dit au bon lait, on mélange le lait trait le matin avec moitié de la portion recueillie la veille au soir, puis on verse le mélange dans un vase en grès. Lorsque ce mélange est au degré de chaleur voulu (un peu moins chaud qu'au sortir du pis), on y met un peu d'une substance nommée *présure* (1) et qui a la propriété de faire prendre en gelée certains éléments du lait : c'est ce qu'on appelle faire cailler. Cela fait, on égoutte en déposant le caillé dans un baquet plat et rectangulaire connu dans le pays sous le nom de *migneau*. Le petit lait ou partie liquide et incolore s'écoule; la crème et l'autre élément du lait, le caséum, restent dans le baquet : on a le fromage égoutté. On répartit alors cette masse de caillé dans de petites formes carrées (2) pour donner au fromage la consistance nécessaire et achever

---

(1) Acide végétal ou animal qui fait cailler le lait; particulièrement la matière contenue dans la caillette des ruminants.

(2) Nommées *caserettes* ou *équinons*.

l'épuisement du petit lait. Apres les avoir, à diverses reprises, retournés ou changés de côté, on les dépose pour quelques jours sur un plateau en bois où l'on continue de les retourner pour les bien sécher; enfin, on les recouvre d'une couche de sel et on les dépose dans un bain de saumure ou on les laisse trois jours encore après la fonte du sel. Les fromages sont alors placés de champ sur un clayon pour l'égouttage. Au bout de quinze jours, et après avoir été encore retournés à diverses fois, les fromages sont lavés à l'eau de sel ou avec de la bière pour les rougir et les tenir au degré convenable d'humidité. Après environ deux mois de tenue, les fromages sont suffisamment rougis et affermis pour être livrés au commerce.

Le fromage obtenu par ce procédé acquiert toutes ses qualités au bout de six mois, et c'est dès lors un produit qui fait les délices de plus d'un amateur.

Tout en fabriquant ces fromages, nos herbagères font encore du beurre avec partie du lait trait le soir et celui de midi.

On fabrique aussi dans le pays un fromage de moindre qualité avec le lait dit ecrémé.

On estime qu'il faut 72 litres de lait pour la confection d'une douzaine de fromages.

Durée des baux. — Conventions. — La durée ordinaire des baux est fixée à neuf ans par la loi, pour les établissements publics, les mineurs, les interdits et les usufruitiers. — Les baux entre particuliers varient suivant les localités et dans la durée et dans les conventions.

Dans ce canton, ils sont généralement de neuf ans. Cette période permet au fermier de profiter des engrais et des améliorations à faire au début du bail, et dont les résultats ne se produisent qu'au bout de quelques années.

Les conventions relatives aux gazons peuvent se résumer dans l'obligation, pour le fermier, de faire pâturer par un nombre de bêtes à cornes suffisant pour assurer la consommation de toutes les premières herbes, et de sorte qu'il ne reste que les *renues* à faucher; de consommer tout le foin récolté et d'employer la totalité des engrais à la fumure des biens loués; en deux mots, prohibition de vendre le foin et de distraire aucun engrais.

Les baux de terres arables, sauf le mode d'exploitation, sont soumis aux mêmes clauses que les baux de pâtures : prohibition pour le fermier de vendre les pailles provenant des récoltes; obligation de les convertir en fumier dans la ferme et d'employer ce fumier sur les terres louées.

Les prix de fermage varient, suivant les circonstances de temps, de lieux et la valeur des propriétés. La moyenne de l'hectare pour les pâtures peut être portée à 135 fr.; elle n'est généralement que de 85 à 90 fr. pour les terres arables. Les paiements se font en argent, à l'époque du 1er janvier.

La prestation en nature a cessé d'être en usage.

Salaires des ouvriers agricoles. — On peut diviser ces ouvriers en deux catégories. La première comprend ceux qui sont attachés à l'exploitation, tels que les valets de ferme, les bergers, les parcours, etc.; la seconde, les ouvriers employés temporairement ou à la journée.

Le salaire des uns et des autres s'est accru dans de très-notables proportions depuis une trentaine d'années. On assigne diverses causes à cette augmentation :

le renchérissement de toute chose, l'abondance du numéraire et le grand nombre de bras enlevés à l'agriculture par l'industrie.

Dans les localités agricoles de la zone sud du canton, un domestique à l'année gagne de 40 à 50 fr. par mois, et de plus, il est nourri; une fille de ferme, de 15 à 18 fr., avec la nourriture. — Un journalier à l'année, non nourri, 2 fr. 50 c. par jour; les journalières, 1 fr. par jour, plus la nourriture.

Dans la zone herbagère, les ouvriers faucheurs travaillent, les uns à la tâche, à raison de 3 fr. à la razière ou 9 fr. 50 par hectare; il ne sont pas nourris, mais reçoivent 2 litres de boisson par razière. — D'autres fauchent au mois, et un ouvrier de force moyenne obtient 60 fr. et la nourriture.

Les faneuses sont, en général, payées à raison de 1 fr. 40 c. par journée, sans nourriture; — nourries, elles obtiennent encore 1 fr. par jour.

Bon nombre de journaliers de ce canton sortent chaque année du département pour aller se livrer à divers travaux agricoles aux environs de Paris, à Buzancy, Roissy, Dammartin; ils sont presque tous rétribués en argent. — Ce déplacement a lieu à l'époque de la moisson, et, celle-ci terminée, ces ouvriers reviennent encore à temps pour s'occuper des mêmes travaux dans nos localités du nord. Cette émigration temporaire tend néanmoins à diminuer tous les jours, en raison de la concurrence des pays qui avoisinent la contrée désignée encore sous le nom de *France*, et des progrès croissants de l'agriculture et de l'industrie locales.

Cultures horticoles — Arboriculture. — A côté de chaque habitation de nos villages se trouve presque toujours un jardin où la famille cultive une partie des légumes nécessaires à sa consommation. La tenue de ce jardin est en général l'objet de soins intelligents dans tout le canton, où paraît se développer le **goût** des cultures horticole et arboricole (P). On y trouve les principales espèces de légumes; d'un autre côté, on utilise toutes les murailles dont on peut disposer pour la culture du pêcher, de la vigne et surtout des espèces de poiriers qui, en plein air, ne donneraient que des récoltes insignifiantes. L'intérieur du jardin est réservé aux espèces qui n'exigent pas l'abri d'un mur.

MESURES AGRAIRES ANCIENNES COMPARÉES AVEC LES NOUVELLES ET RÉCIPROQUEMENT.

NOMS DES COMMUNES	ANCIENNE MESURE	SUBDIVISIONS anciennes	VALEUR DE L'ANCIENNE MESURE		VALEUR DE L'HECTARE en mesure ancienne
			en verges carrées	en ares et centiares	
Le Nouvion et Barzy....	Razière	4 coupes	80	32 a. 2825	3 raz. 0781
Fesmy et Le Sart.......	Mancaudée	4 boitelets	90	38 a. 6232	2 manc. 5302
Bergues, Boué, Dorengt, La Neuville, Esquéhéries et Leschelle.	Jalloi	4 pugnets	60	24 a. 2119	4 jal. 0781
Buironfosse...........	....	4 pugnets	60	24 a. 2119	4 jal. 0781
Etreux et Oisy.........	Jalloi	4 boisseaux	60	24 a. 2119	4 jal. 0781
Fontenelle et Papleux.	Razière	3 coupes	80	32 a. 2825	3 raz. 0781
		4 coupes			

IV
INDUSTRIE ET COMMERCE

Idée générale. — Le commerce et l'industrie du canton du Nouvion consistent principalement dans le commerce et l'engrais des bestiaux, la fabrication et la vente du beurre, des fromages dits de *Maroilles*, le tissage des articles de Reims et de Saint-Quentin, la fabrication de la boissellerie, de la sparterie, la préparation et la vente du fil à dentelle.

Il se fait encore dans le canton un commerce considérable de charbon de bois et de peaux de lapins : ce dernier a pour centre le Nouvion et Esquéhéries.

Il y a aussi au Nouvion un entrepôt de houblons de France et de l'Étranger, fondé il y a cinquante ans par M. Caudron-Vandelet. Cette branche de commerce se fait sur une grande échelle.

Il existe au Garmouzet-Nouvion une verrerie fort ancienne, devenue aujourd'hui très-importante; on y taille et polit le verre blanc et le cristal.

Enfin, on trouve encore dans le canton une filature de laine peignée avec tissage mécanique, au Nouvion, des ateliers de broderies pour Saint-Quentin, des teintureries, des tanneries, des brasseries, des fabriques de drains et de chicorée-café, des briqueteries et des moulins.

Les denrées sont portées sur les marchés du Nouvion, de Cartignies (Nord) et d'Etreux.

Au Nouvion, le commerce au détail est fait par un grand nombre de maisons. Le beurre vient se vendre deux fois par semaine au Nouvion et en est exporté sur Paris, Saint-Quentin et la Belgique. Il s'en est vendu jusqu'à 5,000 kilogrammes en un seul jour.

(Pour les spécialités, voir 3º Partie, aux Notices monographiques.)

Tissage et Broderie. — Les tissus de Reims confectionnés dans la région, consistent dans l'article connu sous le nom de *nouveautés* ou draperie moyenne, comprenant les lainages dits flanelles fantaisies, flanelles écrues, châles écosse, châles tartanelle, mérinos, etc. Ceux de Saint-Quentin sont les toiles de lin, les tissus de coton et de soie et le tulle ou dentelle de coton. — L'ouvrier tisseur du pays est apte, d'ailleurs, à tous les genres de spécialité quels qu'ils soient.

On évalue à plus de 1,500 le nombre des ouvriers de ce canton employés au tissage. Leur salaire quotidien est assujetti aux fluctuations des affaires et varie de 2 à 5 fr. pour le plus grand nombre; mais quelques-uns, parmi les plus habiles, se font jusqu'à 8 et 10 fr. par jour.

La condition du tisseur de la Thiérache diffère de celle des ouvriers exerçant la même industrie sur d'autres points du pays. La plupart d'entre eux possèdent d'ordinaire un petit coin de propriété qu'ils cultivent par eux-mêmes. Il en résulte pour eux cet avantage qu'ils ont moins à redouter la stagnation des travaux de fabrique. — Cette situation est celle d'un grand nombre d'ouvriers tisseurs de Dorengt et de La Neuville.

Broderie. — Une autre industrie, la broderie sur mousseline et sur tulle, avait pris autrefois une assez grande extension dans nos villages, où elle apporta l'aisance. De jeunes filles se livraient à ce travail sous les yeux de leurs mères et gagnaient depuis 75 c. jusqu'à 2 fr. par jour. Les plus jolis dessins se développaient sous leurs doigts et obtenaient la préférence sur les produits similaires de l'Allemagne et de la Suisse. Cette industrie a presque disparu de nos campagnes depuis une quinzaine d'années. On donne aujourd'hui la préférence au tissage des articles de Reims.

Boissellerie et Sparterie. — La forêt du Nouvion est l'une de celles qui offrent le plus de ressources pour la boissellerie. Ce mot s'entend spécialement des objets fabriqués avec le bois de chêne ou de frêne, tels que les mesures pour les grains, les futailles, les lattes, etc. ; les produits confectionnés avec le hêtre ou le plane, tels que bois de soufflet, tamis, fourreaux de sabre, pelles à four, palons et attelles, et une infinité d'autres ustensiles de ménage, sont connus dans le pays sous le nom de *racleries* et de *bois-jolis*. A ces différents ouvrages, il faut ajouter la *saboterie*, pour laquelle on emploie plus particulièrement le bouleau, l'aune, le tremble, le peuplier et autres bois légers. Ces différentes industries ont pour centre Le Nouvion, Esquéhéries et surtout Buironfosse (La Capelle), où elles occupent une grande partie de la population ouvrière.

Un nombre considérable de ces artisans se tiennent disséminés dans la forêt où ils établissent des *huttes* qui leur servent d'ateliers. Ces huttes ne subsistent que le temps de la coupe en exploitation, et il en est formé de nouvelles dès que l'ouvrier passe dans une autre coupe. Pour peu que l'habitation soit éloignée de la forêt, ces ouvriers ne rentrent guère que le samedi soir près de leurs familles, où ils passent la journée du dimanche. — Les uns travaillent pour leur compte, les autres pour celui de maîtres fabricants. La valeur d'une journée de travail peut être portée à 3 fr. pour les meilleurs ouvriers.

L'été, la plupart des bûcherons s'adonnent aux travaux de la fenaison et de la moisson.

Le commerce des *bois-jolis* se fait par des industriels qui les achètent des maîtres fabricants pour les porter en magasin, d'où ils sont expédiés sur Amiens, Paris et la Bretagne. On en débite aussi dans un rayon de 15 à 20 lieues, sur les foires et marchés où des colporteurs les transportent à dos. — Il en est de même des sabots; mais la majeure partie en est consommée dans le pays.

Sparterie. — Le nom de *sparte* désigne une sorte de jonc d'Espagne ou de genêt qu'on emploie à la confection de nattes, tapis, paillassons et autres tissus semblables; d'où le nom de *sparterie* donnée à cette industrie. L'introduction en paraît due au séjour des prisonniers espagnols dans nos parages, avant la paix de 1814.

Plusieurs ateliers de sparterie fine ont été fondés à Leschelle en 1845, par trois industriels de cette localité, MM. Cagniard, Dameron et Havet. Le fils de ce dernier est aujourd'hui le seul représentant de cette industrie dans le nord de la France. Il occupe une vingtaine d'ouvriers, tant pour la préparation de la matière que pour la confection des tissus. Le salaire moyen est de 2 fr. 50 à 3 fr. par jour pour la préparation des fils; mais il n'est guère que de 1 fr 50 à 2 fr. pour le tissage, qui est fait généralement par des femmes.

Les produits qui sortent des ateliers de Leschelle

n'ont rien de commun avec ceux de même nom fabriqués dans plusieurs cantons de l'arrondissement de Laon. Ils consistent dans une sorte de toile très-artistement tissée avec des fils ou brindilles très-menues de peuplier, offrant quelque analogie avec les éclisses de la vannerie fine. Lorsqu'ils ont la ténuité voulue, ces fils reçoivent des teintes aussi éclatantes que variées, puis sont tissées à l'aide d'un métier semblable à celui des tisseurs ordinaires. On obtient ainsi une sorte d'étoffe végétale offrant assez de consistance pour être employée à une foule d'usages. On en confectionne des tapis, des écrans, des formes de chapeau pour dames, des plateaux de table, des porte-assiettes, etc. Cette industrie est jusqu'ici fort peu répandue en France ; il en existe deux fabriques à Paris et une autre dans le midi. Les produits de celle de Leschelle sont dirigés sur Saint-Quentin et Paris.

Fil à dentelle, mulquinerie. — On ne fabrique point de dentelle dans le canton du Nouvion, mais on s'y occupe de la préparation du fil dit *retors,* qui sert à sa confection. Cette industrie est depuis longtemps concentrée au Nouvion, Boué, Bergues, Buironfosse, Esquéhéries, Le Sart et Prisches (Nord). C'est vers 1740 que les premiers métiers de mulquinerie furent introduits au Nouvion. Quelques marchands de ce bourg, dit M. Brayer (1), étaient dans l'usage de vendre leurs fils de lin à Anvers; ils arrivèrent à pénétrer dans l'intérieur d'une fabrique de ces fils et conçurent, au retour, l'idée d'enrichir leur pays de ce genre d'industrie. Ils réussirent à se procurer en Belgique de vieux moulins à l'aide desquels ils en firent construire

---

(1) *Statistique du département de l'Aisne,* IIe partie. Laon 1825.

d'autres par des ouvriers de Lille. A partir de ce moment, nos marchands firent le commerce de fil pour leur propre compte, et l'industrie ne tarda pas à prendre une très-grande extension dans le canton et les environs.

Les lins employés à la préparation du fil a dentelle se tirent du Nord et de l'ancienne Flandre. Les plus fins sont fournis par Saint-Amand et ses environs. Le fil, en sortant des mains de la fileuse, est ourdi et porté ensuite au fabricant qui le met double sur une bobine; de là, au moyen d'un moulin ou mécanique, on le fait monter légèrement retors sur le happe. La seconde préparation qu'on lui fait subir ne diffère de la première qu'en ce que l'on mouille le fil placé sur la bobine, afin de lui donner plus de solidité. Alors, il peut se prêter au plus fort tordage. Le fil amené au point désirable, ce dont on s'assure en plongeant les écheveaux dans l'eau, on le fait sécher pour être expédié aux blanchisseries de Valenciennes, Lille et Fourmies. Autrefois, on blanchissait également à Vervins.

Lorsqu'ils ont atteint le plus haut degré de blancheur, les fils sont nettoyés, travaillés de nouveau et mis en écheveau ou flottes.

Les fils de qualité supérieure employés pour le point d'Alençon, sont pesés au poids de l'or, et portent alors le nom de *fils d'once* ou *fils tors*. Ils se vendent à raison de 2 à 3,000 fr. le kilogramme. Il en est même dont le prix s'est élevé jusqu'à 4 et 5,000 fr. et au-delà. Les autres fils, plus communs et désignés dans le commerce sous le nom de fils *en douzaine*, ou fils *plats*, fils de *quarante-huit tours*, se vendent beaucoup moins cher et servent à la confection des dentelles communes.

Pour apprécier l'importance de cette industrie, il ne

faut pas voir ce qu'elle est aujourd'hui, mais se reporter à ce qu'elle était à la fin du siècle dernier.

En 1812, on comptait encore au Nouvion dix fabricants de fil à dentelle, et quatre autres disséminés dans les villages de Boué, Bergues, Esquéhéries et La Neuville-lès-Dorengt. Ces quatorze fabricants, propriétaires chacun de trois moulins ou métiers à retordre, n'occupaient pas moins de 150 ouvriers (hommes) et 1,200 fileuses, répartis dans les communes circonvoisines. — 500 ouvriers à peine s'occupent aujourd'hui de la fabrication du fil dans nos parages.

Le prix moyen de la journée était dans le principe de 0 fr. 60 c. pour les hommes et de 0 fr. 40 c. pour les femmes; mais ces prix se sont élevés peu à peu. Parmi les fileuses, les unes ne reçoivent encore en ce moment, que 60 fr. pour la façon d'un kilo de fil commun; ce qui porte néanmoins leur journée à 1 fr. 25 c.; mais la plupart obtiennent de 240 à 300 fr. par kilo de fil fin, qu'elles façonnent en deux ou trois mois, gagnant ainsi de 3 à 4 fr. par jour.

L'industrie du fil retors a beaucoup perdu de son importance dans nos localités, où quelques moulins seulement sont restés en activité, y compris les deux tordoirs de M. Fiévet-Bombart, de Boué. Les produits qui trouvaient autrefois leurs débouchés à Caen, Honfleur, Mirecourt, Lyon, le Puy-en-Valais, ne s'expédient plus que sur Alençon et Paris. Les causes de la décadence de cette branche d'industrie sont bien connues. L'usage des tulles en soie et en coton a porté aux fabriques de dentelles un coup dont elles auront peine à se relever.

Charbon de bois. — Les charbons de bois fournis par la forêt du Nouvion proviennent le plus généralement de menus bois de charme, nommés cotrêts ou *lagnettes*, qui, en raison de leur dimension ou du peu d'importance de leur volume, ne peuvent entrer dans la consommation ordinaire du bois de chauffage.

Voici en quoi consiste le procédé suivi pour carboniser le bois de nos taillis :

Au milieu du terrain réservé dans la forêt pour la carbonisation, et qu'on nomme *faulde*, on établit, avec quelques grosses bûches, une sorte de fourneau de 30 à 40 centimètres de diamètre, autour duquel on dispose le bois debout, sur trois ou quatre étages superposés. Ces étages sont disposés de manière à diminuer à mesure qu'ils s'élèvent et à offrir dans leur ensemble, qui a également reçu le nom de *faulde*, l'aspect d'une calotte sphérique, reposant sur sa base. Le tout est recouvert d'une couche de poussier de charbon ou de terre calcinée, nommé *fraisin*, de façon à laisser dans la partie inférieure de la première couche plusieurs ouvertures appelées *évents d'admission*.

Ces ouvertures vont permettre à l'air de pénétrer dans la faulde pour aider à la combustion ; on allume alors le tas en jetant du charbon embrasé dans la cheminée du fourneau intérieur. Lorsque le feu est suffisamment pris, on bouche cette cheminée et on pratique dans la couverture un certain nombre de petites ouvertures qu'on appelle évents de dégagement ; il en sort bientôt une fumée blanchâtre et épaisse qui devient de plus en plus rare, et qui finit par prendre une teinte d'un bleu clair, presque transparente. C'est à ce signe que l'on reconnaît que la carbonisation est terminée. On ferme alors tous les orifices, on couvre le tas d'une couche de terre humide, qu'on arrose même au besoin, et on laisse reposer. — On donne ordinairement de 5 à 7 mètres de diamètre à la base des meules ou fauldes, et chacune peut contenir de 40 à 50 stères de bois.

Dans nos localités du nord, les charbonniers sont employés pour le compte des particuliers qui achètent les coupes; ils sont payés à raison d'un prix déterminé par faulde. Le charbon que l'on tire de la forêt du Nouvion est particulièrement employé pour les blanchisseries et la consommation de Saint-Quentin. On en expédie également sur Lille, Péronne, Amiens et Paris. Celui qui se débite sur les lieux coûte de 1 fr. 75 à 2 fr. par sac d'un demi-hectolitre.

Tannerie et Pelleterie. — La peau des animaux a, de tout temps, servi aux besoins de l'homme; mais, comme elle se corrompait aisément, on a dû chercher et on est parvenu à la rendre imputrescible en l'imprégnant d'une substance nommée *tannin,* qui existe en abondance dans l'écorce ou *tan* de plusieurs végétaux, notamment du chêne, du saumac, du bouleau, de l'aulne et du saule. L'ensemble des opérations au moyen desquelles on exécute cette imprégnation se nomme *tannage.*

Il n'existe plus dans le canton qu'une seule tannerie, sise rue de la Filature, au Nouvion, et fondée en 1850 par M. Picard-Rabelle (Q). Elle est située à proximité de la vieille Sambre qui lui fournit ses eaux.

L'outillage comprend neuf cuves à tremper les cuirs, de 23^{mc} 500; cinq fosses en bois de 69^{mc}; deux fosses pour l'enlèvement du poil, 3^{mc} 90. Au premier étage, séchoir et atelier de préparation.

Les peaux traitées sont des cuirs verts dits aussi peaux fraîches ou qui viennent d'être arrachées aux animaux. Elles sont fournies par les bouchers de la localité, de La Capelle, Buironfosse et environs; ce sont, le plus souvent, celles de chevaux, bœufs, vaches, veaux et moutons.

Le tan est l'unique matière employée. La récolte s'en fait au printemps dans les coupes en âge d'être exploitées et à l'époque de l'ascension de la sève. Cette récolte consiste à peler la futaie pour en enlever l'écorce, qu'on transporte au moulin pour être réduite en poussière grossière. — L'établissement du Nouvion s'approvisionne dans les petits bois qui couronnent les hauteurs des environs de Laon. Il s'y consomme annuellement 1,700 bottes d'écorces du poids de 30 kilogrammes chacune.

L'opération du tannage s'y fait, avons-nous dit, dans de grandes cuves ou fosses, où l'on étend une couche de tan, une couche de peaux, et ainsi de suite; puis on remplit d'eau. Cette eau dissout le tannin et en détermine la combinaison avec la matière animale. Les peaux séjournent dans les fosses huit mois, un an, parfois même dix-huit mois, suivant leur épaisseur; puis on les retire et on les fait sécher : le commerce les nomme alors *cuirs en croûte*.

Il sort chaque année de la tannerie du Nouvion de 1,000 à 1,200 grosses peaux et un nombre considérable de petites. — En même temps qu'il fait le détail en magasin, M. Picart expédie sur différents points du département, Paris et Valenciennes. Il occupe régulièrement quatre ouvriers au salaire moyen de 3 fr. par jour.

Pelleteries. — Le commerce de menues peaux est fait par des colporteurs qui achètent par les maisons pour revendre à d'autres petits marchands. Ceux-ci amènent leurs produits aux entrepôts du Nouvion et d'Esquéhéries, tenus par MM. Mayeur (Antony), Proix et Poquet, qui font le demi-gros, sur un rayon de 10 à 15 lieues. Les expéditions se font ensuite sur Paris et la Belgique.

Les affaires se traitent principalement l'hiver où elles sont trois fois plus nombreuses.

Les peaux reçues en magasin sont : celles de lièvre et de lapin, au prix moyen de 3 fr. 50 la douzaine; de putois, valant 4 fr. 50 pièce; de fouine, 12 fr.; de renard, 3 fr.; de martre, 15 fr.; de chevreau et de mouton, 2 fr., et de veau, 4 fr. Celles de vache se vendent sur le pied de 60 fr. les 100 kilogrammes.

La peau de mouton est le plus souvent blanchie pour basane; celles d'agneau et de chevreau sont préparées en vue de la ganterie fine.

Les putois, les fouines et les martres sont destinées aux fourrures pour dames; les renards sont utilisées par les tailleurs pour la confection de paletots, collets, descentes de lit, etc.; les veaux servent à la cordonnerie et à la confection de sacs de soldats. — Quant aux meilleures peaux de lapin, bon nombre sont lustrées et converties en manchons.

Houblons. — La culture du houblon n'a pas lieu dans le canton; mais il y existe, depuis 1823, un entrepôt de ce produit fondé au Nouvion, par M. Caudron-Vandelet. Pratiqué ensuite pendant de longues années par M. Caudron-Goret, son fils, ce négoce prit entre les mains de ce dernier une très-grande extension. La moyenne d'affaires atteint annuellement le chiffre de 100,000 kilogrammes.

Le magasin offre aux brasseurs français des Ardennes, du Nord, du Pas-de-Calais, de la Somme et de l'Aisne, un choix varié des meilleurs houblons de France et de l'Etranger.

La récolte des houblons a lieu généralement du 20 au 30 septembre; dans neufs années, on compte presque toujours trois récoltes abondantes, trois médiocres et trois mauvaises ou presque nulles. Ce sont généralement des femmes qu'on emploie pour la cueillette. Dans les plantations de peu de valeur, on fait sécher le houblon au soleil, dès qu'il est cueilli; dans les grandes exploitations du Nord et de la Belgique, on emploie pour ce séchage un appareil nommé *torraille*. — C'est aussi à l'aide de cet appareil que les houblons, arrivés à l'entrepôt, sont soumis à une sorte de fumigation d'esprit-de-vin et de soufre, qui en assure la conservation.

Les expéditions se font par balles longues et fortement comprimées.

Dans le nord de la France, les houblons sont cotés, en moyenne, à 100 fr. les 50 kilogrammes, depuis plusieurs années.

L'entrepôt du Nouvion réunit les houblons des provenances suivantes :

Bavière : Spaltz, Aldorf, Hersbruck;
Bade : Sandhausen, Schwetzingen;
Alsace : Oberhoffen, Bischwiller, Hagueneau;
Belgique : Poperinghe, ville et environs, Alost, ville;
France : Bœschèpe et environs, Busigny, Bousies et Bailleul (Nord).

Verreries. — Il existait autrefois dans le canton deux verreries situées l'une et l'autre sur le territoire du Nouvion. La moins ancienne, connue sous le nom de verrerie *interne,* avait été fondée en 1792, rue de la

Croix (1), à proximité de la route nationale N° 39. On y fabriquait des verres noirs à bouteilles destinées en grande partie aux vins de Champagne. Une cinquantaine d'ouvriers étaient employés annuellement dans l'usine, indépendamment de ce qu'elle occupait au dehors. Cette verrerie appartenait en 1825 à M. Caton. Elle fut vendue et démolie en 1831.

La seconde verrerie, dite *externe*, plus connue sous le nom de verrerie du Garmouzet, hameau dont elle n'est séparée que par la petite rivière la vieille Sambre, est encore aujourd'hui en pleine activité. Cette usine fut construite sous la direction de Nicolas Vaillant, écuyer, seigneur de Charlefontaine, gentilhomme verrier, en vertu d'un arrêt du Conseil d'Etat du 1er juillet 1662, autorisant Henri de Lorraine, prince de Condé, à établir des verreries en ses forêts et duché de Guise (2).

Cette verrerie a pris avec le temps un très-grand développement, et c'est notamment à partir de 1839, époque à laquelle M. Bosquette-Gordien en fit l'acquisition de M. Caton, qu'une nouvelle impulsion fut donnée à la petite usine qui occupait alors à peine une centaine d'ouvriers.

En 1849, M. Bosquette s'adjoignit comme associé M. Bombart, son gendre, et l'établissement acquit dès lors et successivement une plus grande importance. Dix ans plus tard, à la mort de M. Bosquette, le Garmouzet possédait deux fours en activité, dont l'un ali-

---

(1) Sur l'emplacement de la propriété appartenant aujourd'hui à Mme veuve Wanutberghe.

(2) Archives de l'Aisne et Bibliothèque nationale, M. de D. Grenier, 21e paquet, N° 3.

menté au bois et l'autre à la houille. Mais ces moyens de fabrication ne suffisaient pas encore pour mettre cette usine au rang des *gobeleteries* complètement organisées. La taille du verre y était à peine pratiquée, et c'est seulement depuis l'année 1860 que cette partie essentielle de ce genre d'industrie (la gobeleterie blanche, façon de cristal) y a été introduite. Aujourd'hui, l'établissement possède une *taillerie* de 80 tours, mue par une machine à vapeur qui commande en même temps plusieurs services, tels que les moulins aux *pileries*, les tours à dépolir, ceux de l'atelier des mécaniciens, etc.

Au seul petit four primitif et chauffé au bois des temps anciens ont donc succédé trois fours à la houille, par suite de la rareté et du prix trop élevé du bois, auquel il a fallu renoncer.

Le Garmouzet emploie aujourd'hui de 270 à 300 ouvriers, y compris les femmes et les enfants; les salaires y varient de 0 fr. 40 c. à 10 fr. par jour. On y fabrique le verre blanc, imitation de cristal, la gobeleterie et une infinité d'articles de verroteries.

La vente des produits, qui sont fort recherchés, s'opère tout entière en France, à des maisons françaises qui exportent. Ces produits, remarquables par la pureté et la blancheur du verre, aussi bien que par le bon goût et l'élégance de ses formes, rivalisent avantageusement avec les produits similaires de la France et de l'Étranger (1).

Filature de laine et tissage mécanique. — L'établissement est situé au Nouvion, sur l'emplacement

---

(1) Une médaille a été décernée aux produits de la verrerie du Garmouzet-Nouvion, admis à l'Exposition universelle de 1867.

de l'ancien moulin Caudron, à proximité de la route du Nouvion à Avesnes. Fondée en 1864, par la société Billaudel et Cie (1), cette fabrique est desservie par un vaste étang alimenté par l'ancienne Sambre et donnant l'eau à une machine de la force de 20 chevaux-vapeur ; le générateur est de la force de 30 chevaux, et le gazomètre a deux cornues et une cloche capable de 80 mètres cubes.

Le corps actif de la fabrique comprend les éléments suivants :

  1 Gills Box,
  2 Machines à réunir,
  3 Bobinoirs de 50 broches,
20 Métiers à la main de 300 broches chacun,
15 Machines préparatoires,
  2 Métiers renvideurs de 520 broches,
  2 Bobinoirs de 40 broches,
et 1 Bobinoir de 30.

Les produits atteignent annuellement le chiffre de 100,000 kilogrammes de fil ; le personnel compte 80 hommes et 20 femmes. Les ouvriers hommes gagnent en moyenne de 3 à 5 fr. par jour ; les femmes de 1 fr. 25 c. à 1 fr. 75 c.

L'atelier de tissage réunit 80 métiers à tisser conduits par 50 ouvriers, gagnant en moyenne de 3 fr. 50 à 4 fr. 50 par jour. Il sort annuellement de cet atelier 3,500 pièces, de chacune 100 mètres, de tissus de laine pour robes. Les produits de cette filature sont répandus en France et à l'Étranger.

---

(1) Composée alors de cinq actionnaires : MM. Billaudel et Regnault-Béra, du Nouvion, Desumeur et Paquot, de Guise, et Vaille, d'Englefontaine (Nord).

Depuis le 1er juillet 1869, M. Billaudel est devenu seul propriétaire de l'établissement.

Il existait autrefois, rue de Prisches, une filature de laine peignée fondée par M. Grouzelle-Faucheux, et reprise ensuite par MM. Audubert frères. Cet établissement, qui n'est plus en activité, occupait une cinquantaine d'ouvriers.

Fabriques de poteries et tuyaux de drainage.
— On en compte actuellement cinq dans le canton, trois au Nouvion, deux à Barzy et une à Leschelle. La plus ancienne de toutes est celle de la rue des Potasses, au Nouvion, fondée en 1854 par un industriel du Nord, M. Dupont-Scarmur, qui s'était rendu compte de la puissance et de la nature des marnes bleues qui affleurent sur le versant gauche de l'ancienne Sambre. M. Dupont eut bientôt des imitateurs : Deux autres fabriques s'élevèrent au Nouvion, l'une, un an après, rue du Petit-Rejet-d'en-Bas, créée par MM. Derampe-Gravet et Cie, l'autre, en 1863, sur la droite de la route du Nouvion à Avesnes, à 800 mètres de la ville. Cette dernière appartenant à M. Bussy-Denoyelle.

Le matériel de ces fabriques consiste :

1° En un manége malaxeur pour la préparation de la matière ;

2° En différentes constructions en appentis ou hangars avec compartiments et rayons pour servir à rasseoir et à sécher les produits en pâte ;

3° En plusieurs fours de cuisson, ordinairement trois ou quatre, selon l'importance de l'établissement.

Quant à l'outillage, il comprend diverses machines ou filières à étirer les drains, des tours à poterie, des presses mécaniques pour pannes, des rabatteuses pour briques et carreaux, etc.

Les produits consistent en tuyaux de toute dimension pour drainage et aqueducs, pannes à coulisse et autres, faîtières, mitres pour cheminées, four et fourneaux, et en différents articles réfractaires.

Il se fabrique, année commune, dans chacun de ces établissements, 500 mille drains de tout diamètre, 100 mille pannes à couvrir, 80 mille briques et carreaux réfractaires et un millier de mitres de toute dimension. Tous ces produits sont exclusivement cuits au bois, condition qui donne à la marchandise plus de résistance et de qualité.

Douze ouvriers, hommes, femmes et enfants, sont occupés sept mois de l'année par chacune de ces *tuyauteries*. Le salaire moyen par jour est de 2 fr. 50 c. à 3 fr. pour les hommes; de 1 fr. 50 à 2 fr. pour les femmes ou enfants.

Briqueteries. — On trouve encore dans le canton un grand nombre de briqueteries occupant chacune de 4 à 10 ouvriers au plus, pendant six mois de l'année.

Ce sont :

Au Nouvion, celle de M. Bombart-Loiseau, située chemin de Malassise, route nationale N° 39, à 600ᵐ de la ville. Elle n'a habituellement qu'une seule table, avec cuisson en plein air;

La briqueterie Derampe, située sur la droite du chemin de Beaucamp, à 500ᵐ de la rue de la Croix : elle occupe une moyenne de 10 ouvriers avec deux tables;

A Barzy, la fabrique de poterie de cuisine de M. Maine-Naveau, qui confectionne aussi des briques et des carreaux;

Celle fondée autrefois par la Compagnie Lenain-Pilloy, fabriquant, en outre, des tuyaux de drainage, pannes, mitres, etc.;

La briqueterie Lescot-Pételle, située lieudit *la Cavée* sur la rive droite de la Sambre;

A Esquéhéries, les briqueteries Lemaire-Thiéfaine et Topin-Lemaire, située l'une et l'autre à 5 ou 600 mètres du centre du bourg; la première, route d'Esquéhéries à Foucommé, et la seconde, d'Esquéhéries au Grand-Wé.

Enfin, à Leschelle, la fabrique de tuyaux de M. Herbin-Boulanger, située rue Herpenne, à droite de la route nationale de Guise à La Capelle. Produits : tuyaux de drainage, pannes, faîtieres, mitres, briques et carreaux.

La briqueterie Havet, sur la droite de la route de Leschelle à Sains : une table avec cuisson en plein air. Les produits de ces différents établissements industriels sont utilisés dans le pays et les environs.

Brasseries. — La *brasserie* constitue une industrie de la plus haute importance pour les contrées du nord de l'Europe, qui font de la bière leur principale boisson. La bière est en effet rafraîchissante, saine et nourrissante; mais si elle est trop forte, elle détermine une ivresse très-profonde, et quand on en fait un trop grand usage, elle finit par énerver les facultés intellectuelles.

Il y a un grand nombre de variétés de bière; ainsi, on distingue la bière double ou forte, dite aussi bière de table ou de garde; la bière simple ou petite bière, la bière blanche, la bière de Strasbourg, l'ale, le porter, le faro, etc. Ces diverses boissons ne diffèrent que par les procédés de fabrication et les proportions dans lesquelles l'eau, l'orge et le houblon s'y trouvent mêlés.

Nous n'avons dans le canton que trois brasseries,

toutes situées au Nouvion. Voici quelques détails sur le matériel et l'importance de chacune :

1° Brasserie Bombart-Loiseau.

Elle est établie rue de la Croix, au centre du pays. Elle a deux chaudières en cuivre contenant,

La 1ʳᵉ, 29 hectol. 70
La 2ᵉ, 24 — 65
} Total : 54 hectol. 35.

En outre, une cuve matière, un serpentin à refroidir avec outillage divers.

Elle utilise 700 tonneaux.

2° Brasserie Legrand-Darque,

Située rue de Boué, sur la droite du chemin vicinal du Nouvion à Wassigny, à l'extrémité ouest de la ville.

Elle se compose de plusieurs corps de bâtiments avec manége à un cheval pour la mouture du grain ;

D'un bassin en ciment pour détremper le grain,

D'une grande cuve matière,

De pompes à eau et à bière,

De fourneaux, de chaudières et d'un germoir,

De deux chaudières en cuivre contenant, savoir :

Le N° 1, 38 hectol. 75
Le N° 2, 31 — 65
} Total : 70 hectol. 40.

Brasserie Vandelet-Paternotte.

Établissement situé rue de la Croix, sur la route du Nouvion a La Capelle, extrémité-est de la ville. Il se compose d'un manége mu par un cheval, avec une paire de meules pour moudre le grain ; de quatre chaudières aux dimensions suivantes :

N° 1er, 36 hectol. »»
N° 2, 24 — 55
N° 3, 24 — 70
N° 4, 29 — 30

Total : 114 hectol. 55.

En outre, de deux cuves matières, d'un refroidissoir Watteau, d'un moulin concasseur et de cuves avec foudre à bière, pompe aspirante et foulante, tonnellerie et germoir.

On y utilise plus de 3,000 tonneaux.

Cette brasserie fabrique de 9 à 10 mille hectolitres de bière par an.

Fabrique de chicorée-café. — Enfin, pour clore cette revue des industries propres au canton, nous mentionnerons la fabrique de chicorée-café annexée à la *tuyauterie* Dupont-Scarmur, du Nouvion.

L'établissement de cette fabrique ne date que de 1865; le matériel comprend un grilloir composé de trois feux de chacun deux cylindres, un concasseur et trois moulins de chacun une paire de meules. Le tout est mis en action par une machine à vapeur donnant aussi le mouvement aux différents éléments de la tuyauterie. Cette machine est verticale et de la force de 10 chevaux; celle de son générateur de 15.

Cinq ouvriers sont attachés à la fabrication et reçoivent de 2 à 3 fr. par jour.

Les cossettes torréfiées de la matière première sont tirées d'Onnaing et de Sebourg (Nord), et de Villers-le-Sec, près Ribemont. Concassée ou réduite en poudre, la chicorée est ensuite répartie en paquets de 100, 150, 250 et 500 grammes et expédiée sur les cantons voisins, Guise, Marle, Sissonne, etc.

La valeur de ce produit est subordonnée aux conditions très-variables de la récolte des racines ; elle varie entre 45 et 55 fr. le 100 de kilogrammes.

Moulins et boulangeries. — Malgré le peu d'importance de nos cours d'eau, il existe dans le canton une quinzaine de moulins à eau faisant farine, savoir : 3 au Nouvion, 1 à Boué, 3 à Dorengt, 3 à Esquéhéries, 1 à Fesmy, 1 à la Neuville et 3 à Leschelle.

La plupart de ces usines sont montées à l'ancien système perfectionné à l'anglaise, et n'offrent rien de remarquable. Celle de Dorengt, dite le *Grand-Moulin*, fait seule exception. [Cette usine réunit 6 paires de meules montées au nouveau système et reçoit le mouvement d'une machine à vapeur. Elle s'occupe en grand de la mouture des grains. Les moulins du canton travaillent également pour le commerce (S).

Boulangeries. — Il n'y avait anciennement qu'une seule boulangerie au Nouvion, et presque tout le monde cuisait son pain. Chaque famille tenait sans doute à jouir de la liberté qui avait suivi l'abolition du four banal. Aujourd'hui les habitudes ont changé, et il n'y a guère plus, dans le canton, que les boulangers pour cuire le pain. La conversion du sol arable en pâtures n'est pas étrangère à ce résultat.

On compte de nos jours un grand nombre de boulangers dans nos communes; la plupart d'entre eux tirent leurs farines des cantons-sud de l'arrondissement. Il s'en consomme par an, rien qu'au Nouvion, plus de 4,000 sacs de 100 kilogrammes chacun. — On a constaté que pour ces dix dernières années, le prix moyen des farines s'est maintenu de 35 à 40 fr., et celui du kilogramme de pain, de 35 à 40 c.

… 83 …

V

STATISTIQUE

ET RENSEIGNEMENTS DIVERS

Aspect physique et social des villages du nord de la Thiérache. — L'aspect général de nos campagnes du nord de la Thiérache mérite une description particulière.

Ce qui frappe tout d'abord l'étranger qui les parcourt, c'est l'excellence des voies de communication et le bon état des moindres chemins de traverse qu'on y rencontre. Cela est dû d'abord aux couches nombreuses de silex et de calcaire bleu que renferment le sol du canton et celui des environs, et ensuite aux besoins de l'industrie qui, pour le transport de ses produits, comme pour celui des matières premières qu'elle emploie, a dû veiller à l'amélioration des chemins et des routes.

Après les voies de communication, ce qui parle surtout aux yeux de l'étranger dans le canton, c'est l'aspect intérieur des villages et des habitations. Dans les arrondissements sud du département, les villages sont des agglomérations plus ou moins étendues formées d'habitations rustiques, généralement bien alignées, mais ramassées sur des plaines unies, monotones, souvent dénudées d'arbres et privées d'ombrage. Dans notre région, vous trouvez les villages heureusement situés le long de clairs ruisseaux, éparpillés sur de riants coteaux, étalant çà et là leurs habitations sur de larges voies publiques ou au centre des vergers. Chacune de ces maisons ressemble à une petite métairie, offrant presque toujours une série d'annexes pour loger les animaux et remiser les récoltes. Presque toutes sont aujourd'hui bâties en pierres et en briques, couvertes en ardoises ou en tuiles, ainsi que les granges et les étables qui en dépendent. Elles possèdent chacune soit un verger, soit une cour tapissée de gazon et toujours un jardin y attenant, dont la verdure s'entremêle aux tons variés de leurs murs, de leurs contrevents, de leurs portes ou du treillage en bois peint qui les environne. Ces constructions laissent en général peu à désirer, tant au point de vue de l'exposition qu'à celui de l'hygiène (T).

Si l'aspect extérieur des habitations est propre et riant, l'intérieur l'est davantage encore. Nulle part, si ce n'est en Hollande, peut-être, et dans certaines régions voisines du Nord, la ménagère n'a autant de soin de laver, de frotter son pavé, ses meubles, ses murs; ces habitudes d'ordre et de propreté se retrouvent dans l'aspect extérieur des habitants et jusque dans leur langage. Celui-ci, si l'on en excepte un certain cachet flamand dans le patois et l'accentuation, offre, de même que les habitudes et la mise, un caractère de rusticité bien moins prononcé que chez les paysans de beaucoup d'autres provinces. Vous trouvez chez tous des vêtements propres et parfois élégants; un grand fond de sociabilité, de politesse et souvent même des esprits cultivés (1). Cela tient à diverses causes : à la nature variée du pays, aux ressources

---

(1) Depuis longtemps, d'ailleurs, le canton du Nouvion est l'un de ceux où les écoles sont le plus suivies.

diverses qu'il a su tirer du commerce et de l'industrie, aux étrangers qu'il attire, aux armées qui, à toutes les époques, n'ont cessé d'en parcourir les environs et d'y séjourner. Cela tient encore au mode particulier de culture et au morcellement de la propriété qui, au lieu d'isoler les familles, les a rapprochées, en établissant entre elles des rapports assidus et bienveillants, une communauté d'habitudes, de goûts et de plaisirs que ne comporterait pas une trop grande inégalité de conditions.

Le pâturage, avec l'élève des bestiaux, la fabrication du beurre, du fromage qu'il occasionne, en donnant lieu à la suppression de beaucoup de durs travaux rustiques, procure des loisirs qui permettent le développement de cette culture d'esprit et de sentiment qu'on ne rencontre pas toujours dans les campagnes des autres contrées. Cette existence des prairies, avec les troupeaux qui y paissent jour et nuit durant la moitié de l'année, est un des traits caractéristiques de la région. Cela rappelle le Bocage vendéen, ou certains cantons de la riante Normandie. Rien de plus agréable, l'été, que l'intérieur ou les abords des villages des rives de nos deux Sambres et du Noirieu. Le soir, le matin, au milieu du jour, tandis que nos herbagers vont aux prairies ou en reviennent, vous voyez se glisser à côté d'eux et rayonner en tous sens des femmes ou de jeunes filles presque toutes proprettes, coiffées d'un léger chapeau de paille ou d'un frais mouchoir noué sous le menton, qui protège leur teint contre l'action du soleil. La plupart ont les traits fins, la taille bien prise et de jolies mains, caractères distinctifs d'une race qui peut-être s'est mêlée au sang espagnol, et ces traits sont relevés par une mise qui unit la modestie et la simplicité à une certaine grâce dans la coupe; elles aussi, se rendent aux vergers ou aux pâturages pour faner l'herbage ou extraire du pis des vaches le précieux liquide qui les remplit; et à cet effet, elles tiennent d'une main un joli petit seau, et de l'autre la *canne* traditionnelle, au ventre renflé, au col étroit, destinée à contenir le laitage. Parfois, deux de ces cannes se trouvent placées dans une paire de paniers attachés aux flancs d'un âne ou d'un petit cheval, et l'on y voit la laitière assise avec assez de grâce, galopant par les chemins et les rues du village.

Au mois de juin, ce sont des rangées de faucheurs qui abattent les hautes herbes, ce sont des escouades de faneurs et de faneuses qui les étendent au vent sous la secousse de leurs légers rateaux, qui s'abaissent et se relèvent comme en cadence. Partout ce ne sont que propos joyeux, éclats de rire et chants que font retentir ces travailleurs, soit au moment de leurs évolutions, soit à l'heure où ils prennent leur repas, tous assis sur le gazon, à l'ombre d'un cerisier ou sous un saule, sur les bords fleuris de quelque fontaine. Leurs conversations, leurs gais refrains, se mêlant au beuglement des bêtes à cornes, au coassement des rainettes, au ramage des oiseaux, au murmure de l'eau courante du ruisseau, remplissent le paysage d'un mouvement, d'une vie, d'un charme tout particuliers.

Hameaux. — La plupart des villages du canton,

comme tous ceux qui ont pris naissance au milieu ou à proximité des bois, sont donc composés d'un noyau principal d'habitations groupées autour de l'église et d'un nombre souvent considérable de hameaux. Esquéhéries en compte quinze, situés, pour la plupart, à deux et trois kilomètres de l'agglomération principale; Leschelle 11, La Neuville 8 et Dorengt 6. Le Nouvion lui-même ne compte guère que 1,800 à 2,000 habitants agglomérés, sur les 3,200 qu'atteint le chiffre normal de sa population. Le reste est disséminé dans treize hameaux ou maisons isolées, plus ou moins éloignées du centre. — Cette situation à l'écart, qui donne tant de variété et de vie à la contrée, a toutefois le grave inconvénient de tenir une notable partie de la population éloignée du foyer plus actif du chef-lieu, de la mettre plus rarement en contact avec leurs concitoyens et de la laisser plongée dans de vieilles et routinières habitudes.

Constitution physique des habitants. — Les habitants du nord de la Thiérache sont généralement robustes de constitution. Habitués aux travaux des champs ou à ceux des bois, ils sont fortement musclés, supportent aisément la fatigue et fournissent à l'État de vigoureux défenseurs. C'est une remarque confirmée chaque année par le conseil de révision. La taille moyenne des jeunes gens qui concourent au tirage annuel est pour le canton du Nouvion de un mètre six cent soixante-quinze millimètres.

D'un autre côté, les états relatifs au mouvement de la population établissent que ce canton est celui du département de l'Aisne qui, relativement à sa population, compte le plus de vieillards. Cette longévité paraît tenir autant à l'aspect et à la disposition du sol, qu'au genre de vie des habitants. Le territoire est occupé, comme nous l'avons dit, en grande partie par la forêt du Nouvion ; le reste consiste presque entièrement en pâturages. Les bois de cette forêt se trouvent isolés des marais ; on y rencontre en grand nombre des fontaines et des petits ruisseaux d'une eau très-pure. « L'exploitation de ces bois fournit aux habitants un genre d'occupation salutaire ; ceux qui s'y livrent ne la quittent jamais et ne sont nullement tentés d'en changer. Leur vie est uniforme, leur nourriture saine et abondante. Ils ne rentrent au village que le dimanche. Ces ouvriers sont rarement malades, n'éprouvant pas de fatigues excessives. Les habitants pauvres qui ne travaillent pas habituellement dans les bois ne les fréquentent pas moins ; les enfants ainsi que les vieillards ont la ressource d'aller ramasser du bois pour leur chauffage. — Quant aux femmes, nous l'avons vu, leur sort est incontestablement moins dur que dans les pays de culture ou de vignobles ; traire les vaches, s'occuper de la métairie ou du ménage : voilà l'emploi de la plupart (1). » S'il est vrai de dire que ce genre d'existence a subi depuis 1825, les modifications apportées par l'expansion de l'industrie, il n'en reste pas moins acquis que la moyenne de la vie demeure relativement élevée dans le canton : c'est ce que prouve le tableau ci-contre dont les données, relatives au Nouvion, embrasssent les onze dernières années.

---

(1) J.-B. Brayer, Statistique de l'Aisne

TABLEAU STATISTIQUE DES DÉCÈS CONSTATÉS AU NOUVION DE 1860 A 1870 INCLUS.

ANNÉES	NOMBRE DE DÉCÈS										TOTAUX	MOYA^e de vie par année	MOYENNE pendant la période
	Au-dessus de 90 ans	de 80 à 90	de 70 à 80	de 60 à 70	de 50 à 60	de 40 à 50	de 30 à 40	de 20 à 30	de 10 à 20	Au-dessous de 10 ans			
1860	»	5	13	15	4	5	5	3	5	25	80	41	
1861	»	7	16	9	5	7	3	3	3	14	67	46	
1862	»	4	13	7	1	2	2	3	4	6	39	53	
1863	3	9	12	8	4	5	4	2	1	20	68	51	
1864	3	9	16	6	4	3	3	3	1	12	60	65	55 ans
1865	2	4	13	4	6	3	»	1	»	19	52	64	
1866	»	9	13	11	15	»	4	»	»	8	60	62	
1867	»	10	16	9	6	4	3	3	2	16	69	58	
1868	»	8	13	10	10	3	2	3	»	18	67	58	
1869	1	13	15	12	7	2	3	3	3	18	77	56	
1870	»	7	10	7	14	11	13	7	4	14	87	50	
Totaux	9	85	150	98	76	45	42	31	20	170	726	«	

Des données fournies par le tableau qui précède, il résulte :

1° Que sur 726 décès constatés pendant les onze dernières années, de 1860 à 1870 compris, 9 sont au-dessus de 90 ans (1), soit 1 décès de cet âge sur un peu plus de 80 ;

2° Que les décès de 50 à 90 ans, pendant la même période, ont été au nombre de 409 sur les 726, c'est-à-dire presque les deux tiers du nombre total des décès constatés ; ou, plus exactement, dans le rapport de 1 à 1 7/9 ;

3° Que la moyenne de vie, pendant ces onze années, en ne tenant point compte des décès de 2 ans et au-dessous, a été de 55 ans ; que cette moyenne s'est élevée à 65 ans pour l'année 1864, et à 64 ans pour 1865. — Or, on sait que la moyenne de vie n'était à Paris, ces années dernières, que de 35 ans environ, et de 45 ans 2/3, pour toute la France. C'est donc une plus-value de 10 années en faveur de la population nouvionnaise, pour la période étudiée.

Topographie médicale. — Par suite de sa situation topographique, le canton du Nouvion, comme tout le reste de l'arrondissement de Vervins, correspond à la zone la plus froide des climats tempérés (2), dont la caractéristique présente des hivers longs et rigoureux, des étés courts et rarement chauds, un automne et un printemps se rapprochant beaucoup plus de l'hiver que de l'été. Les froids y sont parfois

---

(1) Parmi ces nonagénaires, s'est trouvée Aldegonde Druenne, veuve Bernard, décédée à l'âge de 98 ans. Elle fut inhumée le 23 janvier 1871, jour de l'arrivée, au Nouvion, de trente-cinq dragons prussiens.

(2) Climat froid de Becquerel, compris entre le 50° et le 60° de latitude N

intenses, et les variations atmosphériques très-fréquentes. De cette température froide et humide, il résulte que l'année médicale avance d'un mois sur l'année astronomique, et peut être divisée de la manière suivante :

Printemps. . . . . Mars, avril, mai;
Été. . . . . Juin, juillet, août;
Automne . . . . . Septembre, octobre, novembre;
Hiver . . . . Décembre, janvier, février.

Les maladies amenées par ces diverses saisons, ainsi modifiées, sont :

En **Hiver**, une tendance aux affections inflammatoires, aux phlegmasies des organes respiratoires, pneumonies, pleurésies, angines; rhumatisme articulaire aigu; quand la température est froide et sèche, apoplexie cérébrale;

Au **Printemps**, persistance des phlegmasies, bronchites, catarrhes pulmonaires, fièvres éruptives;

En **Été**, entérites, dyssenterie, notamment chez les jeunes enfants; choléra sporadique pendant les travaux des champs;

En **Automne**, fièvres typhoïdes, scarlatines, etc.

On donne à la succession plus ou moins régulière de ces diverses maladies, qui varient suivant qu'une saison s'écarte de sa moyenne ordinaire, le nom de *Constitution médicale annuelle*. On entend, au contraire, par *Constitution stationnaire générale* du pays, celle qui se fait sentir dans tout le nord de la France, constituée par deux types, le type *catarrhal* et le type *inflammatoire*, d'où la fréquence des phlegmasies, des affections des membranes muqueuses, s'accompagnant de sécrétions morbides. Les oscillations continuelles du thermomètre et de l'hygromètre, qui troublent sans cesse les fonctions de la peau, sont les causes les plus fréquentes qui président au développement de ces deux types dominants.

Endémies. — La médecine désigne sous ce nom une maladie due à une cause locale, particulière à certaines régions où elle régne soit constamment, soit à des époques fixes. Ainsi, dans notre Thiérache, les *scrofules* et les *tubercules* sont communément le triste apanage du tissage et de la vannerie.

Cependant, l'absence de marécages rend les fièvres intermittentes peu fréquentes dans notre contrée, et on ne peut guère citer qu'une seule commune où elles aient régné d'une manière vraiment endémique. Les circonstances qui ont été la cause de son apparition et de son développement dans la commune de Boué, méritent d'être rappelées ici. Jusque dans les dernières années, l'état sanitaire de Boué n'avait pas différé de celui des communes voisines; les fièvres intermittentes y étaient aussi rares qu'elles le sont généralement dans nos contrées. Dès le printemps de 1845, quelques habitants ont été atteints de ces fièvres qui se sont renouvelées chaque année, notamment en 1849 et 1850, surtout pendant l'été et l'automne; chacun attribuait l'apparition de cette endémie à l'établissement d'un vaste bassin destiné à servir de réservoir au canal de jonction de la Sambre à l'Oise. Ce bassin, d'une étendue de vingt à trente hectares, profond de deux à cinq mètres, est alimenté par les eaux de l'ancienne Sambre, et situé dans une vaste prairie, entre le village et la forêt du Nouvion; l'eau y est maintenu à plusieurs mètres d'élévation, pendant cinq ou six mois, du mois de mars jusqu'en août ou septembre; mais à dater de cette époque de l'année, les emprunts successifs faits pour alimenter le canal mettent ce bassin a sec et le transforment en un vaste foyer de miasmes paludéens. L'autorité, justement émue de cet état de choses, prescrivit une enquête d'où sont résultées différentes améliorations tant du bassin que des terrains limitrophes; et ces améliorations ont sensiblement modifié ce fâcheux état de choses.

Épidémies. — Nous devons au climat de notre contrée d'être peu exposés aux maladies endémiques ou épidémiques qui portent si souvent la désolation dans beaucoup de provinces; toutefois, notre région n'a pas toujours été exempte des maladies graves qui, à certaines époques ont parcouru la France et le reste de l'Europe. Du XIVe au XVIIe siècle, l'histoire locale mentionne les atteintes d'une maladie désignée sous le nom de *peste,* sans doute le *typhus* ou les fièvres graves, malignes, qui servent trop souvent de cortége aux grands rassemblements d'hommes. Ces épidémies sévissent généralement à la suite des mouvements de troupes, et sont alors la conséquence des fatigues et des privations de la guerre. Nous venons d'en avoir sous les yeux une preuve malheureusement trop évidente. Les animaux domestiques eux-mêmes ont ressenti, à toutes les époques, l'influence de ces maladies occasionnelles, et des épizooties meurtrières ont enlevé autrefois nombre d'animaux, comme elles l'ont fait de nos jours en des circonstances analogues.

Une autre maladie, la *petite vérole* (variole) venait aussi, par intervalles assez rapprochés, désoler nos populations. On croyait jusqu'ici posséder dans la découverte de Jenner un préservatif indéfini : les épreuves de ces dernières années ont démontré que l'action de la vaccine n'est que temporaire, et qu'il est prudent de renouveler l'opération par périodes de dix ans au plus, jusque l'âge de la cinquantaine.

Une épidémie nouvelle, le *choléra-morbus* d'Asie, apparaissait pour la première fois dans nos parages en avril 1832, après avoir semé l'épouvante dans l'Europe orientale, en Angleterre et à Paris. Les progrès rapides de cette épidémie semaient partout la terreur; l'inquiétude générale fut bientôt partagée par notre arrondissement, car, vingt jours après son début à Paris, le choléra apparaissait dans la commune d'Erloy, canton de La Capelle. La marche du fléau dans ce malheureux village a prouvé la nature contagieuse de la maladie, qui y fut apportée par une femme qui venait de faire le voyage de la capitale. Des parents de cette femme vinrent la voir : tous furent atteints des symptômes du choléra le plus intense, auquel ils succombèrent en quelques jours. De ce moment, le mal se répandit dans tout le village; chaque jour on comptait de nouveaux cas et de nouveaux décès. Sur une population de 600 âmes, Erloy perdait en peu de jours une cinquantaine de ses habitants. Une commune toute voisine, Autreppes, fut également atteinte et compta aussi plus de quarante décès de cholériques; cinquante autres localités de la Thiérache payèrent encore tribut à l'épidémie; la statistique médicale porta à 1,280 le chiffre des personnes atteintes et à 626 celui des décès. En comparant ces nombres à ceux fournis par les arrondissements voisins du nôtre, on reconnut que notre pays avait joui, au milieu de la calamité générale, d'un certain privilége.

Le choléra asiatique recommença en 1848 ses excursions, en suivant le même itinéraire. Vers la fin de la même année, des cas de choléra furent signalés dans le département du Nord ; le sud de l'Aisne fut atteint en juin 1849 ; mais ce ne fut qu'en juillet que l'épidémie envahit de nouveau l'arrondissement de Vervins. En peu de jours, près de 100 personnes sont atteintes à La Capelle, qui compta bientôt 48 victimes. Quelques cas furent également signalés à Buironfosse ; Guise en comptait 53 en août, dont 36 décès, enfin Etreux perdit 4 de ses habitants et Boué 2, pendant cette même année.

En 1854, autre année d'épidémie, le cachet de la maladie a différé de la marche des autres épidémies. Ainsi, à Etreux, à Boué, une fois implanté dans le pays, le choléra n'y sévit que peu à peu, frappant surtout les individus prédisposés par la misère, la fatigue ou de fâcheuses impressions morales, et les frappant à intervalles éloignés pour prendre dans le pays en quelque sorte droit de domicile. Etreux n'en compta pas moins 19 victimes et Boué 54. On a constaté que c'était presque toujours le lundi, après les libations du dimanche, que furent frappés un à un la plupart des cholériques dont on a eu à regretter la mort (1).

Rappelons, pour terminer cette revue, que le canton du Nouvion et ses environs ont été visités tout récemment encore, en 1859-60, par une autre épidémie, l'angine dite alors couenneuse, qui y enleva 46 personnes : 20 au Nouvion, 15 à Esquéhéries et 11 à Leschelle.

Nous ne mentionnerons que pour mémoire les funestes ravages exercés dans le pays par la variole durant la malheureuse campagne de 1870-71. Aucune de nos communes n'a été épargnée, et c'est par cen-

---

(1) A. Penant, Top. méd. de l'arrondissement de Vervins.

taines que la statistique comptera les décès lorsqu'elle aura à relever les ravages du terrible fléau.

Hygiène alimentaire. — Malgré les efforts tentés depuis plusieurs années par l'agriculture et l'administration, la viande n'entre encore que pour une faible partie dans l'alimentation de nos campagnes. Il faut reconnaître toutefois que, dans le canton du Nouvion on en mange maintenant une ou deux fois par semaine (1); mais on ignore encore, en général, la manière de la préparer utilement. On connaît la viande bouillie; parfois, on la fait griller, mais c'est quand elle a déjà perdu ses sucs nutritifs par suite d'une ébullition prolongée. Les préparations plus savantes sont encore presque inconnues dans la plupart de nos villages.

La viande de porc est plus en usage; elle constitue, à la vérité, un excellent aliment pour les estomacs robustes; mais là, encore, une vieille routine vient s'opposer à un usage utile et sain de cette alimentation. On conserve la viande de porc en la salant; cette salaison contracte la fibre musculaire et la rend par cela même plus dense, plus difficile à digérer. Quoi, en effet, de plus indigeste et de moins nourrissant que ces *grillades* rôties, à demi-consumées, en usage chez nos villageois? Et cependant la tranche de jambon, lorsqu'elle a été ainsi bien grillée dans la poêle, demeure le mets favori du pays.

Le lait et les œufs, accommodés sous toutes les formes possibles, constituent la nourriture de la majeure partie des habitants de la Thiérache. Le lait

---

(1) Il est bien entendu qu'il ne peut être question ici que de la classe ouvrière ou peu aisée

épaissi avec la farine forme cette bouillie connue dans le pays sous le nom de *chaudeau* ou *grumelets*; si la farine est additionnée de rubans de pâte, on obtient les fameux *vitelots* tant vantés de nos aïeux, qui en formaient le principal mets du premier dimanche de carême, ou *dimanche des vitelots*.

On façonne avec le lait le *beurre*, que l'on prépare avec tant de soin dans nos métairies, et dont on fait une si grande consommation dans la contrée, en l'associant à tous les mets. Le *fromage*, que l'on mange nouveau ou *blanc*, et auquel on ajoute presque toujours des condiments de haut goût, poivre, sel, échalottes, etc., jouit d'une grande estime parmi les habitants de nos campagnes. Travaillé plus longtemps, ce fromage, comme nous l'avons dit, donne le *maroilles*, vulgairement *marolles*, base d'une industrie considérable dans notre pays de pâturages et dans le Nord. Ce fromage compose le déjeuner et la collation de l'ouvrier de nos villages.

Grâce à la quantité considérable de blé froment cultivé de nos jours, le *pain* est généralement de bonne qualité; il réunit maintenant toutes les conditions désirables, qu'il soit tiré de la boulangerie ou fabriqué économiquement par les familles elles-mêmes. Mais l'hygiène blâme l'ancienne coutume qui consiste à ne faire le pain que tous les huit ou dix jours; il s'altère alors, devient aigre et durcit au point de devenir d'une difficile digestion.

La *pomme de terre* demeure la viande du pauvre; peu de familles, toutefois, s'en nourrissent exclusivement aujourd'hui. Dans les années où le pain est d'un prix élevé, ce précieux tubercule est d'un grand secours pour la nourriture de la classe indigente; malheureusement, il est devenu, sous l'influence des années pluvieuses, fade, gras, moins féculent, et partant moins nutritif et d'une plus difficile digestion. On réussit assez bien, dit-on, à le conserver intact en l'arrachant avant qu'il soit arrivé à sa complète maturité.

Quant aux autres légumes et aux différents fruits qui entrent dans l'alimentation, ils ne nourrissent qu'en raison de l'énorme quantité qu'en absorbent les ouvriers, unie au pain. La lenteur de la mastication, la simplicité des mets et la régularité des repas, en rendent la digestion plus facile.

Boissons. — Les boissons dont il est fait le plus souvent usage sont : l'eau, la bière, le cidre, l'eau-de-vie et le café. On boit peu ou pas de vin dans la classe ouvrière. Il est vrai de dire que celui qu'elle pourrait se procurer ne serait que de médiocre qualité. — L'eau est généralement bonne, surtout quand on la puise à des sources abondantes situées à la surface du sol, comme on en rencontre si fréquemment dans le canton. On commence à reconnaître les accidents qu'elle peut déterminer chez l'ouvrier des champs, pendant la saison des chaleurs, quand elle est absorbée en trop grande quantité, le corps étant en sueur.

Bière. — Tout le monde sait que la bière est une décoction d'orge germée que l'on aromatise avec le houblon, en soumettant le tout à la fermentation alcoolique. Cette boisson, toute bénigne qu'elle semble être par la nature de ses éléments, peut néanmoins devenir nuisible pour ceux qui en font un abus. Il n'est pas rare de rencontrer, dans nos localités où dominent déjà les habitudes flamandes, de ces hommes qui, dans l'espace de quelques heures, absorbent des quantités considérables de bière sans paraître incommodés de la présence de ce liquide dans l'estomac. Mais tôt ou tard leur économie ressent les effets de semblables libations; ces forts buveurs finissent par devenir lourds, apathiques, impropres aux travaux intellectuels, et beaucoup d'affections organiques de l'estomac et des voies urinaires n'ont souvent pour unique cause que de semblables excès.

Cidre. — Le cidre est la boisson habituelle du pays; la bière ne fait que le suppléer. C'est une boisson agréable et d'une facile digestion; mais il produit promptement l'ivresse, et, pris immodérément, il présente tous les inconvénients des alcooliques. On sait que le cidre nouvellement fabriqué est excessivement laxatif; il peut alors déterminer des diarrhées, voire même des dyssenteries, chez ceux qui en abusent.

Eau-de-Vie. — Café. — L'eau-de-vie est une boisson qui, malheureusement, est consommée en trop grande quantité dans la classe ouvrière; son usage offre cependant les plus graves inconvénients. Prise à dose modérée, elle stimule et vivifie momentanément l'organisme; mais son abus produit les désordres les plus graves sur l'économie animale, et outre qu'elle provoque l'ivresse et toutes ses conséquences, l'eau-de-vie prédispose à une foule de maladies et aggrave celles qui existent déjà.

L'usage du *café* est devenu très-commun dans les cantons limitrophes du Nord et de la Belgique : le contact de populations qui font de cette boisson l'accompagnement obligé de tous les repas, et la contrebande qui en a jusqu'ici procuré une grande quantité à bon marché, sont les causes qui ont fait de cette boisson un objet de consommation si répandu.

Bien préparée, l'infusion du café est, en effet, extrêmement agréable; l'hygiène le recommande en vue d'accélérer la circulation en augmentant la chaleur vitale. Par suite de son action calorifique, c'est l'un des agents qui préservent le mieux contre les intempéries atmosphériques. Malheureusement, l'infusion du café n'est, le plus souvent qu'un prétexte pour l'absorption d'une plus ou moins grande quantité d'eau-de-vie; et le fameux *gloria* offre tous les dangers médiats et immédiats de l'eau-de-vie.

Le café au lait, aussi généralement en usage, reste pour nos localités le mets de prédilection du matin. Agréable au goût et à l'odorat, il est aussi d'une facile digestion.

M. Trélat au château de Leschelle. — Dans ses lettres *sur la Picardie*, écrites en 1840 au château de Leschelle, le docteur Trélat affirme avoir observé un grand nombre d'affections de l'appareil digestif et quantité de lésions organiques de l'estomac parmi les habitants des environs, et il en explique ainsi la cause : « La nourriture des gens de travail, dit-il, y est grossière, parfois insuffisante et trop constamment la même; et de plus, il se trouve un nombre considérable d'hommes et de femmes qui boivent de l'eau-de-vie, les uns, le matin, en faible quantité, d'autres à plusieurs reprises dans la journée avec plus ou moins de ménagement ou d'abandon. Une liqueur aussi active ne doit-elle pas être infiniment plus malfaisante sur des organes habitués à ne recevoir que de l'eau et une grossière nourriture, que chez les hommes qui se nourrissent de viande et boivent du vin? L'eau-de-vie, en si petite quantité qu'elle soit prise, n'exerce-t-elle point une action presque toxique sur des tissus si peu préparés à une stimulation pareille? »

Le docteur Penant, de Vervins, à qui nous avons emprunté une grande partie des documents médicaux qui précèdent, avait, de son côté, constaté des faits analogues à ceux signalés par le grand praticien de la capitale. « Chaque jour, écrit-il lui-même, nous avions observé, chez beaucoup de gens de la campagne, la fréquence d'une maladie occasionnée autant par une nourriture grossière que par l'usage de l'eau dure. Cette affection est la *gastrorrhée*, connue vulgairement sous le nom de *pituite de bile*; chaque matin, les individus qui en sont atteints se réveillent avec des nausées, des anxiétés épigastriques et rejettent par flots des mucosités filantes plus ou moins amères. Cette affection est souvent le prodrome de maladies organiques, surtout quand on use pour la combattre, de la *goutte* du matin, comme le font la plupart de ceux qui en sont affectés. »

Service médical. — Vaccinations. — Le service médical est fait, dans nos dix communes, par deux docteurs en médecine et un officier de santé; soit, sur une population de 11,298 habitants, un médecin pour 3,766 habitants. Les deux docteurs résident au chef-lieu, et l'officier de santé à Boué. Une pharmacie est aussi établie au Nouvion depuis le 1er janvier 1815. Il n'en existait pas d'officiellement reconnue, dans le canton, antérieurement à cette époque. Les accouchements sont faits par quatre sages-femmes, dont deux au Nouvion, une à Esquéhéries et une à Leschelle.

Autrefois, dans nos campagnes, la médecine des pauvres était abandonnée au bon vouloir des médecins qui, tous, il est vrai, se faisaient un devoir de donner leurs soins aux malheureux. Mais il fallait assurer d'une façon plus régulière les secours médicaux aux indigents; et dans ce but, l'administration départementale confia, aux médecins eux-mêmes, l'étude d'un projet d'organisation de la médecine gratuite qui assurât aux familles pauvres, en cas de maladie, des secours médicaux et pharmaceutiques. Cette organisation existe depuis 1865, et chacune de nos communes, moyennant un crédit annuel de peu d'importance, se trouve aujourd'hui en mesure de procurer à ses malades indigents les secours dont ils ont besoin.

Vaccinations. — Confiée dans le principe à des agents cantonaux, l'opération de la vaccine est maintenant abandonnée à tous les médecins ou sages-femmes qui veulent s'y livrer. Elle donne des résultats généralement très-satisfaisants, et bien peu d'enfants dans le canton restent maintenant privés des bienfaits de la vaccine. Les préventions d'autrefois ont disparu et les familles se soumettent d'elles-mêmes à l'opération en temps d'épidémie, ce qui s'est vu notamment en 1870-71.

Préjugés et croyances médicales. — Dans les maladies aiguës, on ne manque pas de recourir promptement au médecin et de suivre scrupuleusement ses ordonnances; mais il n'en est plus de même pour les indispositions ou les affections chroniques, à propos desquelles on se livre trop souvent encore à l'empirisme. La foi au charlatanisme persiste vivace chez bon nombre de nos campagnards, et si l'on en juge par l'empressement des foules qui assiégent, dans nos foires, le piédestal à quatre roues des empiriques, le préjugé a encore de profondes racines dans un certain milieu de nos populations.

Dans quelques localités, on conserve l'usage de se faire saigner par précaution à différentes époques de l'année. La fameuse médecine Leroy a cessé d'être le purgatif souverain, mais bien des gens abusent encore de certaines *purges* qui ne sont pas toujours inoffensives pour leurs tissus; l'eau sédative, le camphre, le *Manuel Raspail* demeurent aussi en grande vénération; enfin, et pour tout dire, les fractures, les luxations, les hernies continuent de trouver des opérateurs dans un charlatanisme qui est loin d'être toujours désintéressé.

Habitudes et goûts de la population. — Jeux, Fêtes. — La population du Nouvion et des communes qui s'y rattachent tend de jour en jour, nous l'avons déjà dit, à perdre ce cachet de rusticité que l'on rencontre encore assez communément dans certains villages de la Normandie et de la Bretagne. Non pas que nos villageois deviennent libres-penseurs à la mode du jour : les anciennes mœurs de la foi primitive ne sont pas trop altérées chez nous; mais la vieille superstition commence à faire place à des croyances plus éclairées. Peu de gens croient encore au sabbat que le diable et ses affidés venaient faire, d'après la légende, tous les ans, dans la forêt, la nuit de Noël, au lieudit le *Grand-Orme*. On ne se gêne plus, maintenant, de voyager un vendredi, de placer le pain à revers sur la table, de faire pirouetter une chaise sur l'un de ses pieds; l'on ne se chagrine plus outre mesure de se trouver treize réunis à table, de répandre du sel sur la nappe, de placer par mégarde deux couteaux en croix, etc., etc.; ou bien, si l'on n'est pas tout à fait tranquille à propos de ces puérilités, on y fera allusion en riant, et non plus avec cet air mystérieux et craintif de nos grands parents.

La foi chrétienne n'a pas dans notre pays cette exaltation qui la caractérise si mal dans certaine contrée voisine, mais elle y est sincère, et la charité, qui doit en être l'essence, s'y manifeste sous toutes les formes. Les pauvres sont peu nombreux, et encore leur condition n'est-elle pas à comparer à celle des nécessiteux des grandes villes. Le pain quotidien leur est assuré, ainsi que le vêtement et souvent bien autre chose. Aussi, dans ces années désastreuses que nous venons de traverser, avons-nous vu peu de mendiants solliciter l'aumône à nos portes : il y a là évidemment un progrès accompli, auquel n'a pas peu contribué le sentiment religieux.

Le repos du dimanche est assez religieusement observé ; mais cette observation consiste malheureusement encore, pour beaucoup, dans des réunions au cabaret, plutôt que dans l'assistance aux offices divins. Le dimanche, au matin, l'ouvrier termine quelque besogne restée de la semaine, et ce n'est guère que l'après-midi qu'il endosse l'habit du dimanche. La toilette faite, on se rend à l'estaminet, ou, s'il fait beau temps, on risque quelque récréation à l'extérieur, comme le jeu de boules ou celui des quilles. Les jeunes gens préfèrent le billard ; mais le jeu de cartes continue de faire le principal délassement.

L'intérieur des maisons bourgeoises offre des modèles de toutes les vertus domestiques ; — les offices, quelques visites de politesse ou de sympathie remplissent la majeure partie du dimanche ou des jours de fête. L'été une promenade à la forêt, ayant parfois pour objectif un goûter champêtre, une tasse de moka préparée sous les hêtres touffus de la Plaine-d'Amour(1),

---

(1) Lieudit de la forêt, proche du Nouvion.

des rondes, des chants, des danses en plein air ou sous la feuillée, tels sont les plaisirs recherchés par la bonne société et les jeunes personnes qui se respectent.

Jeux. — Il y a trente ans, les jeux du dimanche, dans tout le canton, étaient bien autrement animés; partout on boulait, on jouait aux quilles, on tirait à l'oison; l'hiver, pendant les gelées, on jouait à la crosse, et tout cela par immenses parties.

Le jeu de crosse, qui tend aussi à tomber en désuétude, est cependant, comme celui des boules, un excellent exercice gymnastique; et il était d'autant plus utile qu'il forçait les joueurs à braver les rigueurs du froid, à s'endurcir contre les atteintes des frimas, et cela pendant une saison où l'on n'a que trop de propension à s'engourdir dans l'inaction et l'apathie. Ce jeu consiste à lancer un éteuf (vulgairement *chulot)* vers un but convenu, au moyen d'un bâton recourbé ou *crosse*, ferré à ce propos par le bout. Chaque partie a lieu d'ordinaire entre six joueurs, dont trois se proposent de toucher le but en chassant l'éteuf le moins de fois possible, tandis que les trois autres cherchent à les en empêcher en éloignant l'éteuf ou en le logeant dans quelque endroit d'où l'on ne puisse que difficilement le relancer. C'est surtout lorsqu'on approche du but que le jeu devient intéressant : là, ce n'est plus la vigueur des muscles, mais la précision du jet qui doit assurer la victoire. Si, en effet, le but à frapper est un tout petit arbre, que de fois ne passe-t-on pas à côté avant de le toucher, sans compter qu'une fois les coups passés, la partie adverse peut vous écarter bien loin d'un seul coup !

Il s'établissait souvent, pour ce jeu, des luttes de

village à village, et rien n'était plus curieux que de voir alors les pâtures et les vergers du pays couverts de nombreux crosseurs qui allaient et venaient en tous sens, exerçant à la fois leurs jambes, leurs bras, leur coup-d'œil. Des prix étaient adjugés à celui des deux camps qui comptait le plus de parties gagnées : c'étaient quelquefois des comestibles qu'on allait consommer au cabaret voisin, autour d'une vaste table couverte de pots de bière, collation qu'on faisait souvent suivre de chants patriotiques en vogue, sinon de couplets grivois.

Beaucoup d'anciennes coutumes particulières au pays, et autrefois chères à nos pères, commencent aussi à s'effacer parmi nous. Depuis une dizaine d'années, le feu de la Saint-Jean s'éteint; l'arbre de mai cesse de pousser en une nuit; le feu des *Bures* ou *Béhourdi*, propre au premier dimanche de carême, n'illumine plus que rarement de ses brandons les vergers sur lesquels il attirait autrefois les faveurs du Ciel et l'abondance; le carnaval lui-même ne traîne plus dans une immense charrette ses acteurs barbouillés de lie, chantant des refrains bachiques ou vendant de grotesques médicaments.

De toutes ces anciennes pratiques, si belles, pour la plupart, dans leur simplicité, il ne reste plus rien; le tourbillon des affaires entraîne tout. Le campagnard d'aujourd'hui oublie les bonnes vieilles traditions de ses ancêtres parce qu'il a été à la ville, et qu'il y a rencontré des jouissances qui lui font trouver fades celles de son village; — parce que le sentiment personnel fait de plus en plus taire l'idée commune; — parce qu'on s'enrichit plus vite; — parce que dans l'écurie un bon gros cheval a remplacé l'âne qui portait au marché les produits de l'étable et que là-bas, dans le hangar, derrière le tombereau, se trouve une commode voiture suspendue sur deux ressorts, peut-être même un cabriolet.

Fêtes. — Une chose nous est restée cependant au milieu de toutes ces ruines, c'est l'habitude de se rassembler une ou deux fois chaque année pour célébrer par quelques jours de réjouissances la fête communale ou celle du saint patron de la paroisse. La place est ornée, par les soins de la jeunesse, de guirlandes garnies le soir de verres de couleurs, de lanternes vénitiennes, qui les font ressembler à de lumineux serpents ondulant sur la tête des danseurs, au bruit sonore et harmonieux d'un orchestre d'élite. C'est là que se réunit le soir toute la jeunesse du pays et les amateurs accourus des villages environnants. On danse, on saute, on se bouscule quelquefois, sans apporter à cet exercice l'attention que nos pères mettaient à l'exécution d'une gavotte ou d'un menuet en place publique. Aujourd'hui encore, on ne considère plus comme un point d'honneur de savoir danser. Faut-il s'en réjouir ?.....

Dans nos localités voisines de l'arrondissement d'Avesnes, la fête du pays, comme la *ducace* dans le Nord, est une affaire capitale pour chaque commune en général, et, pour tous les habitants en particulier, une question d'amour-propre local. C'est à qui fera mieux les choses, offrira aux étrangers le plus d'attrayants divertissements. Les habitudes conviviales des ancêtres se sont maintenues dans toute leur ferveur, mais aussi dans toute leur dignité primitive.

La fête patronale ou communale est demeurée pour tous un heureux jour de visites réciproques entre parents et amis; un jour où des hôtes toujours bienveillants se font un plaisir de recevoir force commensaux, de leur offrir, outre une foule de mets, la classique tranche de jambon et quantité de pâtisseries connues sous le nom de *tartes, flans* ou *pâtés*. — Ces réjouissances durent le plus communément trois ou quatre jours; elles se prolongent même une grande partie de la semaine dans quelques-uns de nos centres importants. Le jeudi et le dimanche suivant, jour du *raccroc*, les divertissements reprennent; mais une variante se produit dans le mode des réjouissances dansantes : c'est le tour des demoiselles de payer les violons et de rendre les politesses qu'elles ont reçues.

Depuis plusieurs années, la principale fête du Nouvion a le privilège d'attirer une affluence de plus en plus considérable. C'est qu'en effet, jeunes gens, habitants, municipalité, tous font les plus louables efforts en vue de donner aux réceptions, comme aux décors extérieurs, un caractère et une variété dignes du pays. De cette association commune de bonnes volontés, il résulte que chacun trouve à satisfaire ses goûts. Tandis que les uns se livrent au plaisir de la chorégraphie ou se rendent au spectacle, d'autres se disputent aux tirs les prix offerts à l'adresse, ou se passent la fantaisie d'une course sur chevaux de bois. Il en résulte encore que le soir venu, de brillantes illuminations vont prolonger indéfiniment les plaisirs communs; que la musique qui se fait entendre est aussi bonne qu'on peut le désirer. Sur un joli théâtre, sur une estrade élégamment peinte et décorée, vous trouvez un orchestre de six, huit ou dix musiciens, dont une contrebasse, un ophicléide, un ou deux barytons rehaussés de violons, de trombone et de cornets à pistons, jouant des productions toujours nouvelles, toujours choisies aux meilleures sources. Aussi, sans exclusion aucune, sans autre condition d'admission que de la décence et du maintien; sans autre distinction entre les groupes que celle que provoquent librement les affinités de rang, de parenté, d'amitié ou d'éducation, se presse une foule de monde accouru des villes et des villages environnants, à pied, à cheval, en carriole, en tilbury ou en char-à-bancs. Tout ce monde est élégant, plein de tenue, observant les convenances; et à moins de s'en assurer tout spécialement, l'étranger bien souvent ne supposerait pas qu'il se trouve à la campagne, ayant devant lui une multitude presque entièrement composée de villageois.

VI

ADMINISTRATIONS DIVERSES

AVANT ET APRÈS LA RÉVOLUTION

Idée générale. — Le *gouvernement*, autrement dit le *pouvoir central*, a compris de tout temps le *souverain*, *ses ministres*, *les conseils* qui les éclairent et les *assemblées nationales* chargées de représenter les intérêts du peuple. — Quant à l'*administration*, on la définit « un ensemble de moyens destinés à faire arriver le plus promptement possible et le plus sûrement, la volonté du *pouvoir* central dans toutes les parties de la société, et à faire remonter vers ce pouvoir central, sous les mêmes conditions, les forces de la société, soit en hommes, soit en argent (1). »

Pour administrer, il a toujours fallu une hiérarchie de fonctionnaires publics en rapport avec les besoins des divers services et la division du territoire; ces fonctionnaires ont été appelés tour à tour *grands officiers* de la couronne, *ministres; ducs, comtes, baillis* ou *sénéchaux, vicomtes, prévots; gouverneurs, intendants; préfets, sous-préfets, mayeurs* ou *majors, échevins, maires*, etc.

Du pouvoir local à l'origine. — Nous ne pouvons entrer ici dans de longs développements sur l'organisation des administrations anciennes; nous nous bornerons à rappeler brièvement ce que furent,

---

(1) M. Guizot, Cours d'histoire de la civ. en Europe.

aux principales époques de notre histoire, les représentants du pouvoir dans les provinces.

A l'époque de la domination romaine, les dix-sept provinces de la Gaule étaient administrées, au nom de l'empereur, par des magistrats appelés *rectores*, *présides*, *proconsules*, etc. C'étaient des gouverneurs dont la mission consistait surtout à tirer des provinces toutes les ressources possibles en hommes et en numéraire.

Les rois barbares qui suivirent établirent à leur tour, dans les subdivisions de leur empire, des *heretogs* ou ducs, des *grafs* ou comtes, des *centeniers* et des *dizainiers* qui cumulaient tous les pouvoirs dans leur circonscription territoriale. Peu à peu, chacun de ces chefs, — c'étaient autant de guerriers, — campé dans son domaine avec ses hommes d'armes, en arriva à se considérer presque comme un souverain indépendant. Plus tard, et à la faveur de l'anarchie qui suivit la dissolution de l'empire carlovingien, les ducs et les comtes devinrent inamovibles et finirent par rendre leurs dignités héréditaires. Pendant les trois siècles x^e, xie et xiie, où le régime féodal fut dans toute sa vigueur, l'autorité centrale n'eut plus de représentants dans les provinces; chaque seigneur exerçait dans ses domaines une autorité presque absolue.

Baillis et Sénéchaux. — Cet état de choses changea sous Philippe-Auguste; au lieu d'une fédération de princes, il y eut alors une monarchie féodale. Le monarque se fit représenter, dans les provinces qu'il conquit, par des magistrats qu'on nomma *baillis* dans le nord de la France et *sénéchaux* dans le sud; et par suite, on désigna sous le nom de *baillie* ou *bailliage* la circonscription territoriale sur laquelle s'étendait leur autorité.

Représentant du seigneur féodal ou du roi, le bailli rendait la justice en son nom, commandait ses hommes d'armes, administrait ses finances et s'occupait de tous les détails du gouvernement. Les baillis devaient tenir leurs assises une fois par mois, et juger spécialement les crimes de meurtre, rapt, homicide et trahison. Ils avaient autorité sur des magistrats inférieurs nommés *vicomtes* et *prévôts*, et jugeaient les appels des sentences prononcées par ces derniers, tout en ressortissant eux-mêmes au tribunal des *régents* ou à celui du roi où ils devaient comparaître en personne.

Saint-Louis institua quatre grands baillis, dont un a Saint-Quentin pour le Vermandois, la Thiérache, le reste du département de l'Aisne actuel, et autres contrées voisines. Mais afin de les empêcher de prendre racine dans le pays soumis à leur autorité, et d'y constituer une nouvelle féodalité, il était interdit aux baillis d'y acquérir aucune propriété et même de s'y marier ou d'y marier leurs enfants. Le bailli et le sénéchal devaient être changés tous les trois ans, et jamais ils ne pouvaient exercer leur fonction dans le lieu de leur naissance.

Les baillis royaux exercèrent d'abord le pouvoir dans des circonscriptions fort étendues, et plus tard dans des limites plus restreintes, nécessitées par la multiplicité et l'importance des affaires. Bientôt, le chef féodal imita le roi; sa justice se modela sur celle du monarque et des grands feudataires. Les seigneurs de Guise suivirent le mouvement, et leurs justiciers prirent également le titre et les attributions de baillis (1). Peu à peu cependant on comprit la nécessité de la distinction des pouvoirs ; les attributions complexes des baillis et des magistrats inférieurs disparurent. Chacun d'eux eut désormais sa part de pouvoir, selon ses aptitudes personnelles : le prévôt ne s'occupa plus que d'affaires domaniales ou fiscales, et le bailli féodal garda la direction de la justice au nom du seigneur.

Gouverneurs des provinces. — Les gouverneurs de provinces ne datent guère que de la fin du xv° siècle, et leurs fonctions ne furent même nettement déterminées qu'à partir du xvi°, où ils prirent une grande importance. Toutefois ils n'eurent que la puissance militaire ; il leur était interdit toute levée de deniers, toute usurpation de fonctions judiciaires. — Huit *parlements* pour l'administration de la justice, trente-deux tribunaux inférieurs, nommés *présidiaux*, une *justice prévôtale* pour la répression des brigandages et des flagrants délits, dix-sept *recettes générales* pour la perception de l'impôt, des *chambres des comptes*, des *cours des aides* et des *bureaux de finances* établis à côté des parlements pour la répartition de l'impôt et la régularisation des comptes, complétaient l'organisation de l'administration locale au xvi° siècle.

Intendants des généralités. — Aux gouverneurs des provinces succédèrent des magistrats nommés *intendants*, établis d'abord par Richelieu (1635), supprimés par la Fronde (1648), puis rétablis par Mazarin (1654). Agents dociles du pouvoir absolu, les intendants avaient pour mission spéciale de surveiller toutes les

---

(1) L'établissement de la baillie de Guise, à laquelle ressortissait la terre du Nouvion avec ses dépendances, paraît remonter à la première moitié du xiii° siècle. (1239) — Voir *La Thiérache*, 3° livraison, page 20.

parties de l'administration et notamment les finances. On nomma *généralité* la circonscription territoriale soumise à leur juridiction. Il y avait dans chaque généralité un bureau de finances ou chambre des trésoriers de France. Pour la facilité des recettes, on avait subdivisé les généralités; les unes, appelées généralités des *pays d'élection* (1), étaient partagées en un certain nombre d'élections; les autres comprenaient les *pays d'Etats* (2), et restèrent subdivisées en *bailliages*, en *vigueries*, en *districts* de villes, en *subdélégations* et *gouvernances*. On comptait 20 généralités de pays d'élection, 6 généralités de pays d'États et 7 intendances générales; en somme 33 circonscriptions soumises à la juridiction d'autant d'intendants ou commissaires royaux.

Généralité de Soissons. — Elle avait été établie par édit de novembre 1595, et comprenait sept élections, savoir : celles de Soissons, Laon, Noyon, Crépy-en-Valois, Clermont-en-Beauvaisis, Guise et Château-Thierry. Ces élections renfermaient 22 subdélégations réparties ainsi qu'il suit :

Élections de Soissons.		Soissons, Braisne, Oulchy.
—	Laon.	Laon, Craonne, Ribemont, Rozoy, La Fère, Coucy, Marle, Vervins.
—	Guise.	Guise, Hirson.

---

(1) On appelait autrefois *élection* une circonscription financière soumise à la juridiction de magistrats inférieurs appelés *élus*, qui présidaient à la répartition, à la perception et à l'emploi des deniers publics.

(2) Provinces qui jouissaient déjà du privilége de voter elles-mêmes leurs impôts dans des assemblées dites provinciales.

Élections de Noyon . . . .   Noyon, Chauny, Ham, Nesles.
—   Clermont . . . . .   Clermont.
—   Crépy . . . .   Crépy, Neuilly-Saint-Front, Villers-Cotterêts, La Ferté-Milon.
—   Château-Thierry.   Château-Thierry, Fère-en-Tardenois, Montmirail.

La généralité de Soissons comptait dans son ressort 1,135 villes, bourgs et villages; son étendue était de 445 lieues carrées et sa population de 437,000 habitants.

Il y avait dans chaque subdélégation un subdélégué chargé d'exécuter les ordres de l'Intendance ou Généralité, aussi bien que ceux du pouvoir central.

Les communes du canton actuel du Nouvion ressortissaient à des généralités et élections diverses. Ainsi, les paroisses du Nouvion, Barzy, Boué et Bergues connues alors sous la dénomination de *Sart du Nouvion;* — et celles de Dorengt, Esquéhéries, La Neuville et Leschelle, faisaient partie de la généralité de Soissons; mais Le Nouvion, Barzy, Bergues, Esquéhéries et Leschelle seulement étaient des bailliage et élection de Guise; tandis que Boué et Dorengt, quoique de la même élection, ressortissaient l'une au bailliage de Laon et l'autre à celui de Ribemont; La Neuville, pareillement de l'élection de Guise, ressortissait au bailliage de Saint-Quentin. Quant à Fesmy et Le Sart, ils ne formaient primitivement qu'une seule et même paroisse des États du Cambrésis, et faisaient partie de la généralité de Valenciennes.

Ainsi, irrégularité, confusion dans l'organisation ad

ministrative et judiciaire des circonscriptions. Il est à remarquer toutefois que les justices seigneuriales relevaient généralement du bailliage dans lequel elles étaient enclavées; mais le plus souvent encore, point d'uniformité dans la législation ou les procédures : ce qui était permis dans une paroisse était souvent interdit dans le hameau qui en dépendait.

Départements et subdivisions diverses.—La loi du 22 décembre 1789 supprima les généralités, élections et subdélégations; celle du 15 janvier 1790 divisa la France en 83 departements qui furent subdivisés en *districts, cantons* et *municipalités :* ce fut l'œuvre de la première Constituante.

Le département de l'Aisne eut six districts dont les chefs-lieux furent Laon, Chauny, Saint-Quentin, Vervins, Soissons et Château-Thierry.

La loi du 28 pluviôse an VIII (18 janvier 1800) supprima les districts, et le premier Consul subdivisa les départements en arrondissements, cantons et communes : telle est aujourd'hui encore la division administrative de la France. On sait que le département de l'Aisne a été divisé en cinq arrondissements dont les chefs-lieux sont : Laon, préfecture, Saint-Quentin, Vervins, Soissons et Château-Thierry, sous-préfectures.

Il y a deux espèces d'autorités dans chaque département : 1° les autorités déléguées par le pouvoir central; 2° les représentants des intérêts du département, nommés par les electeurs.

Lorsque la Constituante eut établi les départements, elle voulut que toute administration procédât du peuple, et ce fut d'après ce principe qu'elle organisa les *directoires de département,* qui étaient nommés par l'assemblée électorale du département, et choisissaient le *procureur* syndic placé à côté de l'administration départementale, pour surveiller l'exécution des mesures adoptées. Un *conseil de département,* nommé également par l'assemblée des électeurs, surveillait le *directoire* du département. Ainsi, toute l'autorité départementale, directoire, syndic, conseil, venait du peuple. Le désordre qu'entraîna cette faiblesse du pouvoir livré à tous les caprices de l'élection, ramena à un système différent. Le premier Consul, par la loi du 17 février 1800, réorganisa l'administration départementale. Elle se composa d'un *préfet,* nommé par le chef du pouvoir exécutif, et résidant au chef-lieu du département; de *sous-préfets*, établis dans chaque chef-lieu d'arrondissement, et nommés également par le chef du pouvoir exécutif; enfin, de *conseils de préfecture*, dont les membres étaient aussi choisis par l'autorité centrale. La surveillance de toutes les branches de l'administration fut dévolue aux préfets et sous-préfets; Les conseils de préfecture furent des tribunaux administratifs jugeant les questions contentieuses en matière d'impôts, de travaux publics, de domaine public, etc., sauf appel au conseil d'Etat.

Telle fut la part faite au pouvoir central et à ses délégués; mais en même temps, la loi accorda une représentation aux intérêts du département. Le *conseil général,* nommé par les habitants du département, suivant les conditions déterminées par les diverses lois électorales, fut chargé de voter les fonds nécessaires au dépenses départementales et de faire entendre les vœux du pays. Réuni au moins une fois par an et révisant les dépenses administratives, il dut exercer un contrôle salutaire sur les actes du préfet.

Les *conseils d'arrondissement* eurent le même rôle auprès des *sous-préfets*. Cette organisation, qui concilie les intérêts de chaque localité avec l'action légitime du pouvoir central, s'est maintenue jusqu'à nos jours à peu près telle qu'elle avait été établie par le premier Consul.

Administrations municipales. — Au-dessous des agents de l'autorité centrale, il a toujours existé dans les paroisses ou communes des magistrats populaires. Rome elle-même, malgré son despotisme, avait laissé une place importante aux administrations municipales, qui avaient de son temps, leurs *curies*, leurs *decurions*, leurs *duumvirs, curatores civitatis,* etc.; du ve au xiie siècle, le pouvoir municipal, dans le nord de la France, appartint presque toujours aux évêques, proclamés par tous *defensores civitatis*.

Le xiie siecle vit se développer la puissance des bourgeois enrichis par le commerce. Les communes se formèrent, ici par l'insurrection, là par des concessions de chartes royales ou seigneuriales. Mais, peu à peu, l'autorité royale annula les priviléges des communes; elles furent assujetties à l'impôt, malgré leur résistance opiniâtre, et au xive siècle, la plupart des chartes communales furent abolies. Le gouvernement municipal fut alors confié à des échevins placés sous l'autorité de magistrats royaux ne s'occupant que d'administration civile. Louis XIV finit par remplacer toutes ces municipalités par des mairies royales (1692); les administrateurs des villes ne furent plus les représentants de la cité, mais des agents du pouvoir central.

L'Assemblée constituante rendit aux municipalités le droit de nommer leurs magistrats. La loi du 18 décembre 1789 établit un conseil municipal présidé par le maire et composé de deux sections, le conseil et le bureau. Un tiers des officiers municipaux formait le bureau, les deux autres tiers, le conseil. A celui-ci, s'adjoignaient, dans quelques circonstances, un certain nombre d'habitants notables, et par cette adjonction, le corps municipal se formait en conseil général de la commune.

Un magistrat était chargé, sous le nom de *procureur de la commune*, de défendre les intérêts et de poursuivre les affaires de la municipalité. Ce fonctionnaire était élu en assemblée générale par les électeurs actifs (1).

La Constitution de 1795 (an IV), modifia l'organisation municipale: elle établit un conseil municipal pour tout le canton. Ce conseil était composé des agents nationaux ou municipaux de toutes les communes du canton; les agents avaient des adjoints qui pouvaient les remplacer au besoin. Le président était nommé par l'assemblée primaire du canton. — La loi du 28 pluviôse an VIII (1800) changea ce dernier état de choses; le conseil cantonal fut supprimé; chaque commune eut une municipalité distincte, composée d'un maire, d'un ou de plusieurs adjoints et d'un certain nombre de conseillers municipaux qui étaient nommés par le préfet. — La loi du 21 mars 1831 rendit à l'élection des citoyens la nomination des conseillers municipaux.

En 1789, la Constituante avait fait nommer directement les maires par le suffrage des citoyens; la loi de l'an VIII conférait au pouvoir central le droit de choisir ces fonctionnaires, mais parmi les conseillers municipaux directement élus par les citoyens; — la loi

---

(1) On nommait *électeurs actifs* les citoyens de la commune âgés de vingt-cinq ans, et payant une contribution directe égale au moins à la valeur de trois journées de travail.

de 1806 supprimait complètement l'intervention des citoyens et donnait à l'autorité centrale le droit de nommer les maires parmi les cent citoyens les plus imposés de la commune. La Révolution de 1848 revint au système de 1789; le gouvernement de juillet avait adopté celui de la Constitution de l'an VIII.

Aux termes de la Constitution et de la loi de 1852, les maires étaient choisis par le pouvoir parmi tous les électeurs de la commune. — Une récente loi électorale vient de concéder, dans une certaine mesure, aux conseils municipaux, la faculté de prendre parmi leurs membres, les maires et adjoints.

SERVICES ADMINISTRATIFS

EN RAPPORT AVEC LA SUBDIVISION CANTONALE

Organisation judiciaire.— Justices de paix.—
1° **Lois.** — L'organisation judiciaire était remarquable chez les Romains par l'unité et l'équité. Une seule loi régissait tout l'empire, et elle était appliquée par des magistrats spéciaux qui procédaient par enquêtes testimoniales.

Les invasions des barbares portèrent le trouble et la confusion dans cette organisation modèle ; la Gaule eut alors cinq lois différentes : les lois *saliques*, *ripuaires* (Francs), *gombette* (Bourguignons), le *forum judicum* (Wisigoths) et le *code Théodosien* (Gallo-Romains). Ces lois ne s'occupaient guère que de pénalité et remplaçaient la procédure par le duel judiciaire et les épreuves dites *jugement de Dieu*.

Les *Capitulaires* de Charlemagne ne firent qu'attester le mal qu'ils voulaient redresser. — Enfin, la féodalité ne reconnut plus de lois générales ; le seigneur, assisté de ses *pairs*, suivit la *coutume*, c'est-à-dire une tradition orale que modifiaient sans cesse les intérêts et les passions du juge.

Saint Louis essaya d'organiser cette multitude de lois ou coutumes ; ses *établissements* n'étaient en effet que la coutume du duché de France. — Charles VII continua le travail de réorganisation en publiant les coutumes provinciales après les avoir codifiées. Mais l'ancienne monarchie n'atteignit jamais l'unité législative ; elle s'en approcha seulement en modifiant les coutumes locales et en publiant les ordonnances célèbres de Blois (1449), de Villers-Cotterêts (1539), d'Orléans (1561), etc., qui s'étendaient à tout le royaume, réformaient les lois civiles et criminelles tout en ébauchant les autres législations à venir.

Les codes de Louis XIV firent disparaître les principaux abus et coordonnèrent de plus en plus la législation ; mais c'est seulement depuis 1789 qu'a triomphé le principe de l'unité législative : les codes promulgués pendant le Consulat et le premier Empire ont soumis tous les Français à la même loi.

2° **Tribunaux**. — Les barbares et la féodalité n'avaient pas de juges spéciaux : les *rachimbourgs*, sous la présidence du graf, les pairs siégeant avec le seigneur ou son bailli, formaient le tribunal. — Au XIII° siècle, il y eut les *appels* et les *cas royaux*, qui étaient portés devant le parlement ou cour du roi, composée alors de légistes, de barons et de prélats. Puis vinrent les parlements provinciaux du XVI° et du XVII° siècle, qui assurèrent une plus prompte et plus équitable exécution des lois. Cette réforme se fit surtout sentir lors de la séparation du cumul qui enleva aux gens d'*épée* les attributions de la *robe*. — L'institution des *présidiaux* par Henri II eut pour effet d'abréger la longueur des procès portés devant les parlements. Enfin, les *cours prévôtales* étaient des tribunaux extraordinaires chargés de punir certains crimes. Instituée par François Ier, la justice prévôtale inspirait une terreur salutaire par la rigueur des exécutions.

Il appartenait aux lois modernes de faire disparaître cette multitude de tribunaux divers d'origine, indépendants les uns des autres, et de les remplacer par une hiérarchie judiciaire régulièrement constituée. Cette hiérarchie est aussi simple qu'elle était compliquée autrefois.

Les juges de paix dans les cantons, les tribunaux de première instance dans chaque arrondissement et les cours d'appel dans une circonscription qui embrasse plusieurs départements, rendent la justice civile ; les tribunaux de commerce et les cours d'appel sont chargés de la justice commerciale; les tribunaux de simple police, les tribunaux correctionnels, les chambres des appels de police correctionnelle dans les cours d'appel, et enfin les cours d'assises, ont pour mission de réprimer les délits et les crimes. Au-dessus de toutes ces juridictions, la cour de cassation, dont l'autorité s'étend sur toute la France continentale et maritime, maintient l'uniformité de la jurisprudence. Partout la loi a placé à côté des juges un magistrat chargé de représenter le gouvernement et l'intérêt de la société.

Justices de Paix. — Les justices de paix furent créées par la loi du 24 août 1790, qui décida que le juge de paix serait élu par les citoyens actifs du canton, réunis en assemblée primaire. Il ne pouvait être choisi que parmi les citoyens éligibles aux administrations du département et du district, et âgés de trente ans accomplis. Cette loi attribuait aux mêmes électeurs la nomination de quatre assesseurs ou prud'hommes, dont deux devaient assister le juge de paix, qui ne pouvait juger seul. Le juge de paix et les assesseurs étaient élus pour deux ans et pouvaient être réélus. Ces derniers étaient quatre notables choisis parmi les citoyens actifs de chaque municipalité.

La loi du 20 mars 1801 (29 ventôse an IX) supprima les assesseurs et décida que le juge de paix remplirait seul ses fonctions; elle institua deux suppléants pour le remplacer en cas d'empêchement. Ces deux suppléants, désignés par *premier* et *second*, étaient les deux citoyens qui avaient réuni le plus de suffrages après le juge de paix dans les élections de canton. — Le sénatus-consulte organique du 16 thermidor an x (4 août 1802) modifia cette disposition. L'assemblée de canton eut à désigner deux citoyens parmi lesquels le chef de l'Etat choisissait le juge de paix ; elle désignait pareillement deux citoyens pour chaque place vacante de suppléant de justice de paix.

Les juges de paix et les suppléants étaient nommés pour dix ans. — En vertu de la Charte constitutionnelle de 1814, les juges de paix sont nommés par le chef du pouvoir et ne sont point inamovibles.

Les juges de paix connaissent en général de toutes les affaires de leur canton à titre de conciliation ; ils jugent en dernier ressort jusqu'à cent francs, et à charge d'appel jusqu'à la valeur de deux cents francs. Leur compétence est élevée dans certains cas et pour certaines natures d'affaires. En matière de simple police, ils peuvent condamner à l'amende et à l'emprisonnement de un à cinq jours. L'appel de leur jugement est porté devant le tribunal de première instance de leur ressort. Les juges de paix ont également dans leurs attributions la connaissance des difficultés en matière d'élections. Ils sont, comme officiers de police judiciaire, les auxiliaires des procureurs placés près les tribunaux correctionnels d'arrondissement, et en cas de flagrant délit ou de réquisition de chef de maison, ils remplacent ces magistrats.

Organisation religieuse. — Décanats. — L'ancienne généralité de Soissons était autrefois le siége de trois diocèses, ceux de Soissons, de Laon et de Noyon (Oise).

L'église de Soissons, contemporaine de celle de

Reims, paraît avoir été fondée vers la fin du III° siècle (290). Saint Sinice, suffragant et condisciple de saint Sixte, de Reims, passe pour en avoir été le premier évêque. Ce diocèse embrassait l'arrondissement de Soissons, avec une partie du Valois et de la Brie : il se composait de 380 paroisses.

Le diocèse de Laon, un peu plus étendu que celui de Soissons, comprenait dans son ressort les provinces du Laonnois, de la Thiérache et quelques paroisses du Vermandois. — Le premier apôtre du Laonnois fut saint Béat, qui vivait vers la fin du III° siècle ; mais l'église de Laon paraît n'avoir été fondée que sur la fin du V° siècle, par l'évêque de Reims, saint Remi, qui la confia à son neveu Génebaud.

Les paroisses autrefois comprises dans le diocèse de Noyon appartiennent aujourd'hui presque toutes au département de l'Oise. Celui de l'Aisne en a conservé un certain nombre disséminées dans l'arrondissement actuel de Saint-Quentin.

La totalité de l'ancien diocèse de Laon, une seule commune exceptée (La Neuville-aux-Joutes) [Ardennes], est entrée dans le ressort du diocèse actuel de Soissons.

L'évêque était primitivement le seul pasteur du diocèse ; mais lorsque le nombre des fidèles s'accrut, il commit le soin des diverses parties des son diocèse à des prêtres particuliers, et leur délégua une partie de la puissance ecclésiastique. On appelait alors *titres* les lieux d'oraison où l'évêque allait tenir l'assemblée des fidèles et où il avait des vicaires. Ces prêtres pouvaient donner le baptême ou l'absolution en cas de péril ; hors de là, l'administration des sacrements était réservée à l'évêque. Dès le IV° siècle, les grandes villes avaient plusieurs églises et dans chacune un prêtre chargé d'instruire le peuple. Bientôt, on bâtit des oratoires dans les campagnes. Tel fut le commencement des *cures* et des *paroisses*. Dans l'origine, les prêtres qui en furent chargés portaient le nom de *cardinaux* quand ils y étaient nommés définitivement. Ce fut seulement au XII° siècle qu'on commença à les nommer *curés*, parce que le soin *(cura)* des âmes leur était confié. C'étaient autant de petits évêques, et ils pouvaient dire des messes, prêcher et même baptiser aux jours solennels. Ces droits ne furent cependant accordés qu'aux titres principaux ou églises archipresbytérales, qu'on appelait à cette époque *plebes*. Le prêtre qui les administrait était quelquefois désigné sous le nom de *plebanus*. De ces églises principales dépendaient des cures inférieures ou oratoires, qu'on a appelées plus tard *succursales*. Dans la suite, les curés purent administrer tous les sacrements, à l'exception de l'ordre et de la confirmation. Ils eurent même une juridiction qui s'exerçait à la porte de l'église, sous le porche, où il y avait ordinairement deux lions pour emblème de justice. De là la formule qui terminait les sentences rendues par les juges de ces églises, *donné entre les deux lions* (DATUM INTER DUOS LEONES) (1).

Le curé était primitivement secondé par des *diacres* et des *diaconesses*, chargés de distribuer aux hommes et aux femmes les secours temporels et spirituels. On a appelé dans la suite *vicaires* les ecclésiastiques placés sous la direction du curé, pour l'administration d'une paroisse. Aujourd'hui, on distingue parmi les curés

---

(1) Jusqu'en 1759, on voyait ces deux lions symboliques à la porte de l'église Saint-Séverin, à Paris.

les *doyens* qui administrent les cures de canton, et sont inamovibles, des *desservants* chargés des *succursales*. Pour les affaires temporelles, la paroisse est confiée à un *conseil de fabrique*.

L'ancien diocèse de Laon se divisait en douze doyennés ruraux ou *détroits* qui étaient ceux de Laon, Aubenton, Bruyères-sous-Laon, Crécy-sur-Serre, La Fère, Guise, Marle, Mons-en-Laonnois, Montaigu, Neufchâtel, Ribemont et Vervins.

Toutes les communes du canton actuel du Nouvion, à l'exception de Fesmy et Le Sart, faisaient partie du détroit rural de Guise, qui se composait, à lui seul, de 50 paroisses, dont 39 cures. C'étaient Aisonville, Bernoville, Audigny, Barzy, Beaurain, Flavigny, Boué, Buironfosse, Chigny, Dorengt, Etreux-Landernat, Faty-et-Wiége, Grougis, Guise, Hannapes, Hauteville, Iron, Lavaqueresse, Leschelle, Le Sourd, Longchamps, Macquigny, Malzy, Marly, Mennevret, Monceau-sur-Oise, Montreux (Montreuil-lès-Guise, village détruit), Neuville-lès-Dorengt, Le Nouvion-en-Thiérache, Noyalles (Noyal), Oisy, Proisy, Puisieux, Esquéhéries, Saint-Algis, Saint-Germain, Tupigny, Vénérolles, Verly, Villers-lès-Guise et Vadencourt.

L'évêque nommait à la cure vacante sur la présentation du *patron* (V) de la paroisse où siégeait cette cure (1).

Le département de l'Aisne forme atuellement l'arrondissement diocésain de l'évêché de Soissons. Les paroisses sont distinguées en *cures*, en *succursales* et en *annexes*. Il n'y a ordinairement par canton qu'une seule paroisse qui ait le titre de cure. Le titulaire d'une

---

(1) Les paroisses annexées aux cures prenaient alors le nom de *succursales*.

cure actuelle se nomme curé-doyen. Il est nommé par le gouvernement sur la proposition de l'évêché et il est inamovible.

Dans la nouvelle organisation, le mot *succursale* est employé pour désigner les paroisses auxquelles l'Etat assure un traitement pour l'entretien d'un desservant. Les desservants sont choisis et nommés par l'évêque ; ils ne sont pas inamovibles. Les paroisses annexes n'ont aucun titre.

Le décanat du Nouvion, dont la création a suivi le Concordat de 1801, se compose actuellement d'une cure au Nouvion ; de six succursales : à Boué, Dorengt, Esquéhéries, Fesmy, Leschelle et Le Sart ; de trois annexes : à La Neuville (Dorengt), à Bergues (Fesmy) et à Barzy (Le Sart).

Instruction publique. — Ce fut en fondant des écoles que les Romains, après la conquête, cherchèrent à affermir leur empire sur la Gaule (1). Ils établirent, dans les villes du midi notamment, des écoles *municipales* destinées aux classes riches ; l'instruction du reste du peuple et des esclaves était abandonnée à des maîtres esclaves eux-mêmes, dans des écoles à peine nommées. — L'invasion des barbares, en ruinant l'empire, ruina les écoles impériales et les autres ; il n'y eut plus alors d'autre enseignement que celui des monastères et des cathédrales. Charlemagne, qui voulut faire revivre les traditions de l'empire romain, prescrivit l'établissement, près de chaque évêché et dans chaque monastère, d'écoles où les enfants ap-

---

(1) La Prusse emploie en ce moment le même moyen pour germaniser les provinces qu'elle vient de nous enlever : elle ne fonde pas les écoles, qui existent, mais elle se hâte de les transformer.

prissent la religion, le chant, le calcul et la grammaire. C'était un véritable système d'instruction publique, et nul souverain ne montra plus de zèle que ce prince pour l'éducation du peuple.

Avec la féodalité, toute impulsion centrale disparut; il n'y eut plus, comme sous les Mérovingiens, que des écoles dispersées çà et la, à côté des maisons religieuses. — Au XIIe siècle, maîtres et écoliers se formèrent en corporations, suivant l'usage du temps. Elles furent, dans le principe, encouragées, puis, plus tard, supprimées par le pouvoir central, et il faut descendre jusqu'au XVe siècle pour retrouver trace de règlements concernant l'instruction du peuple. — Henri IV et Louis XIV enjoignirent aux familles d'envoyer leurs enfants aux écoles; ce dernier n'admettait même d'exception qu'en faveur des enfants que les parents pouvaient faire instruire chez eux.

Dès avant la Révolution, les Frères de la Doctrine chrétienne avaient déjà fondé, dans les villes, beaucoup d'écoles pour l'enseignement du peuple; on en trouvait également pour les jeunes filles, et la plupart tenues par des religieuses. Enfin, les bourgs et les villages avaient parfois des écoles qui étaient confiées à des maîtres qui exerçaient près des paroisses ou des municipalités les fonctions de clercs ou d'écrivains. — Toutefois, ce ne fut qu'à partir de 1789, et après bien des essais infructueux, que l'on songea à organiser un véritable système d'enseignement recevant l'impulsion et la direction du pouvoir central.

Le premier Empire avait décrété l'établissement d'une école dans chaque commune, en garantissant un traitement de 1,200 fr. à tout instituteur public; malheureusement, cette mesure utile ne put recevoir d'exécution. Une ordonnance royale essaya, en 1815, d'une première organisation de l'instrction primaire, qui restait en souffrance ; elle laissait à l'arbitraire des communes le traitement des maîtres. — Une autre ordonnance, celle de 1824, créa des brevets de capacité de trois degrés ; celle du 16 octobre 1830 établit des comités cantonaux qui rendirent à l'instruction primaire de grands services ; mais il était réservé au gouvernement de Juillet 1830, de realiser enfin toutes les promesses faites par ses prédécesseurs. La loi du 28 juin 1833 couvrit rapidement le pays d'écoles primaires communales, et pourvut au recrutement des instituteurs par la création des Ecoles normales.

Altérée, en 1850, dans son programme élémentaire et dans quelques-unes de ses autres dispositions, cette grande loi redevint peu à peu en vigueur, sous le second empire, à l'aide de modifications considérables apportées à celle dite organique du 15 mars 1850.

Aucun gouvernement ne s'est avancé aussi résolument que celui de Napoléon III dans la voie de l'enseignement populaire. A lui revient l'honneur de sa diffusion jusque dans les plus obscurs hameaux ; à lui encore fait les plus louables efforts en vue d'améliorer d'avoir la position des maîtres chargés de le donner.

Espérons, pour le bien-être futur du pays, que des graves événements que nous traversons en ce moment, que de l'étude consciencieuse et des discussions approfondies auxquelles vont se livrer nos législateurs, il sortira enfin une loi réparatrice, attendue de tous, qui dote notre France d'un système complet et efficace d'éducation et d'enseignement publics...

D'après l'état actuel de notre enseignement, l'instruction se donne en France dans des établissements *publics*, dirigés par des fonctionnaires de l'Etat, ou dans des établissements *libres*, dirigés par des particuliers qui n'ont pas reçu leur mission du gouvernement.

La direction de l'instruction publique appartient au ministre spécial, secondé par un conseil supérieur de l'instruction publique.

Indépendamment des grandes écoles de l'Etat, telles que l'école *polytechnique* et les écoles spéciales *des mines*, des *ponts-et-chaussées*, des *chartes*, d'*artillerie*, de *cavalerie*, de *médecine*, etc., l'enseignement public en France comprend : 1° l'enseignement *supérieur*, qui se donne dans les facultés; 2° l'enseignement *secondaire*, dans les lycées et colléges; 3° l'enseignement *primaire*, dans les écoles communales (1).

Au point de vue administratif, comme pour la surveillance et la direction des études, la France est actuellement divisée en dix-huit académies universitaires. Chaque académie a dans son ressort plusieurs départements; elle est administrée par un *recteur*, assisté d'un *conseil académique*. Sous les ordres du recteur sont placés, dans chaque département, un inspecteur d'académie et plusieurs inspecteurs primaires.

Le département de l'Aisne, autrefois du ressort académique d'Amiens, fait aujourd'hui partie de l'académie de Douai.

Il y a dans chaque département un *Conseil départemental*, présidé par le préfet, et qui connaît de tout ce qui concerne la comptabilité, le contentieux et la surveillance de l'enseignement public ou libre dans la circonscription départementale.

---

(1) Soixant-dix-sept écoles normales primaires de département servent au recrutement des instituteurs communaux laïques; quant aux professeurs des lycées et colléges, ils sont formés dans une école normale, dite *supérieure*, à Paris.

Délégation cantonale. — Ce conseil nomme dans chaque canton des représentants de son autorité auprès des écoles primaires communales : ce sont les *délégués cantonaux*. Ils sont choisis parmi les personnes les plus honorables et les plus influentes du canton. Outre la surveillance dont ils sont chargés, ils sont appelés à donner leur avis sur tout ce qui intéresse la discipline des écoles, la construction, la tenue matérielle des locaux, l'avancement et le bien-être des maîtres, etc.

Organisation financière. — Perceptions. — L'étude des finances embrasse un grand nombre de questions qu'il nous est impossible de traiter ici même en abrégé. Nous nous bornons à rappeler les principaux impôts et les diverses administrations qui présidèrent à leur perception.

1° Impôts. — Les Romains avaient établi dans la Gaule, comme dans le reste de leur empire, des impôts exorbitants dont les principaux étaient : la *capitation* ou impôts par tête, de *caput*, portion de territoire payant vingt-cinq pièces d'or ; — des contributions *personnelles*, des *prestations* en nature, connues sous le nom de *cursus publicus*, étaient fournies aux gouverneurs de provinces. Il y avait en outre des *corvées* pour la réparation des routes, l'obligation de cuire le pain, etc., nommées *charges sordides*. L'*indiction* était une sorte d'impôt territorial fixé à l'aide d'un cadastre ; — il y avait également l'impôt d'*or* et d'*argent* perçu sur tous les métiers, ressemblant assez aux *patentes* actuelles. Bref, la Gaule était comme étranglée par la main des exacteurs du peuple-roi. De là des révoltes sans nombre qui contribuèrent certainement à la ruine de l'empire.

Les rois francs tentèrent vainement le rétablissement

des impôts romains abolis par les barbares : le peuple préférait s'expatrier plutôt que de se soumettre au tribut. Charlemagne rétablit l'impôt territorial sous le nom de *dîme*, et créa l'*hériban* pour l'entretien des armées.

La féodalité multiplia les redevances dont beaucoup étaient vexatoires, tandis que la royauté se contentait alors des *aides* payées en cas de guerre; de la *taille*, ou impôt levé sur les vassaux ; du droit de *joyeux avènement*, quand le roi mariait son fils, l'armait chevalier, etc.; enfin, de quelques autres droits dits *régaliens*; de ceux de *main-morte*, de *dépouille*, qui leur donnait le mobilier et autres biens des évêques après leur mort. — Parfois aussi, on substituait un impôt fixe aux tailles arbitraires : c'était l'*abonnement* ou *taille abonnée*.

Philippe-le-Bel établit de nouveaux impôts à côté des anciens qui ne suffisaient plus : il taxa les denrées, inventa ou étendit la *gabelle* ou impôt sur le sel, et enfin l'impôt de *haut passage* qui était une sorte de *douane*.

A ces époques reculées, la langue financière n'a aucune précision, et les termes sont souvent confondus. Toutefois, les mots *fouage, taille, aide*, subsistèrent jusqu'à la fin de l'ancienne monarchie.

Le *fouage,* sous Charles V, était l'impôt prélevé sur les maisons; il était de 4 livres par feu dans les villes et de 30 sous dans les campagnes. Les *aides*, depuis Charles VII jusqu'à Louis XII, s'entendaient des impôts levés sur les denrées et les marchandises vendues dans toute l'étendue du pays. La *taille* désignait la taxe levée sur toutes personnes qui n'étaient ni nobles, ni ecclésiastiques, ni exemptées. La taille se distinguait en *taille personnelle*, qui s'imposait et se levait sur chaque personne taillable, et en *taille réelle,* qui portait sur les terres et les professions.

Henri II établit le *taillon,* qui ne fut d'abord qu'une taxe extraordinaire destinée à solder l'armée, mais qui finit par devenir permanente. Peu à peu, des impôts indirects s'étendirent sur la plupart des matières premières : *octrois* des villes, droit de *jauge* et de *courtage; péages* et *douanes* au passage des rivières, *traite foraine* sur les importations et exportations : tout devint propre à la taxe. Plus tard, beaucoup de ces impôts furent remplacés par un droit unique qu'on nomma *domaine forain.* — Enfin, au XVII° siècle, Colbert diminua les tailles et augmenta les aides, qui comprenaient alors : 1° le droit de *gros,* de *vingtième* ou *sou* pour livre sur la vente en gros des boissons et autres denrées; 2° le *huitième* des denrées vendues au détail, droit qui, dans l'origine, était du quart du prix de la vente.

Sully et Colbert avaient déjà redressé maints abus, supprimé nombre de priviléges et établi une plus équitable répartition de l'impôt, lorsque la Constitution de 1791 décréta qu'à l'avenir les dépenses publiques, les contributions de toutes sortes, leur nature, quotité et durée, le mode de perception, seraient arrêtés par l'Assemblée nationale. Le Consulat établit la hiérarchie financière, descendant du ministre des finances jusqu'au percepteur. Cette organisation subsiste encore aujourd'hui.

Impôts actuels. — Depuis la Révolution, les sources du revenu public sont les *impôts directs* et *indirects,* les *douanes, l'enregistrement* et le *domaine.*

Les *impôts directs* comprennent la contribution foncière, la contribution personnelle et mobilière, la contribution des portes et fenêtres, la contribution des patentes, les redevances des mines, les produits universitaires, etc. — L'impôt foncier est réparti sur toutes les propriétés foncières, bâties ou non bâties, en raison de leur revenu net imposable. — La contribution personnelle se compose de la valeur de trois journées de travail ; cette valeur est fixée dans chaque département par le conseil général. La contribution personnelle est due par tous les habitants qui ne sont pas réputés indigents. — La contribution mobilière est due, comme la taxe mobilière, par tous les Français qui ne sont pas déclarés indigents ; elle est basée sur la valeur locative des habitations qui servent au logement personnel. — La contribution des *portes et fenêtres* est établie, aux termes de la loi, sur les portes et fenêtres donnant sur les rues, cours ou jardins des bâtiments et usines. La taxe varie en raison de la position et de la grandeur des portes et fenêtres. — L'impôt des *patentes* porte sur tous les Français ou étrangers exerçant une profession non comprise dans les exceptions déterminées par la loi.

Les *impôts indirects*, nommés d'abord *droits réunis*, remplacent aujourd'hui les aides de l'ancien régime. Ils comprennent les impôts sur les boissons, le sucre indigène, les cartes à jouer, les taxes perçues sur les voitures publiques, sur le sel provenant de l'intérieur, sur la navigation des fleuves, rivières et canaux, les tabacs et les poudres, etc. On donne quelquefois le nom de *régie* à l'administration des contributions indirectes, et on appelle *exercice* le droit qu'ont les agents de la régie de s'assurer par des visites domiciliaires qu'aucune contravention n'a été commise par les débitants de boissons, de tabacs, etc.

Les *douanes*, comme tous les impôts dont nous venons de parler, se sont simplifiées depuis la Révolution française de 1789. Au lieu de cette multitude de taxes, diverses de nature et d'origine, qui entravaient le commerce, le système moderne des *douanes* a établi une taxe uniforme destinée à protéger l'industrie nationale autant qu'à enrichir le trésor public. Une loi en date du 5 novembre 1790 abolit les douanes intérieures et établit un tarif uniforme pour les droits à prélever sur l'entrée et la sortie des denrées.

L'impôt connu sous le nom de droit d'*enregistrement* se perçoit sur tous les actes rédigés par des notaires ou agents de l'autorité, et qui ont pour objet les biens ou l'intérêt de l'Etat, des départements, arrondissements, communes ou particuliers; sur les exploits, assignations, arrêtés des tribunaux, etc., etc. La loi a déterminé les actes qui ne sont pas soumis au droit d'enregistrement, tels sont ceux du gouvernement, de l'état-civil, etc.

2° Agents du fisc. — Aux premiers siècles de la monarchie, l'administration financière n'était pas distincte de l'administration militaire et civile, dont les chefs étaient tout à la fois administrateurs, juges et percepteurs d'impôts. La même confusion de pouvoirs se retrouve sous les Carlovingiens et pendant le régime féodal jusqu'au XIII® siècle. — A partir de Saint-Louis, les baillis, sénéchaux, vicomtes et prévôts percevaient les impôts tout en rendant la justice et en commandant les armées; mais ils rendaient compte de leur gestion à la cour du roi (cour des comptes). Philippe-le-Bel plaça au-dessus d'eux un *surintendant* qui présidait à l'emploi des deniers publics; puis des tribunaux, dits *Cours des aides*, connurent en dernier ressort de toutes les affaires concernant les impôts appelés aides, tailles et gabelles. Charles V créa des *commissaires généraux* qu'il chargea de surveiller la répartition et la perception de l'impôt; ceux-ci élurent à leur tour des sous-commissaires qu'on désigna sous le nom d'*élus*, d'où les subdivisions territoriales connues dès lors sous le nom de *généralités* et d'*élections*. Vers le même temps, les trésoriers de France constituèrent la chambre du trésor, chargée de l'administration du domaine de l'Etat.

De François Ier date la création du trésor central nommé *Epargne,* où devaient être versés tous les produits des domaines et des divers impôts. Son fils, Henri II, établit un *contrôleur général* des finances pour la surveillance de toute la comptabilité financière, et réorganisa les généralités qu'il porta au nombre de 17. Elles furent encore augmentées dans la suite et conservées jusqu'à la Révolution.

L'usage s'était établi, sous l'ancienne monarchie, de confier la perception des impôts à des financiers qui payaient à l'Etat une somme déterminée, mais toujours bien moins considérable que celles qu'ils extorquaient au peuple. Ce système de *ferme des impôts*, qui amoncela tant de haine contre les fermiers, a duré jusqu'en 1789.

Dans les campagnes, l'impôt était perçu, avant la Révolution, par des agents nommés *collecteurs;* ils étaient deux par paroisse, l'un principal, l'autre adjoint; ils opéraient les recouvrements en se rendant chez les contribuables. Les fonctions de collecteurs étaient une charge publique que chacun était obligé de remplir à son tour, à moins d'en être exempt soit par sa naissance, comme noble, soit en raison de fonctions publiques.

Outre ces préposés qui ne percevaient que les tailles, la capitation et les impositions accessoires, connues maintenant sous le nom de centimes additionnels, des percepteurs particuliers étaient établis pour les vingtièmes ; comme les fonctions de ces derniers conféraient quelques priviléges, tels que l'exemption de la milice, elles étaient fort recherchées (1).

La Révolution détruisit l'ancienne organisation financière ; le Consulat établit la nouvelle administration qui existe encore aujourd'hui. Le contrôleur général fut remplacé par un ministre des contributions publiques, puis par un *conseil des finances et revenus nationaux* ; mais depuis 1815, il y a toujours eu un ministre des finances.

Perceptions. — Au sommet de la hiérarchie financière actuelle est placé le ministre ; au chef-lieu de chaque département, un *receveur général*, centralisant toutes les recettes de la circonscription ; chaque chef-lieu d'arrondissement a son *receveur particulier*, enfin, des *percepteurs*, dits aussi *receveurs municipaux*, perçoivent l'impôt direct dans un certain rayon de communes.

Les perceptions étaient très-nombreuses au commencement du siècle. Différents arrêtés ministériels en ont successivement réduit le nombre. Celui du 7 novembre 1850 réorganisa ce service dans le département de l'Aisne. Par suite de cet arrêté, il n'y a plus dans le canton du Nouvion que deux chefs-lieux de perceptions, savoir :

Celui du Nouvion, comprenant dans sa circonscription les cinq communes de Le Nouvion, Barzy, Le Sart, Fesmy et Bergues ;

Et celui d'Esquéhéries pour les cinq autres com-

---

(1) *Annuaire du département de l'Aisne, 1815.*

munes d'Esquéhéries, Boué, La Neuville, Dorengt et Leschelle.

Contributions indirectes. — On a désigné pendant quelque temps par le nom de *droits réunis* les impôts indirects, droits de taxes sur les boissons, sur les cartes à jouer, sur les voitures publiques, etc. Créée par la loi du 5 ventôse an XII, cette administration a subi depuis divers changements. Elle se compose aujourd'hui d'un directeur général, de quatre administrateurs, de directeurs de département et d'arrondissement, de contrôleurs ambulants, de contrôleurs de ville, de contrôleurs-receveurs, de receveurs ambulants, de commis adjoints aux receveurs ambulants, de commis à pied et de surnuméraires.

Les entreposeurs de tabacs, inspecteurs des brigades pour la surveillance des tabacs, les receveurs des droits de navigation, les contrôleurs, marqueurs, essayeurs des matières d'or et d'argent, les contrôleurs des salines, les préposés en chef des octrois, les buralistes et débitants de tabacs et poudre à feu, etc., appartiennent aussi à l'administration des contributions indirectes.

Nous n'avons dans le canton du Nouvion qu'une recette à pied des contributions indirectes, dont la création ne remonte qu'au 17 décembre 1853. Elle se compose d'un receveur en titre et d'un commis principal, au Nouvion. — Il n'y avait antérieurement à cette date, pour le service du canton, qu'un poste de la recette de La Capelle, composé de deux employés, dont un commis à pied, secondé d'un surnuméraire.

Enregistrement et Domaines. — On appelle *enregistrement* l'impôt que l'on paie pour tous les actes soumis à l'inscription sur des registres publics. Il date de François Ier qui, en 1539, prescrivit l'enregistrement pour les ventes et successions immobilières. Dans la suite, la fiscalité étendit le droit d'enregistrement aux actes notariés, aux actes d'huissiers, etc. La Révolution a réuni tous les droits particuliers d'enregistrement en un seul impôt qui forme aujourd'hui une des principales branches du revenu public. En 1801, un directeur général remplaça les régisseurs primitifs, et c'est encore aujourd'hui un directeur général qui, sous les ordres du ministre des finances, est préposé à la direction de ce service.

L'enregistrement se divise en service central et en service local. Le service central, qui a son siége à Paris, au ministère des finances, comprend un directeur général, un conseil d'administration composé de quatre administrateurs, de chefs de bureau, sous-chefs et commis de tout grade. — Le service local comprend pour chaque département : un directeur, un inspecteur, des vérificateurs, un premier commis, un garde-magasin, un contrôleur du timbre, des receveurs, et enfin un conservateur des hypothèques par arrondissement, dont les fonctions ont pour objet l'inscription de formalités essentiellement liées à celles de l'enregistrement.

L'enregistrement est un service public dans l'intérêt de la société en général et dans l'intérêt respectif des particuliers contractants, car il assure la date et l'existence des actes, soit qu'ils aient été reçus par un notaire ou faits sous seing-privé, soit qu'ils aient été signifiés par huissiers, sous la dénomination d'exploits (1).

Il y a un receveur de l'enregistrement dans les chefs-

---

(1) On range parmi les produits de l'enregistrement, ceux de la vente du papier timbré, des formules de passe-port, des permis de chasse et quelques autres encore.

lieux de département, d'arrondissement et de canton.
— Avant la Révolution, il y avait au Nouvion un bureau pour le contrôle des actes notariés et sous seings-privés, sous la présidence des fermiers-généraux de la généralité de Soissons. La création de ce service au Nouvion remonte au 28 avril 1698. Il fut supprimé et remplacé par une recette de l'enregistrement, à la date du 1er février 1791.

Domaine. — On appelait *domaine* tantôt les terres qui furent successivement réunies à la couronne et formèrent le domaine royal, tantôt les revenus de ce domaine et les droits de natures très-diverses perçus sur les eaux et forêts, les biens de main-morte, les francs-fiefs, etc., etc. — Sous le régime féodal, chaque grande propriété se divisa elle-même en deux parties : le *domaine* ou partie occupée par le maître et les *tenures féodales*, qui furent concédées à différents titres. Il y eut dès lors ce qu'on appela *domaine royal* et *domaine privé* du roi. Mais cette distinction disparut par la suite.
— L'Assemblée nationale, par une loi du 22 novembre — 1er décembre 1790, distingua le domaine, devenu national, en *domaine national* proprement dit et en domaine public. « Le domaine national s'entend de toutes les propriétés foncières et de tous les droits réels ou mixtes qui appartiennent à la nation, soit qu'elle en ait la possession et la jouissance actuelles, soit qu'elle ait seulement le droit d'y rentrer par voie de rachat, de réversion ou autrement. » L'art. 2 de la même loi considère comme dépendant du domaine public « les chemins, routes et rues à la charge de l'Etat, les fleuves et rivières flottables ou navigables, les ports, rivages, rades et généralement toutes portions du territoire français qui ne sont pas

susceptibles d'une propriété privée. La même Assemblée a reconnu qu'une partie de ce domaine était aliénable. Cette législation régit encore aujourd'hui le domaine public.

L'administration du domaine public a varié aux différentes époques de notre histoire. Dans le principe, elle était confiée aux baillis, sénéchaux, comtes, etc., qui cumulaient tous les pouvoirs; ils affermaient les diverses parties du domaine et percevaient le revenu des fermes; les deniers qui en provenaient étaient versés entre les mains du trésorier du roi. — En 1775, les domaines furent mis en régie et des préposés établis dans tout le royaume avec mission spéciale d'administrer les châteaux, maisons, fermes, moulins et autres édifices dépendant du domaine; — les terres labourables, prés, bois, vignes, étangs, rivières, etc.; les droits de halage, minage, mesurage; droits de foires et marchés; dîmes, terrages et autres droits seigneuriaux et domaniaux. Le système de régie appliqué au domaine fut maintenu par la Révolution et les gouvernements qui se sont succédé depuis; mais l'administration en fut rattachée au ministère des finances, service de l'enregistrement.

Postés aux lettres. — Il paraît que les *postes* étaient connues des Romains, qui en auraient établi dans l'empire, et par conséquent dans la Gaule. Mais elles furent bientôt abandonnées comme les voies romaines elles-mêmes. Le rétablissement de cette institution ne date d'une manière positive que du règne de Louis XI, qui en organisa le service par ordonnance du 19 juin 1464. il consistait alors en dépôts « sur tous les grands chemins du royaume, de quatre en quatre lieues, de chevaux de légère taille pourvus de harnais et propres à fournir les courses nécessaires. » Les personnes préposées à ce service et chargées de ces dépôts étaient désignées sous le nom de *maîtres tenant les chevaux courants pour le service du roi*. Ils étaient placés sous les ordres d'un *conseiller grand-maître des coureurs de France*. Les postes furent d'abord exclusivement réservées au service public, et il en était encore ainsi au XVI° siècle. Peu à peu, les chevaux des *postes royales* servirent aux particuliers; mais ce ne fut que pendant la minorité de Louis XIII que l'on permit aux courriers du roi de se charger des lettres privées.

Les postes furent tantôt affermées, tantôt mises en régie et administrées pour le compte de l'État; à l'époque de la Révolution, elles étaient devenues une branche de revenu importante. La loi du 27 août 1790 imposa aux agents des postes le serment de garder et observer fidèlement la foi due au secret des lettres. Ce service public rattaché au ministère des finances est administré par un directeur général et par une nombreuse hiérarchie de fonctionnaires.

Le canton du Nouvion était autrefois desservi par la direction de Leschelle, dont le bureau est d'ancienne création. Celui du Nouvion ne date que du 15 juin 1844. — Un bureau dit de distribution est établi à Esquéhéries depuis le 1ᵉʳ décembre 1867. — Leschelle avait encore dernièrement une poste aux chevaux.

L'organisation des facteurs ruraux ne date que du 1ᵉʳ avril 1830, époque à laquelle les courriers n'arrivaient encore à Leschelle que de deux jours l'un. Précédemment, les lettres étaient prises au bureau de poste par les destinataires eux-mêmes ou par des tiers, tels que les messagers ou les piétons de l'administration civile.

Le service de la *poste aux chevaux* avait été maintenu et perfectionné par les lois de la Révolution et de l'Empire; elle servait à la fois pour le transport des dépêches par les malles-postes et pour les particuliers qui voulaient voyager en *poste*; mais depuis plusieurs années, l'établissement des chemins de fer a désorganisé cette institution.

Maréchaussée. — Gendarmerie. — On désignait autrefois sous le nom de *maréchaussée* des troupes à cheval placées dans les provinces pour assurer la sûreté publique. Elles étaient divisées par compagnies composées d'un certain nombre de cavaliers, sous-brigadiers, brigadiers, exempts, commandés par des lieutenants et un prévôt général qui dépendaient tous des maréchaux de France; les prévôts des maréchaux et leurs lieutenants prêtaient serment devant le parlement et devaient obéir aux premiers présidents et procureurs généraux pour assurer l'exécution de la justice et de la police du royaume.

Créées vers 1060, les maréchaussées, dont les places étaient héréditaires et s'acquéraient par finances, ont disparu avec l'ancienne monarchie. La gendarmerie départementale a remplacé les troupes qui dépendaient des prévôts et des maréchaux. Elle a été instituée pour le maintien de l'ordre et l'exécution des lois; son service est particulièrement destiné à la sûreté des campagnes et des grandes routes. L'organisation et le service de la gendarmerie ont été réglés par le décret du 1er mars 1854. — Ce corps est divisé en légions, lieutenances et brigades dont le nombre a plusieurs fois varié. Il y avait dernièrement vingt-cinq légions de gendarmerie; mais cette arme va, dit-on, recevoir une nouvelle organisation et plus d'extension, en raison des services signalés qu'elle a rendus dans la dernière guerre.

La gendarmerie dépend de différents ministères : de celui de la guerre, pour le personnel, la discipline et le matériel ; de celui de l'intérieur pour le maintien de l'ordre public ; de celui de la marine, pour le service des ports et arsenaux, de celui de la justice pour la police judiciaire et l'exécution des arrêts rendus par les tribunaux.

Des colonels et lieutenants-colonels sont placés à la tête des légions ; ils ont au-dessous d'eux les chefs d'escadron, capitaines, lieutenants, brigadiers et maréchaux-des-logis. Le service ordinaire de la gendarmerie consiste à faire des tournées et patrouilles dans la circonscription qui leur est assignée, pour recueillir tous les renseignements sur les crimes et délits. Les préfets, premiers présidents, procureurs généraux, etc., peuvent requérir le concours de la gendarmerie pour assurer l'exécution des lois et ordonnances.

Avant la Révolution, il y avait au Nouvion une brigade à cheval de cinq hommes, dite de *maréchaussée*, dont la circonscription comprenait toutes les communes actuelles du canton, moins Fesmy et Le Sart. — De nos jours, il y a au moins une brigade de gendarmerie dans chaque canton du département de l'Aisne.

En 1831, la brigade à cheval du Nouvion fut supprimée et sa circonscription réunie à celle du canton de Wassigny, dont la brigade de gendarmerie est à Etreux. — La brigade à cheval du Nouvion fut rétablie en 1852 et de nouveau supprimée dix ans plus tard. — Depuis 1862, la circonscription du Nouvion est desservie par une brigade à pied.

Voirie. — **Service vicinal.** — Nous avons déjà

parlé de la beauté et de la **solidité** des voies romaines; — nous ajoutons qu'elles furent negligées et presque abandonnées après la conquête de la Gaule par les barbares; celles qui furent conservées demeurèrent longtemps dans un état déplorable. Charlemagne s'efforça vainement de les rétablir; elles ne furent plus entretenues, sous le régime féodal, que par les seigneurs et au moyen de péages que l'on prélevait au passage des ponts et rivières. Les voies publiques n'en restèrent pas moins, pour la plupart, dans le plus mauvais état, pendant tout le moyen-âge, et il faut arriver jusqu'au xviiie siècle pour trouver trace d'une administration spéciale à la voirie publique.

Sully, nommé *grand voyer* de France, ou intendant général des *voies publiques,* s'occupa activement de les améliorer et de perfectionner les moyens de communication. C'est à lui que remonte l'usage de planter des arbres le long des routes. Louis XIV envoyait dans les provinces des intendants chargés d'améliorer les voies publiques; c'est de cette époque que datent la plupart des grandes routes de France. L'Ecole des ponts-et-chaussées ne fut fondée qu'en 1767; et lorsqu'en 1790 on créa le ministere de l'intérieur, on plaça cette école dans ses attributions. En 1799, un conseiller d'Etat fut spécialement chargé de l'administration des ponts-et-chaussées. Depuis 1839, ce service dépend du ministère des travaux publics.

Des ingénieurs, divisés en trois classes, sont chargés de la direction des travaux des ponts-et-chaussées, qui ont aujourd'hui pour objet non-seulement les routes nationales et départementales, mais encore les canaux et rivières navigables, les chemins de fer et le service hydraulique. Les ingénieurs ont sous leurs ordres des conducteurs et des piqueurs qui s'occupent des détails du service. Ce sont ces derniers, par exemple, qui dirigent le travail des cantonniers chargés d'entretenir les routes et d'en empêcher les dégradations.

Il y a au Nouvion un conducteur-auxiliaire détaché du bureau des ponts-et-chaussées de l'arrondissement de Vervins. Cet agent est chargé de la portion du service se rapportant aux routes nationales :

1° N° 30, sur le parcours de Guise à La Capelle ; — 2° N° 39, du Chapeau-Rouge à La Capelle ; — 3° N° 45, de Guise à la limite du Nord.

Service vicinal. — La création du service vicinal date du 1er janvier 1837; mais l'institution des agents-voyers cantonaux ne remonte qu'au 1er janvier 1842. Les attributions de ces fonctionnaires consistent principalement dans l'élaboration des projets de construction et d'entretien des chemins vicinaux, dans la direction des travaux de prestations en nature, de concert avec les municipalités, dans celle de tous autres travaux en régie ou par entreprise, pour construction ou entretien des chemins vicinaux; dans la rédaction des plans d'alignement et l'instruction de diverses affaires contentieuses qui leur sont soumises par l'administration supérieure.

Le service vicinal embrasse une foule de détails; il suffit de dire que les agents-voyers cantonaux traitent toutes les affaires qui concernent la vicinalité et même la voirie urbaine et rurale après autorisation de l'administration (1).

Assistance publique. — Bureaux de bienfaisance.

---

(1) En tête du service vicinal, il y a par département un agent-voyer en chef, qui a sous ses ordres les agents-voyers d'arrondissement.

— Ce n'est pas seulement dans les **grands établissements des villes**, — hôpitaux et hospices, que s'exerce de nos jours la charité publique; elle a créé pour les campagnes les *bureaux de bienfaisance* où l'on distribue des secours aux indigents. On les désigne aussi sous le nom de *bureaux de charité*.

Les bureaux de bienfaisance ont été établis par la loi du 7 frimaire an v. Ils sont divisés en grands bureaux, dont la gestion est confiée à une commission administrative composée de cinq membres, non compris le maire, qui en est président de droit (décret des 23 mars et 17 juin 1852); et en bureaux secondaires, qui sont administrés par le maire, le desservant et un membre du conseil municipal. Les bureaux secondaires sont ceux dont les revenus ordinaires ne s'élèvent pas à 300 fr. — Toutes les communes du canton du Nouvion sont pourvues de bureaux de bienfaisance.

DEUXIÈME PARTIE

NOTES

— (A) —

Orographie. — Il est bon de rappeler que la principale ligne orographique du département de l'Aisne est un prolongement de la chaîne des Ardennes, ligne de faîte entre Seine et Meuse, qui continue par une série d'arrêtes et de plateaux, à courir entre la Somme et l'Escaut jusqu'au cap Grisnez, pour former la ceinture septentrionale du bassin de la Manche. Cette ligne orographique, qui entre dans le département un peu au nord de la forêt de Saint-Michel, passe au-dessus de La Capelle et du Nouvion, où elle domine les sources de la Sambre. Elle se dirige ensuite au nord de Wassigny, puis, s'inclinant à l'est de Bohain, elle fournit ses eaux aux sources de l'Escaut et se bifurque peu après; la ligne principale continue à séparer les eaux de l'Escaut de celles de la Somme, tandis qu'une ligne secondaire va se relier aux plateaux de la Seine pour former la ligne de faîte d'entre Seine et Somme.

Cette ligne orographique n'a que des contre-forts peu importants dans notre département; le principal sur le versant septentrional, sépare les eaux de la Sambre de celles de l'Escaut, et plusieurs autres, sur le versant méridional, coupent en vallons peu étendus la région droite de l'Oise.

— (B) —

La Sambre. — Depuis sa source jusque vers Maubeuge (Nord), la *Sambre* parcourt une suite non interrompue de prairies coupées tantôt par des haies vives, tantôt par des fossés remplis d'eau. Sa vallée est parsemée de bouquets d'arbres, de jolies maisons d'habitation et de bâtiments agricoles qui se distinguent par un certain air de propreté et de coquetterie. La Sambre s'avance par mille sinuosités et son cours est tellement lent que c'est de là, dit-on, que lui vient son nom (du celtique : *samhac bera*, couler lentement).

Cette rivière activa dans le canton, jusqu'en 1840, le moulin de Barzy, qui ne cessa de tourner qu'en raison de la conversion successive de presque toutes les terres du pays en pâturages. Ce moulin a été très-important pendant près d'un siècle. Il fut fondé en 1719 par Nicolas Dureux, qui, quelques années auparavant, avait quitté Villers-la-Tour, près Chimay (Belgique), son pays natal, pour s'établir dans nos parages.

— (C) —

Le Noirieu. — Le Noirieu (noir ru, d'où noir rieu, puis noirieu) serait ainsi nommé de la couleur sombre de ses eaux, circonstance due à la présence du chêne dont les racines sont lavées par le courant de cette rivière durant son trajet dans la forêt. Chacun sait que l'écorce du chêne donne le principe colorant noirâtre appelé tanin.

— (D) —

Canalisation de l'Oise et de la Sambre, du Nouvion à Chauny, sous le règne de Louis XIV. — L'idée de faire communiquer la Sambre et l'Oise par un canal fut conçue, paraît-il, par le cardinal Mazarin qui voulut, vers 1655, sauvegarder ses revenus seigneuriaux du comté de Marle, compromis par la rébellion des paysans du domaine. « A cette époque, dit M. Matton, l'érudit archiviste de l'Aisne, les souffrances des populations rurales étaient excessives. L'insolence et les déprédations de la soldatesque leur faisaient détester l'uniforme. Elles ne voyaient, dans celui qui le portait, qu'un ennemi à fuir ou à tuer. La justice sommeillait forcément; ses officiers n'osaient trop s'aventurer au dehors pour l'exécution des lois, car chacun portait une arme qui devenait offensive à la moindre contrariété. Le bien-être de la famille, l'instinct de la conservation excitaient à la convoitise et au mépris des droits d'autrui. Les populations aigries par le pillage et les excès des soldats, s'installaient au centre des bois et y formaient des abris où elles cachaient leurs bestiaux et leurs meubles. La perception du droit de terrage devenait très-difficile; les paysans réfugiés dans les bois croyaient pouvoir impunément s'emparer de ce qu'ils y trouvaient à leur convenance.

« Mazarin, informé que l'aventureux duc de Guise, Henri de Lorraine, cherchait à se procurer des ressources qui lui manquaient souvent, lui fit entrevoir tous les avantages de nouveaux débouchés aux produits de la forêt du Nouvion et de la verrerie (de Garmouzet) qu'il se proposait d'établir près la fontaine Malerme, sous la direction de Nicolas Vaillant, écuyer, seigneur de Charlefontaine, gentilhomme verrier (1).

---

(1) La verrerie du Garmouzet fut construite en vertu d'un arrêt du Conseil d'Etat du 1er juillet 1662, autorisant Henri de Lorraine à établir des verreries en ses forêts et duché de Guise Bailliage de La Fère, 1234. Archives de l'Aisne et Bibl. imp. M. de D. Grenier, 21e paquet, N° 33.

« Henri de Lorraine écouta volontiers le cardinal et dirigea toute son attention vers la forêt du Nouvion. L'ingénieur du Bourgneuf y creusa un fossé très-large, maintenu par des vannes, en amont du moulin (1), pour faire arriver l'eau dans un canal communiquant au ruisseau de l'ancienne Sambre. Ce ruisseau séparait la forêt et les prairies qu'il cotoyait jusqu'aux étangs et moulins à eau détruits du moulin Lointain et de Boué. Son cours, détourné en aval de ce dernier depuis longtemps (2), traversait le parc du bois du Gard, où un nommé Hugues Dufour formait un vaste dépôt de bois de toute espèce, de portes d'écluses, de charbon de bois, etc.

« Le 1er juillet 1662, le roi octroya les lettres de patentes qui autorisaient Henri de Lorraine à rendre la rivière d'Oise navigable en creusant et en élargissant son lit et ceux de ses affluents, du Nouvion à Vadencourt; à s'emparer de trois perches de terrain de chaque côté, et des eaux courantes et stagnantes; à abattre les moulins et autres obstacles à la navigation. Les ilots et atterrissements étaient abandonnés au concessionnaire avec toute justice ressortissant directement au parlement de Paris, comme franc-alleu noble.

« Les lettres patentes assuraient à la fois au duc de Guise le monopole des forges et des verreries et la faculté de détruire les anciennes dans un rayon de dix lieues des bois de son duché; elles l'autorisaient encore à s'emparer des matériaux nécessaires aux constructions et magasins. Ces octrois étaient faits sous condition expresse d'indemnités à dire d'experts

« Henri de Lorraine espérait que la perception des droits autorisée par le Conseil d'Etat et le roi le couvrirait de ses dépenses. Voici la pancarte du tarif adopté :

« 1 sou par setier de grain, mesure de Paris, excepté le blé; cent de perches d'aulnes et de tilleul, cent de bottes de foin; cent pesant de métaux et verres de toute nature destinés aux liquides; toise de barque, barquette, nacelle, boulier à poissons,

---

(1) Ancien moulin Caudron.

(2) De Froidour signale en ces termes la suppression de l'ancien lit : « Au dessoubs du dit lieu de Boué, nous avions reconneu un reste d'ancien fossé que les habitants du lieu nous avoient dit avoir esté autrefois le cours ordinaire du ruisseau, qui descendoit dans le Hainaut, par le moyen duquel on pouvoit establir la navigation du costé de Flandre, mais que les seigneurs ducs de Guise estant maîtres de la source et du fond d'où procedde ledit ruisseau en avoient diverty le cours et l'auroient fait passer dans le parcq du bois du Gard, lequel il traverse de bout à autre en passant audit bois. » Il y a tout lieu de croire que ces travaux furent entrepris pour protéger les frontières françaises. Cassini a indiqué par deux lignes ponctuées l'ancien lit, dont on distingue encore parfaitement les traces, près du chemin de Morteau.

train de bois. — 2 sous par millier de cerceaux; douzaine de bottes de vimeaux; poinçon de charbon de bois; cent pesant de cuirs; panier de verres à vitres. — 4 sous pour le cent pesant de fil, laine, toile et autres choses non spécifiées. — 5 sous par millier de tuiles; meule à taillandier; fardeau de gaiac, de salsepareille, de houblon, de réglisse et autres herbes; tonne de fromage pesant 500 livres. — 10 sous par poinçon de vin, jauge de champagne; cent de pieds de pierres; cent de bottes d'échalas et de lattes larges et étroites; millier d'ardoises. — 15 sous par compte de tabac; pot de suif ou d'autres graisses; tonne d'huile pesant 500 livres; douzaine de peaux de boucs et de vaches en poil. — 1 livre par corde de bois à brûler; poinçon de cendre; paquet ou caisse de sucre. — 30 sous par meule à moulin; paquet d'épiceries pesant 500 livres. — 40 sous par cent de toises de moelons de dix à douze pouces d'épaisseur; millier de fagots; poinçon de charbon de terre. — 4 livres par muid de sel. — 5 livres par millier de bois de merrien; cent de carpes, truites, brochets et autres poissons. — 6 livres par cent de solives de bois de 5 à 7 pouces.

« Le parlement de Paris voulut, selon ses habitudes, se convaincre de la nécessité des lettres-patentes avant de les enregistrer. Il ordonna, le 15 décembre 1662, au lieutenant et au procureur du roi du bailliage et de la maîtrise des eaux et forêts de la Fère, de visiter les cours d'eau, d'en dresser état, d'indiquer les travaux à effectuer, et enfin de faire une enquête sérieuse et complète, où ils consigneraient les avis, dires et observations des maires, des échevins et des intéressés.

« Louis de Froidour reçut la commission du parlement le 23 décembre, à Compiègne, et se rendit aussitôt sur les lieux. Il prit successivement l'avis des populations de Danizy, Ribemont, Lucy, Origny-Sainte-Benoîte, Guise, qui se montrèrent plus ou moins favorables au projet.

« De Froidour quitta Guise dans la matinée du 30 décembre 1662, et arriva au Nouvion à trois heures, accompagné d'Etienne Bernier, arpenteur et ingénieur à Guise. Nicolas Juppin, maire, fit sonner le cornet à défaut de cloche, et les habitants se réunirent aussitôt au parvis de *l'église entièrement descouverte, abolie et ruinée*. De Froidour, *contraint par la rigueur de l'air*, se retira en la maison de Buffi, notaire, où il était descendu. Les habitants l'y suivirent et lui exposèrent « que le projet utile à la province seroit
« dommageable à leur commune, en ce que leur terroir estant in-
« fructueux à cause qu'il est demeuré en friche pendant la guerre,
« a esté presque tout chargé de bois et d'épines, les grains qu'ils
« sont obligés de tirer d'ailleurs pour leur nourriture enchériront,

« que, d'ailleurs, les bois estant voiturés par ladite navigation, se-
« roient enchéris de la même sorte, à leur grand préjudice et
« dommage, qui sera d'autant plus grand, que, tirant leur sub-
« sistance des voitures qu'ils avaient accoutumés de faire du dit
« bois, ils seront privés de ce secours. — De plus, que cette na-
« vigation ne pouvant s'établir qu'en élargissant le ruisseau qui
« passe en ce village, et faisant plusieurs réservoirs d'eau, tous
« leurs marests et pastures quy estoient leur dernière ressource
« seront consommez et perdus. Qu'enfin, tous les habitants estant
« trop pauvres pour entreprendre aucun marché de bois, et le dit
« seigneur duc de Guise les ayant aussi vendu à des marchands de
« Paris, ils ne pouvaient faire aucun commerce. Qu'ainsy la dite
« navigation faisoit leur perte et ruine entière, laquelle jointe aux
« menaces qu'on leur faisoit de les contraindre au paiement de la
« taille à laquelle depuis peu de jours ils avoient été imposez, quoy-
« que de tout temps immémorial ils aient joui de l'indemnité et
« exemption d'icelle, les obligerait de quitter et abandonner le
« dit lieu, ce qu'ils feroient d'autant plus facilement que toutes
« leurs maisons ont été perdues et entièrement détruites pendant
« la guerre, et qu'il ne leur reste aucune église, la messe se di-
« sant soubs un petit toist couvert de paille qui menace de ruine
« tous les jours, estant obligez de l'entendre à l'air du temps, et ce
« à moings qu'il ne plaise au roy de les continuer dans leurs privi-
« léges, et au dit seigneur duc de Guise avoir compassion du mi-
« sérable estat du dit lieu en pourvoyant à leur indemnité ou au-
« trement, ainsi que de raison, ne voulloient néantmoins pour le
« respect de Sa Majesté envers laquelle ils ont toujous esté bon et
« fidel subjets, et aussi pour le respect du dit seigneur duc de
« Guise leur seigneur, apporter aucun empeschement ny former
« aucune opposition au desseing de la navigation. »

« Après le départ de la foule, Nicolas Vaillant, gentilhomme verrier, se présenta et dit « qu'il avait de bonne foy traitté avec Hugues Dufour estant ès-droits du seigneur duc de Guise, et estably des verreries de toutes sortes de verre à grands frais, tant par les édifices qu'il avait construit, que par l'achapt des matières et assemblage de huit gentilzhommes pour travailler aux dites ver- reries, et depuis le sixiesme de septembre dernier qu'il a commencé de travailler, jusques à présent qu'il continue encore, aurait fait une infinité de marchandises et nottamment de verre de cristal dont il a plus de trente milliers, sans les autres marchandises qui luy demeurent inutiles et sans débit, attendu le grand nombre de ver- reries establyes dans le païs quoique sans permission de Sa Majesté, contre les maîtres desquels il ne peut se pourvoir, attendu que les lettres-patentes obtenues par le dit seigneur duc de Guise ne sont pas encore vérifiées. »

Le lendemain 31 décembre, de Froidour entendit les offices et partit à sept heures du matin. Il arriva peu de temps après à Etreux et entra dans l'église, où les habitants se réunissaient au son de la cloche, pour entendre la messe. Il manda les maire et échevins. Ceux-ci exigèrent le remplacement de deux ponts en cas de rupture des anciens, et des indemnités pour les terrains nécessaires à l'élargissement du ruisseau.

« De Froidour arriva à Vénérolles à la sortie de la messe. Jean Vérette, curé, et Charles Huget, maire, réclamèrent le paiement des terrains pris pour l'élargissement de la rivière et la construction du canal. Ils voulaient rétablir au plus tôt leur église dont il ne restait que des pans de murs, et pour cela demandaient sans retard le paiement d'arbres coupés dans un pré de la fabrique.

« Hannapes, Tupigny, Verly, Vadencourt, Noyal réclamèrent également des garanties contre les dommages que pourrait leur causer l'entreprise. L'enquête terminée, De Froidour se rendit à Compiègne et y indiqua, le 12 janvier 1663, les travaux à effectuer et l'utilité de la navigation.

« La canalisation établie par les entrepreneurs s'arrêtait aux moulins et à l'étang détruits de la Junière, où une écluse retenait les eaux; des canaux latéraux furent établis à Etreux, Tupigny, Vénérolles et Hannapes; mais le flottage ne devait commencer qu'au-dessous du pont de Vadencourt, où se trouvaient de vastes dépôts de bois et de charbon. Néanmoins, l'exécution de l'entreprise rencontrait beaucoup de résistance de la part des riverains; le parlement intervint à diverses reprises pour ordonner la continuation des travaux et enjoindre aux meuniers de lever leurs ventaux et d'ouvrir les écluses lors du passage des bateaux. Cette intervention était nécessaire, car les habitants de Vendeuil s'étaient permis de retenir un bateau pendant trois semaines sous le prétexte que trois de leurs ponts devaient rester, bien qu'un seul pût leur suffire. Les villages continuaient à vouloir conserver leurs anciens gués; les meuniers, notamment ceux de Vénérolles, de Tupigny et de Hauteville refusaient encore l'ouverture des écluses. Des malveillants coupaient pendant la nuit les cordages des bateaux et en avaient ainsi coulé à fond trois ou quatre, dérobaient les matériaux destinés à la navigation et empêchaient par des « pratiques et cabales secrètes » les ouvriers de travailler.

« Les résistances se manifestèrent avec plus d'intensité encore après la mort de Henri de Lorraine, dont l'autorité était passée à Marie, tutrice onéraire de Joseph-Louis de Lorraine, son neveu.

Les pillages devenaient très-communs sur tout le parcours de la navigation et on regardait les bûches et autres bois perdus comme des épaves dont chacun pouvait s'emparer.

« L'entreprise n'était donc pas dans de belles conditions de prospérité. En 1681, le canal principal était très-délabré ; le passage des bateaux allait être complétement intercepté. Le commerce des grains en souffrait beaucoup. Les pertes de toute nature augmentèrent de 1670 à 1675. Enfin les bateaux et les trains cessèrent d'arriver du Nouvion. On se contenta du flottage. Les bois de corde jetés confusément à bûches perdues dans la rivière parvenaient encore à La Fère, où on les empilait pour former les traîneaux destinés à la ville de Paris. Il n'arriva plus, en 1680, aucun bois de flottage de la forêt du Nouvion. L'exploitation finissait privée de ressources (1). Il paraît cependant qu'un arrêt du Conseil d'Etat du 5 avril 1706, prescrivit le paiement des frais nécessaires au rétablissement du canal de Chauny.

« Malgré l'expérience qui fit reconnaître à quel point l'entretien du canal était dispendieux, on forma quelques années après (1724) le projet de le creuser et élargir jusqu'à Sissy, de le prolonger jusqu'à Saint-Simon, et enfin de rendre la Somme navigable de Saint-Quentin à Amiens et à Pecquigny. Mais l'entreprise fut abannée faute de ressources ; elle fut reprise en mai 1732 et conduite à bonne fin par Louis-Antoine de Crozat.

« On désirait l'établissement d'un canal de Sambre et Oise pour donner accès aux fosses à charbon ; favoriser la défense de la place de Landrecies où il devait aboutir, et de celles de Valenciennes, de Maubeuge et d'Avesnes. Lafite-Clavé, capitaine du génie, étudia le terrain en 1781 ; mais le délabrement des finances de l'Etat fit ajourner les travaux. La République française décréta enfin, le 1er brumaire an III (22 octobre 1794), que le canal serait exécuté sous la direction des ingénieurs militaires, pour donner des débouchés aux forêts nationales de Mormal et du Nouvion, aux charbons de terre et aux fers du Hainaut ; mais la nécessité d'employer les fonds disponibles à des besoins plus urgents, ajourna l'entreprise. Le canal devait avoir vingt-sept pieds de large et suivre les vallons du Noirieu et de l'Oise jusqu'au canal Crozat.

« Le canal de Sambre et Oise fut enfin concédé pour 99 ans, par la loi du 30 avril et l'ordonnance royale du 30 octobre 1833, à une compagnie particulière. La navigation ouverte à la fin d'octobre 1838, interrompue le mois suivant par la chute d'une écluse,

---

(1) Archives de la ville de La Fère. Délibérations. Archives de l'Aisne. Bailliage de La Fère. B. 769.

fut rétablie au mois de février 1839. La longueur du canal de Sambre et Oise est de 65 kilomètres ; son bief de partage ne présente point de tranchées ni de souterrains. Les bateaux le parcourent facilement. Sa pente est rachetée par trente-huit écluses, dont trois sur le versant de la Sambre, le surplus sur celui de l'Oise. Le tirant d'eau des bateaux est fixé à 1 mètre 50 centimètres. La base des écluses est de 1 mètre 65 centimètres.

« Il fut question, en 1835, d'établir un canal de dérivation de Guise à Vadencourt. La ville de Guise vota même une somme de 50,000 fr., mais le projet ne reçut pas d'exécution, malgré son utilité incontestable.

« Les travaux de canalisation de la fausse Sambre, du Noirieu et de l'Oise, entrepris depuis 1661, répondaient à de véritables besoins. Ils eurent la mauvaise chance de n'être point entrepris par des sociétés puissantes comme celles d'aujourd'hui, qui favosèrent dans nos contrées la culture du lin et du chanvre, le tissage des étoffes, l'activité des fabriques de sucre, des distilleries, des établissements métallurgiques, l'exportation du charbon de terre et des ardoises. De nouvelles artères se formeront encore. La civilisation, guidée dans ses efforts pour arriver au mieux possible, accomplit progressivement ses destinées au profit des populations, pour la prospérité desquelles tout sera tenté (1). »

— (E) —

Voies anciennes. — Les chemins sont aussi anciens que les hommes ; et dès que ceux-ci furent en assez grande quantité sur la terre pour se distribuer en différentes sociétés séparées par des distances, ils eurent nécessairement des chemins, et très-probablement des règlements de police pour en assurer l'entretien. Les Romains trouvèrent donc des chemins et des ponts dans la Gaule ; néanmoins, lorsqu'ils s'en furent rendus maîtres, ils y tracèrent encore un grand nombre de voies destinées à mettre en communication les cités principales et les positions militaires qui commandaient la contrée.

César, lui-même, avait conçu le plan d'un vaste réseau de grandes voies qui, reliant entre elles les principales cités gauloises, devait les réunir à Rome même ; mais les travaux de la guerre qui occupèrent tout le temps de son proconsulat, le forcèrent d'en laisser l'exécution à l'empereur Auguste, qui construisit de nombreuses chaussées dans les diverses provinces de l'Empire et particulièrement dans la Gaule, sous l'action puissante de l'illustre Agrippa,

---

(1) A. Matton, archiviste.

son gendre et son lieutenant, les forêts impénétrables de la Gaule furent entamées par la hache et sillonnées par des chaussées.

« On sait avec quelle solidité les Romains construisaient ces chemins qui devaient traverser une si longue suite de siècles. Ne s'arrêtant devant aucune difficulté, ils marchaient droit au but, surmontant les obstacles, comblant les vallées, tranchant les montagnes, desséchant les marais et donnant à leurs chaussées un relief qui permettait toujours d'en suivre au loin la trace, et à leur direction une rectitude d'alignement qui est devenu un de leurs caractères distinctifs.

« Elles avaient pour appui des étages ou couches diverses désignés sous les noms d'*agger* ou *statumen*, de *Ruderatio*, de *summa crusta* ou *summun dorsum*. Ces fondements qui se superposaient par lits plus ou moins épais, suivant que le sol était ferme ou mobile, sec ou humide, rendaient la voie d'une fermeté perpétuelle. On employait à leur construction les soldats qui murmuraient souvent du genre de travaux qu'on leur imposait, les esclaves, les criminels et surtout la population du pays, dans la crainte de lui laisser trop de loisir. Elle oubliait sans doute, au milieu de ces rudes labeurs, l'humiliation de la conquête et la honte de la domination étrangère.

« La police et la prospérité des grands chemins subsistèrent, chez les Romains, avec plus ou moins de vigueur, suivant que l'Etat fut plus ou moins florissant; elles suivirent les révolutions du gouvernement et de l'empire et disparurent avec lui. Des peuples indisciplinés, mal affermis dans leur conquête, ne durent guère songer aux routes publiques, qui furent complètement abandonnées pendant la funeste période des invasions, ainsi que dans les premiers temps du règne féodal.

« Il faut arriver jusqu'au règne de la reine Brunehaut pour voir de nouveau les routes objets de quelque soin. Par elle, des villas furent créées, des places fortes bâties ou réparées, de puissants monastères furent élevés, de nouveaux chemins furent construits et les anciennes voies romaines restaurées.

« La Flandre, le Hainaut, le Cambrésis, la Picardie, notre Thiérache, aussi bien que le midi, montrent encore aujourd'hui ces grands ouvrages toujours connus sous le nom populaire de chaussées Brunehaut.

« Charlemagne, et après lui, Louis-le-Débonnaire et Charles-le-Chauve, donnèrent aussi quelque soin aux grands chemins. Mais l'esprit qui animait Charlemagne, déjà affaibli dans son fils et son petit-fils, disparut complètement sous leurs successeurs; et on peut juger de l'état où furent laissées les grandes voies quand on considère que ce ne fut que sous Philippe-Auguste que Paris même reçut son premier pavé.

« Henri IV créa l'office de grand voyer et ramena l'unité dans le système des ponts-et chaussées; ce fut l'origine des grandes améliorations qui, sous Louis-le-Grand et ses successeurs, nous dotèrent de ces belles routes qui relient aujourd'hui toutes les villes de France (1).

Quelque modeste que puissent paraître aujourd'hui ces antiques chaussées en présence des grands établissements de nos voies ferrées, il serait souverainement injuste d'oublier qu'elles furent pendant plus de quinze siècles les seuls moyens de communication qu'il y eût en France. Quelques-unes de ces voies ont laissé des traces dans notre canton. Nous pouvons citer :

1° Le chemin de Saint-Quentin vers Etrœungt-Cauchie par Homblières, Marcy, Vadencourt, Lesquielles-Saint-Germain, Iron, Dorengt et Le Nouvion.

Le chemin actuel d'Iron à Esquéhéries, passant au-dessous de la ferme de Ribeaufontaine, s'appelle encore aujourd'hui *chemin de Saint-Quentin* ; c'est un tronçon de l'ancienne voirie romaine qui reliait la ville de Saint-Quentin à la position romaine d'Etrœngt-Cauchie, sur la grande voie stratégique de Reims à Bavai.

Elle était commune avec celle de Guise, par Homblières, jusqu'au village de Marcy, où elle s'en détachait pour traverser la grande plaine ondulée qui s'étend entre Bernot, Fieulaine et Hauteville, Montigny-en-Arrouaise et Noyal. Elle gagnait de là Vadencourt, Lesquelles, Iron, traversait la rivière au vieux pont, lançait un de ses rameaux vers Etreux et continuait sa marche vers Dorengt sous le nom de *Chemin Carin*, dénomination qui rappelle involontairement le souvenir de l'empereur de ce nom.

A La Neuville, au lieudit *le Fort*, le sol est jonché de tuiles romaines et du moyen-âge ; on y a recueilli des monnaies d'Antonin, de Faustine, de Lucile, de Commode, de Valérien, de Postume et de Julia Mœsa, confondues avec des armes, des boucles de ceinturons, des verroteries et des vases en terre et en verre.

Au-delà de ce dernier village, il est difficile de suivre exactement le tracé du chemin; à en juger par la prolongation de son alignement, il passait probablement au Pré-Cailloux, coupait la route actuelle d'Etreux à Esquéhéries au-dessous du Petit-Foucommé, gagnait la Voirie, s'engageait dans les bois du Nouvion qui cachent sous leurs futaies tant de traces historiques encore inconnues, et descendait au hameau du Petit-Paris, où l'on montre

---

(1) Am. Piette, *Itinéraires Gallo-Romains dans l'Aisne.*

aujourd'hui encore l'ancien chemin de Saint-Quentin. La voie remontait de là les pâtures de Malassise, coupait une autre voie romaine au-dessous du lieudit *le Mont de Câtillon* (1), longeait la propriété de M. Paternotte-Druenne et atteignait Etrœungt-Cauchie par Floyon, pour se relier à la voie de Reims à Bavai.

2° Une autre voie romaine qui allait des Ardennes vers le nord-ouest, traversait également le territoire du canton dans la direction de l'est à l'ouest. Cette voie, couverte aujourd'hui en bien des points par la route nationale N° 39 de Montreuil-sur-Mer à Mézières, arrivait de cette dernière ville par Rimogne et Maubert-Fontaine, et entrait dans l'Aisne en avant du hameau de Bellevue (le Tambour). De là, elle gagnait le hameau de Lorembert, prenait à droite la direction des Vallées, longeait le château de la Reinette et les étangs de l'ancienne abbaye de Saint-Michel, et descendait vers Hirson dont le territoire accuse aussi quelques traces romaines. Elle traversait l'Oise au moyen d'un gué et marchait ensuite vers Mondrepuis (Mons putei), où l'on signale également des antiquités romaines. — Détruit à une époque inconnue, ce village fut reconstruit à frais communs en 1170 par un abbé de Bucilly et Jacques d'Avesnes, qui soumirent la nouvelle commune à la loi de Vervins. La voie quitte Mondrepuis par la rue du *Pavé*, traverse Clairfontaine et rejoint à La Flamengrie la grande voie romaine de Reims à Bavai. Il est hors de doute que la direction se prolongeait au nord-ouest par Le Nouvion, La Croisée-Cauchy, Bergues et Fesmy ; qu'elle pénétrait dans le Hainaut par Câtillon-sur-Sambre et gagnait Arras par le Cateau et Cambrai (2).

— (F) —

Géologie. — On sait que les substances minérales dont se compose la croûte terreuse du globe ont été formées de deux manières : les unes ont été déposées par les eaux qui, primitivement, recouvraient toute la surface de notre sphéroïde : elles constituent les terrains dits de *sédiment* ; les autres sont dues à l'action du feu et les terrains qu'elles composent se nomment terrain ignés.

Les terrains de sédiment se montrent en couches régulièrement superposées, comme tout ce qui est déposé par l'élément liquide. Les autres sont jetés çà et là en masses irrégulières, presque toujours cristallisées et présentant tous les caractères de matériaux fondus par le feu, puis refroidis. Cette double formation se fait encore de nos jours, savoir : celle de sédiment, partout où les

---

(1) Emplacement de la route N° 39 actuelle.
(2) Amédée Piette.

eaux laissent quelque dépôt (1), et la formation ignée autour du cratère des volcans.

Pour expliquer tant les formations anciennes que les formations actuelles, on admet que, longtemps avant l'époque à laquelle commencent les récits bibliques relatifs à la création de l'homme, la terre était une masse sphéroïde complètement incandescente, liquide comme du plomb fondu. L'eau tout entière se trouvait en vapeurs autour du globe. Par suite d'un premier refroidissement, les matières fondues commencèrent à se solidifier. Voilà la formation des plus anciennes roches ignées, qu'on nomme de nos jours *granite*, *protogine*, *syénite*, etc., roches toutes composées de silicates cristallisées.

Le refroidissement s'opérant toujours, les vapeurs d'eau commencèrent à se précipiter sur le globe. Composé probablement d'eaux très-chaudes, le premier océan ainsi constitué prit en dissolution quantité de substances; d'autres matières furent entraînées par les courants. Puis les dépôts se formèrent dans les profondeurs de ces mers, dépôts qui s'appliquèrent sur les roches ignées déjà existantes. Voilà les deux grandes formations géologiques des premiers temps, formations qui depuis cette époque ont continué jusqu'à nos jours.

De ces phénomènes, il est résulté une série de formations sédimentaires entremêlées de roches ignées qui sortaient du sein de la terre comme les volcans en vomissent encore. Ces couches de divers âges se distinguent les unes des autres non-seulement par leur nature, mais aussi par les débris d'êtres organisés qu'elles renferment à l'état fossile. C'est ce que la science appelle :

Terrains primaires,
Terrains secondaires ou siluriens, devoniens, carbonifères,

---

(1) Les parties les plus mobiles et les plus ténues de la surface du sol sont entraînées par les pluies dans le lit des ruisseaux ou des ravins et de là dans ceux des rivières, où, suivant leur pesanteur spécifique et la vitesse des eaux, elles sont tenues plus ou moins longtemps en suspension, puis tombent au fond, s'y accumulent et relèvent ainsi le fond même de la vallée. Les rivières qui, par la disposition de leurs cours et de leurs affluents, sont sujettes à des crues rapides lors des grandes pluies, sont aussi celles qui apportent des sédiments en plus grande quantité. En s'élevant au-dessus de leurs bords, les eaux se répandent dans la vallée et déposent les éléments terreux qu'elles tenaient en suspension. La même cause et les mêmes effets se renouvelant une ou plusieurs fois chaque année, il en résulte, après un certain nombre de siècles, un dépôt qui offre tous les caractères des stratifications; c'est ce que l'on appelle *alluvions modernes*.

Elles se distinguent des alluvions anciennes et du diluvium par leur horizontalité parfaite et parce qu'elles ne s'élèvent jamais comme les précédentes sur les talus inférieurs de chaque vallée.

Terrains tertiaires ou crétacés,
Terrains quaternaires ou argileux, siliceux, etc.

— (G) —

Productions animales. — Bœufs. — Les bœufs sont pour la plupart des animaux de grande taille; leurs formes sont épaisses et massives, leur tête est grosse et terminée par un mufle très-large; au-dessous de leur cou pend un vaste repli de peau qu'on appelle *fanon*; leur queue est longue et se termine par un bouquet de poils. Les mâles ont la physionomie farouche; lorsqu'on les attaque, ils deviennent furieux et se jettent tête baissée sur l'ennemi. La femelle ne porte ordinairement qu'un seul petit. A l'état sauvage, les bœufs vivent en troupes au milieu d'immenses plaines désertes ou sur les montagnes d'accès difficile.

Il nous a paru utile de donner ici une description sommaire de cette espèce de ruminants.

Les bœufs, au point de vue général, se divisent en deux groupes, caractérisés l'un par quatorze à quinze paires de côtes, l'autre par treize paires seulement.

Le premier groupe comprend :

— L'Aurochs, urus ou bison d'Europe, grand et fort bœuf sauvage, qui peuplait autrefois les forêts de la Gaule et de la Germanie, et qui n'existe plus aujourd'hui que sur certains points de l'empire russe.

— Le Bison d'Amérique, si remarquable par la laine épaisse et mêlée de longs poils qui lui couvre la moitié antérieure du corps, par le développement de cette partie, par sa barbe et par la couleur brun foncé de son pelage, enfin par son naturel sauvage. Les bisons n'ont été que rarement utilisés au service de l'homme; mais on les chasse pour leur fourrure et pour leur chair, que l'on fait sécher.

— L'Ovibos ou bœuf musqué, petite espèce qui vit sauvage au nord de l'Amérique septentrionale.

— L'Yack, petite espèce originaire des montagnes du Thibet, où elle rend de grands services, tant comme animal de somme et de trait, que par sa viande et par sa toison. Celle-ci se compose de duvet fin mélangé de poils soyeux. La queue est terminée par une houpe de crins longs et brillants, dont les Turcs se servent comme étendard.

Le groupe des bœufs à treize paires de côtes, présente comme espèces principales :

— Le Buffle, bœuf trapu, de couleur noire, de taille moyenne, avec cornes anguleuses, couchées en arrière, cuir très-épais, mœurs presque amphibies, physionomie sauvage, naturel assez souple cependant pour que cet animal puisse être employé au service agricole. Originaire de l'Afrique et de l'Inde, il s'est naturalisé en Hongrie et sur certains points tant de l'Espagne que de l'Italie, notamment dans les marais Pontins. Malgré son extrême rusticité sous un climat chaud, on lui préfère le bœuf commun, de sorte qu'il tend à disparaître de l'Europe méridionale. On n'en voit plus en Espagne et il n'en reste plus qu'un petit nombre en Italie.

— Le GOUR et le GAYAL, espèces sauvages particulières à l'Inde, remarquables par la concavité de leur front.

— Le ZÉBU, si reconnaissable à son fanon développé et à l'énorme loupe graisseuse qu'il porte sur le garot. En Afrique et dans l'Inde, les zébus sont utilisés de la même manière que le bœuf commun l'est en Europe; ils ont les allures plus rapides et servent souvent de monture.

Le bœuf commun, auquel se rattachent toutes nos races européennes d'espèce bovine. Lui-même paraît descendre d'un bœuf sauvage au pelage blanc que l'on conserve précieusement en Écosse, dans certaines forêts. Sa force, sa patience, sa docilité, l'excellente qualité de sa chair et de son lait le mettent au premier rang des divers bestiaux de nos fermes.

Comme chez tous les ruminants, la mâchoire inférieure seule est munie de dents incisives, et celles-ci sont au nombre de huit. Chaque année, à partir de l'âge de dix-huit mois, deux de ces dents, qui étaient dents de lait, sont remplacées par de plus fortes; à cinq ans, la bouche est faite et l'animal est adulte. Il vieillit de dix à quinze ans. Dans la plupart des races, la tête est armée de cornes. Le taureau a le corps plus long que la vache, le cou plus épais, la tête plus forte, les cornes plus grosses et moins longues. Les bœufs ont la physionomie des vaches et plus de taille que les taureaux.

En bonne chair et en vie, les vaches des plus petites races pèsent 150 kilogrammes, et celle des plus grandes 700. — Les taureaux et les bœufs de chaque race pèsent sensiblement plus que les vaches. Par l'engraissement, chaque sujet peut gagner un tiers en sus de son poids primitif.

La chair varie d'abondance et de qualité suivant l'âge, le sexe et la race. La meilleure se trouve aux reins, à la croupe, aux cuisses, et la moins bonne, à la tête, au col, aux jambes, au bas des côtes et au ventre. Celle des veaux de lait est blanche et ferme; après le sevrage, elle devient grise et de qualité médiocre; enfin, lorsque l'animal est adulte, on la trouve succulente et colorée. Alors, une teinte trop prononcée fait déprécier celle des taureaux.

Suivant son état et sa construction, un bœuf engraissé rend, pour 100 de poids vif, 45 à 70 de chair, 3 à 13 de suif, 5 à 9 de peau; et pour 100 de chair, 27 à 38 de viande de première qualité.

La plupart des vaches deviennent mères lorsqu'elles ont l'âge de deux à trois ans; elles portent neuf mois et donnent en général un seul veau par gestation.

Les races qu'on élève en France se distinguent à la première vue par la couleur :

Pelage fauve avec nuances plus ou moins foncées. — Les animaux de ce poil peuplent une grande partie du Midi et se groupent en plusieurs races, petites ou moyennes, qui ont toutes beaucoup de rusticité et d'énergie, mais peu de précocité et de facultés laitières. Telles sont les races d'Aubrac (Aveyron), de Gascogne (Gers), du Basadais (Gironde). Le poil fauve caractérise encore la race suisse de Schwitz, meilleure laitière que les précédentes, communes aujourd'hui dans le Jura.

Pelage blond clair. — A cette division appartiennent la race béarnaise, remarquable par ses longues cornes blanches, et dont les variétés, qui sont moyennes et petites, ont beaucoup d'aptitudes pour le travail mais peu de facultés laitières; — la race de Lourdes (Hautes-Pyrénées), remarquable au contraire par son aptitude à donner du lait; — la race garonnaise (Lot-et-Garonne et Gironde), la plus grande des races françaises, vaches mauvaises laitières, mais très-fortes, bœufs énormes et très-vigoureux; — les races de travail, un peu moins grandes, du Mézenc (Ardèche) et du Limousin; — les races parthenaise (Vendée) et Mancelle (Maine-et-Loire), l'une moyenne, l'autre petite, toutes deux peu laitières, mais s'engraissant avec une facilité remarquable; — la race comtoise, aptitudes diverses : variété bressane, bonne laitière; variété dite fémeline, forte au travail; dans quelques familles améliorées, disposition à l'engraissement précoce.

Pelage blanc, café au lait et jaune clair avec raie blanche sur le dos. — Ces robes caractérisent le bétail de la Nièvre, de l'Allier, de Saône-et-Loire, d'une partie de la Côte-d'Or, de l'Yonne et du Cher. La principale race du groupe est la charollaise : couleur blanche, taille grande et moyenne, aptitude au travail, production laitière très-faible; aptitude à l'engraissement précoce dans quelques familles améliorées

Pelage rouge acajou. — De ce poil sont : la race flamande, facultés laitières de premier ordre, taille grande et moyenne, très-belle conformation dans la variété de Bergues; — la race de Salers (Auvergne), l'une des plus belles races de France; facultés laitières de second ordre jointes à beaucoup d'aptitude pour le travail et à d'excellents rendements à la boucherie.

Pelage bigarré de noir et de blanc, ou de rouge et de blanc. — Certaines races suisses de ce poil ont été introduites dans le Jura, les Vosges, l'Auvergne, la Lorraine et le Maine, ce qui a produit des variétés avec cuir épais, os gros, aptitude diverses.

De ce poil diversement nuancé sont encore : la race bretonne, très-petite et très-bonne laitière; la race normande qui donne de bonnes laitières et des bœufs énormes; — la race hollandaise, très-répandue dans le Nord, l'une des meilleures laitières qui existent au monde, taille grande et moyenne; — enfin la race anglaise de Durham, supérieure à toutes pour la carrure, la précocité et la disposition à l'engraissement.

Au pâturage, les animaux d'espèce bovine ne se plaisent ni dans les prés marécageux, ni sur les gazons très-courts. Dans les trèfles ou les luzernes, ils sont exposés à une indigestion qui les étouffe; à l'étable, on peut leur donner toute espèce de fourrages artificiels et de légumes verts.

— (H) —

Productions animales. — PORCS. — Les cochons ont le corps trapu, la peau couverte de soies, le nez terminé en un boutoir dur, que de gros muscles mettent en mouvement et qui leur sert à fouiller la terre; les narines très-vastes et l'organe de l'odorat très-développé. Leur tube digestif a beaucoup de rapports avec celui de l'homme et peut recevoir toute espèce d'aliments; aussi, le porc est essentiellement omnivore. Comme la plupart des pachydermes, il aime à se rouler dans l'eau. Le mâle est farouche; il a la gueule armée de fortes dents canines, saillantes en forme de crocs, l'épaule et le flancs couverts d'une épaisse cuirasse; il écume, gratte la terre avec ses pieds et cherche souvent à attaquer.

Les femelles ou truies portent environ quatre mois et ont, en général, des portées de huit à seize gorets; elles aiment cette famille, et cependant, à défaut d'autres aliments, elles finissent par la dévorer. Parfois, sans autre sentiment que celui de la gourmandise, elles ont mangé de pauvres petits enfants couchés par terre ou endormis dans leur berceau.

Du reste peu d'animaux sont, après leur mort, aussi précieux que ceux-là : ils convertissent en graisse et en chair mille débris d'aspect repoussant, et tout, jusqu'à leur sang, est précieusement utilisé au profit de nos cuisines. Leurs soies servent à faire des pinceaux et des brosses.

Les variétés de cochons sont nombreuses, et il s'en trouve dans presque tous les pays. En général, la couleur tend au noir sous un climat chaud, au blanc dans les régions tempérées.

Cet animal est adulte à trois ans et vieux à dix. Ses dents ne se renouvellent pas, comme chez tant d'autres espèces, par la chute des dents de lait.

Le SANGLIER, qui paraît être la souche du cochon domestique, se reconnaît à sa couleur grise, à ses soies roides, à ses crocs allongés et redoutables. Il se tient couché pendant le jour, et la nuit, il se promène lentement dans les bois et dans les terres cultivées, en cherchant les fruits tombés, paissant l'herbe, déterrant les racines et croquant l'épi des céréales. Ces animaux vivent en famille et se transportent fréquemment par troupes d'un lieu dans un autre. Les petits, appelés MARCASSINS tant qu'ils ont la *livrée*, c'est-à-dire tant que leur robe est rayée, accompagnent leur mère pendant plusieurs mois. La chasse du sanglier est dangereuse ; s'il se sent blessé, il se retourne sur les chiens ou sur le chasseur avec la rapidité d'un trait, et leur fait souvent de profondes blessures.

— (I) —

Productions animales. — LOUPS. — En 1867-68, un loup énorme vint élire domicile dans notre canton où, pendant plus d'un an, il sema le carnage et la mort. Le jour, cette autre *bête du Gevaudan* se tenait dans la forêt, mais la nuit arrivée, elle quittait son repaire et parcourait en tyran affamé les enclos de son domaine, laissant partout des traces sanglantes de son passage. Au grand désespoir des propriétaires, vaches, veaux, génisses, baudets, tout paya tribut au glouton, et Dieu sait combien de chiens de toutes sortes trouvèrent leur tombeau dans l'estomac insatiable du terrible carnassier.

On organisa à son intention des chasses qui demeurèrent longtemps infructueuses, car nos chasseurs avaient affaire à un vieux matois aussi rusé que sanguinaire. Touchée à plusieurs reprises, la bête semblait se jouer d'abord du plomb meurtrier. Lorsqu'enfin elle fut abattue, on reconnut avec une sorte d'effroi qu'elle mesurait un mètre cinquante-trois centimètres de la naissance de la queue à l'extrémité du museau, et soixante-quatre centimètres de hauteur. Son pelage était d'un gris fauve très-foncé, la tête et le cou étaient énormes, la partie antérieure de la poitrine, puissante et très-développée. La mâchoire, quoique incomplète, était armée de crocs dont quelques-uns n'avaient pas moins de cinq centimètres; et quoique vieux, cet animal semblait accuser une énergie, une force extraordinaire, si l'on en juge par le nombre de ses victimes. Il attaquait de préférence les veaux et les ânes, qu'il pourchassait jusqu'à exténuation; puis il se jetait sur sa proie, qu'il déchirait alors aux flancs et sous le ventre, pour sans doute en arriver plus vite aux intestins dont les loups sont, dit-on, très-friands. C'était un vieux mâle solitaire.

— (J) —

Bois et Forêts. — La forêt du Nouvion, l'une des plus belles de l'ancien duché de Guise, appartenait encore, au commencement du siècle, à la maison de Condé. Le dernier représentant de cette illustre famille, M. Louis-Henri-Joseph de Bourbon, prince de Condé, choisit pour son légataire universel le quatrième fils du roi Louis-Philippe, M. le duc d'Aumale, son filleul, qui en devint ainsi propriétaire. Mais il était d'usage, en France, que chaque nouveau gouvernement obligeât la famille qui avait cessé de régner, à vendre les biens meubles et immeubles possédés par elle sur le territoire; et un décret du 22 janvier 1852, signé : « Louis-Napoléon, président de la République », prescrivit la vente des biens de la famille d'Orléans.

La forêt du Nouvion passa dès lors en propriété à la Société Seillière et Cie, de Paris.

Un état général des bois du duché de Guise, indiquant, d'après arpentage et lever de plans, la contenance de chacun, avec la division des coupes, a été dressé, en 1756, par N. de Lavigne, ingénieur du roi, géographe de S. A. S. Monseigneur le prince de Condé, qui l'avait chargé de la réformation et du nouvel aménagement de ses bois.

On lit en tête de cet intéressant travail :

« Guise, ville de Picardie, située dans le pays de Thiérache, sur la rivière d'Oise, fut érigée en Duché-Pairie, par lettre patente de l'an 1527, vérifiée en parlement l'année suivante ; elle a esté longtemps le patrimoine des puînés de la maison de Lorraine ; le premier duc de Guise fut Claude de Lorraine, fils puîné de Réné II, duc de Lorraine.

« Ce duché de Guise a esté réuny sur la tête de Monseigneur le duc, père de Monseigneur le prince de Condé, tant par succession de Madame la princesse, veuve de Monseigneur Henry-Jules de Bourbon, pour moitié, que par acquisition qu'il a faite de l'autre moitié de Madame de Brunswick, le 17 juillet 1726. »

Le duché de Guise était alors partagé en six gruries (1) ou arrondis-

---

(1) Chaque grurie avait à sa tête un officier ou juge nommé *gruyer*, qui connaissait des délits forestiers. — Il y avait aussi, au moyen-âge, le seigneur-gruyer qui avait un droit sur les bois de ses vasseaux.

sements forestiers dont les chefs-lieux étaient Guise, Le Nouvion, Hirson, Saint-Michel, Aubenton et Rumigny (Ardennes).

Voici, avec leur contenance et leur situation, quels étaient les bois de chaque arrondissement gruyer :

1° Grurie de Guise.

1° Forêt du Regnaval (*Lerzy et Autreppes*)	916 b
2° Bois de l'Epaissenoux (Chigny, Buironfosse, Leschelle)	171
3° Forêt de l'Arrouaise et Gard d'Oisy (1), Petite-Arrouaise (vendus)	692
4° Bois de Flandre et Bois Monsieur (Busigny, Bohain). — Vendus	57
5° Bois de Lesquielles et de Vaux (vendus)	163
6° Bois de Saint-Germain, de la Justice, des Agneaux et du Fay (Villers, Guise et Saint-Germain). — Vendus	191
7° Bois de La Motte et de Couvron (Guise, Macquigny). — Vendus	114
8° Bois de Beaurain (Beaurin, Wiége, Puisieux). — Vendus	104
9° Bois de Marly (vendu)	155
10° Bois d'Epinoy (Seboncourt, Etaves). — Vendus	15

2° Grurie du Nouvion.

1° La Queue de Boué	748
2° Forêt du Nouvion	2,879
3° Haie-Equiverlesse, indivise par moitié avec l'Etat (2)	519

3° Grurie d'Hirson.

1° Franc-Bois d'Hirson et Mondrepuis	674
2° Bois Gérard, les Cent-Jallois et la Grande-Taille (Cairfontaine, Wimy. — Vendus)	184
3° Haie de Wimy (Luzoir, Wimy). — Vendus	153
4° Bois du Fond-Dodu, de la Gerbette, de Robert-Fay et des Gravelles, (Luzoir, Gergny et Clairfontaine). — Vendus	163

---

(1) Aujourd'hui défrichés : il en reste 60 hectares seulement.

(2) Vingt-sept hectares, de la moitié indivise appartenant au duché, ont été vendus et défrichés.

5° Bois des Ronces ou Franc-Bois du Maine (Buire, Neuve-Maison, Origny, Etréaupont). — Vendus. ... 188

6° Bois de Bouillon et de la Fontaine d'Ohis (Wimy et Ohis). — Vendus. ... 7

4° Grurie de Saint-Michel.

Numéro unique. Forêt de Saint-Michel, en quatre révolutions; alors mise en coupes réglées à vingt ans de recrue. ... 1,471
dont moitié environ au domaine et le reste à l'Etat (1).

5° Grurie d'Aubenton.

1° La Haie d'Aubenton, en quatre révolutions mises en coupes réglées, suivant diverses recrues. ... 1,215

2° Haie de Martigny, Grand-Vivier et Mont-Pilot). — Vendus. ... 145

3° Haie de Martigny, Vallée-Anceaux (vendus) ... 136

6° Grurie de Rumigny.

1° Bois du Gard d'Any (vendu). ... 131

2° Bois des Mille-Arpents (Ardennes). — Vendu ... 243

3° Bois des Douaires — — ... 366

4° Bois des Troux-de-Sormone et du Wez-le-Lièvre (Ardennes). — Vendus ... 246

5° Bois de Suzane, Bois des Ingles et de Jean-Samin (environs de Regneauwez, Ardennes). —Vendus. 275

6° Bois d'Arduncel (Giraumont et Arduncel, Ardennes). —Vendu. ... 50

7° Bois de Liart (Ardennes). — Vendu ... 159

8° Bois de l'Affairée, — — ... 143

9° Bois des Fouées (près Rumigny). — Vendu ... 99

Il résulte de ces données qu'une notable partie du domaine de Guise a été successivement vendue, et que, sur une contenance totale de plus de 12,000 hectares, qu'il offrait en 1756, il ne reste plus aujourd'hui à la Société Seillière qu'une superficie d'environ 8,000 hectares de bois, cultures et herbages.

Quant à la forêt du Nouvion proprement dite, elle était primiti-

---

(1) REMARQUE. — En 1708, veille de la Pentecôte, il fit un vent si impétueux qu'il renversa tous les arbres et autres bois de la partie de cette forêt que l'on appelle aujourd'hui l'*Ouragan*. (*Note de l'Ingénieur-Géographe.*)

vement divisée en quatre cantonnements subdivisés chacun en trois triages. Chacun de ces cantonnements renfermait 35 tailles dont, à plus d'un titre, il nous a paru intéressant, de rappeler ici quelques-unes des dénominations.

La contenance de chaque taille était, en moyenne, de vingt hectares (83 jallois environ).

1ᵉʳ Cantonnement.

TRIAGES DE LA SABLONNIÈRE, DES BOCHARDES ET DU PONCHAU (sud-est du Nouvion et de Marlemperche). — Taille de la Fontaine des Trous de Renards, — de la Fontaine-Roton, — de la Fontaine-Boulande, — du Pont mal fait, de la Fontaine au Pâté, — du Vivier du Bois, — de la Croix des Veneurs, — des Caudris, — de la Fontaine Pierre Azambre, — de la Fontaine de la Galette, — de la Héronnière, — de la Fontaine-Griselaine, — du Goutier d'Erlac, — de la Plaine-Jérémie, — Taille-l'Abbé, — de l'Ancien, - de la Porte-Bernier (1), — de la Fontaine-Bernier, — du Pont Bernier, — du Pont de la Rosière, — de la Fontaine Sèche, — de la Fontaine de la Cressonnière, — de la Fontaine au Brenn, — des Trois-Planes, — etc.

2ᵉ Cantonnement.

TRIAGES DE LA FONTAINE AUX TESSONS, DE LA FONTAINE SANS FOND ET DE L'HERMITAGE (nord d'Esquéhéries). — On y trouvait la Taille des Jumelettes, — de l'Hermitage, — du Diable, — de la Fontaine Bondelette, — de la Porte du Pimar, — des Petits-Garçons, — de la Fontaine aux Cailloux, — de la Fontaine Fouillarde, — de la Fontaine au Laid-Trou, — de la Grande-Fontaine, — de la Troué-Robin, etc.

3ᵉ Cantonnement.

TRIAGES DE LA JUMELETTE, DE LA MAROTTE ET DU WEZ DES BOULLES (nord de Leschelle et de Buironfosse). — On y voyait la taille de la Croix-Bornée, — la taille des Preux, — du Noir-Rieu, — de la Fontaine au Vin, — du Grand-Maître, — la taille Ruinée, — du Goutier, — de la Quincaille, — de la Fontaine aux Geais, — la taille Gros-Os, — du Goutier-Pansu, — la taille Catillon, — etc.

---

(1) Du nom de l'ingénieur de Guise, qui accompagna de Froidour au Nouvion, lors de la fameuse enquête de 1662, relative à la canalisation de l'Oise et de la Sambre.

4ᵉ Cantonnement.

Triages du Grand-Orme, du Chevalet et du Pornier (ouest de La Flamangrie et de Papleux). — Taille de la Fontaine-Malerme, — de la Fontaine à la Fosse, — la Taille sans Nom, — de la Croix du Garçon, — de la Fontaine de la Comtesse, — du Grand-Orme, — du Ministre, — la taille Garde-Dieu, du Méchant-Fond, — de la Fosse-au-Matelas, — de la Blonde, — de la Fontaine-aux-Rotons, — de la Fontaine-Mariva, — du Chevalet, — du Cabaret-Borgne, — du Pornier, — du Lieutenant, — du Procureur.

Le canton dit *la Queue-de-Boué* conserve encore quelques lieux-dits remarquables : la Taille du Fief, — le Gravier-des-Prêtres, — le Chemin de Saint-Quentin, — le Wez-des-Bruyères, etc.

L'aménagement actuel de la forêt du Nouvion est beaucoup plus simple, et ne comporte plus que deux cantonnements : celui de Boué et celui de Buironfosse, qui forment l'arrondissement forestier du Nouvion.

— (K) —

Orages. — On a gardé le souvenir des dégâts occasionnés dans le pays par certains orages. Celui de juin 1847 a désolé la partie nord-ouest du canton ; aussi fut-il d'une violence inouïe : tempête, pluie diluvienne, grêlons énormes, rien n'y manqua. Les communes de Fesmy, Boué, Bergues, Barzy et Le Sart furent des plus maltraitées, toitures enfoncées, vitres brisées, récoltes perdues ou compromises, animaux tués dans les pâturages.

Le pays a beaucoup moins souffert des deux orages de mai et de juillet 1865, qui ont tant éprouvé les départements du nord de la France.

En 1856, un journalier du Nouvion (1) trouva la mort sous un arbre isolé, aux environs du château de la Société Seillière. C'était l'heure de son déjeuner, et pour le prendre, cet homme s'était assis au pied d'un hêtre épargné par la cognée lors d'un récent défrichement. Quelques rares détonnations parties d'un nuage sec, s'étaient à peine fait entendre, lorsque tout-à-coup l'arbre est frappé. Le malheureux ouvrier fut relevé inanimé et tenant encore dans la main gauche le morceau de pain dont il déjeunait ; la casquette qui le couvrait était en feu et l'on reconnut qu'il avait toute la partie postérieure du buste comme carbonisée.

Le dimanche 2 juillet 1871, vers six heures du soir, un orage

---

(1) Le nommé Glacé, originaire d'Esquéhéries.

d'une grande violence accourt du sud-ouest et s'abat sur le canton. Les coups de tonnerre se succèdent rapides ; bientôt, ce n'est plus qu'un roulement sourd et continu, interrompu seulement par les mugissements de la tourmente et les éclats intermittents de la foudre. Celle-ci ne tarde pas à frapper à gauche et à droite, là : un arbre d'une région toute voisine, dans la forêt ; ici, une vache qu'elle surprend accroupie à l'angle retiré d'une pâture. Mais ce n'est que le prélude d'une série d'accidents qui vont menacer d'avoir les plus graves conséquences. En effet, le nuage enveloppe tout-à-coup la ville de son noir réseau ; puis, le fluide, après quelques coups furieux, tombe, en l'ébréchant, sur l'une des cheminées de l'Hôtel-de-Ville, glisse sur le tuyau vertical de la gouttière, saute sur le fil tout prochain du télégraphe, suit ce fil sur une longueur de trente mètres, pénètre avec lui dans le bureau, volatilise la partie extrême du fil sur une longueur de un mètre cinquante centimètres, détruit le galvanomètre de l'appareil, change les pôles de la pile et finalement s'échappe sous forme de globe lumineux, par la vitre voisine de celle par où il est entré, après l'avoir trouée et noircie.

Du reste, pas d'accident, nul dégât ; mais l'appartement a comme disparu sous une fumée épaisse et suffocante. — L'un des employés du télégraphe a été spectateur de la scène du bureau ; il n'en a heureusement rien éprouvé qu'une violente commotion. Quand l'on songe que la maison de ville était alors remplie d'une foule d'électeurs opérant le dépouillement d'un scrutin, on ne peut que s'applaudir de l'heureuse issue de l'accident et en remercier la Providence. Particularités à noter : au moment de l'explosion, l'un des citoyens électeurs se trouvait à proximité du tuyau de zinc de la gouttière ; il a déclaré n'avoir rien vu qu'un fragment minéral incandescent gisant à ses pieds ; mais il a ressenti dans l'avant-bras droit une secousse si intense qu'il lui fut impossible de reprendre, d'une heure, la plume dont il se servait auparavant.

On a constaté, en différents endroits de la ville, la chute d'autres fragments minéraux également à l'état d'ignition, au moment de la détonnation. Refroidis, ils offraient la consistance et l'apparence de roches siliceuses d'un brun très-foncé. La présence de ces fragments ne semble-t-elle pas confirmer cette théorie que la chute de la foudre est souvent accompagnée de celle d'un ou plusieurs aérolithes ?

— (L) —

Agriculture. — Avant 1789, les terres labourables du Nouvion et de toutes les communes du canton situées au nord de la forêt, n'étaient que d'une qualité très-médiocre. Une razière de

80 verges (ancienne mesure valant 32 ares 28 centiares 1/4) ne se vendait guère que de 100 à 200 fr.; l'agriculture, pour mieux dire, était presque nulle sur ce point du canton; la main-d'œuvre, l'acquisition de la semence, les impositions, la dîme, en absorbaient tout le produit; et il se conçoit que les propriétaires négligeassent alors la tenue de leurs terres pour s'adonner au commerce et à l'industrie. Cette portion du canton est voisine de localités appartenant au ci-devant Hainaut, dont les habitants avaient converti leurs terres arables en un excellent gazon, très-productif, offrant la facilité d'élever des bestiaux. Les cultivateurs du Nouvion, excités par cet exmple, renoncèrent à ensemencer en blé un sol froid et ingrat, et se déterminèrent à clore leurs terres de haies vives. Ces enclos, connus dans le pays sous le nom de *pâtures*, ne tardèrent pas à acquérir, à l'aide d'engrais, une valeur bien supérieure à celle qu'ils avaient antérieurement. Ce qui ne valait alors que 150 fr. se paya bientôt de 8 à 900 fr; et aujourd'hui il est de certaines propriétés qui se vendent jusqu'à 5 et 6,000 fr. l'hectare, c'est-à-dire de 1,800 à 2,500 fr. la razière.

L'avantage de clore les terres pour en faire des pâtures n'eut pas été plutôt reconnu que chacun s'empressa d'adopter ce mode d'exploitation. On ne renferma d'abord que les terrains les plus ingrats, mais successivement le pays se couvrit de pâtures closes de haies vives, dont la coupe régulière ne tarda pas à dédommager le propriétaire de ses avances

Il reste aujourd'hui très-peu de terre arables dans la partie nord du canton, et l'étendue en diminue tous les jours.

Créer des herbages dans une contrée comme la nôtre, où le sol trop humide est si peu propre à une culture réglée, c'est donc non-seulement doubler le revenu et augmenter la valeur de la propriété, mais c'est aussi servir l'intérêt public par l'augmentation d'un produit qui menace de plus en plus de manquer au pays, la viande.

Aussi, tout porte à croire que dans un temps donné, la prairie naturelle envahira une grande partie du nord de la France; c'est pourquoi nous croyons utile d'entrer ici dans quelques détails sur les différents systèmes employés pour convertir une terre arable en pâturage.

Trois moyens sont généralement adoptés par les propriétaires du pays.

Le premier est de laisser faire à la nature les frais de l'établissement de la prairie et d'accepter les plantes qui se présentent spontanément après l'enlèvement des récoltes. Cette manière de faire est ce qu'on appelle l'ancienne école; sa pratique simplifie le travail, mais présente des inconvénients graves; car, parmi les plantes qui croissent d'elles-mêmes, il s'en trouve toujours un grand nombre peu ou pas fourragères et qui finissent, si l'on ne met obstacle à leur envahissement, par étouffer les herbes utiles. Ce n'est qu'à force de soins et d'engrais qu'on parvient alors à les faire disparaître, et l'on paie largement l'économie qu'on a voulu faire des graines nécessaires et des frais de culture.

Le deuxième moyen, qu'on peut appeler la nouvelle école, est celui-ci : A l'automne, aussitôt l'enlèvement des récoltes, on laboure le champ qu'on se propose de mettre en prairie. Au printemps, on couvre la terre d'un engrais et on laboure de nouveau. Enfin, on poursuit cette terre tout l'été en hersant d'époque à autre, afin de détruire les mauvaises herbes qui se présentent et d'arriver au parfait ameublissement du sol. En septembre, on rend un dernier labour, on sème, herse et roule, et l'on obtient par ce travail un gazon pur, abondant et d'un facile entretien ; mais on comprend les frais considérables auxquels on est entraîné par ce système de conversion, généralement peu suivi, quoique parfait dans ses résultats.

Il existe un troisième procédé, plus simple, et qui n'emprunte rien aux deux méthodes que nous venons d'exposer. Il a été expérimenté et suivi avec succès par un homme qui avait fait, de la tenue des herbages, une étude sérieuse et approfondie. Ecoutons M. Caudron exposer lui-même sa méthode :

« C'est toujours après un mars (avoine ou féverole) que je fais
« la conversion d'une terre en prairie; et pour cela, je sème,
« quinze jours après l'avoine ou la féverole, des semences de foin
« provenant tout simplement des greniers du pays, puis je roule
« aussitôt de manière à appuyer fortement le sol. Le mars récolté,
« je jette sur le gazon naissant un engrais liquide; je continue ce
« lavage régulièrement une fois l'année (ce qui est facile en liqué-
« fiant la fiente des bœufs de l'herbage), et immédiatement j'arrive
« à améliorer la pâture par la pâture, sans autres frais que la con-
« fection du purin qui me coûte, d'après mes livres, cinq centimes
« de l'hectolitre.

« L'engrais liquide, voilà le principal et presque l'unique mo-
« teur de mes exploitations, le moyen puissant d'action qui m'a
« permis de créer la prairie vite, bien, avec économie; et qu'on le
« sache bien, l'engrais liquide est la plus grande richesse de l'a-
« griculture, la partie la plus active des forces dont elle dispose;
« avec cette ressource bien ménagée, les engrais sont quadruplés,
« les récoltes toujours plus abondantes, et j'ai la conviction pro-
« fonde que le jour où la France agricole comprendra bien l'emploi
« de cette mine précieuse et inépuisable, la disette deviendra im-

« posible et le bien-être général. Eh! ne gémissons-nous pas en
« voyant à chaque pluie ces ruisseaux de purin qui s'échappent de
« nos exploitations et vont se perdre dans nos fleuves et rivières?
« Eh bien! ce que les eaux du ciel entraînent, c'est l'avenir des
« récoltes, l'essence des engrais, le trésor de la ferme. Et le
« cœur se révolte en songeant qu'il suffirait d'une citerne et d'une
« meilleure disposition des écuries et cours pour recueillir ces res-
« sources précieuses (1). »

— (M) —

Animaux nuisibles aux récoltes. — Les hannetons, dont deux espèces, le *hanneton commun*, et une autre plus petite, le *hanneton des champs*, sont très-redoutables pour les produits du sol. C'est au commencement de l'été que chaque femelle dépose quarante ou cinquante œufs en terre dans des trous qui ont 8 à 10 centimes de profondeur; de chacun de ces œufs sort bientôt la larve vorace si redoutée sous le nom de *ver blanc*. Tant que le temps reste doux, elle vit près de la surface de la terre, où elle ronge les racines des végétaux les plus utiles. Aux approches de l'hiver, elle s'enfonce d'autant plus que la température est plus basse, et elle finit par s'engourdir. Au retour du printemps, elle revient à la surface, et recommence ses ravages. C'est ainsi qu'elle vit pendant trois ans. Vers la fin de la troisième année, elle se change en nymphe et devient insecte parfait au printemps suivant; l'animal n'a plus alors que quelques jours à vivre. Il passe tout ce temps à ronger les fleurs et les feuilles des arbres; dès qu'il a fait sa ponte, il tombe épuisé et meurt.

Voici les moyens de destruction recommandés par les agronomes : au printemps, faire faire par les enfants des écoles une guerre acharnée aux hannetons, dont les cadavres procurent ensuite d'excellent engrais; donner en été des cultures fréquentes et énergiques aux champs infestés de vers blancs ; faire ramasser derrière la charrue les vers blancs qu'elle découvre; — dans les jardins, déterrer les salades, fraisiers et autres plantes à l'instant où elles se flétrissent, tuer le ver blanc, que l'on trouve alors presque toujours.

— (N) —

Plantations. — **Arbres fruitiers.** — On croit généralement

---

(1) Mémoires des concurrents à la prime d'honneur (concours régional de Saint-Quentin en 1859).

que l'introduction du pommier dans le département est due soit aux grands propriétaires du pays, soit aux maisons religieuses. La tradition attribue les premières plantations du pommier, dans le canton de Chauny, aux seigneurs de Genlis (Villequier-Aumont); une autre opinion est que des ouvriers appelés de Tour-la-Ville, près Cherbourg, à la manufacture des glaces de Saint-Gobain, ne trouvant pas en Picardie la boisson à laquelle ils étaient accoutumés, les chefs de cet établissement firent venir des plants de Normandie. Ce serait à cette circonstance qu'il faudrait attribuer une culture qui a pris de nos jours une si grande extension, surtout dans le nord du département (1).

— O) —

Produits de la ferme. — Beurre. — Une discussion intéressante sur les procédés de fabrication du beurre a eu lieu dernièrement dans une séance de la Société centrale d'Agriculture de France. Cette discussion avait été provoquée par les éloges décernés par l'un des membres à une baratte perfectionnée qu'il avait eu l'occasion d'examiner au concours régional de Lyon. Au dire de M. B..., cette baratte fonctionnait avec une rapidité telle qu'en deux ou trois minutes le beurre était complètement isolé du petit lait. On a fait observer, à ce sujet, que les barattes qui fonctionnent si rapidement ont l'inconvénient de ne pas séparer complètement le caséum du beurre, qui reste complètement mou, plus blanc et qui perd de sa qualité.

Dans les pays renommés pour la fabrication du beurre, il y a tendance à revenir aujourd'hui aux anciens procédés de fabrication. Un autre membre de la docte Assemblée a confirmé cette observation de son expérience personnelle. Il a déclaré avoir renoncé pour son compte à l'usage des barattes perfectionnées qui font le beurre avec tant de rapidité. Il croit que, pour faire du très-bon beurre, il faut y consacrer au moins une demi-heure, et il ne se sert plus aujourd'hui que de l'ancienne baratte cylindrique à battoir vertical.

— Cette discussion nous a paru assez intéressante pour la rapporter ici.

— (P) —

Cultures horticoles. — Arboriculture. — Le 29 janvier 1869, il a été établi au Nouvion une section cantonale de la Société de Pomologie et d'Arboriculture de Chauny. Cette institution a pour objet de favoriser dans nos campagnes la diffusion et les progrès de

---

(1) J. B. L. Brayer, Statistique de l'Aisne.

l'horticulture, et spécialement de l'arboriculture fruitière. Pour y arriver plus sûrement, la section cantonale, dans la séance du 13 février 1870, a décidé la création, au Nouvion, d'un Jardin-Ecole destiné à l'enseignement pratique. — Un professeur envoyé par la Société centrale vient, le premier dimanche de chaque mois, donner deux conférences ou leçons sur la culture potagère, la plantation et la taille des arbres fruitiers. Ces conférences ont lieu, la première au Nouvion, le dimanche à deux heures, salle du Prétoire, à l'Hôtel-de-Ville; et la seconde, le lendemain, à Esquéhéries. A la leçon théorique succède, d'ordinaire, une leçon pratique dans un jardin désigné par la section ou dans le jardin d'application.

La section cantonale du Nouvion n'en est qu'à ses débuts; elle compte déjà, néanmoins, un nombre de sociétaires suffisant pour assurer son existence et garantir au pays les avantages que l'institution a déjà produits ailleurs.

..... « A la campagne, il existe encore, autour des habitations, des terrains qui sont souvent très-mal cultivés. On y rencontre quelques mauvais arbres, des haies mal entretenues, qui absorbent une notable partie du sol, des herbages de nulle valeur. Ce sont ces terrains qu'il serait urgent d'utiliser à la culture des arbres fruitiers, qui, une fois bien comprise, amènerait le bien-être chez la classe ouvrière. Le bénéfice réel que lui produira cette culture aura pour effet de la rattacher au sol qu'elle possède ; par suite, l'agriculture conservera une plus grande quantité d'ouvriers, puisque les travaux réclamés par le jardin fruitier se font à des époques où la culture est en chômage. Quant au placement des produits, on n'a pas besoin de s'occuper comment il se fera : outre le besoin que nous avons d'une production plus grande pour la consommation du pays, l'Angleterre et la Russie nous offrent des placements assurés et dans des conditions avantageuses. — Pour obtenir ces résultats, il faut que les Sociétés d'horticulture du département fassent appel à la bonne volonté de MM. les Instituteurs; qu'elles les engagent à redoubler de vigilance, à prendre la plus large part possible à leurs travaux, à joindre leurs efforts aux leurs; qu'ils soient, dans leurs communes respectives, les propagateurs des méthodes simples et faciles; et chacun, dans les limites de notre pouvoir, nous aurons travaillé à l'amélioration du sort de nos semblables et au progrès du bien-être général (1). »

---

(1) M. Louvot-Dupuis, président de la Société régionale d'Arboriculture de de Chauny. — (L'Exposition universelle de 1867, étudiée au point de vue des intérêts du département de l'Aisne.)

— (Q) —

Tannerie. — La première tannerie fondée au Nouvion fut celle établie vers 1810, rue de Dessous, par un nommé B. Ollivier, qui la céda peu après à M. Bonneterre-Palant, allié à une famille de tanneurs originaire de Guise. Cet établissement fut démoli en 1820 et ne fut remplacé qu'en 1850 par un autre fondé à proximité par M. Picart-Rabelle, et aujourd'hui encore en activité.

M. Lenclud-Osselet, originaire du Nord, et qui habita Le Nouvion pendant une quarantaine d'années, avait aussi créé, rue de l'Eglise, vers 1835, un petit établissement de ce genre, qui n'eut jamais d'importance.

— (R) —

Briqueteries. — Tout le monde sait que les briques sont des pierres artificielles qu'on fait avec de l'argile pétrie et cuite au four, dans les lieux où la pierre manque. Les briques sont plus ou moins bonnes, suivant la qualité de l'argile employée, et aussi suivant le mode et le degré de cuisson. Celles qu'on emploie pour les fourneaux et les cheminées doivent être plus cuites que les autres, afin de n'être pas altérées par le feu comme le serait la pierre. Les fours et fourneaux dans lesquels on entretient un feu très-violent ne peuvent être construits qu'avec une espèce de briques qui résistent au feu et qu'on nomme pour cela *réfractaires*. L'argile réfractaire est assez rare ; il s'en trouve toutefois des couches assez puissantes dans le canton du Nouvion.

— (S) —

Moulins et Boulangeries. — Avant 1789, il y avait ce qu'on appelait le moulin et le four *banal* ; c'était un privilége féodal par lequel chaque seigneur pouvait contraindre tous ceux qui habitaient ses domaines à venir moudre et cuir en ses moulins et fours. Ce droit était inféodé moyennant redevance à des boulangers qu'on appelait *fourniers*. — Le droit de banalité s'appliquait aussi aux pressoirs, forges, boucheries, etc. C'était un véritable monopole exercé par le seigneur et ses agents. On appelait en général *fournage*, le droit que le seigneur prélevait sur tous ceux qui étaient soumis à la banalité.

Les *établissements* de saint Louis condamnaient à une amende quiconque allait moudre ou cuire hors du four seigneurial ; et, en ce cas, la farine était confisquée au profit du seigneur. La plupart des coutumes locales, et celles du Nouvion en particulier, renfermaient des dispositions semblables ; les rois cependant accordaient parfois aux bourgeois des villes le droit de bâtir des fours et des moulins. Les ecclésiastiques et les nobles n'étaient pas soumis à la banalité; mais l'exemption dont ils jouissaient était personnelle; leurs fermiers ou leurs métayers n'en jouissaient pas.

Les moulins du Nouvion et ceux d'Esquéhéries paraissent être les plus anciens du canton, si l'on en juge par la date des concessions qu'en firent à des particuliers les seigneurs de Guise. La plus ancienne remonte au 12 août 1615, et fut consentie en faveur d'un nommé Nicolas-Antoine Mangin, pour tous les moulins du Nouvion. En 1784, ces moulins passent aux mains d'Adrien Caudron, qui achète également ceux du Moulin-Lointain.

« Le 10 janvier 1760 (1), concession à Adrien Compère du droit de construire, à Esquéhéries, un quatrième moulin.

« Le 28 mars 1778, Joseph Semmery est autorisé à bâtir un moulin sur le ruisseau de Boué (ancienne Sambre).

« Pareille concession est octroyée sur placet d'Aymé Lécrinier et sa femme pour la construction d'un moulin sur le cours d'eau de Dorengt (Noirieu). »

Enfin, on lit encore aux archives de l'ancien duché de Guise que la concession du cours d'eau du ruisseau de Barzy (la Sambre) avait été faite dès le 26 janvier 1719, aux sieurs Toussaint et Nicolas-Joseph Dureux, à la charge par lesdits Dureux de faire construire un moulin à titre d'arrentement et sur cens perpétuel.

Boulangeries. — Le nom de *boulangers* vient, selon du Cange, de ce que le pain qu'ils faisaient avait, dans l'origine, la forme d'une *boule* ou d'une *tourte*. C'est un usage qui s'est conservé dans nos campagnes. On les nomma aussi autrefois *talmeliers* parce qu'ils se servaient d'un *tamis* pour séparer la farine du son. De là le nom de tamisiers, talmisiers et par corruption, talmeliers.

Les boulangers formaient une corporation importante dont l'organisation remonte à Philippe-Auguste; ils avaient pour chef le *grand panetier*, qui était un des puissants officiers de la couronne. C'était entre ses mains que les nouveaux maîtres prêtaient serment. Pour être reçu maître boulanger, il fallait cinq années d'apprentissage et quatre de compagnonnage, à moins qu'on ne fût fils de maître (2).

Ce n'est qu'au XVe siècle que les fours banaux furent supprimés. Pour se dispenser de la banalité, les populations furent tenues

---

(1) Arch. de l'ancien duché de Guise.
(2) Chéruel, *Dict. des institutions, etc., de la France*.

de payer un impôt aux monastères et autres établissements qui jouissaient de ce droit. La suppression des priviléges et corporations n'a pas affranchi la boulangerie de la surveillance des autorités administratives. Ce commerce a été soumis à l'inspection des municipalités qui ont le devoir de s'assurer, aux termes mêmes de la loi, de la fidélité du débit des denrées qui se vendent au poids, et de la salubrité des comestibles exposés en vente publique. (Lois des 16 et 24 août 1790 et des 19 et 22 juillet 1791.)

— (T) —

Aspect physique des villages. — Ce qui laisse encore à désirer dans beaucoup de nos communes, c'est l'exiguité et la mauvaise disposition des cimetières, situés autour de l'église : les tombes y sont entassées les unes contre les autres, et les inhumations trop souvent réitérées aux mêmes endroits. On reconnaît généralement le vice et les dangers d'un tel état de choses; mais lorsqu'il est question d'y remédier, des considérations particulières viennent trop souvent mettre obstacle aux améliorations et s'opposer à l'ouverture d'autres nécropoles en dehors de l'enceinte des communes.

— (U) —

Habitudes et goûts de la population. — Cependant les rapports des habitants entre eux restent en général simples et faciles. Dans les villages, la journée faite, on se dit bonsoir sur le pas de sa porte, puis, si c'est l'hiver, on se rassemble les uns chez les autres pour la veillée, sans invitation, sans cérémonie aucune. Assister à la soirée d'un villageois, profiter de son feu ou de sa lumière est un droit qui semble tout naturel tant il est encore répandu. Les jeunes gens s'introduisent à la faveur de cet usage, surtout quand il y a chez le père de famille de jolies demoiselles; beaucoup prennent pour prétexte, en entrant, le désir d'allumer le tabac.

Les passe-temps de la veillée sont divers. On y cause des nouvelles courantes, on y joue une partie de *pandour* ou de *mariage dragon*, sans oublier toutefois le verre de cidre. Souvent aussi, le plus lettré de la compagnie donne aux habitués réunis sous l'âtre, lecture du journal quotidien, lecture qu'il ne manque pas, à l'occasion, d'accompagner de réflexions et de commentaires qui ne le cèdent souvent en rien à ceux de nos discoureurs de salons ou de cafés. — Parfois aussi, le conteur succède au lecteur : c'est le valet de ferme qui se donne la parole, du coin du logis où il achève son souper ; c'est un vieux berger qui racontera les choses advenues à l'oiseau bleu, couleur du temps. Si le conteur a été militaire, il ne manque jamais de terminer son discours par la description des batailles perdues ou gagnées auxquelles il s'est trouvé. — Enfin, vient le tour de grand'mère, qui s'appelle presque toujours *Mélie, cousine Marie-Anne, Marie-Joseph, Dedeffe, Ninique*. Elle interrompt son rouet, elle cesse de se mouiller le doigt ; c'est qu'elle va parler, pour la centième fois, des *revenants*, des *sorcières* de son temps ou des *lumerettes* du cimetière (1), tout en faisant à ce propos les plus graves recommandations. Les récits drôlatiques de la bonne vieille manquent rarement, il est vrai, de provoquer l'hilarité et la bonne humeur d'une partie de la chambrée, mais les enfants, plus crédules, à l'imagination vive et mobile, en conservent longtemps le souvenir et en gardent des impressions qu'il est plus tard bien difficile d'effacer : voilà comment se perpétuent les plus sottes croyances à travers une suite de générations.

Le goût des fêtes, des démonstrations et des expansions publiques était autrefois bien plus vif dans nos localités limitrophes de la Flandre, où sont encore en honneur les parades, les cavalcades et les majestueuses processions. On y saisissait avec enthousiasme toute occasion de se réunir et de se livrer à la joie : le retour d'un parent ou d'un ami longtemps absent, le gain d'un procès, la réussite dans une affaire quelque peu importante, étaient toujours suivis d'un repas de famille.

De nos jours, les plus simples manifestations de ce genre tendent même à disparaître. On a cessé de décrocher à la dérobée la crémaillère de ceux qui déménagent, pour l'aller rependre, couronnée de fleurs, dans l'habitation nouvelle. — Il devient de plus en plus rare d'obliger le nouveau-marié à servir, en veste courte, avec tablier et bonnet blancs, ses convives au repas de noce; — d'enlever la mariée au dessert pour ne la rendre que le soir, sur rançon ou pour boire ; — de tirer des coups de feu sur le passage des époux ou à leur sortie de l'église. Mais on jette encore des dragées et de la menue monnaie aux enfants à l'occasion d'un baptême ; — on leur donne toujours des étrennes au nouvel an ; — on tire encore les *rois* la veille de l'Epiphanie ; — ou court toujours le *poisson d'avril*, et l'on continue de manger les œufs rouges de Pâques, après en avoir rempli les paniers des enfants de chœur.

---

(1) C'est ainsi qu'on désigne dans le pays les feux-follets, les émanations ignées qui s'échappent des lieux humides et marécageux.

— (V) —

Administration religieuse. — On nommait *patron* au moyen-âge les personnes qui, avec le consentement de l'évêque, avaient fondé, bâti ou doté une église. — Au patron appartenait les honneurs, les charges, les droits utiles; il présentait les clercs, présidait aux cérémonies, défendait l'église, et en nourrissait les pauvres. Il occcupait la première place dans l'église, aux processions et autres cérémonies; le patron devait recevoir le premier l'eau bénite, le pain bénit, le baiser de paix; on lui devait des prières nominales au prône, un banc permanent dans le chœur, une litre ou ceinture funèbre à son enterrement, tant au-dedans qu'au dehors de l'église. Par suite de son droit de présentation, le patron nommait à l'évêque un ecclésiastique qui devait être pourvu des conditions requises afin de pouvoir être investi du bénéfice vacant.

Il est à supposer que les seigneurs de l'ancien fief de Beaucamp, dépendance actuelle du Nouvion, avaient autrefois acquis, par quelque pieuse libéralité, certain droit de patronage en l'église Notre-Dame du Nouvion; car, ce ne peut être qu'en vertu de quelque droit semblable que les vieillards de cette dépendance ont conservé l'habitude de se présenter, aujourd'hui encore, les premiers au baiser de paix qui accompagne la cérémonie de l'offrande, aux messes de trépassés.

— (X) —

Instruction publique. — Guise avait des Frères de la Doctrine chrétienne dès 1682, c'est-à-dire à l'origine de l'Institut (1), et son collége au XVIIIe siècle (2); mais les archives locales sont muettes sur l'état de l'enseignement dans nos communes antérieurement au XVIIe siècle. A cette époque, d'ailleurs, les populations du nord du duché de Guise, ruinées par des guerres continuelles, végétaient dans la misère, songeant bien plus aux moyens de vivre qu'à ceux de s'instruire. Dans les paroisses qui pouvaient ou voulaient le faire, un maître d'école était loué pour deux ou trois ans, sur engagement écrit, par la municipalité qui l'avait choisi. Les gages variaient suivant les coutumes locales. Ici, on assurait quinze, là trente écus par an, payés tous les six mois par le collecteur au nom de la communauté; ailleurs, chaque ménage donnait un *pugnet* de blé par année et huit *sols*, plus le logement et

---

(1) Devisme, *Histoire de Laon.*

(2) Lettres de 1740, touchant l'établissement à Guise, d'un collége qui reçut le nom de : *Collége de Bourbon-Guise* — Arch. de l'ancien duché.

l'exemption de toutes tailles, impôts, logement et fournitures des gens de guerre ; moyennant quoi le maître, qui cumulait souvent une foule d'autres emplois, devait enseigner par charité la lecture, l'écriture, l'orthographe et le calcul à un nombre déterminé d'enfants pauvres de la paroisse. Il est vrai de dire qu'à ces gages chaque écolier ajouta dans la suite un écolage mensuel de cinq, six et quelquefois huit *sols*, selon la classe ou le degré d'instruction (1).

Cet état de choses changea néanmoins, pour nos localités, vers la fin du XVII siècle. Marie de Lorraine, dite aussi Mademoiselle de Guise, suivant en cela l'exemple donné par la Cour de Louis XIV, se distingua, entre tous les seigneurs de Guise, par ses dotations charitables et les bienfaits qu'elle répandit sur les écoles de son domaine. Elle fonda en différents lieux de son duché, à Hirson, à Aubenton, à Guise, au Nouvion, des écoles gratuites où l'enfant du peuple alla recevoir cette instruction religieuse et morale qui devait en faire à la fois un bon citoyen et un bon chrétien. « J'ordonne », — disait-elle dans son testament, fait le 2 mars 1688, — « J'or-
« donne que tous les maîtres et maîtresses d'écoles qui se trou-
« veront par moi établies dans mes terres, au jour de mon décès,
« y soient entretenues à perpétuité à raison de deux cent livres
« pour les maîtres d'écoles, et de cinquante écus pour chacune des
« maîtresses, et qu'il soit fait sur mes biens un fond dont le
« revenu égale la dépense nécessaire pour leur entretien (2). Les princes de la maison de Condé, héritiers de Mademoiselle de Guise, ne se bornèrent pas au simple rôle de propriétaires : ils dotèrent aussi le duché d'établissements utiles. Leur protection fut également acquise aux écoles du peuple, dites alors charitables, « *dont*
« *les maîtres et maîtresses ne recevront pas la rétribution qui leur*
« *est faite par LL. AA. SS. s'ils ne tiennent exactement ces*
« *écoles* (3). » En 1729, l'administration du domaine tenait des
« registres concernant le payement des maîtres et maîtresses d'écoles du duché de Guise et de la baronie de Marchais et de Liesse (4). »

Enfin, en 1788, à la veille des préoccupations politiques qui allaient agiter le pays, de nouvelles libéralités sont faites aux écoles

---

(1) Archives de l'Aisne.

(2) Arch. de l'ancien domaine de Guise.

(3) Extrait de décisions de la princesse de Brunswick sur la tenue des écoles charitables de son domaine, en 1719 Liasse 71 Arch du duché de Guise

(4) Idem

par S. A. S. qui « concède 6 cordes 1/4 de bois chablis à la brigade de la maréchaussée du Nouvion et même quantité de bois au maître et aux sœurs d'écoles du dit lieu (1). »

Le souffle puissant de la Révolution a emporté la plupart de ces dispositions généreuses, et préparé à l'éducation du peuple un autre avenir. Un souvenir, cependant, nous est resté des anciens seigneurs de Guise : leurs successeurs au domaine ont conservé, aux écoles des deux sexes de Guise et du Nouvion, la concession d'une certaine quantité de bois destinée au chauffage des élèves indigents.

---

(1) Extrait de décisions de la princesse de Brunswick sur la tenue des écoles charitables de son domaine, en 1719. Liasse 71. Arch. du duché de Guise

TABLE DES MATIÈRES

DEUXIÈME PARTIE

I. — Topographie.

Pages

Idée générale. — Situation, division. — Position géographique. — Limites. — Dimensions. — Superficie. — Configuration. — Nature et aspect du sol. — Population. — Localités principales. — Orographie. — Hydrographie. — Vallée du Noirieu. — Vallée de la Sambre. — Cours d'eau. — Canal. — Routes et chemins 3

II. — Histoire naturelle.

Géologie. — Productions minérales, animales. — Epizooties. — Volailles. — Abeilles. — Gibier. — Animaux nuisibles. — Recensement du bétail. — Consommation de la viande. — Productions végétales. — Plantes agricoles. — Gazons et prairies naturelles. — Arbrisseaux. — Arbres. — Bois et forêts. — Météorologie. — Vents. — Pluies. — Orages. — Gelées. — Tremblement de terre. — Baromètre et thermomètre. 19

III. — Agriculture.

Idée générale. — Domaine agricole. — Tenue et assolement. — Répartition des cultures. — Amendements et engrais. — Drainage. — Productions agricoles. — Aménagement des gazons naturels. — Animaux nuisibles aux récoltes. — Plantations, arbres fruitiers. — Éducation des bêtes bovines. — Engraissement. — Maladies habituelles des bestiaux. — Produits de la ferme. — Beurre, fromages. — Durée des baux, conventions. — Salaires des ouvriers agricoles. — Cultures horticoles, arboriculture. — Mesures agraires. 42

IV. — Industrie et Commerce.

Idée générale. — Tissage et broderie. — Boissellerie et sparterie. — Fil à dentelle. — Charbon de bois. — Tannerie et pelleterie. — Houblons. — Verreries. — Filature de laine et tissage mécanique. — Fabrique de poteries, tuyaux de drainage. — Briqueteries. — Brasseries. — Fabrique de chicorée-café. — Moulins et boulangeries 62

V. — Statistique.

Aspect physique et social des villages du nord de la Thiérache. — Constitution physique des habitants. — Statistique des décès. — Topographie médicale. — Épidémie. — Hygiène alimentaire. — Boissons. — M Trélat au château de Leschelle. — Service médical, vaccination. — Préjugés et croyances médicales. — Habitudes et goûts de la population. — Jeux, fêtes. 83

VI. — Administrations diverses.

Idée générale. — Du pouvoir local à l'origine. — Baillis et sénéchaux. — Gouverneurs des provinces. — Intendants des Généralités. — Généralité de Soissons. — Départements et subdivisions. — Administrations municipales. — Organisation judiciaire. — Justices de paix. — Organisation religieuse, décanats. — Instruction publique. — Délégation cantonale. — Organisation financière. — Impôts. — Agents du fisc. — Perceptions. — Contributions indirectes. — Enregistrement et domaines — Postes aux lettres. — Maréchaussée et gendarmerie. — Voirie, service vicinal. — Assistance publique. — Bureaux de bienfaisance 110

Notes et pièces justificatives 149

ERRATA.

PAGE	LIGNE	AU LIEU DE	LISEZ
4	25	zone de canton.	zone de cantons.
8	12	se diririgeant.	se dirigeant.
9	4	que l'attitude décroît.	que l'altitude décroît.
10	12	de Wassigniy	de Wassigny.
10	21	à l'induslrie	à l'industrie.
28	18	presque disparue	presque disparu.
77	9	cinq dans le canton	six dans le canton.
100	25	plus ou nmois	plus ou moins.
116	17	18 janvier 1800	17 février 1800.
119	12	(an IV).	(an III).
130	22	à lui encore	à lui encore d'avoir.
142	31	il consistait	Il consistait.
158	8	Quelque modeste.	Quelque modestes.
159	32	terrain ignés.	terrains ignés.
167, 168		Grurie.	Grueries.
174	15	10 centimes	10 centimètres.

ÉTUDES HISTORIQUES
ET STATISTIQUES
SUR
LE NOUVION-EN-THIÉRACHE
SON CANTON
ET LES COMMUNES LIMITROPHES

(Oisy, Étreux, Buironfosse, Fontenelle, Prisches (Nord)

SUIVIES DE

NOTICES MONOGRAPHIQUES
SUR CHACUNE DES LOCALITÉS DU CANTON

OUVRAGE ORNÉ DE CARTES, DE DESSINS D'ÉGLISES ET D'UNE VUE DU NOUVION EN 1870

Par L.-H. CATRIN, Instituteur

A VERVINS
AUX LIBRAIRIES TOUSSAINT & BACHELET
ET AU NOUVION
CHEZ L'AUTEUR ET A LA LIBRAIRIE JUNIET

1870-1871

GUISE

IMPRIMERIE BARÉ. — TYPOGRAPHIE & LITHOGRAPHIE.

TROISIÈME PARTIE

NOTICES MONOGRAPHIQUES

I

LE NOUVION-EN-THIÉRACHE

I. — Dénomination.

Ce bourg est nommé de plusieurs manières dans les anciens titres et par les différents auteurs qui en ont parlé : *Nouiono in Terasca*, *Nouion*, 1178, (Cartulaire de l'abbaye de Fesmy); — *Nouvyon*, *Nouviam*, *Noviomum*, 1196, (ibid, — Charte et cout. locales dudit lieu). *Novyan* 1219 ; *Novion*, 1222 (cart. de l'évêché de Laon). — Capellania hospitii de *Nouiono-in-Terrassia*, *Nouuion-en-Thérasche*, 1298 (Cart. de l'abbaye de Fesmy); — *Novyon-en-Thérasce*, 1306 (Cart. de la seigneurie de Guise.) — *Nouvionnus*, 1340, (Bibl. nationale, fonds latin). — *Nouvion-en-Théraisse*, 1395 (Arch. nat. transcrits du Vermandois). — *Nouvion-en-Therasce*, 1490 (Arch. munic. du Nouvion). *Novyon-en-Therasce* 1498 (ibid). — *Nouvion-en-Thiérasse*, 1573, (Arch. com. du Nouvion). — *Nouviant-en-Thiérasche*, 1603, (Comptes de l'hôtel-Dieu de Marle). — *Nouvion-en-Tiérasche*, 1611 (Baill. de Ribemont (1). — *Le Nouvion-en-Thiérache* ou simplement *Le Nouvion*, au XVIIIe siècle et depuis. — On lui donne souvent aussi le titre de ville.

II. — Topographie et Statistique.

Position. — Le Nouvion est une petite ville bâtie sur un vaste plateau (2) traversé par l'ancienne Sambre, à 70 kilom. N de Laon, à 27 kilom. N de Vervins, à 11 kilom. S-E de La Capelle, à 20 kilom. S-O de Guise et à 14 kilom. O de Wassigny. — Latitude N, 50° 1'. — Longitude E 1° 28'. — Le Nouvion est à la fois chef-lieu de canton, de décanat et de perception. — Population 3 180 habitants.

---

(1) A. Matton, Dictionnaire topog. du dépt de l'Aisne, 1871.

(2) Appartenant au versant sud du prolongement de la chaîne des Ardennes occ,, joignant les collines de Saint-Quentin.

Territoire communal, — Configuration. — Il offre une figure allongée dans le sens du N-O au S-E, et resserrée, vers le centre, entre les territoires de Fontenelle et d'Esquehéries. Il est limité par ceux des communes suivantes : au nord, Beaurepaire (Nord), au sud, Esquehéries, Leschelle, Buironfosse; à l'est, Papleux et La Flamengrie, à l'ouest, Bergues et Barzy.

Géologie. — Craie inférieure recouverte partout d'un limon argilo-siliceux (diluvium, lœss) et d'argile plastique, connue dans le pays sous le nom de potasse (marne bleue). — **Altitude** : la moyenne est de 150 m.; le point le plus élevé est au hameau de Malassise, il offre près de 160 m. au-dessus du niveau de la mer.

Superficie. — 4842 hectares ainsi répartis :

Jardins potagers et d'agrément.	22 h
Terres labourables.	27
Pépinières, étangs, chemins	2
Prés et pâtures	1539
Bois et forêt.	3231
Peupleraies et aulnaies.	1
Sol des propriétés bâties	20
Total égal	4842

le tout comprenant 3705 parcelles, groupées en cinq sections.

Agglomération. — Dépendances. — Population. — L'agglomération centrale, dont le nom a passé à toute la commune, et où sont situés l'église, le presbytère, l'hôtel-de-ville et la maison d'école communale, se compose de *treize* rues, savoir :

1º Grand'Rue	76 maisons	85 ménages	246 individus	
2º La Place	10 id.	15 id.	41	id.
3º Rue de la Croix . .	102 id.	131 id.	409	id.
4º Rue de dessous . .	69 id.	84 id.	227	id.
5º Rue de la Filature .	23 id.	32 id.	103	id.
6º Rue du Cimetière et Reget d'en Haut .	13 id.	14 id.	35	id.
7º Rue de Basuel . . .	29 id.	36 id.	97	id.
8º Rue de l'Église . .	25 id.	35 id.	101	id.
9º Rue Caudron . . .	9 id.	13 id.	33	id.
10º Rue de Prisches . .	47 id.	50 id.	166	id.
11º Reget d'en Bas et Potasses	96 id.	114 id.	404	id.
12º Rue de Guise . . .	48 id.	55 id.	184	id.
13º Prélette et Cense bleue .	19 id.	25 id.	74	id.
TOTAUX . .	566 maisons	689 ménages	2120 individus	

Les hameaux, au nombre de *treize*, y compris les petits écarts, sont :

1° Marlemperche...	92	maisons	110	ménages	359	individus	
2° La Fontaine des Pauvres.....	46	id.	46	id.	115	id.	
3° Les Ecarches...	7	id.	4	id.	12	id.	
4° Beaucamp.....	60	id.	70	id.	225	id.	
5° Lalouzy......	37	id.	37	id.	118	id.	
6° Malassise.....	14	id.	14	id.	56	id.	
7° Le Moulin-Lointain	48	id.	48	id.	113	id.	
8° Le Petit-Paris...	2	id.	2	id.	7	id.	
9° La Villette.....	6	id.	6	id.	12	id.	
10° Le Chemin de Lalouzy.	1	id.	1	id.	5	id.	
11° La Ferme des Marollois	1	id.	1	id.	3	id.	
12° Le Garmouzet (Verrerie)	8	id.	12	id.	30	id.	
13° La Maison Démolon	1	id.	1	id.	5	id.	
Totaux..	323	maisons	352	ménages	1060	individus	

Population. — Au XVe siècle, y compris Boué, Bergues et Barzy, (Sart du Nouvion), 673 ménages ; en 1760, Le Nouvion seul 472 feux ; en l'an X, 2790 habitants ; en 1800, 3357 ; — en 1818, 3158 ; — en 1836, 3068 ; — en 1841, 3087 ; — en 1846, 3133 ; — en 1854, 3094 ; — en 1856, 3177 ; — en 1861, 3070 ; — en 1866, 3264 ; — en 1872, 3180, dont :

Sexe masculin { Célibataires .... 602 } 1566
Hommes mariés 770
Veufs 194
} 3180
Sexe féminin. { Célibataires .... 639 } 1614
Femmes mariées 785
Veuves. 190

Aujourd'hui, les maisons et leurs dépendances sont généralement construites en pierres de taille et briques, et couvertes en ardoises.

Lieux-dits. — Les principaux lieux-dits du territoire sont : Les Prés de la Croix ; — le Bosquet des Loups ; — le Moulin-à-Vent ; — le Ruisseau de France ; — le Grand-Bonhomme ; — le Grand-Camp ; — le Bosquet du ménage ; — les terres du Receveur ; — la Chapelle-Jerôme ; — la Terre des Minimes ; — la Chère-Veine ; — la Rue aux Loups ; — le Mont-de-Catillon ; — le Cheminet ; — le Carré ; — les Prés sous la Ville, (1) etc.

Cours d'eau. — *L'ancienne Sambre*, qui a sa source dans la forêt, lieudit le Chevalet, etc., (voir la 2e Partie p. 11), et qui tra-

---

(1) Voir 2e Partie, Note J. p. 166, les différents lieux-dits de la Forêt.

verse le territoire de l'est à l'ouest; — le *Noirieu*, prenant sa source au lieudit la Haie-Payenne (voir p. 11, 2e Partie). Sur l'ancienne Sambre sont trois moulins, celui de Marlemperche et les deux du Moulin-Lointain. Ils n'ont chacun qu'une roue à augets, utilisant une force dynamique d'environ 8 chevaux, et ils sont contraints à des chômages assez fréquents, le cours d'eau étant peu régulier.

Voies de communication. — La route nationale N° 39 de Montreuil-sur-Mer à Mézières, etc., (voir la 2e Partie, p. 13). — La route de grande communication N° 32, de Sains-Richaumont à Landrecies, passant au Sourd, etc. (voir 2e Partie, p. 15). — La route N° 33 du Nouvion à Etrœungt, passant à Marlemperche, au Garmouzet, etc., (voir 2e Partie, p. 15). — La route N° 73, du Nouvion à Wassigny, par le Moulin-Lointain, etc., (voir 2e Partie, p. 16.) — La ligne vicinale de moyenne communication N° 20, de Guise à Avesnes, etc., 2e Partie, p. 16.

Chemins vicinaux. — Le chemin (hors classe) N° 3, du Nouvion à Floyon (Nord), par le Réteau, longueur 2160 m., entièrement construit. — Le chemin (hors classe) N° 4 du Nouvion à Barzy, par Monidée, longueur 1503 m., aussi entièrement construit.

III. — Historique. — Administration.

Origines. — Le Nouvion, comme beaucoup d'autres lieux de la Thiérache, paraît remonter, en tant que centre aggloméré, aux temps qui ont suivi la conquête romaine et l'établissement des Francs. C'est en effet à partir de cette époque que la culture entama les grands bois qui couvraient alors tout le pays, et qu'elle mit à découvert ces groupes d'habitations disséminés çà et là dans les clairières ou sur le bord des cours d'eau. Alors apparurent sans doute, et s'accrurent successivement la plupart de nos hameaux et de nos villages.

Dans l'origine, la ville, connue sous la dénomination de *Sart du Nouvion*, embrassait outre son propre territoire, ceux où s'élevèrent peu à peu les agglomérations ou villages de Barzy, Bergues et Boué, dont l'ensemble forma, au XIIe siècle, la terre ou châtellenie du Nouvion, d'une étendue de plus de 7 000 hectares. C'était alors un vaste plateau bocageux, généralement humide, coupé de petites rivières, et dont le nom dénote évidemment un domaine conquis sur les bois et les broussailles. Il était presque entièrement environné de forêts. C'étaient au midi et au levant, la haie du Nouvion dont il reste encore de nos jours plus de 3 000 hectares ; au nord, la haie Equiverlesse (*Haie Quiévrelèche*), en grande partie aliénée par l'État puis défrichée peu après.

Châtellenie. — Le Sart du Nouvion paraît avoir été éclissé, vers la fin du XIe siècle, de la terre et seigneurie d'Avesnes, dont il devint un fief-lige. D'ailleurs, rien de précis sur ce fief antérieurement à cette époque, et il faut arriver à 1138, pour apprendre que le Nouvion, devenu un domaine féodal, était alors en la possession d'un chevalier nommé Albéric du Nouvion (de Noviomo) (1). Ses deux fils, Pierre et Robert, paraissent lui avoir succédé en qualité de châtelains, vassaux de la maison d'Avesnes, dont Nicolas 1er, dit Pelukel, fils et successeur de Gauthier 1er, avait reçu l'investiture en 1147, avec Le Nouvion, Leuze et Condé (Nord).

Les Chevaliers Pierre et Robert du Nouvion ne sont connus que pour avoir confirmé authentiquement la concession de la terre d'Hannape (Territorium Hanapie), faite en 1138, par Albéric et sa femme Ermesende, au monastère de Prémontré; quant à leurs successeurs au domaine, s'ils en ont eu, leurs noms sont jusqu'ici restés dans l'oubli. Un troisième fils d'Albéric, Rénier du Nouvion, est cité par Melleville comme seigneur particulier du Nouvion, mais sans rien dire de ses faits et gestes.

Commune. — Les seigneurs d'Avesnes, Nicolas 1er et Gauthier II, son petit-fils, suzerains du Nouvion, le dotèrent, dès 1196-1204, d'une charte d'affranchissement avec coutumes locales, à l'instar de celles de Prisches en Hainaut, qui fut alors choisi pour chef-lieu de juridiction des centres voisins dépendant d'Avesnes (2). Le fors-mariage, les morte-mains et le droit de lods et ventes furent abolis dans toute l'étendue de la terre du Nouvion, et la justice réglée en détail. Les habitants eurent la liberté de quitter la ville à leur gré, après avoir acquitté leurs dettes et payé 12 deniers à leur seigneur. Ils purent établir des brasseries en lui donnant 2 setiers de bière (*cervoise*) de chaque brassin; en un mot, cette charte leur concéda tous les avantages attachés à la condition libre. Il est à remarquer que ces concessions furent faites à des conditions fort raisonnables, puisque chaque habitant ne fut tenu de payer au suzerain d'Avesnes, *mais à toujours*, qu'une somme annuelle de 12 deniers, avec un mencaud d'avoine, 2 pains et 2 chapons.

Les dispositions de la partie pénale de la coutume offrent une particularité propre à la législation répressive de l'ancien Hainaut qui mérite d'être remarquée. Elle a trait à la rixe des femmes, et il y est dit, art. 56 : « La femme qui dira vilenie a femme se la vilenée (injuriée) a tesmoignage de deux hommes, ou d'homme et

---

(1) Voir 1re Partie, p. 47.
(2) Voir 1re Partie, Notes, p. 231.

de femme, ou de deux femmes, se elle en va clamer (se plaindre), celle qui a dit la vilenie donra X sols ou elle portera a son col don chief de la ville jusques a la fin deux pierres qui y sont establies et se li X sols sont donnés ils soient dépendus (dépensés) en l'usaige de la ville par la main des Bourgeois. »

La teneur de cette charte prouve qu'à l'époque où elle fut promulguée il existait déjà au Nouvion une organisation régulière et certaines libertés municipales, que cet acte n'aurait fait que consacrer, puisqu'il y est question de *mayeur*, officier représentant à la fois les intérêts du seigneur et des bourgeois, et de *jurés*, organes plus spéciaux des droits de ceux-ci. On remarque également que le document porte pour préambule que l'octroi en a été fait par le conseil de toute la cour du seigneur et par le *commun assentiment de tous les bourgeois*.

Paroisse. — L'organisation paroissiale existait antérieurement à l'établissement de la commune. On trouve en effet qu'en 1178 Roger de Rozoy, évêque de Laon, cède « pour toujours à Robert II abbé de Fesmy, l'autel de l'église Notre-Dame de Nouion, en considération de la charité de l'église de Saint-Etienne de Fesmy. » (1) Cette concession fut confirmée dix ans plus tard (ides de mai 1188) par le pape Lucius III, en une bulle où ce Pontife détaille un à un en les confirmant, tous les biens de l'abbaye et entre autres, « l'autel Saint-Remi de Dorengh, avec ses dépendances, celui d'Estruen (Etreux) avec tout son droit ; et celui de Boueis, avec ses dépendances de Berghes et de Baresis. »

Suite des suzerains. — A Nicolas 1er avait succédé en qualité de suzerain du Nouvion, son fils Jacques, surnommé le grand *Jacquemon*, dont le souvenir est resté célèbre, autant par l'éclat de ses hauts faits que par les malheurs que son humeur aventureuse attira sur ses sujets. Il avait épousé en 1170 Ameline, dame de Guise et de Lesquielles, qui lui apporta en dot ses riches domaines de Thiérache. Il vécut sous les rois Louis VII le Jeune et Philippe II dit Auguste, et mourut en 1191, aux champs d'Antipatride, lors de la troisième croisade.

Après Jacques viennent successivement comme seigneurs-suzerains du Nouvion :

Gauthier II, son fils, comte de Blois par sa femme Marguerite, dont la fille, Marie d'Avesnes, porta la seigneurie du Nouvion dans la maison de Châtillon par son alliance avec Hugues 1er de Châtillon (1225) ;

---

(1) Cart. de l'abbaye de Fesmy, p. 456.

Jean de Châtillon, fils des précédents, qui épousa Alix de Bretagne;

Jeanne de Châtillon, leur fille unique, qui porta à son tour le Nouvion et ses autres domaines dans la maison de France, par son mariage avec Pierre de France, l'un des fils de Saint-Louis, mort en 1283, sous le règne de Philippe III le Hardi. — Restée veuve et sans enfants, à la fleur de l'âge, Jeanne passa le reste de ses jours dans la piété;

Hugues II de Châtillon, à qui Jeanne sa cousine avait cédé moyennant 9 000 livres tournois de rente, tous ses domaines du Nord, y compris la seigneurie du Nouvion et celles d'Avesnes. Il épouse Béatrix de Flandre et accompage le roi Philippe-le-Bel dans sa première expédition contre la Flandre. Hugues mourut vers 1303. On cite parmi ses exécuteurs testamentaires le chevalier Jean du Nouvion, son confesseur, l'un de nos rares châtelains de nom connu.

Hugues II eut pour successeur Guy 1er de Châtillon son fils, qui épousa, en 1310, Marguerite de Valois, fille de Charles de France, frère de Philippe-le-Bel, et par conséquent, sœur de Philippe de Valois, depuis roi de France. C'est un an après ce mariage que l'ordre des Béguines, dont une communauté existait au Nouvion, fut condamné par le pape Clément V, au concile de Vienne, puis bientôt après supprimé.

Passée en 1225 dans la maison de Châtillon, par mariage de Marie d'Avesnes, la Châtellenie du Nouvion y demeura unie à celle d'Avesnes et de Guise jusqu'en 1360, époque où cette dernière en fut détachée pour constituer un domaine à Marie de Bretagne, sœur de Jean de Penthièvre, qui venait d'épouser Louis de France, duc d'Anjou, fils du roi Jean-le-Bon.

Louis 1er de Châtillon, fils et successeur de Guy 1er aux terres d'Avesnes, Guise et Le Nouvion, épouse vers 1333 Jeanne de Hainaut, fille et unique héritière de Jean de Hainaut et de Marguerite, dame de Chimay et comtesse de Soissons. — La guerre de cent ans va bientôt armer l'un contre l'autre le gendre et le beau-père, qui prendront naturellement parti chacun pour la puissance à laquelle il était attaché. Après avoir inutilement cherché à surprendre Cambrai et Saint-Quentin, le roi d'Angleterre parcourt tout le pays de Thiérache, le ravageant et le brûlant. Jean de Hainaut, attaché au parti anglais, exerça de préférence sa cruauté native sur les terres de son gendre, le sire de Guise et du Nouvion; sourd aux supplications de sa fille, il vint attaquer le château de Guise, qu'en l'absence de son mari elle défendait à la tête de la garnison; mais reculant devant le courage de l'intrépide Jeanne, le comte de Hainaut se vit obligé d'abandonner son entreprise. Il se retira après avoir incendié la ville.

C'est lors de cette première invasion qu'un parti allemand de 600 lances, au service d'Édouard III, vint se jeter sur la « bonne grosse plate ville de Nouvion » dont les habitants, au dire de Froissard, s'étaient presque tous retirés dans les bois, où ils avaient cherché à se fortifier. Les malheureux s'y défendirent tant qu'il purent; mais renforcés d'un nouveau détachement, les Allemands les assaillirent et les mirent en chasse comme des bêtes fauves. Beaucoup périrent ou furent blessés à mort. C'est quelques jours après le sac du Nouvion qu'eut lieu la parade militaire de Buironfosse.

Tué à la trop fameuse bataille de Crécy (1346), Louis 1er de Châtillon laissait de la courageuse Jeanne de Hainaut, trois fils en bas-âge, Louis II, Jean II et Guy II de Châtillon, qui possédèrent successivement les terres du Nouvion et d'Avesnes, et moururent sans postérité. Louis 1er avait laissé un bâtard qui reçut un fief de la seigneurie du Nouvion et mourut également sans hoirs.

Quant à Jeanne, elle trépassa en 1350, enlevée à la fleur de l'âge par la peste noire qui désolait alors toute l'Europe.

Louis comte de Dunois, fils unique de Guy II de Châtillon, mourut prématurément quelques années avant son père, et leur succession passa à des collatéraux : Avesnes et le Nouvion échurent au comte de Penthièvre, Jean de Blois, duc de Bretagne, fils de l'infortuné Charles, tué à Auray. Guise et ses dépendances passèrent des mains de Louis d'Anjou à son petit fils Réné, alors roi de Sicile.

A la mort de Jean de Blois, la seigneurie du Nouvion et celle d'Avesnes échurent au comte Olivier de Bretagne, son fils, puis à Françoise de Bretagne, vicomtesse de Limoges, sa nièce. Celle-ci ayant épousé Alain, sire d'Albret, leur fille Louise d'Albret porta la seigneurie d'Avesnes dans la maison de Croy, d'où elle passa par cession dans celle d'Orléans. Le Nouvion, détaché d'Avesnes et possédé quelques années, avec Guise, par Réné d'Anjou, devint ensuite, et par droit de conquête, l'une des terres du comte de Ligny, Jean de Luxembourg, qui s'était emparé de presque toutes les forteresses de la Thiérache (1424). — Son neveu, Louis de Luxembourg, hérita de tous ses biens en 1440, et prit le titre de comte de Ligny et de Guise, malgré la confiscation de ce dernier duché par le roi Charles VII.

Cependant un litige s'éleva bientôt, au sujet de Guise et du Nouvion, entre Louis de Luxembourg et Louis comte d'Anjou. Il fut suivi d'un accord passé à Angers (9 juin 1444) en conseil du roi par lequel le nouveau comte de Ligny dut abandonner Guise et le Nouvion, en faveur du mariage de sa sœur Ysabeau de Luxembourg, avec Charles II d'Anjou, comte du Maine.

Ce dernier, qui mourut sans postérité, fut le dernier duc d'Anjou, et laissa Guise et Le Nouvion au roi Louis XI. Mais Charles VIII étant parvenu au trône, Jean et Louis d'Armagnac, neveux par leur mère de Charles d'Anjou, supplièrent le nouveau roi de les mettre en possession des biens de leur oncle, ce qui leur fut accordé par lettres-patentes du 29 mars 1491. — Cinq ans auparavant, l'archiduc Maximilien d'Autriche, époux de Marie de Bourgogne, fille de Charles-le-Téméraire, avait mis à profit les troubles de la *guerre folle*, pour réclamer, au nom de sa femme, le Vermandois et la Picardie, qu'il fit ravager par ses troupes. Après avoir échoué contre Saint-Quentin, puis contre Guise, Maximilien se vit obligé de licencier son armée. Plusieurs milliers de ces mercenaires séjournèrent dans le comté de Guise, où ils se portèrent aux dernières extrémités; le corps autrichien cantonné au Nouvion ne le quitta en 1486, qu'après l'avoir livré aux flammes.

A la mort de Louis et Jean d'Armagnac, qui ne laissaient point d'héritiers, leurs domaines furent dévolus à leur sœur, Marguerite d'Armagnac, épouse du maréchal de Gié, Pierre de Rohan, qui devint ainsi comte de Guise et seigneur du Nouvion. Son cousin, Réné II de Lorraine, issu de germain par les d'Armagnac, prit, après de longs débats, le titre de comte de Guise, et légua, par testament de 1506, tous ses droits à son fils Claude de Lorraine, qui porta le premier le titre de duc de Guise.

Duché de Guise. — Claude brilla entre tous par son courage et son habileté pendant les guerres d'Italie, et c'est assurément à la valeur de ses services que Guise, Le Nouvion et Hirson durent d'être affranchis pour dix ans par François 1er « *des tailles et crus mis et à mettre.* » Le roi fit plus, il voulut par lettres d'érection de 1527, élever le comté de Guise au rang de duché-pairie, en y incorporant les baronnies et seigneuries d'Aubenton, de Rumigny, de Martigny, d'Any, de Condé, d'Hirson, du Nouvion et leurs dépendances, avec tous les privilèges et honneurs y attachés.

Le premier duc de Guise laissa d'Antoinette de Bourbon une imposante lignée qui obtint des positions aussi élevées que glorieuses. Ce fut l'aîné de tous, François, qui lui succéda au duché. Après avoir joué dans l'histoire le grand rôle que l'on sait, il périt assassiné au moment d'assiéger Orléans, (1563). — C'est à son crédit que notre pays dut le second privilège d'être exempté par le roi « de toutes tailles, crues équivalentes, aydes et subsides pour quelque cause et occasion que ce soit, » à l'exception toutefois de certains impôts particuliers.

François de Guise eut pour successeur l'aîné de ses sept enfants, Henri de Joinville, qui devint Henri 1er de Lorraine, duc de Guise.

Il devait aussi mourir assassiné, après avoir presque franchi les degrés du trône. Il laissa de Catherine de Clèves, comtesse d'Eu, plusieurs enfants dont l'aîné Charles IV de Lorraine lui succéda. Après avoir pris comme ses devanciers, une large part aux affaires publiques, il s'éteignit dans l'obscurité, loin de sa patrie, en Toscane, où l'avait poursuivi la haine politique de Richelieu.

Charles de Lorraine avait eu de Henriette de Joyeuse, entre autres enfants, Henri de Lorraine, Louis de Lorraine et une fille, Marie de Lorraine, dite Mademoiselle de Guise. L'aîné lui succéda comme duc de Guise, sous le nom de Henri II. Ce ne fut pas l'homme le moins extraordinaire de sa race ; mais sa vie déréglée et excentrique fit dire à sa confusion « qu'il semblât que le généreux sang des ducs de Guise se fût épanché entièrement sous le poignard des assassins armés par Henri III. »

Nous voici arrivé à l'époque sans contredit la plus désastreuse de l'histoire de notre pays. Pendant la période française de la guerre de Trente ans (1635-1648), pendant les troubles de la Fronde et le reste du règne du grand roi, tous les maux vont se déchaîner sur notre malheureux pays : la guerre, la famine, la peste feront de nos provinces du nord un vaste désert. Dans la Thiérache, exposée une des premières au fléau dévastateur, pas un village ne sera épargné. C'est sur la bande étroite de son territoire, c'est en Picardie que tous les efforts devront se réunir, que les armées lutteront et vivront ; c'est, quel que soit le sort des armes, la ruine de notre malheureuse contrée.

Le génie bienfaisant de Vincent de Paul et le dévoûment de ses disciples n'avaient pu répondre à tous les besoins ; un grand nombre de nos villages furent délaissés par la population dont les maisons « furent perdues et entièrement réduites pendant la guerre. »

« Notre territoire » disait en 1662 à de Froidour, (1) Nicolas Juppin alors maire du Nouvion, « notre territoire abandonné pendant un long temps est demeuré en friche durant la guerre, et a esté presque tout chargé de bois et d'épines ; tous les habitans estant torp pauvres, il ne peuvent entreprendre aucun commerce, ni payer la taille dont on les menace, quoique de tout temps immémorail ils aient joui de l'indemnité et exemption d'icelle, ce qui les obligera de nouveau à quitter et abandonner le dit lieu ; et ils le feront d'autant plus facilement que leurs demeures sont démolies, qu'il ne leur reste même aucune église, la messe se disant soubs un petit toist couvert

---

(1) Commissaire chargé par le Parlement de Paris de procéder à l'enquête relative à la canalisation de l'Oise et de la Sambre. Voir 2ᵉ Partie, Note D, — page 152.

de paille, qui menace ruine tous les jours, estant obligez de l'entendre à l'air du temps. »

Cet état de choses dura trop longtemps, et si de nouvelles chaumières finirent par s'élever sur les débris des anciennes, ce ne fut que lentement, peu à peu et au prix d'efforts de toute sorte. Quant à l'église, plus d'un demi-siècle devait s'écouler avant qu'elle ne sortît entièrement de ses ruines (1722), pour disparaître de nouveau cent cinquante ans plus tard (1870) et faire place à l'édifice plus vaste aujourd'hui en cours d'exécution.

La mort de Richelieu, survenue en 1642, avait été le signal de la rentrée en France de nombre d'exilés, parmi les quels Henri de Guise, qui put alors recouvrer son duché et ses titres, confisqués par l'irascible ministre. Henri mourut vingt-deux ans après (1664), sans héritiers directs. Le duché passa à son neveu, Louis-Joseph de Lorraine, fils de Louis de Lorraine, duc de Joyeuse et de Françoise de Valois. Il épousa en 1667 Elisabeth d'Orléans, duchesse d'Alençon, et cousine germaine de Louis XIV, dont il eut un fils, François-Joseph de Lorraine, duc d'Alençon qui ne vécut que cinq ans. Ce fut le dernier duc de Guise, proprement dit, dont la terre revint alors à Marie de Lorraine, dite *Mademoiselle de Guise*, huitième enfant de Charles de Lorraine, et seule survivante de sa famille. Après s'être distinguée par sa piété, sa bienfaisance et ses hautes qualités; après avoir restauré l'enseignement public au Nouvion et dans ses autres possessions de Thiérache, cette princesse laissa ses domaines à Anne-Bénédictine, palatine de Bavière, épouse du prince Henri-Jules de Bourbon, fils du grand Condé, en faveur duquel Louis XIV rendit aux terres de Guise et du Nouvion le titre de duché-pairie.

Louis III de Bourbon, prince de Condé, succéda à son père, mort à Paris en 1709. Louis de Bourbon avait eu de Melle de Nantes, Louise-Françoise, son épouse, le prince Louis-Henri de Condé, dit *Monsieur le Duc*, à qui revint, à sa mort, le duché de Guise, y compris la seigneurie du Nouvion. Il avait épousé Melle de Conty et fut disgrâcié en 1726. Louis-Joseph de Bourbon, prince de Condé, son successeur, fut le père du dernier des Condé, Louis-Henri-Joseph de Bourbon, mort en 1830, et l'aïeul de l'infortuné duc d'Enghien.

Avant de mourir, le dernier Condé avait légué tous ses biens à M. le duc d'Aumale son filleul. Mais depuis quarante ans déjà, la Révolution française avait porté le dernier coup à la puissance féodale, créé l'unité politique du Pays et consacré l'égalité civile de tous les Français.

Les archives locales n'accusent rien de particulier aux quelques années qui ont précédé la crise sociale du XVIII⁰ siécle, sinon les troubles occasionnés par la perception du droit de terrage et la revendication du droit de lods et ventes. Nous avons rapporté ailleurs (1) l'origine et la nature des différends survenus à ce propos; nous ajoutons ici que l'issue favorable du procès relatif au droit de lods et ventes revint en grande partie au talent du défenseur de la communauté du Nouvion, l'un de ses enfants, M. L.-A. Legrand de Laleu. Né au Nouvion le 18 mai 1755, de Laleu tenait par sa mère à la famille Pigneau d'Origny-en-Thiérache, qui a produit l'évêque d'Adran. Il cultiva les muses et se livra à l'étude du droit et de la jurisprudence. Oublié aujourd'hui, il s'était rendu autrefois célèbre par sa belle défense des accusés Bradier, Simare et Lardoise, en faveur desquels il publia le fameux *Mémoire justificatif*, et qu'il eut la gloire d'arracher à l'infamie d'une condamnation. Celui qu'il rédigea en 1784 « pour la communauté des habitants du Nouvion-en-Thiérache appelans contre M. le Prince de Condé, » dont les fermiers prétendaient « asservir indistinctement au droit de lods et ventes tous les héritages non-fiefs situés au Nouvion, » est demeuré jusqu'ici le seul document traitant des origines de notre pays. Outre un précis historique de la seigneurie, on y trouve une analyse très-développée des charte et coutume octroyées au XII⁰ siècle par les seigneurs d'Avesnes aux bourgeois de notre châtellenie.

A l'époque de la révolution, de Laleu avait eu l'intention de se rendre en Cochinchine près de son cousin, l'évêque d'Adran, et de porter dans cette contrée les institutions nouvelles que la France venait de se donner. Mais ce projet n'eut pas de suite. Lors de la restauration de la Justice en France, de Laleu fut nommé président du tribunal criminel de l'Aisne, d'où il alla occuper la chaire de législation à l'école centrale de Soissons. Appelé plus tard à la cour impériale d'Amiens, il vint souvent présider les assises de Laon. Il avait épousé en secondes noces une demoiselle Desforges, issue d'une famille bourgeoise ennoblie au dernier siége de Guise, alliée aux Condorcet de Ribemont, et même à la famille de Boileau. Retiré à Laon, notre compatriote y passa les dernières années de sa vie, s'occupant notamment de poésie, et y mourut en 1819. Poete facile, écrivain pur et criminaliste profond, de Laleu avait marqué sa place parmi les publicistes par ses *Recherches sur la justice criminelle et le jugement par jurés*, ouvrage couronné en 1789, par l'Académie

---

(1) Voir 1ʳᵉ partie, p. 174 et suivantes : Troubles au Nouvion et dépendances, à propos du droit de terrage;

Ibid. — Ch X, Le Nouvion pendant la Révolution.

des Belles-Lettres, et publié après sa mort. Il était chevalier de la Légion d'honneur.

Le Nouvion n'a pas cessé, jusqu'à la Révolution, d'être représenté par un mayeur ou maire, et par des jurés ou échevins. La justice y était rendue par un prévot seigneurial, assisté d'un procureur fiscal et du greffier. Les hommes de fiefs y dressaient les contrats.

Le Nouvion était aussi le chef-lieu d'une gruerie qui connaissait des délits forestiers, et qui fut en 1779, remplacée par une maîtrise des eaux-et-forêts.

En 1789, la commune dépendait du gouvernement général de Soissons, des bailliage et élection de Guise, du diocèse de Laon. Comprise l'année suivante dans le district de Vervins, elle devint le chef-lieu d'un canton composé d'abord des neuf municipalités suivantes : Barzy, Bergues, Boué, Fesmy, Fontenelle, Le Nouvion, Oisy, Papleux et le Sart. Lors de la réorganisation de l'an X, Fontenelle et Papleux, reportés à La Capelle, Oisy et Wassigny, ont été remplacés par Leschelle, Dorengt, La Neuville et Esquehéries, qui furent distraits du canton de Guise.

Administration civile. — Les archives de l'ancienne municipalité du Nouvion furent détruites lors des incendies qui ont dévasté le pays en 1339-1486, et à la suite des guerres désastreuses du 17e siècle. Les plus anciennes consistent aujourd'hui dans les registres de l'État civil, qui ne remontent encore que jusqu'en 1657. — Avant 1539, il n'y avait pas de registres de l'état civil ; les chartriers des familles nobles les remplaçaient pour l'aristocratie féodale ; mais la grande majorité des familles se trouvaient dans l'impossibilité de constater régulièrement les naissances, les mariages et les décès. Il fallait s'adresser à la mémoire de témoins qui ne donnaient souvent que des renseignements très-incertains. François Ier rendit, le 20 août 1539, à Villers-Cotterêts, une ordonnance qui prescrivit la tenue de registres où les curés devaient inscrire avec exactitude l'époque de la naissance des fidèles qu'ils baptiseraient. Un notaire devait signer les registres avec les curés, et chaque année un double était déposé au greffe du bailliage le plus voisin.

Mais le 20 septembre 1792, le service reçut une nouvelle organisation, et la tenue des registres en fut confiée aux municipalités. Le code Napoléon confirma cette loi, qui est encore aujourd'hui en vigueur.

Maires. — 1662, Nicolas Juppin ; — 1670, Louis Buffy ; — 1701, C. Vaudigny ; — 1737, N. Bontemps ; — 1769, P. Buffy ; — An III, (1794) F. Dehen ; — An IV (1795) L. M. Beaubouchez ;

— 1804, L.-J. Moricourt ; — 1807, F. Grouzelle; — 1816, L.-J. Moricourt ; — 1824, Fossier-Gontier ; — 1828, Foulon ; — 1833, Pissart ; — 1838, L.-A. Caudron ; — 1866, N. Parmentier, en exercice.

Cultes. — Nous avons vu que dès 1178, Le Nouvion figurait déjà comme paroisse du décanat ou doyenné rural (détroit) de Guise, dans l'organisation ecclésiastique. Cet état de choses se maintint jusqu'à la révolution. L'abbaye de Fesmy a eu jusqu'en 1762, la collation de la cure. Lors du rétablissement du culte, l'église du Nouvion fut reconnue comme cure ou chef-lieu d'un doyenné comprenant toutes les communes du canton.

Curés. — Voici la liste des curés et doyens qui ont eu successivement la direction de la paroisse du Nouvion, en remontant au 17e siècle :

1628, J. Héduin ; — 1657, G. Godart ; — 1674, And. Le Comte ; — 1713, H. Rolland ; — 1720, J.-B. Gillet ; — 1743, A. Dubois ; — 1781, N. Michel ; — 1801, H. Boquet ; — 1803, J.-N. Varlet; — 1809, Marlot; — 1813, Bataille ; — 1824, J.-F. Baudet; — 1860, A. Bourgeois, en exercice.

Justice de Paix. — Nous avons rapporté, page 123 de la IIe Partie de cet ouvrage, l'époque de l'institution des Justices de Paix. Nous donnons la liste des magistrats qui ont successivement exercé dans ce canton depuis 1790 :

1790, M. Godelle-Desnoyers; — 1818, Poitevin de Veyrière; — 1821, C. Godart ; — 1832, Z. Canon ; — 1870, C. Soret, en exercice.

Instruction publique. — Il est dit que Marie de Lorraine « étendit ses bienfaits sur les écoles gratuites de son domaine de Guise » et qu'elle en « establit de nouvelles à Hirson, Aubenton, Le Nouvion et autres lieux du duché », ce qui prouve que l'enseignement public subsistait déjà dans nos contrées au XVIIe siècle. Les écoles de filles attiraient surtout l'attention de la duchesse qui avait envoyé au Nouvion, dès 1685, deux sœurs de l'enfant-Jésus de Guise. Quant aux écoles de garçons, elles végétèrent misérables jusqu'à la Révolution.

Les instituteurs qui ont exercé au Nouvion sont, en remontant à la première moitié du 18e siècle :

1746, J.-B. Massaux ; — 1787, N.-J. Matton ; — 1792, L.-J. et A.-T. Azambre ; — 1794, les mêmes et L. Dautigny ; — 1796, Matton et Dautigny ; — 1801, Matton seul; — 1848, Matton et L.-A.-J. Caron ; — 1855, Matton et L.-H. Catrin ; — 1857, Catrin, aujourd'hui seul en exercice.

Un pensionnat primaire est annexé à l'école communale de garçons depuis 1848.

L'École communale de filles, réunie depuis 1850 au pensionnat de Sainte-Thérèse, est depuis cette époque dirigée par une religieuse de cette maison.

Un premier pensionnat primaire de garçons fut fondé au Nouvion en 1839 par M. L.-A.-J. Caron ; en 1848 ce dernier annexa à ce pensionnat une seconde école communale dont il avait été nommé directeur. Un autre pensionnat primaire de garçons fut également créé en 1840 par M. Muzeux, aujourd'hui instituteur public à Vailly. Ce dernier établissement fut dirigé successivement par MM. Étienne et Collart (1848-1850) ; — L. Bernard (1850-1868) ; — J. Ozun et Richel (1868-1870); — L. Gobert (1872), aujourd'hui en exercice.

Nous avons cité (p. 195, Ire Partie), comme institutrices et maîtresses de pension au Nouvion, en 1790, les sœurs Motot et Duteil, de l'enfant Jésus de Guise. Ces religieuses furent remplacées, après la Révolution, par les demoiselles Duloroy, originaires du pays, qui exercèrent jusqu'en 1827. Alors fut fondé au Nouvion pour l'éducation des filles, un pensionnat de l'ordre de Sainte-Thérèse d'Avesnes, dirigé par quatre religieuses. Cette maison reçoit aussi des élèves externes et dirige l'école publique des filles depuis 1850.

Un second pensionnat de demoiselles fut créé au Nouvion en 1839, par Melle Octavie Deverdun, élève de la Légion d'honneur, qui le dirigea avec succès jusqu'en 1868. Il passa ensuite à Melle E. Destourpe (1868-1872), puis à Melle Profilet, aujourd'hui en exercice.

IV. — Agriculture, Industrie et Commerce.

I. — Le sol étant essentiellement argileux, froid et humide, il nécessite beaucoup de culture et d'engrais. Le Nouvion est un pays de petite culture; les propriétaires, en général, exploitent par eux-mêmes. Il n'y a guère qu'un grand domaine, la forêt, qui comprend, avons-nous dit, une superficie de 3231 hectares, appartenant à M. le duc d'Aumale. Les terres labourables n'y sont plus qu'en une infime quantité et les pâturages forment la partie principale de l'exploitation agricole.

L'industrie dominante dans le pays consiste dans le commerce et l'engrais des bestiaux, et la fabrication du beurre et des fromages dits de Maroilles.

Le Nouvion renferme aussi un assez grand nombre d'usines, savoir : une filature et deux fabriques à métiers pour le tissage des articles de Reims et de Saint-Quentin; une verrerie où l'on fabrique spécialement la verroterie unie et taillée, 3 brasseries, 3 moulins à eau, une tannerie, 3 fabriques de tuyaux de drainage, une de chicorée-café et 3 briqueteries.

Toutes les denrées ainsi que les produits du ménage sont vendus sur place : il y a marché le mercredi et le samedi de chaque semaine, et foires de deux jours les mardi et mercredi après Pâques et les derniers mardi et mercredi d'octobre. — Foire mensuelle le dernier mercredi du mois.

Le nombre des patentables est d'environ 190.

II. — Industries diverses et détail par classes et par professions des résultats relatifs aux patentes.

1re Classe. — Marchands de bois en gros, 2 ; — d'épiceries en gros, 2 ; — de vins en gros, 3.

2e Classe. — Carrossier fabricant 1; — marchands d'eau-de-vie 3; — de verres blancs en 1/2 gros, 1.

3e Classe. — Marchands de bœufs, 2; — bijoutiers, 4; — pharciens, 1 ; — marchands de modes, 7 ; — marchands de tissus en détail 6.

4e Classe. — Aubergistes, 5; — marchands-bouchers, 3; — cafetiers, 4 ; — charcutiers, 4 ; — marchands cordonniers, 5 ; — charpentiers-entrepreneurs, 3 ; — marchands de cochons, 2 ; — marchands de farines, 6; — marchands de fils de lin, 1; — marchands de fers en barres, 1 ; — marchands de fromages en gros, 5; — entrepreneurs de maçonnerie, 2 ; — marchands de mercerie au détail, 5; marchands de quincaillerie au détail, 3; — marchands de vaches, 2; — marchands de vins voituriers, 2; — fabricants de sabots expéditeurs, 3.

5e Classe. — Aubergistes ne logeant qu'à pied ou à cheval, 4; — marchands d'ardoises au détail, 2 ; — boulangers, 8 ; — chapeliers, 3; — épiciers au détail, 16; — ferblantiers-lampistes, 4 ; — parfumerie au détail, 1; — marchands de papiers peints, 5; — marchands de peaux de lapins, 1 ; — selliers-harnacheurs, 3 ; — serruriers, 4 ; — tailleurs d'habits, 10 ; — voituriers à plusieurs équipages, 1.

6e Classe. — Bourreliers, 4; — cabaretiers, 30; — cordonniers sur commande, 3 ; — courtiers de vins, 2 ; — horlogers, 5 ; — lingers, 2 ;maîtres-maçons, 3; — maréchaux ferrants, 3; menuisiers, 13 ; — peintres en bâtiments, 4 ; — vannerie au détail, 1.

7e Classe. — Bimbelotiers au détail, 3 ; — marchands de parapluies, 3 ; — chiffonniers au détail, 2 ; — cordiers, 1, — couturières, 16; — eau-de-vie au détail, 2 ; — épiciers regrattiers, 4; — gargotiers, 1 ; — patachiers, 2 ; — tailleurs à façon, 2.

8e Classe. — Marchands de charbons de terre au détail, 2 ; — de pipes au détail, 2; — sabotiers fabricants, 4; — voituriers à un équipage, 3.

V. — Institutions diverses, — Monuments et Curiosités.

I — Il existe au Nouvion un bureau de bienfaisance dont le revenu ne s'élève qu'à environ 380 fr.; mais ce bureau reçoit annuellement des dons assez nombreux qui viennent en relever l'importance. La population est généralement aisée ; on compte néanmoins 135 familles indigentes qui reçoivent des secours de ce bureau.

Il y a aussi au Nouvion une Conférence ou Société de Saint-Vincent de Paul ayant pour objet le soulagement et l'amélioration morale de la classe pauvre, ainsi que la visite à domicile des malades indigents ; — une Société de dames des pauvres, fondée dans un but analogue ; — une Société de secours mutuels ; — une succursale de la caisse d'épargne de Vervins ; — une Société d'horticulture et d'arboriculture (section cantonale de la Société de Pomologie de Chauny) ; — une Compagnie de sapeurs-pompiers ; — deux Sociétés de musique instrumentale ; — un cours gratuit de solfége et de musique ; — trois Bibliothèques (communale, paroissiale et scolaire) réunissant ensemble près de 2 000 volumes.

Enfin, Le Nouvion est le siége d'une Justice de paix, composée d'un juge, de deux suppléants et d'un greffier, assistés de deux huissiers et d'une brigade à pied de gendarmerie ; — le chef-lieu d'une perception ; — il y a aussi : bureau d'enregistrement, — bureau de poste, — bureau télégraphique, — recette des contributions indirectes, — deux notaires, — un conducteur auxiliaire des Ponts-et-Chaussées, — un agent-voyer cantonal, — deux docteurs-médecins, — deux sages-femmes, — un libraire et deux agents d'assurances.

II. — **L'Église paroissiale.** — Nous avons vu qu'il y avait une église au Nouvion dès le 12e siècle, et que la possession de l'autel en fut assurée à l'abbaye de Fesmy, par une charte de Roger de Rozoy, évêque de Laon, datée de l'an 1178.

Cette ancienne église aura été plusieurs fois restaurée, agrandie et même reconstruite jusqu'en 1724, époque de sa dernière transformation. — Il est certain d'abord qu'elle fut incendiée en 1339, lors de « *l'arsure* » du Nouvion par les Anglais ; car il est dit que « les couvens de Prémonstrés et Fémy, patrons et collateurs de ladite église en avoient fait restablir la couvreture » vers cette époque. — Elle fut de nouveau incendiée en 1442-43, comme en fait foi l'arrangement (1) alors intervenu entre « les curé, maire, manans

---

(1) « Appointement pour l'Église du Nouvion qui fut arse » (Cart. de Fesmy, 1443).

et habitans du Nouvion-en-Thérasse d'une part, et religieuses et honnestes personnes, Monseig. l'abbé et couvens de Fémy, et abbé et couvens de Prémonstré d'autre part, » spécifiant que « lesdits abbés et couvens, à cause de certain droit qu'ils ont de prendre et percevoir certaines dismes au terroir du Nouvion, estoient et sont tenus de recouvrir la nef de l'église parocialle du Nouvion, le comble de laquelle a naguères esté ars par fortune de feu de meschief, et lequel comble lesdits manans et habitans ont fait refaire et réédifier de nuef..... »

Les jugement et « sentence arbitralle » rendus à ce propos « par le lieutenant général de M. le Bailly de Vermandois » portent au dispositif : « Nous, oyes les resons, motifs et causes que chascune des dittes parties a volu dire et alléguer pardevant nos, Avons du consentement des dittes parties, dit, jugié, sentencié et prononcié, disons, sentencions et prononchons que pour concourir à la réfection de la couvreture de la nef de la ditte Église du Nouuion, les dits abbés et couvens bailleront et délivreront au dit curé, maire, manans et habitans du dit Nouuion telles pars et portions q. iceux abbés et couvens chascun en droit soy ont droit de prendre es disme dud. lieu et paroisse du Nouuion, et ce bailleront et délivreront pour cette année seulement et moyennant ce lesd. curé et habitans seront tenus de faire couvrir à leurs dépens bien ce souffisamment lad. Église, sans ce toutefois que par ce fait aucun préjudice faict ou entendre pour le temps advenir à aucune desd. parties mais en réserve à chacune d'icelle tel droict et défense qu'il luy peut competer et ad ce faire et accomplir, nous arbitres dessus d. avons condempné et condempnons les sus d. parties.... »

L'Église dont il vient d'être question eut encore à subir différentes transformations pour en arriver à l'état où on la voyait en 1870. Entièrement détruite, ou peu s'en fallut, au 17e siècle, elle fut rétablie vers la première moitié du 18e (1722-24) sans collatéraux, mais avec chapelles formant transept. Elle n'offrait rien de remarquable au point de vue de l'art : croix latine, nef d'une longueur de 19m 20, en mesurant 9 de largeur sur 8m 30 de hauteur sous œuvre, et se rattachant à l'ancien chœur du 14e siècle, dont une partie avait survécu, d'une longueur de 9m 90. — Deux nefs latérales édifiées en 1797, séparées de la principale par des colonnes en calcaire bleu, surmontées d'arcades plein-cintre ; — tour massive élevée au-dessus du portail d'entrée, hauteur 37m y compris son disgracieux clocher reposant sur une pyramide quadrangulaire tronquée.

Cet édifice de beaucoup trop exigu pour la population, a été démoli en août 1870 : les fondations de la nef et les huit colonnes cylindriques qui la séparaient des bas côtés sont les seules parties qui en aient été conservées pour la nouvelle église.

Construit en pierres et briques sur les plans et devis de M. Dablin, architecte à Saint-Quentin, ce monument, dont le style paraît dériver de l'ogive, s'élève avec élégance sur l'emplacement de l'ancien. Il se compose d'une nef principale à 6 travées, terminée par un chœur absidial détaché, formé de cinq colonnes cylindriques supportant une demi-dôme à nervures convergentes ; — de deux nefs latérales contournant le chœur et d'un transept avec chapelles éclairées par deux grandes fenêtres surmontées d'une magnifique rosace de 4^m de diamètre.

L'édifice mesure, hors œuvre, depuis le portail jusqu'à l'extrémité opposée, 45 mètres de longueur, sur une largeur totale de 20 mètres et 22^{m}50 de hauteur. Il est éclairé latéralement par 20 fenêtres en ogives, divisées chacune en deux baies ogivales par un meneau en pierre blanche surmonté d'une petite rosace. — 32 œils-de-bœuf, dits oculus, de forme circulaire, règnent sur tout le pourtour supérieur des nefs principale et latérales.

La façade principale est ornée d'un superbe portail avec rosace de 3^m 50 de diamètre. Le tout est surmonté d'une tour carrée élevée de 29 mètres au-dessus du niveau de la rue, et percée sur chaque face de deux grandes baies ogivales ou auvents. La flèche également carrée est ornée de quatre lucarnes saillantes. La hauteur totale, depuis le sol jusqu'au-dessus du coq de la croix, est de 44^{m}50 ; à droite et à gauche du portail, s'élancent deux tourelles octogones à demi engagées dans la muraille. Celle de gauche renferme l'escalier conduisant à l'orgue et au clocher de l'horloge. En outre du portail, deux portes latérales donnent accès dans l'église ; une quatrième porte s'ouvre au côté gauche du chœur, en face d'une autre conduisant à la sacristie.

L'autel principal est sous le vocable de Notre-Dame, et ceux des deux chapelles sont dédiés à la Vierge et à Saint-Denis, patron de la paroisse.

III. — Le Presbytère. — En 1743, il en existait un connu sous le nom de *maison de la cure*. Délabré sans doute, ou peut-être même détruit vers 1760, les habitants obtenaient « en 1763, de S. A. S. une gratification de 600 fr. pour le reconstruire. » Il est à croire que cette maison n'était autre que l'ancien presbytère qui a été agrandi et restauré par la commune en 1862. C'est aujourd'hui une belle et spacieuse maison, composée d'un rez-de-chaussée, d'un premier et d'un second étage avec cours et jardins, le tout édifié sur une contenance de 13 ares et 50 centiares.

Un titre de 1723 détermine le taux de la rétribution alors accordée par M. le Duc aux marguilliers de la paroisse du Nouvion et autres de son domaine. La cure du Nouvion possédait jadis « des terres et des prés qui avaient été reconnus affranchis de toute redevance par délibération du conseil de S. A. S. en 1743. »

Les revenus actuels de la Fabrique de l'Église du Nouvion s'élèvent à environ 1100 fr. provenant de fonds placés sur l'État. Ces fonds représentent la moitié de la valeur vénale des biensfonds aliénés en 1870 par le Conseil de fabrique, en vue de la reconstruction de l'Église.

IV. — L'Hôtel-de-Ville. — On trouve aux archives de l'ancien duché de Guise au Nouvion, (1) le duplicata d'un « mémoire des bois fournis en 1754, pour la construction d'un hôtel-de-ville au Nouvion » avec la copie d'une « délibération du conseil d'administration autorisant les habitants à faire ladite construction. » — L'édifice fut élevé au milieu de la grand'place et démoli en 1846. Les matériaux en provenant ont servi à la construction du local actuel de l'école communale de garçons, rue de l'Église (2). C'était un bâtiment sans caractère architectonique aucun.

Dix ans plus tard, on en bâtissait un autre au nord de l'Église, sur les plans de M. Touchard, architecte départemental. C'était, cette fois, un véritable monument, avec campanile, et où la pierre, en se mariant à la brique, reproduit la plupart des détails de l'ordre dorique. Il se compose d'un rez-de-chaussée et d'un étage, séparés aux deux extrémités est et ouest, par un entresol. Une halle ou marché couvert occupe la majeure partie du rez-de-chaussée, et l'on y pénètre par cinq grandes portes ou baies plein-cintre, sans fermetures, séparées par de massifs piliers.

Dans le pavillon-ouest se trouvent : au rez-de-chaussée le prétoire de la Justice de paix, avec cabinet aux archives ; à l'entresol, le logement du garde-champêtre, composé de trois pièces, et au premier étage, celui du secrétaire de la mairie. Le pavillon est renferme : au rez-de-chaussée, le bureau de la mairie et le cabinet du maire ; à l'entresol, le logement de l'appariteur, et au premier, la salle des délibérations du conseil municipal.

A l'étage central supérieur, consacré aux affaires et aux plaisirs, s'étend une vaste pièce, dite salle des fêtes, qui devient tour à tour, selon les circonstances, salle de recrutement, salle de concert,

---

(1) Liasse 97e, No 5035

(2) Insuffisant sous tous les rapports : classes trop exigues, logement personnel incomplet, point de jardin.

salle de spectacle. On y monte par deux escaliers s'ouvrant dans les pavillons latéraux, avec portes surmontées d'entablement. La salle est éclairée, sur la façade, par 5 fenêtres mesurant chacune 2m 65 de haut sur 1m 40 de large.

Chacune des cinq entrées de la halle est haute de 5m 20, large de 2m 50.

On lit sur l'une des pierres de la façade, au pavillon-ouest, cette inscription :

« CAUDRON, MAIRE,
« CASIER   } ADJOINTS. »
« REGNAULT }

et cette autre au pavillon-est :

« J. TOUCHART, ARCHITECTE,
« PATERNOTTE } ENTREPRENEURS. »
« BUSSY   }

Un écusson sculpté à la base du campanile porte en son milieu la date « 1856 ».

V. — Le Château moderne. — Lorsqu'à la suite des événements de 1848, la Société Seillière de Paris fut devenue propriétaire du domaine de Guise, elle résolut le transfert, — de cette dernière ville au Nouvion, — du siége administratif de ce domaine. C'est alors (en 1853) que fut décidée la construction, au Nouvion, de cette magnifique maison de campagne, dite *le Château*, et où sont installés les bureaux du service forestier. Située aux abords de la forêt, à 1 500 mètres au sud de la ville, sur la route de Sains-Richaumont à Landrecies, cette demeure, bâtie à grands frais, rappelle assez bien, par les toits aigus de ses pavillons, par la sévérité de son architecture et la disposition de ses annexes, les anciens manoirs du 14e et du 15e siècle.

Le corps de logis principal, orienté à l'est et à l'ouest, dessine extérieurement un rectangle de 38m 30 de long sur 10m de large, terminé aux extrémités par deux autres formant ailes, larges de 7m et profondes de 15m 20. La hauteur totale de l'édifice, toiture comprise, est de 18m 50. Il se compose : 1º d'un sous-sol où se trouvent établies les cuisines, le calorifère collecteur, les caves, la laiterie et diverses remises ; — 2º d'un rez-de-chaussée élevé de 1m 50 au-dessus du sol extérieur, et composé de 12 pièces, parmi lesquelles une salle de billard ; — 3º d'un premier étage formé de 15 pièces d'habitation richement meublées, et 4º des mansardes et des greniers. — Quatre entrées, dont deux principales, donnent accès aux diverses parties du rez-de-chaussée. Deux tourelles octogones, à demi engagées dans les angles de la cour intérieure, renferment les escaliers desservant le premier étage, et toutes les parties de cette remarquable habitation sont éclairées par 114 ouvertures, fenêtres ou flamandes.

Deux pavillons détachés, à gauche et à droite de l'avenue est, à l'usage du concierge et du jardinier; un troisième, en arrière, pour écuries et remises, avec logement au premier pour le cocher; une métairie avec annexes, un parc spacieux avec avenue sur la forêt, deux pièces d'eau, dont un superbe étang de 3 hectares 50, bordé d'un labyrinthe aux promenades ombragées d'une luxuriante charmille, une basse-cour nombreuse et variée, un potager clos de murs, trois fermes herbagères aux alentours, complètent l'ensemble que nous avions à décrire ; ensemble dont les diverses parties sont devenues, pour la société nouvionnaise, un but favori de promenades.

VI. — La Croix des Veneurs. — C'est le nom d'un canton de la forêt et celui donné à une route domaniale la traversant de l'est à l'ouest et faisant communiquer la route nationale N° 39 avec celle de grande communication N° 32. Mais ce fut avant tout celui d'une croix élevée en face de la route de ce nom, entre les triages de la Sablonnière et de la Fontaine-aux-Tessons, au milieu d'une sorte de demi rond-point.

L'origine de cette croix est assez ancienne, puisqu'il en était déjà question avant 1612 (1) ; toutefois, l'on ne sait rien de positif sur sa véritable signification. Les uns la considèrent comme n'ayant jamais été qu'un simple rendez-vous de chasse ; d'autres prétendent qu'elle fut érigée en mémoire de la fin tragique de deux veneurs des princes lorrains, qui se seraient pris de querelle et mutuellement donné la mort en ce lieu, à la suite d'une partie de chasse ; — ce qui ne paraît pas invraisemblable, étant donné l'usage, dans nos contrées, de planter une croix, ou d'élever une petite chapelle, là où un accident de mort s'est produit.

La croix primitive était en fer, haute d'environ 1m 80, montée sur un socle carré en pierre bleue, sans inscription aucune que cette simple mention : « Croix des Veneurs. » Elle fut remplacée en 1856, après l'achèvement du château, par celle en pierre blanche qui se voit aujourd'hui. L'emplacement en fut restauré et l'entrée fermée par d'élégantes et solides barrières. Cette nouvelle croix des veneurs fut solennellement bénite par M. le doyen Baudet, au milieu d'un concours immense de population accourue sur les lieux à l'occasion des fêtes données par la Société Seillière à propos de l'inauguration du Château.

---

(1) Arch. de l'ancien Duché de Guise

NOTE

SUR LES PRINCIPAUX HAMEAUX DU NOUVION.

Origines. — Les historiens latins représentent la Gaule comme étant autrefois toute couverte par d'immenses forêts ; ceux du moyen-âge donnent des renseignements analogues ; et une foule de hameaux et de villages, par l'étymologie de leurs noms rappelant qu'ils ont été construits au milieu ou à proximité des bois, dont ils sont souvent aujourd'hui assez éloignés, viennent confirmer de tous points les récits de ces écrivains.

On sait d'ailleurs que dès les temps les plus reculés, il existait, au milieu ou sur les bords de ces forêts, des amas de cabanes où se retiraient les bûcherons qui en exploitaient les produits ; et il est vraisemblable que ces cabanes ont dû le plus souvent devenir le noyau d'un hameau d'abord, et plus tard d'un village : il ne faut pas chercher d'autre origine aux nombreux écarts ou dépendances dont sont formés la plupart des villages dans le nord de la Thiérache. Les communes de Saint-Michel, Mondrepuis, Clairfontaine, La Flamangrie, Buironfosse, Leschelle, Esquehéries, etc., ne sont guère que de vastes agglomérations de hameaux ; Le Nouvion lui-même, en compte un assez grand nombre, dont les plus anciens, comme les plus importants, sont :

Beaucamp. — Nommée *Biaucamp* en 1306 ; — *Capella beati Nicolai in domo de Bellocampo* ; — Biauchamp, en 1317 (cart. de la seign. de Guise). (1) Cette dépendance portait autrefois le titre de « Fief, terre et seigneurie de Beaucamp, mouvance de Guise. »

Le dernier état des Fiefs mouvant de Guise, ou plutôt « celuy après lequel on n'en trouve point d'autres faits à ce sujet, lequel état datte jusqu'en 1647, porte à la fin une énumération des dénombrements de Beaucamp, » et annonce qu'il « a este vendu et démembré. » (2) On lit en marge du dénombrement du dit fief, la

---

(1) A. Matton, Dict.re topog. du dépt de l'Aisne

(2) « **Noms des particuliers entre lesquels le fief de Beaucamp a esté démembré :**

« Louis Henneton de Balzy, 5 razières, — Enfants de Frédéric Moreau du

note historique suivante :

« On trouve par d'anciens mémoires, et il est mesme justifié, par le Terrier de Nouvion de l'année 1612, que lors de l'érection en fiefs des héritages qui forment aujourd'hui la terre de Beaucamp, ce fief appartenait à quatre particuliers qui avaient chascun une maison bastye sur le fief et jouissaient par égalle portion des héritages qui le composaient.

« La totalité de ce fief, en l'année 1612, appartenait à Pierre Michel, Nicolas Cointement, François Pacquet Marc Paindavoine et Martin Soltcher ; mais par succession du temps, ces familles s'estant augmentées, ou par nécessités d'aliéner, ces quatre parties de fiefs se trouvent aujourd'huy divisées et possédées par plus de trente particuliers qui ont tous satisfait à la coutume par les reliefs et dénombrements qu'ils ont formés. »

Le fief de Beaucamp consistait « en maison, pastures et terres labourables, le tout d'une contenance de 396 razières (1). »

Ainsi que l'indique l'appellation latine de 1317, la maison de de Beaucamp aurait autrefois possédé une chapelle sous le vocable de Saint-Nicolas. Il existe encore aujourd'hui à Beaucamp une habitation dite *la maison du fief*; mais on n'y trouve aucune trace de Chapelle.

Lalouzy. — Cette dépendance, connue en 1107 sous la dénomination de *Altare de Aloziis cum silva Taruscia*, (Martyrologe de Fesmy, Bibl. de Cambrai) ; — *Alouzy*, en 1708 (Élection de Guise) ; — *Lalouzy-France* (carte de Cassini), paraît être la plus ancienne de toutes celles du Nouvion. L'autel dont il y était déjà question en 1107 (Altare de Aloziis) y aura été vraisemblablement érigé par l'un des premiers abbés de Fesmy (Étienne I, 1080 ; — Rodulphe, 1092 ; — ou Robert 1098). Un titre du 5 août 1382, venant à l'appui de cette assertion, porte en effet que « la justice de Fémy a droit d'afforer vin en la maison d'Alouzies. »

Malassise. — Il ne serait question de cette dépendance,

---

du Nouvion, 50 verges ; — Jean Moreau de id. 5 raz. ; — Enfants d'Étienne Basse, 1 raz. ; — Enfants d'Étienne Baudry, 10 raz. ; — Veuve Jean Masset, 20 raz. ; — Nicolas Boufflet de Boué, 2 raz. ; — Enfants de François Masset de Boué, 20 raz. ; — Jean Baudry de Beaurepaire, 45 raz. ; — Paul Michel de Beaucamp, une maison et 15 raz. ; — Jean Duchesne de Beaucamp, 9 raz. ; — Antoine Fossetier, 2 raz. ; — Jean Tribouille, du Nouvion, 11 raz. ; — Frère Jean, 10 raz. ; — Louis Denis, 20 raz. ; — Michel Pavie du Nouvion, 35 raz , — Pierre Bourgeois du Nouvion, 10 raz »

(1) Arch. de l'ancien duché de Guise, Liasse 19

d'après M. Matton, que vers 1731, sous la forme *Malasize* (Gruerie du Nouvion). Il est à croire toutefois que la première maison qui porta le nom de *mal assise* remonte bien au-delà du 18e siècle.

Marlemperche. — S'écrivait *Marlimperche* en 1610 (Baill. des bois de Guise). Autrefois agglomération de cabanes perdues dans la forêt, ce hameau doit son importance actuelle à l'établissement, en 1662, de la verrerie du Garmouzet. L'ancienne Sambre y alimente le moulin Degay. Ce hameau fut presque entièrement détruit par un incendie en Juin 1852. — La dernière maison à l'extrémité est, dépend de Fontenelle.

Moulin-Lointain (Le). — Primitivement maison isolée, sous la dénomination de *Moulin-Loingtain*, 1696. (Élection de Guise), aujourd'hui hameau important sur le ruisseau l'ancienne Sambre, qui y active les moulins Delcourt et Voisin. Le moulin primitif, dont l'agglomération actuelle a retenu le nom, avait déjà disparu au siècle dernier.

II
BARZY.

I. — Dénomination.

On trouve le nom de ce village écrit de diverses manières dans les anciens titres : Villa que dicitur *Baisis*, 1153, (cart. du chap. de Cambrai, F° 17, Bibl. nat.); — *Barisis*, 1227; — *Baresis*, 1229; — *Barisiacus*, 1243; — *Barzi*, 1335 (cart. de la seigneurie de Guise); — *Barizis*, 1340; — *Barsi*, 1395, (arch. nat., transc. du Vermandois); — *Barzis*, 1405 (ibid.); — *Berzis*, 1498 (arch. com. du Nouvion); — *Barizy*, 1599 (chamb. du clergé du dioc. de Laon); — *Barzy-en-Picardie*, 1615 (min. d'Ozias Thélinge, notaire); — *Barzys-sur-Huinaut, Barzys-sur-France*, 1624 (élec. de Guise); — *Barzys*, 1642; — *Barzy-Hénault*, 1773 (gruerie du Nouvion). (1)

II. — Topographie et statistique.

Position. — Barzy, village de l'ancienne Thiérache, situé sur la Sambre et sur la route de grande communication de Bohain à Avesnes, à 70 kilom. N. de Laon, 32 kilom. N. de Vervins, et 5 kilom. N. du Nouvion. — *Latitude* : N. 50° 3' ; — *Longitude* : E. 1° 27'. — Population : 533 habitants.

Territoire communal. — Configuration : Il forme une sorte de triangle resserré au sud entre les territoires de Bergues et du Nouvion, et allant s'évasant vers le nord entre ceux de Fesmy, du Sart et de Prisches (Nord). — *Géologie* : Sol argilo-siliceux, reposant sur la craie ; — *Altitude* : Le point le plus élevé est au lieudit le Moulin-à-Vent, situé au nord du pays ; il est à 155ᵐ au-dessus du niveau de la mer. — *Superficie*, 762 h. 52 a. 95 c., ainsi repartis :

Terres labourables	126h	02a	20c
Prés et pâtures	603	48	82
Bois		9	40
Jardins et vergers	5	09	39
Propriétés bâties	6	33	04
Rues et chemins	19	17	80
Cours d'eau	2	32	30
TOTAL EGAL	762h	52a	95c

(1) Aug. Matton. Dict. top.

Le tout comprenant 1490 parcelles groupées en 2 sections.

Agglomération, — dépendances, — population. — Outre le corps du village où se trouvent l'église et le presbytère, la mairie et l'école, il existe à Barzy plusieurs hameaux :

La Carrière-Etreux .	17 maisons,	19 ménages,	53 individus,
Le Preux.	6 id.	6 id.	19 id.
Le Pas de Vaches. .	2 id.	2 id.	8 id.
Belair (maison isolée)	1 id.	1 id.	3 id.
La Justice	5 id.	6 id.	18 id.
L'Ortie.	3 id.	3 id.	9 id.
Lalouzy.	13 id.	17 id.	48 id.
La Haie-long-pré. .	10 id.	10 id.	36 id.
Malassise.	10 id.	11 id.	31 id.
Monidée	6 id.	6 id.	16 id.
En y ajoutant pour l'agglomération	90 id.	108 id.	292 id.
On trouve au total .	163 maisons,	189 ménages,	533 individus,

Population. — En 1760, 100 feux ; — en 1800, 536 habitants ; — en 1815, 570 ; — en 1820, 600 ; — en 1836, 584 ; — en 1854, 569 ; — en 1856, 575 ; — en 1861, 550 ; — en 1866, 560 ; — en 1872, 533 habitants, dont :

Sexe masculin : Célibataires . . . . 100 ; Hommes mariés . . . . . 151 ; Veufs . . . . 15 ; 266

Sexe féminin : Célibataires . . . . 85 ; Femmes mariées . . . . 151 ; Veuves . . . . 31 ; 267

Total : 533

Les abords des maisons dénotent la grande propreté de l'intérieur ; les habitations nouvelles sont bâties en briques avec beaucoup de goût ; mais parmi les anciennes, un grand nombre sont encore couvertes en chaume.

Lieux-dits. — Les plus intéressants à noter sont : La Haie-long-pré ; — Monte-à-peine ; Le Parc des vaches ; — Le Preux ; — Monidée ; — Belair ; — La Justice ; — L'Ortie ; — Le Fief ; — Les Wannois ; — Le Pré des Clercs ; — Les Dix-huit ; — La Ruelle Hainaut ; — Le Pré à la flaque.

Cours d'eau. — Le seul cours d'eau à citer est la rivière de la Sambre, qui traverse le territoire de l'est à l'ouest ; elle y reçoit sur la rive droite le ruisseau dit le Pas de vaches, et sur la rive gauche le petit Rû.

La Sambre n'alimente à Barzy aucune usine.

Moyens de communication. — Les voies de communication traversant le territoire sont : 1° la route nationale n° 39, qui passe à l'extrémité sud du territoire, dans le hameau de Malassise; — 2º la ligne vicinale nº 32 de Sains à Landrecies, qui coupe la partie est de la commune, vers les hameaux de la Justice et Lalouzy-France; — 3º la ligne nº 72, de Bohain à Avesnes, qui parcourt le village dans le sens de sa longueur.

Chemins vicinaux. — Trois chemins vicinaux ayant ensemble 5160 mètres, et divers chemins ruraux desservent encore cette localité; savoir :

Le chemin nº 3 (1re catégorie), de Barzy au Sart, longueur 1335 m., entièrement construit; — Le chemin nº 4 (hors classe), de Barzy à la route nationale nº 39, longueur 2235 m., aussi entièrement construit, et le chemin nº 5, de Barzy au Nouvion, d'une longueur de 1590 m., également construit en entier.

III. — Historique et Administration.

D'après un titre de 1153 (1), Barzy n'aurait été au moyen-âge, qu'une propriété particulière, un fief dépendant du Nouvion, comme l'annonce du reste sa dénomination d'alors *Villa quæ dicitur Baisis*. Quoi qu'il en soit, cette localité fût érigée en une seule et même commune en 1196, avec le Nouvion, Bergues et Boué, par Gauthier II d'Avesnes, et faisait, dans l'origine, partie de la seigneurie de ce nom. Au XVe siècle, elle dépendait de celle de Guise et ressortissait au XVIe, à la généralité de Soissons et aux élection et baillage ducal de Guise.

Mais la portion du village et du territoire située au nord de la rivière, était de l'intendance du Hainaut (Valenciennes) et de la subdélégation de Landrecies.

C'est qu'en effet la rivière de la Sambre, qui n'y a guère encore que le volume d'eau d'un ruisseau, et sur les bords de laquelle est bâti le village, formait autrefois la séparation de la France et des Pays-Bas; la moitié de cette commune, située sur la rive gauche était française, tandis que l'autre sur la rive droite était flamande. Aussi, entend-on encore parfois certaines gens du pays appeler du nom de *français* les habitants du sud de la rivière.

En 1715, la terre de Barzy mouvait encore, par indivis, du duché de Guise, (rive gauche de la Sambre) et de la seigneurie d'Avesnes (rive droite). — Elle fut longtemps en la possession immédiate des châtelains particuliers du Nouvion. (1)

1398. — Du 30 mai 1755, lettres patentes du roi Louis XV,

---

(1) Arch. du Dom. de Guise, Concession du cours d'eau de Barzy. Liasse 33.

confirmatives de celles octroyées en 1398, par Charles VI, roi de France, et servant de règlement pour l'usage du sel dans la paroisse de Barzy, située au Sart du Nouvion, dans le ressort du grenier à sel de Guise.

1443. — Jean de Luxembourg s'empare de la châtellenie du Nouvion, dont Barzy faisait alors partie intégrante.

1715. — « Il est accordé à titre d'arrentement et sur cens perpétuel, non racheptable, à Toussaint Dureux, marchand demeurant au Nouuion, et Jean Dureux son frère, aussi marchand demeurant à Villers-la-Tour, près Chimay, pour eux, leurs hoirs et ayants cause, le courant d'eau du ruisseau de Barzy, à la charge par les dits Dureux, preneurs, de faire construire incessamment sur le dit courant un bon moulin solide et faisant bonne farine, dans l'endroit le plus commode, sans néantmoins pouvoir rompre ni empescher les chemins publics, ni faire aucun préjudice aux habitants. Le tout moyennant la charge de payer au domaine de Guise, le jour de Noel, 50 livres de rente et sur cens annuellement et perpétuellement, monnoie de France. (1) »

1718-1738. — Troubles survenus dans la communauté de Barzy, à propos de la manière arbitraire dont sont prélevés les droits de terrage de la ferme de Barzy, détenue par plusieurs habitants.

1742. — Par acte du 31 décemdre 1743, lesdits habitants se soumettent au payement des cens et autres droits seigneuriaux, dus à S. A. S.

1760. — Rédaction de cahiers concernant les cens, rentes et autres droits dus au domaine de Guise, terroir de Barzy.

1784. — « Du 22 décembre, délibération du Conseil de S. A. S. accordant une indemnité aux fermiers à cause des pertes qu'ils ont subies par suite de l'orage du 3 août 1783; — ib. à ceux de Barzy, à la veuve Egret, aux sieurs Joly et Hautecœur. »

1774-1785. — Rétrocessions faites, par les fermiers du domaine composant la ferme de Barzy, aux maire et communauté dudit lieu.

1790. — Incorporée dans le district de Vervins en 1790, cette commune a toujours fait depuis partie du canton du Nouvion, de l'arrondissement de Vervins, du département de l'Aisne et du diocèse de Soissons.

L'État civil de la commune de Barzy remonte à l'année 1669.

Agents Municipaux. — Thomas Lefèvre, 1792; — Nicolas

---

(1) Arch. du duché de Guise, ibid.

Masset, an VI; — G. Briquet, an VII; — Thomas Duchesne, an VIII.

Maires depuis la Révolution. — Thomas Duchesne, 1816; — Michel Duchesne, 1817; — H^{re}-Mre Lebeau, 1818; — N^{as}-Jh.-D^{re} Leveau, 1836; — J.-B. Moreau, 1844; — Célestin Hecq, 1848; — Louis Locqueneux, 1855; — Régis Pilloy, 1860; — Jules Hecq, 1867, en exercice.

Pour le culte, on sait que dès le XIIe siècle, l'église de Barzy était le siége d'une cure du doyenné de Guise, à la collation de l'Abbaye de Fesmy. Cet état de choses se maintint jusqu'à la révolution. Quand le culte catholique, quelque temps aboli, fut rétabli, en 1802, la paroisse prit le titre de succursale, du doyenné du Nouvion. — La Vierge (15 août) est la patronne de la paroisse, qui a été desservie par les prêtres dont les noms suivent :

Curés desservants. — Louis Duchasteau, 1669-1683; décédé à l'âge de 66 ans, propriétaire de la paroisse de Barzy. Son corps fut inhumé dans l'église même, devant l'autel, en présence d'un concours nombreux d'ecclésiastiques. M. Trigault, alors curé d'Esquehéries, rédigea l'acte de décès. — Eustache Baron, 1683; — N. P. Flamant, 1794; — N. Godart, 1695; — Michel Dors, 1696; — Josse Pirkain, 1702; — décédé à l'âge de 56 ans, il fut inhumé dans le chœur de l'église par M. Gourdin, curé de St-Germain, et doyen du détroit de Guise, qui rédigea l'acte de décès. — André Baligant, 1720; — N. Magnier, 1724; — Aug.-Gerv. Le Tourneur, de 1724 à 1740. Il fut enterré à côté du portail de l'église, au septentrion, par M. Gillet, prêtre et curé du Nouvion. — L. Picart, 1740; — N. Branquette, 1759; — F. Richard, 1783; — Michaux, 1806; — A. Legrand, 1808; — Lefèvre, 1812; — M. Drouot, 1813; — N. Mary, 1822; — J.-F. Baudet, doyen du Nouvion, 1824, — N. Hestrest, 1830; — Fr. Prévost, 1831; — Fr. Gobert, 1839; — Alf. Henneault, 1865, en exercice.

La fête communale de Barzy a lieu le 3e dimanche de mai; elle a été instituée par délibération du conseil municipal en date de mai 1863, en souvenir de l'inauguration d'une nouvelle maison d'école avec mairie, édifiée sur la place publique en 1862.

Nous n'avons pu rien découvrir sur l'état de l'enseignement public à Barzy antérieurement à la révolution. Voici la liste des instituteurs qui y ont exercé jusqu'à ce jour :

J. B. Daudigny, 1786; — I. M. Droma, 1790; — Et. Déraime, 1795; — Fl. Droma père, an VII; — Fl. Droma fils, 1827; — Ed. Bercet, 1856; — L. J. Leclerc, 1859; — A. Douche, 1872, en exercice.

IV. — Agriculture, Industrie et Commerce.

Le sol est essentiellement argileux; il est partout froid et humide et nécessite beaucoup d'engrais. Barzy est un pays de petite culture. Les propriétaires exploitent eux-mêmes et on ne compte aucune grande propriété dans la commune.

Les terres labourables n'occupent plus que le 1/10 environ de la surface territoriale, et produisent du blé, de l'avoine, des féveroles et quelques foins artificiels, tels que trèfle et lupuline. Il y a au contraire une très-grande quantité de pâtures grasses, la plupart plantées de pommiers et de poiriers. On fait du cidre d'assez bonne qualité, et la récolte peut en être évaluée à 12 ou 1500 hectolitres dans les années d'abondance.

Les habitants se livrent généralement au commerce et à l'engrais des bestiaux, ainsi qu'à la fabrication du beurre et des fromages dits de maroilles. En hiver, on compte une vingtaine d'individus des deux sexes fabriquant des tissus de laine pour les fabriques de Reims, Boué et le Cateau. Il existe dans la commune deux fabriques de tuyaux de drainage et une autre de poteries de ménage. Les habitants vont vendre leurs denrées sur le marché du Nouvion et s'y approvisionnent des épiceries et des objets manufacturés qui leur sont nécessaires.

Population par profession. — Propriétaires faisant valoir par eux-mêmes ou par un maître-valet, 53 hommes et 5 femmes; — Fermiers, 16 hommes et une femme; journaliers et ouvriers agricoles, 14 hommes et 11 femmes; — Menuisiers et charpentiers 3; — Ouvriers tisseurs, 24 hommes et 3 femmes; — Ouvriers tisserands, 4 hommes; — Potiers, briquetiers, fabricants de drains, 18 hommes et 16 femmes; — Maçons et couvreurs, 6; — Scieurs de long, 2; — Tailleurs d'habits, 3; — Couturières et modistes, 8; — Cordonniers, 2; — Barbier, 1; Boulangers, 2; — Aubergistes et cabaretiers, 12; — Charrons et maréchaux, 11; — Marchands de beurre et fromages, 9; — épiciers, 2; — Marchand d'animaux de boucherie, 1; — Médecin-vétérinaire, 1; — Individus vivant notoirement de la location de leurs immeubles ruraux, 2 hommes et deux femmes; — Rentiers, 16 hommes et 23 femmes.

Individus (hommes et femmes), vivant par l'agriculture . 263;
   id. id.   l'industrie . . 175;
   id. id.   le commerce . 38;
   id. id.   les professions libérales 11;
   id. id.   sans profession . 43;

Clergé . . . . 3.
Les patentables de la commune sont au nombre de 30 environ

V. — Institutions diverses, — Monuments et Curiosités.

Il existe à Barzy un bureau de bienfaisance dont les revenus annuels s'élèvent à 675 fr. 50 c. La population est généralement aisée ; cependant on compte 30 familles, soit 120 individus, qui reçoivent des secours de ce bureau. L'école communale est fréquentée par une moyenne de 65 enfants des deux sexes. Le local, servant à la fois de maison d'école et de mairie, se compose de trois pièces au rez-de-chaussée, y compris la salle de classe, et de trois autres au premier étage, dont une vaste salle destinée aux archives et aux réunions municipales. C'est une élégante construction, édifiée toute en briques en 1862, et qui n'a coûté que de 11 à 12 000 fr. Elle est accompagnée d'un petit jardin.

L'église, bâtie en pierres et briques, est petite et sans collatéraux. Elle n'offre rien de remarquable quant à l'architecture. La nef a été reconstruite en 1703, avec des matériaux provenant, dit-on, d'un ancien prieuré de Carmes, qui aurait existé autrefois en un lieu dit le *Fief*, terroir de Barzy, (1) et dont on retrouve aujourd'hui à peine quelques vestiges. Bâti antérieurement à la nef, le chœur paraît être de la fin du 16e siècle. Pendant la Révolution, un habitant de Barzy résida dans la sacristie et s'y chauffait avec les planches du grenier de l'église. A Barzy, comme en beaucoup d'autres lieux, l'ennemi se servit de l'Église pour y abriter ses chevaux, lors de l'invasion de 1793-94.

La cloche est de 1760. Elle porte pour inscription : « j'ai été bénite par Me Claude-Eustache Branquette, très-digne prêtre et curé de la paroisse Notre-Dame de Barzy, qui a été mon parrain ; ma marraine a été Marie-Josèphe Trinocq, épouse de Pierre-Joseph Cléry, qui m'ont nommée *Marie-Claude*. »

---

(1) Propriété de Mme Ve Gobert N° 91 du plan cadastral ; on y rencontre encore de nos jours des pierres de taille, des tuiles, et un ancien puits parfaitement conservé.

III
BERGUES.

I. — Dénomination.

Le nom de ce village est diversement rendu dans les documents qui le mentionnent. Ainsi, on le trouve écrit : *Berghes*, (1) en 1227 (cart. de l'abb. de Foigny, biblioth. nat.). — *Bergues-en-Thiérache*, 1344 (arch. nat., Trés. des chartes). — *Bergues-au-Sart-de-Nouvion*, 1385, (ibid.). — *Bergues-lès-Bouez*, 1606 (Ord. du Prince de Chimay). Depuis, *Bergues*, tout simplement.

II. — Topographie et statistique.

Position. — Le village est situé sur le versant-est de la Sambre et la route nationale n° 39 de Montreuil-sur-Mer à Mézières, à 70 kilom. N. de Laon, à 28 kilomètres N. de Vervins et à 6 kilomètres O. du Nouvion. — *Latitude* N. 50° 2'. — *Longitude* E 1° 25'. — Population 374 habitants.

Territoire communal. — Configuration : Il offre la forme d'un rectangle assez régulier s'allongeant de l'ouest à l'est ; il est limité au nord par la rivière, au sud par le territoire de Boué, à l'ouest et à l'est par ceux de Oisy et de Barzy.

Géologie. — Le terrain est connu sous le nom d'argileux ; il est froid et humide, beaucoup plus favorable aux pâtures qu'aux terres, et pour ces dernières, il nécessite beaucoup d'engrais. — *Altitude* : 140^m dans la partie S-E du territoire, en allant vers la Malassise, et 130^m environ au N. vers la Sambre. — *Superficie* : 422 hectares 74 ares 45 centiares, répartis de la manière suivante :

Terres labourables.	3h	52a	40c
Vergers	202	73	20
Jardins potagers.	3	58	25
Prés et pâtures	204	11	60
Bois, aulnaies, savarts, pépinières	4	33	80
Propriétés bâties.	4	45	20
TOTAL ÉGAL	422h	74a	45c

---

(1) Du flam. *Groen-Berg*, *côte verte*.

le tout comprenant 822 parcelles groupées en deux sections.

Agglomération, — dépendances, — population. — Il y a le corps du village où sont l'église, la mairie, l'école et les autres établissements publics. Il a donné le nom de *Bergues* à toute la commune. Il existe en outre deux hameaux, celui de la *Croisée-Cauchy*, dit aussi *Prairie-Cauchy*, et celui du *Robiseux*, le tout fournissant les données suivantes :

Le village	94 maisons,	110 ménages,	338 individus,
La Croisée Cauchy	7 id.	8 id.	25 id.
Le Robiseux	2 id.	2 id.	11 id.
On trouve au total	103 maisons,	120 ménages,	374 individus.

Répartition par rues :

Route nationale	145 hab.
Rue de Boué	72
Rue du Nouvion (ancienne)	30
Le Reget	16
Rue Jumeau	33
Rue de Barzy	7
Rue d'Oisy	35
La Croisée-Cauchy	25
Le Robiseux	11
Total	374 hab.

Population. — En 1760, 82 feux; — en 1800, 324 habitants; — en 1818, 311; — en 1836, 339; — en 1856, 342; — en 1861, 359; — en 1866, 363; — en 1872, 374 habitants, (1) dont :

Sexe masculin	Célibataires	60	174	
	Hommes mariés	102		347
	Veufs	12		
Sexe féminin	Célibataires	68	200	
	Femmes mariées	104		
	Veuves	28		

Les habitations sont propres et bien tenues; les maisons sont généralement bâties en briques et pierres de taille, et les chaumières en torchis disparaissent peu à peu.

Lieux-dits. — Parmi les lieux-dits nous citerons la Bonnette; — Pré-Merbas; — l'Homme-Mort; — le Pré-Brûlé; — le — le Buisson-Ribaud; — le Petit-Robiseux; — le

---

... pas cessé d'augmenter d'une manière sensi-
...72, de 374.

Pré-Lecoq ; — le Pré-Pommier ; — le Pré-Tonneau ; — la Ricaude ; — la Garde de Dieu ; — le Haut-Mont ; — le Croulis ; — le Landier ; — les Wannois ; — la Flaque des Wannois.

Il existe à environ 100 mètres au sud-est du village, une pâture dite la Maladrerie.

Cours d'eau. — La Sambre longe de l'est à l'ouest le territoire de la commune, en le séparant au nord de celui de Fesmy. Elle n'y alimente aucune usine.

Moyens de communication. — Les voies de communication traversant le territoire sont : 1º la route nationale nº 39 de Montreuil-sur-Mer à Mézières, qui parcourt le village de l'ouest à l'est, et 2º la ligne vicinale de grande communication nº 72, de Bohain à Avesnes. (1)

Chemins vicinaux. — Un seul chemin vicinal, celui hors classe, de Bergues à Boué, dessert la commune. Longueur 1190ᵐ; il est entièrement construit.

III. — Historique et Administration.

Village de l'ancienne Thiérache, autrefois régi par les coutumes du Nouvion et de Prisches (Nord), Bergues était compris, avant 1790, dans la généralité de Soissons, les bailliage et diocèse de Laon, et l'élection de Guise. Incorporée lors de la première révolution dans le district de Vervins, cette commune fait depuis partie du canton du Nouvion, de l'arrondissement de Vervins, du département de l'Aisne et du diocèse de Soissons.

Établi en une seule et même commune, en 1196, avec Le Nouvion, Boué et Barzy, le village de Bergues n'est cité, comme centre aggloméré, dans aucun titre antérieur à 1178, époque où il possédait déjà une chapelle desservie par Boué. Mais, — particularité à noter, — deux localités seulement, en France, portent le nom de *Bergues* : la nôtre et la ville flamande du Nord.

De plus, l'une et l'autre ont le même patron, Saint-Winoc. Faut-il ne voir dans cette similitude de nom et cette identité du patron, qu'un simple effet du hasard ? — Si l'on observe qu'une abbaye de bénédictins existait à Bergues en Flandre dès le XIᵉ siècle, fondée, dit-on, par Saint-Winoc, il ne paraîtra pas invraisemblable que Bergues en Thiérache n'ait été primitivement qu'une petite colonie, ou un bénéfice

---

(1) Voir 2ᵉ Partie, p. 15.

dépendant de ce monastère, l'un des plus riches de l'ancienne Flandre.

Ayant toujours fait partie de la terre ou châtellenie du Nouvion, Bergues ne paraît pas avoir eu d'autres seigneurs que les suzerains du Nouvion. En raison des grandes pertes subies par ses habitants durant les troubles du royaume au 14ᵉ siècle, la communauté de Bergues au Sart du Nouvion obtint, en 1398, du roi Charles VI, des lettres patentes pour le libre achat du sel, moyennant 40 livres par an. — Confirmation de ce privilége par les rois Henri IV, Louis XIII, Louis XIV et Louis XV. (1)

En 1443, Bergues et tout le reste de la châtellenie du Nouvion passent de la maison d'Avesnes dans celle de Guise, alors au mains de Jean de Luxembourg.

1718. — Le droit de terrage et le cens (7 gerbes 1/2 du cent) sont refusés, par 82 habitants de Bergues, aux fermiers et terrageurs du domaine de Guise.

1719-1738. — Nouveau refus de ces habitants — en vertu d'un arrêt de défense par eux obtenu contre les fermiers du Domaine, — de payer les mêmes censives.

1738. — Les fermiers répondent à la signification de l'arrêt avec des sabres, des baïonnettes et des fusils.

1747. — Supplique présentée par les habitants de Bergues relativement aux mêmes censives ; elle est suivie d'une transaction par laquelle la communauté s'oblige de payer au duc de Guise (2) les cens en chapons et avoine.

1750. — Néant sur le placet de la communauté de Bergues, en remise de cens et rentes du bail antérieur à la transaction passée avec son Altesse (1747). (3)

Robiseux (Le). — Maison isolée, aujourd'hui petit hameau dépendant de Bergues, le Robiseux nommé *Robisuel*, en 1229 au cart. de l'abbaye de Foigny (Bibl. nat.) ; — Maison dou *Robiseul*, 1261, *Roubisuel*, 1335 ; — Fief du *Robissueil*, 1394, au cart. de la seigneurie de Guise ; — *Robiul*, 1398, aux arch. nat., (Transcrits du Vermandois) ; — *Robizeux* sur la carte de Cassini, était anciennement un fief relevant du Nouvion, mouvance de Guise. Cette terre, « consistant en maison, pastures et terres labourables,

---

(1) Arch. munic. du Nouvion.

(2) Arch. de l'ancien duché de Guise.

(3) Représentée alors par Mᵐᵉ Anne Palatine de Bavière, veuve de Henri-Jules de Bourbon, Prince de Condé, et Mᵐᵉ Bénédictine Palatine de Bavière, duchesse de Brunswick.

d'une contenance de 206 jallois (1), a esté démembrée au commencement du 18⁰ siècle et vendue à plusieurs particuliers, entre autres François de Hen, Laurent Larbre, J. Delattre, etc., laboureurs à Robizeux et à Bergues » (2). Elle appartient aujourd'hui à M. Godelle-Foulon, ancien sénateur, qui en a fait restaurer l'habitation.

Les registres de l'État civil de la commune de Bergues remontent à l'année 1670, tenus jusqu'en 1789 par les desservants de la paroisse.

Maires et officiers publics. — Marchand, officier public, an 2; — Antoine Mahieux, maire, an 3; — Jacques Mareschal, agent, an 3; — Pierre Mareschal, agent, an 7; — Legrand, maire, an 8; — C.-M.-J. Dehen, maire, 1810; — Siméon Godin, maire, 1815; — Debève, maire, 1816; — Foulon, maire, 1832; — C. Legrand, maire, 1860, en exercice.

Sous le rapport religieux, on trouve que Bergues, même en remontant au XII⁰ siècle, faisait partie du doyenné (détroit rural) de Guise, à titre d'annexe dépendant alors de Boué. Dîmait à Bergues l'abbé de Fesmy collateur. La paroisse qui, avons-nous dit, a pour patron Saint-Winoc, a été desservie depuis par les prêtres ou religieux dont les noms suivent :

Norbert Guillaume, 1670; — Babillot, 1680; — J.-B. Ledey, 1715; — Frère Morel, Carme de Landrecies, 1720; — Frère André de Saint-Thomas, 1730; — M. Cornée, 1732; — René Donet, 1734; — J.-B. Lescarbotte, 1769; — T.-B. Malin, 1768; — J.-N. Varlet, 1779; — N. Ognier, 1783; — N. Cattreux, 1791; — Michaux, 1804; — Loquet, 1817; — Desnoyelles, 1822; — Hestrest, (vic. du Nouvion) 1831; — Prévost, 1832; — Lévêque, 1839; — Ladeuille, 1840; — Gouge, 1855, en exercice.

De temps immémorial, pèlerinage de Saint-Julien, pour l'affection dite *mal de Saint-Julien* (Verrues, panaris).

En 1742, donation aux pauvres de la paroisse, par Françoise Cresson, du Pré Saint-Martin, sis au même lieudit.

Les fêtes communale et patronale de Bergues tombent, la première, le dimanche qui précède la Saint-Jean d'été, et la seconde, le dimanche qui suit la Toussaint.

Aucun titre, que nous sachions, ne mentionne l'état de l'instruction du peuple, à Bergues, avant 1789 (3).

---

(1) Environ 50 hectares.
(2) Arch. du domaine de Guise; Liasse 20.
(3) Voir 2⁰ Partie, la note X, p. 181.

Les instituteurs qui y ont successivement exercé depuis cette époque, sont :

N. Marchand, 1800 ; — Paul Pichon, 1812 ; — L. Dautigny, 1813 ; — C. Poupelle, 1824 ; — N. Gauguier, 1827 ; — J.-B. Poupelle, 1839 ; — L. Vallier, 1858 ; — A. Poindron, 1860 ; — Alfr. Doyet, 1861 ; — Art. Delaplace, 1867 ; — E. Moineuse, 1871 ; — et N. Mennevret en exercice, 1873.

IV. — Agriculture, Industrie et Commerce.

Les terres labourables n'occupent plus qu'une très-faible partie du territoire. Bergues est un pays de petite culture ; on n'y compte que deux propriétés de quelque importance, le Robiseux et la propriété de M. Legrand-Dubuquoy. Les terres produisent du blé, de l'avoine, des féveroles et une très-petite quantité de foins artificiels. Le pâturage y est d'assez bonne qualité et les arbres fruitiers assez communs. On récolte du cidre, de moyenne qualité : de 6 à 800 hectolitres dans les années d'abondance, et le quart de cette quantité dans les années ordinaires.

Les habitants se livrent principalement aux travaux de l'agriculture, au commerce et à l'engrais des bestiaux, et à la fabrication du beurre et des fromages dits de Maroilles. Une vingtaine de personnes des deux sexes s'occupent en hiver du tissage de mérinos et de mousseline-laine pour les fabriques du Cateau et de Boué. — Les habitants vont vendre sur les marchés du Nouvion et d'Étreux les denrées qui ne trouvent pas leur consommation sur place, et ils s'approvisionnent dans ces localités des épiceries et objets manufacturés qui leur sont nécessaires.

Il n'existe aucune usine dans la commune.

Sous le rapport de la profession, la population se répartit de la manière suivante :

Propriétaires faisant valoir par eux-mêmes (hommes et femmes) . . . . 126 ind.
Fermiers (hommes et femmes). 15
Géomètre-arpenteur 1
Menuisier et charron 2
Maçons 3
Cordonniers 1
Ouvriers tisseurs (hommes et femmes) 27
Restaurateurs et aubergistes. 6
Garde-Champêtre. 1
Individus, (hommes et femmes), vivant :
par l'agriculture 176

par l'industrie 137
par le commerce. 12
par les professions libérales 6
sans profession 28
Les patentables sont au nombre de 12.

V. — Institutions diverses, — Monuments et Curiosités.

Il y a à Bergues un bureau de bienfaisance dont les revenus s'élèvent annuellement à 1637f 09; 33 individus, environ, reçoivent des secours de ce bureau ; — une école communale, réunissant les deux sexes, est fréquentée par une moyenne de 60 enfants.

Le local qui sert à la fois de maison d'école et de mairie, se compose de cinq pièces au rez-de-chaussée, y compris la salle de classe, le tout en assez bon état. Un vaste jardin y attenant vient heureusement compléter ce logement qui est la propriété de la commune.

L'église construite en pierres et briques, sans collatéraux, mesure une longueur de 30m 20 sur une largeur de 7m 82. La nef et le chœur sont plafonnés. et l'ensemble ne présente rien de remarquable qu'une grande propreté. La nef paraît remonter au XVIe siècle, comme celles de la plupart des églises du canton ; le chœur est plus ancien. On lit sur la pierre d'appui de l'une des fenêtres du côté sud : « Maistre Thomas-Basile Malin, curé, Antoine Maréchal, marguillier Nicolas Mahieux, maire, Pierre Godin, lieutenant, Jean Trinocq, eschevin, 1771. »

En 89, l'édifice fut converti en grenier à fourrages et traité comme tel.

La cloche, brisée en 1824, « fut refondue en 1825, sous M. Debève, maire, et M. Desnoyelles, curé de Boué et de Bergues, le parrain a été M. Aimé Legrand et la marraine Mme Julie Dubuquoy épouse de Legrand, adjoint ».

IV
BOUÉ.

I. — Dénomination.

Dans la suite des temps, on a écrit diversement le nom de ce village : *Bonum-Vadum*, 1227 ; — *Bonwes*, 1233 ; — *Bouweis*, 1290, (Cart. de l'abb. de Foigny) ; — Ville de *Bouweis*, 1306 ; — *Bouwees*, 1335 (Cart. de la seig. de Guise, Bibl. nat.) ; — *Bouwez*, 1395 (Arch. nat., transc. du Vermand.) ; — *Boues*, 1406 (Cart. de la seign. de Guise) ; — *Bouez*, 1498 (arch. com. du Nouvion) ; — *Beauwé*, 1606 (ord. du Prince de Chimay) (1) ; — depuis *Boué*.

II. — Topographie & Statistique.

Position. — Boué est situé sur la petite rivière de l'ancienne Sambre et la route de grande communication N° 73 de Wassigny au Nouvion, à 62 kilom. N. de Laon, 35 kilom. N-O. de Vervins, et à 8 kilom. O du Nouvion. — *Latitude* : N. 50° 0' 30" ; — *Longitude* : E 1° 24' 39". — *Population* : 1187 habitants.

Territoire communal. — Configuration : il affecte la forme d'un rectangle presque régulier s'allongeant de l'est à l'ouest; il est limité au nord par celui de Bergues, au sud, par ceux de La Neuville et d'Esquehéries, à l'est par celui du Nouvion, et à l'ouest par ceux d'Oisy et d'Étreux. L'ancienne Sambre le parcourt de l'est à l'ouest en le partageant en deux portions presque égales. — *Géologie* : Le terrain est connu en géologie sous le nom d'argileux; il est généralement peu accidenté, sauf dans le village où serpente une chaîne de petits coteaux. — *Altitude* : La moyenne pour tout le territoire est de 148^m ; le point le plus élevé se trouve au centre du hameau de la Folie. — *Superficie* : 1044 hectares 26 ares 65 centiares, répartis entre les différentes natures de culture suivantes :

Terres labourables	148h	60a	15c
Jardins et vergers	104	75	45
Prés et pâtures	339	14	60

---

(1) Voir la note [10], 1ʳᵉ Partie, p. 225.

Bois.		3	32	65
Bois de haute futaie (Forêt du Nouvion) . . .	410	10	» »
Peupleraies, oseraies, houblonnières		2	16	05
Savarts			67	35
Etangs			35	15
Sol des propriétés bâties		10	38	10
Chemins et rivières.		24	77	15
TOTAL ÉGAL . . .	1044h	26a	65c

Le tout comprenant 1175 parcelles, groupées en trois sections :

Agglomération, — dépendances, — population. — Le corps du village, où se trouvent l'église, le presbytère, la mairie et l'école, compte, savoir :

Centre . . . . . . 217 maisons, 338 ménages, 1026 individus.
La Folie. . . . . . 38 id. 55 id. 145 id.
La Croisée-Cauchy. 5 id. 5 id. 16 id.

TOTAUX . . . 260 maisons, 398 ménages, 1187 individus.

Indication des rues :

La Marsaude. . . . . ⎫
La Nation . . . . |
La Rue des marchands . . . . |
La Rue des Wannois. . . . . ⎬ 1026 hab.
La Grand'rue . . . . |
La Rue du Nouvion . . . . ⎭
La Folie. 145
La Croisée-Cauchy 16

TOTAL . . . . 1187 hab.

Population. — En 1760, 205 feux; — en 1800, 1052 hab.; — en 1818, 1280; — en 1836, 1340; — en 1856, 1292; — en 1861, 1257; — en 1866, 1289; — en 1872, 1187, dont :

Sexe masculin { Célibataires . . . . 259 ⎫
              { Hommes mariés . . . . . 273 ⎬ 568 ⎫
              { Veufs . . . . 36 ⎭   ⎬ 1187
Sexe féminin . { Célibataires . . . . 277 ⎫ |
               { Femmes mariées . . . . . 276 ⎬ 619 ⎭
               { Veuves . . . . 66 ⎭

L'ensemble de la localité offre un aspect très-agréable : il est vrai qu'il existe encore un grand nombre d'anciennes maisons en torchis et couvertes en chaume ; mais les habitations nouvelles, bâties en briques et couvertes en ardoises, se multiplient chaque année. — La place dite *du Reqet*, est destinée sans doute à devenir un jour l'une des plus remarquables des environs, lorsque la municipalité y aura décidé l'érection d'une mairie avec écoles pour les deux sexes.

Lieux-dits. — Nous citerons la Morte-Eau, — la Hallebarde, — le Carmiaux, — le Bosquet de l'Écaille, — la Cornée Grand'Mère, — la Rue des Wannois, — la Terre des Tentes, — la Marsaude, — la Nation (1).

Cours d'eau. — Le territoire est traversé de l'est à l'ouest par l'Ancienne Sambre, nommée aussi Fausse-Sambre, qui prend sa source dans la forêt du Nouvion, près le Chevalet, et qui passait autrefois au-dessous du Vivier d'Oisy, près du fort. Le chemin de la Morte-Eau donne la vraie direction de son ancien cours, qui a été détourné en 1862. — Deux ruisseaux, l'Errézy et le Wannois, se jettent dans l'ancienne Sambre au centre du village.

Le moulin de Boué est établi sur cette rivière augmentée des eaux de ces deux ruisseaux. Il n'y a qu'un moteur utilisant une force dynamique de 9 chevaux.

Moyens de communication. — Les voies de communication sont : 1° la route de grande communication N° 73, du Nouvion à Wassigny, passant par le centre du village ; — 2° Le chemin de grande communication de Boué à Barzy.

Chemins Vicinaux. — Le chemin vicinal unique, N° 4 (hors classe) de Boué à Oisy, longueur 1750m, entièrement construit.

III. — Historique et Administration.

Nous avons rapporté à la note [10] de la première Partie de cet ouvrage, p. 225, l'origine probable de ce village, qui paraît avoir dû son accroissement, peut-être même sa fondation, au vaste vivier que les moines de Fesmy établirent dès le 11e siècle entre le Boué actuel et Oisy. Nous ajoutons que sa dénomination primitive de *Bonum Vadum* vient confirmer de tous points cette opinion. Les premiers habitants de cette localité, comme ceux de Oisy, et de Fesmy, n'étaient vraisemblablement que des *hôtes*, *des ménagers* reçus ou appelés par l'abbé de Fesmy sur ses terres.

Au moyen-âge, Boué dépendait du seigneur d'Avesnes, et fut érigé en une seule et même commune avec le Nouvion, Bergues et Barzy, dont la châtellenie se trouva ainsi rattachée au Hainaut.

---

(1) Rue qui tirerait son nom des premières maisons que certains particuliers patriotes se permirent d'élever sur les propriétés confisquées et déclarées *biens nationaux*, à l'époque de la Révolution. Il existe aussi à Mennevret un petit hameau dit la *Nation*.

En 1527, Boué, comme tout le reste du domaine du Nouvion, fut annexé au duché de Guise, avec ses beaux bois et ceux du Gard et de l'Arrouaise. A la mort de Marie de Lorraine, dernier rejeton direct de l'illustre maison de Guise, Boué passa en la possession des princes de Condé, et après la mort du dernier, à M. le duc d'Aumale. (Queue de Boué).

Au 18e siècle, le domaine de Boué se composait encore d'une partie du fief de l'Ecaille, s'étendant sur Boué, Etreux et La Neuville et d'un grand nombre de propriétés, terres et prés, affermées à des particuliers, et pour lesquelles subsistait toujours la charge des droits seigneuriaux. — A Boué, comme à Bergues, à Barzy et au Nouvion, s'élevèrent souvent des contestations suivies de conflits, à propos du paiement de ces droits. En raison d'un arrêt de défense obtenu en 1718 par quelques habitants contre les fermiers du domaine, la communauté refusa, l'année suivante, de se soumettre aux cens et rentes accoutumés. Un procès en parlement s'en suivit et provoqua le compromis du 29 septembre 1748, qui aboutit à l'arrangement suivant :

« Les habitans de Boué s'engagent à payer chaque année à Noël à la recette générale du duché de Guise, la quantité de trois cents chapons et deux cents jallois d'avoine de chef cens, qui seront livrés par les maire, lieutenant et eschevins de la dite communauté de Boué sur tous les propriétaires détenteurs des biens situés dans toute l'étendue du territoire de Boué, hameau de la Folie et autres dépendances ; la dite quantité de chapons et avoine tiendra lieu de tous droits seigneuriaux, portés au terrier de 1612, pour 572 mencaudées de terre, chargées de terrage, à raison de 7 gerbes et 1/2 du cent. — Plus au paiement de 2050 livres pour les arrérages des droits qui peuvent être dus, et ce en l'espace de six années. » Nicaise Dormay, maire, a été chargé de faire approuver le dit arrangement par Monseigneur l'Intendant de la généralité de Soissons. — Cet acte a été passé à Boué devant la principale porte d'entrée de l'Église paroissiale, à l'issue de la messe, en 1748, le 27 septembre, par le ministère du notaire royal héréditaire au Bailliage de Vermandois résidant en la ville de Guise. Signé : Hutin.

Le dit arrangement a été pris à la suite de plusieurs années de plaidoiries et discussions entre le Duché et la communauté.

Boué ayant toujours fait partie de la maison d'Avesnes ou du domaine de Guise, châtellenie du Nouvion, ne paraît pas avoir eu d'autres seigneurs que les suzerains du Nouvion.

En 1760, Nicolas Desforges, procureur du roi en l'élection de Guise, était seigneur de l'Ecaille, fief mouvant de ce duché, et qui s'étendait sur les territoires de Boué, Oisy, Étreux et La Neuville-lès-Dorengt. — Mademoiselle Suzanne Desforges sa fille, avait fondé à Boué, quelques années avant la Révolution, une maison d'éducation pour les jeunes filles, dont elle confia la direction à deux religieuses de l'Enfant Jésus de Saint-Maur.

En outre d'une maison composée d'un rez-de-chaussée et d'un premier étage, cet établissement jouissait du revenu de plusieurs parcelles de prés, (1) sises au terroir de Boué « à la charge de tenir et d'instruire les élèves filles gratuitement. » Cette maison fut supprimée en 1792 par ordre du révolutionnaire P.-J. Dormay, né à Boué et membre du Conseil des Cinq Cents. M. Dormay avait une sœur qui joua un certain rôle comme religieuse de l'ordre de Saint-Augustin de Laon. Elle ne pouvait supporter l'idée de voir son frère se livrer aux excès de la révolution. Elle exerça pendant près de 40 ans les fonctions d'institutrice à Origny-Sainte-Benoîte, où elle mourut à l'âge de 88 ans. Elle fut inhumée à Boué, près de son frère mort lui-même en 1833. Sur la tombe du célèbre révolutionnaire on lit :

P. Joachim Dormay,
ex-législateur,
et au-dessous, ces autres paroles :
Vir boni
— 1833. —

Boué donna aussi le jour au baron Jacques-Philippe Desemery, adjudant-commandant, officier de la légion d'honneur, né en 1775. A la valeur qui lui procura ses premiers grades, cet officier joignait des talents variés et des manières aimables qui le firent employer dans l'état-major de l'armée et dans la diplomatie. Il plut et réussit dans les missions dont il fut chargé à Madrid et à Constantinople ; on l'y décora des ordres de Calatrava et du Croissant. Il avait été frappé de dix coups de stylet dans les premiers troubles de Madrid : il trouva une mort honorable dans les combats d'Arcis-sur-Aube en 1814 (2).

On cite aussi comme s'étant distingués, dans les rangs des volontaires de 1792, les frères Blot de Boué, dont la famille est encore aujourd'hui existante.

Incorporée dans le district de Vervins en 1790, cette commune a toujours depuis fait partie du canton du Nouvion, de l'arrondis-

---

(1) Ces propriétés, aliénées lors de la suppression de la maison, portent encore aujourd'hui le nom de *Pres-Desforges*.

(2) Desivme, Manuel hist. du dépt de l'Aisne.

sement de Vervins, du département de l'Aisne et du diocèse de Soissons.

Les registres de l'État civil remontent à l'année 1668.

Agents nationaux. — Pierre Lemaire, an 1 de la République ; — L. Brocheton, an 3 ; — Joseph Amasse, an 5 ; — Pierre Froment, an 7.

Maires et officiers publics. — Louis Despax, an 1 ; — J-B. Cattreux, an 2 ; — Étienne Fiévet, an 3 ; — P.-N.-J. Fiévet, 1807 ; — Ant.-Marie Grandin, 1826 ; — P.-N.-J. Fiévet, 1832 ; — A.-M. Grandin, 1842 ; — Victor Caudron, 1858, en exercice.

Sous le rapport du culte, on trouve, dès le XIIe siècle, l'église de Boué siége d'une cure du détroit rural de Guise, à la collation de l'abbé de Fesmy. Lors de la restauration du culte catholique, après la révolution, la paroisse fut incorporée dans le doyenné du Nouvion. Elle a pour patron Saint-Nicolas, mais la fête communale se célèbre le jour de la Trinité.

Curés et desservants. — Seize prêtres ont administré la paroisse de Boué, depuis 1668 ; ce sont :

A. Dubocq, pasteur, 1668 ; — Maître Norbert Guillaume, prêtre, 1671 ; — J. Ansellet, curé, 1678 ; — Jean Chabot, curé, 1685 ; Jean Dubray, curé, 1688 ; — B. Ledey, curé, 1711 ; — R. Doucet, curé, 1732 ; — N. Malin, curé, 1767 ; (il eut pour vicaire L. Varlet) ; — J. Ognier, curé, 1783 ; — B. Cattreux, desservant constitutionnel, 1796 ; — M. Mallet, curé, 1802 ; — C. Michaud, curé, 1807 ; — N. Feuillette, curé, 1808 ; — Hauet, curé, 1814 ; — M. Desnoyelles, curé, 1818 ; — P. Lévêque, curé, 1836, aujourd'hui en exercice.

M. Ognier, curé de Boué à l'époque de la Révolution, et M Génard, son vicaire, durent prendre alors le chemin de l'exil. Plus heureux que leur confrère d'Oisy, M. Brulé, qui fut dénoncé, arrêté puis exécuté à Valenciennes, M. Ognier et son vicaire parvinrent à gagner les environs de Cologne (Prusse Rhénane) sous la protection de l'armée *de Condé*.

A part ce que nous avons dit de la fondation Desforges, les archives locales sont muettes sur l'état de l'enseignement public à Boué, avant la Révolution.

Les instituteurs qui y ont exercé depuis cette époque sont : L. Deraigne, 1801 ; — G.-L. Brocheton, 18.. ; — P.-J. Alliot, 1814 ; — Armand-Désiré-Joseph Fortin, 1824 ; — Modeste Tirfoin, 1865 ; — L.-A. Vallier, 1867 ; — Edouard-Bélisaire Lelong, 1868, en exercice.

On nous permettra de placer ici un mot sur l'un de ces instituteurs, M. Fortin, qui s'est en quelque sorte identifié avec le pays par plus de 40 ans d'excellents services.

Né en 1805, à Monceaux-Saint-Waast (Nord), M. Fortin fut reçu instituteur à Boué en 1824, âgé de 19 ans seulement, et à la suite d'un concours où il brilla parmi treize autres concurrents. Pendant un long exercice de quarante-deux années dans cette même commune de Boué, ce digne maître fit l'éducation non-seulement de trois générations d'élèves, mais aussi d'un nombre considérable de pensionnaires qui affluaient chez lui de tous les points des arrondissements de Vervins, de Cambrai et d'Avesnes. Il en réunit jusqu'à 70 à la fois, et sa classe compta toujours une moyenne de 120 à 150 élèves. La réputation qu'il se fit bientôt et qu'il sut garder jusqu'à son dernier jour, était des plus solides et des mieux justifiées.

A un savoir relativement étendu, M. Fortin joignait les qualités d'esprit et de cœur, qui font le vrai pédagogue; il aimait l'enfance, savait la comprendre et descendre jusqu'à elle, pour l'instruire aussi bien que pour l'élever. La confiance qu'il avait su inspirer était si grande que la plupart de ses premiers élèves pensionnaires, devenus à leur tour chefs de famille, ne voulaient donner d'autre maître à leurs enfants que M. Fortin, leur ancien précepteur. Cet excellent maître est mort comme tout le monde voudrait mourir, les armes à la main; la veille de son décès, il demandait à retourner à son estrade, et il voulut expirer dans son fauteuil. Sa fin comme sa vie fut celle d'un chrétien.

Un pensionnat primaire est aujourd'hui encore annexé à l'école communale de garçons.

Un second pensionnat primaire pour les garçons avait été fondé vers 1835, par M. A. Béguin; il ne subsista que quelques années.

Il existe à Boué une école de filles dirigée par une institutrice laïque, aujourd'hui Mlle Brunois.

IV. — Agriculture, Industrie et Commerce.

Le sol, froid et humide, nécessite pour les terres beaucoup d'engrais et convient mieux aux pâtures; aussi depuis le cadastre on a converti en pâturages bon nombre de terres arables. Le terroir contient de la marne, mais elle est à une trop grande profondeur pour que l'extraction en soit possible.

Boué est un pays de moyenne et petite culture, le premier mode employant 300 hectares environ. Les propriétaires en général cultivent eux-mêmes. Il n'y a qu'une grande propriété, la partie de la forêt du Nouvion connue sous le nom de *la Queue de Boué*.

Les terres labourables produisent du blé, du seigle, de l'avoine et des féveroles.

Il y a peu ou point de commerce à Boué : les habitants trouvent leurs ressources dans l'agriculture et dans l'exploitation des bois. Toutefois, le tissage occupe un certain nombre de personnes (200 environ) de tout sexe et de tout âge pour la fabrication d'étoffes en laine et coton, telles que mérinos, châles et mousseline-laine.

Il y a un moulin à eau, une retorderie de fil pour le lin comme pour le coton et une fabrique de tissus à bras réunis en corps de métiers.

Le nombre des patentables est de 40 environ.

Les habitants vont vendre leurs denrées sur les marchés du Nouvion et d'Etreux, et ils s'y approvisionnent des épiceries et autres objets de consommation.

Population par professions.

Vivant par l'agriculture	255 ind.
Id. l'industrie	827
Id. le commerce	57
Id. professions diverses	8
Id. professions libérales	14
Vivant de leurs revenus	24
Sans profession	2
TOTAL	1187

V. — Institutions diverses, — Monuments et Curiosités.

La paroisse est desservie par un curé qui y réside. L'ancien presbytère fut bâti vers 1786 : c'est la maison qu'habitait autrefois M. P.-J. Dormay. Le presbytère actuel est l'ancienne maison des vicaires de Boué, qui desservaient Bergues et Barzy. Le vicaire était tenu de diriger l'école, qui se faisait dans la première pièce de la maison vicariale.

Comme la plupart des églises de la Thiérache, celle de Boué a subi diverses transformations pour en arriver à son état actuel. Le chœur paraît être du 16e siècle, et devait appartenir à une toute petite église sans caractère architectural aucun. Deux nefs latérales, dans le genre de celles de l'ancienne église du Nouvion, ont été ajoutées au vaisseau étroit de la primitive église ; elles sont séparées de la nef principale par des colonnes cylindriques en calcaire bleu, surmontées d'arcades plein-cintre. L'édifice, quoique assez vaste, n'a point de transept ; un petit autel termine chacun des bas-côtés qui s'arrêtent brusquement à la naissance du chœur.

L'église renferme les restes mortels de M. l'abbé Doucet, (natif de Saint-Michel) décédé curé de Boué après un exercice de 35 ans (1732-1767). La tombe est recouverte d'une pierre tumulaire n'offrant rien de remarquable.

A l'extérieur, rien à citer que l'encadrement en pierre bleue de la façade, qui vient s'harmonier heureusement avec les dimensions de la flèche aiguë qui surmonte le clocher. Celui-ci ne renferme plus qu'une seule des trois cloches qu'il contenait avant la révolution. Elle fut refondue en 1845, par Courteaux père et fils, de Lunéville. Baptisée le 12 juin de la même année, elle eut pour parrain et marraine Casimir Page et Marie-Anne-Antoinette Grandin, qui l'ont nommée : *Marie-Anne-Constance-Prudence-Rose-Antoinette.*

Les écoles, à Boué, sont fréquentées très-régulièrement par une moyenne de cent quarante élèves, y compris une vingtaine de pensionnaires.

Il y a un bureau de bienfaisance dont les revenus annuels sont d'environ 500 fr.

La population est dans une aisance très-ordinaire. On compte une quinzaine de mendiants et quatre-vingt-six ménages inscrits au bureau de bienfaisance.

Bassin servant de réservoir au canal de Sambre et Oise, voir 2e Partie, p. 92.

V

DORENGT.

I. — Dénomination.

L'une des plus anciennement connues du canton, cette commune est désignée de plusieurs manières dans les anciens titres : *Dorenc*, en 1155 (ch. de l'abb. de Prémontré). Villa quœ *Dorcniacus* dicitur, 1141 (cart. de l'abb. de Fesmy). — *Dorench*, XIIe siècle (cart. de l'abb. deFoigny). — *Dorenk*, 1333, (supp. de D. Grenier, bib. nat.). — *Dorent*, 1561 (arch. de la ville de Guise). — *Doreng*, 1710 (intend. de Soissons).— *Dorangt*, 1754(baill. de Ribemont)(1).

II. — Topographie & Statistique.

Position. — Dorengt est situé dans une plaine, sur la rive gauche du Noirieu et la route vicinale de moyenne communication n° 20 de Guise à Avesnes, à 51 kilomètres N. de Laon, 25 kilom. N.-O. de Vervins, et à 10 kilomètres S.-O. du Nouvion. — *Latitude* : N. 49° 58' 30" ; — *Longitude* : E. 1° 22' 20". — *Population* : 560 habitants.

Territoire communal. — Configuration : Il forme une sorte de quadrilatère curviligne s'allongeant de l'est à l'ouest, au sud de celui de La Neuville, dont il est séparé par la rivière, à l'est de ceux d'Étreux et d'Iron, au nord de Lavaqueresse et à l'ouest d'Esquehéries. — *Géologie* : Le sol forme une vallée assez profonde le long du Noirieu, et il est quelque peu accidenté en dehors des bords de cette rivière. Le terrain est connu en géologie sous le nom d'argileux ; il est argilo-siliceux le long de la rivière ; il renferme aussi de la marne que l'on exploite le plus possible, le sol étant froid et humide. — *Altitude* : La moyenne atteint la cote de 160 mètres au-dessus du niveau de l'Océan. — *Superficie* : 1049 hectares 76 ares 30 centiares ainsi répartis :

Terres labourables.	735h	24a	40c
Vergers.	33	86	60

---

(1) A Matton, Dict. top. du dépar. de l'Aisne.

Jardins	10	84	80
Prés et pâtures	68	31	30
Bois (en partie défriché).	167	33	90
Chemins.		94	60
Oseraies et peupleraies	1	79	75
Savarts, terres vagues		46	30
Sol des propriétés bâties	6	68	15
Chemins et rivières.	24	26	30
TOTAL ÉGAL. . .	1049h	76a	30c

Comprenant ensemble 1230 parcelles réunies en trois sections :
Agglomération, — dépendances, — population. —
Il y a le corps du village où sont situés l'église, le presbytère, la mairie et l'école. Il a donné le nom de *Dorengt* à toute la commune. Il se trouve en outre six écarts, hameaux ou fermes, le tout donnant les résultats statistiques suivants :

Le village.	115	maisons,	154	ménages,	375	individus,
Le Petit-Dorengt . .	44	id.	30	id.	148	id.
Ribeaufontaine . . .	1	id.	2	id.	13	id.
Le Pavillon.	1	id.	1	id.	4	id.
Les Wattines. . . .	1	id.	1	id.	6	id.
Le Ratentout (Moulin)	1	id.	1	id.	4	id.
Le Point du Jour . .	1	id.	1	id.	10	id.
	164	maisons,	190	ménages,	560	habitants.

Population. — En 1760, 129 feux ; — 1800, 407 habit. ; — 1818, 657 h. ; — 1836, 696 h. ; — 1841, 680 h. ; — 1846, 658 h. ; — 1856, 621 h. ; — 1861, 619 h. ; — 1866, 612 h. ; — 1872, 560 habitants.

La population a donc périclité d'une manière constante et progressive depuis le recensement de 1836, jusqu'à celui de 1872, en donnant une dépréciation de 136 individus dans l'espace de trente-six années. La prospérité matérielle du pays nous paraissant suivre une marche tout opposée, à quoi donc attribuer ce regrettable résultat ?

Sous le rapport de l'état civil, la population se décompose comme suit :

Sexe masculin	Célibataires 141		290	
	Hommes mariés 133			
	Veufs 16			560
Sexe féminin .	Célibataires 115		270	
	Femmes mariées 132			
	Veuves 23			

Les habitations sont éparses sans ordre ni alignement ; quelques constructions nouvelles, en briques et couvertes en ardoises, tranchent sur la masse qui est bâtie en terre et couverte en chaume.

Lieux-dits. — Les principaux lieux-dits sont : La Fontaine Saint-Pierre, — la Montagne du Liez-Noir, — la Montagne du Chapelier ; — le Ratentout, — les Wattines, — les Aulnes-Brûlées, — le Pré-Seigneur-Remi, — le Cormeau, — la Vallée-Grillon, — le Camp à Loups, — l'Arbre du Prieur, — la Vallée-Broyée, — l'Hôtel-Dieu, — Neuve-Maison, etc..

Cours d'eaux. — Le territoire est traversé de l'est à l'ouest par le Noirieu, cours d'eau d'assez faible volume, sur lequel se trouvent toutefois trois moulins à farine : celui du Ratentout, celui de Dorengt et le moulin Démont.

Moyens de communication. — Les voies de communication traversant le territoire sont :

1° La route de moyenne communication n° 20 de Guise à Avesnes, qui arrive ou centre du village ; 2° La ligne vicinale de même catégorie, n° 21, d'Étreux à Buironfosse, qui se soude à la ligne n° 20 à Dorengt même.

Chemins vicinaux. — Ils sont au nombre de trois, savoir : le chemin vicinal n° 2 (première catégorie) de Dorengt à Lavaqueresse : longueur, 3850 mètres ; — le chemin n° 4 (ibid.), du Petit-Dorengt à Esquehéries : longueur 880 mètres ; — et celui n° 5, de Dorengt à La Neuville, longueur 340 mètres.

III. — Historique et Administration.

Quelques historiens veulent voir dans Dorengt le *Duronum* où périt Sainte Grimonie (1). Or, l'ancien Duronum est placé par l'Itinéraire d'Antonin sur la voie romaine qui conduisait, par Vervins (Verbinum), de Reims à Bavai, et cette position, qui est celle de La Capelle, ou mieux encore celle d'Étrœungt, ne convient nullement à Dorengt qui s'en éloigne de quatre lieues. Mais ce qui est incontestable, c'est que notre village est l'un des lieux les plus anciennement connus du comté de Guise. En effet, là comme à Esquehéries, à Leschelle, à La Neuville, la charrue met encore chaque jour à découvert nombre de débris romains et du moyen-âge, tuiles, armes, médailles et monnaies, qui attestent l'antiquité du lieu.

---

(1) Voir à ce propos, Histoire de La Capelle, par L. Mennesson, pages 4, 5 et 6.

Comme la plupart des villages du canton, le Dorengt du moyen-âge dépendait de Guise, dont il forma une terre avec titre de seigneurie. En 1114, Barthélemy de Vir, évêque de Laon, et proche parent de Guy, l'un des premiers châtelains de Guise, fit à Robert I, troisième abbé de Fesmy, donation de l'autel de Saint-Remy de Dorengt, avec celui d'*Estruen*, (Étreux) sa dépendance. Ce bénéfice suppose que l'agglomération avait déjà acquis une certaine importance.

En 1126, cette terre était en la possession de « Hugues I de Dorenc. » Il eut pour successeur « Roger de Dorenc, châtelain de Guise. » — Vers 1158, ce seigneur remit sa terre entre les mains de son suzerain, Bouchard de Guise, qui, de concert avec sa femme Alix ou Aélide de Cépi, en fit présent au monastère de Prémontré. Il est écrit que cette maison fonda dès lors un prieuré de son ordre à Dorengt; « mais, dit Melleville, ce doit être là une erreur, car il est question des prieurs de Dorengt (1) dès 1145, à propos de la cession à l'abbaye de Foigny, de la terre de Saint-Pierre, (de Dorengt).

1175. — Drogon d'Iron, et Élisabeth sa femme, concèdent à Prémontré, et ce à perpétuité, leur *couture* (culture) de Dorengt moyennant un trécens annuel de quatre muids de froment, mesure de Guise.

Trois ans plus tard, « Jacques d'Avesnes et son épouse, la pieuse Améline, assignent à l'Eglise de Dorengt une rente de vingt sols, monnaie de Vermandois sur leurs dîmes de La Neuville-lès-Dorengt, payable à la Saint-Jean-Baptiste, et destinée à acheter la quantité d'huile suffisante pour l'entretien d'une lampe qui devait y brûler perpétuellement. »

On cite encore, mais sans date certaine, un autre seigneur de *Dorenc* du nom de Hugues, qui aurait eu pour successeur, en 1221, Gérard de Dorenc, à l'époque duquel éclata la fameuse querelle du mayeur, Hugues de Dorenc, avec l'Église de Prémontré (2).

Les parties alléguaient l'une contre l'autre mille griefs au sujet desquels Hugues fut cité devant deux chanoines de Saint-Waast de Soissons. Lorsque le conflit fut réglé, les juges portèrent la sentence suivante : « Par la grâce seule et la tolérance de l'Eglise de

---

(1) Il existe encore aujourd'hui, au sud de l'église une maison qui a gardé la dénomination de *Prieuré*.

(2) Voir Histoire de la ville de Guise, par Péchem, tome 1, page 188 et suivantes.

Prémontré, nous renvoyons le mayeur Hugues de la demande faite contre lui par la dite Église, hors que pour la diffamation et la violence avec coups, dont il s'est rendu coupable sur un frère de l'Église, Hugues se disposera, le dimanche qui suivra le terme de notre arbitrage, à recevoir, dépouillé de ses vêtements, la discipline, devant tous ceux qui assisteront à la messe en l'Église de Dorengt. De plus, il se disposera à recevoir une fois la *correction des verges*, à Prémontré, à moins que l'abbé du monastère n'use d'indulgence à son égard, sur ce point; néanmoins, nous avons enjoint au dit Hugues de ne plus oser désormais inquiéter, en leur enlevant ce qui leur appartient, ou autrement, *les hommes ou les hostes* de l'église sur le terroir ou le domaine de Saint-Pierre de Dorengt, sans l'agrément de l'église elle-même, ou de ses serviteurs, qu'elle aura députés pour garder la justice de Dorengt (1). »

En 1230, Arnoul, dit Coquigny, était seigneur de Dorengt. Il avait trois frères, Guillaume, Philippe et Jean de Dorengt, cités par Melleville, et une sœur, Emmeline qui épousa Réné, dit Farine, d'Origny-Sainte-Benoîte.

1240. — Baudoin de Fay, écuyer, seigneur de Dorengt, ne laissa qu'une sœur, et donna par son testament, au Mont-Saint-Martin, la moitié de son manoir de Dorengt, et quatre muids de terre. Le chevalier Pierre de Dorengt lui succéda en 1243. Ce dernier mourut vers 1249, laissant ses biens à son fils, Mathieu de Dorengt, dernier seigneur du lieu, de nom connu.

1717. — L'abbaye de Prémontré refuse de laisser pâturer les bestiaux de Cocréaumont sur le territoire de Dorengt.

1748. — Arrêt du Parlement de Paris condamnant la communauté de Dorengt et celle de Cocréaumont à payer au duc de Guise les droits de cens, terrage et autres, par eux dus pour 54 pièces de propriétés.

1751-52. — La communauté refuse le paiement de la dîme à l'abbaye de Prémontré. Des procédures s'en suivent, prononçant en faveur de l'abbaye.

Incorporé dans le district de Vervins en 1790, Dorengt fut depuis compris dans le canton du Nouvion, l'arrondissement de Vervins, le département de l'Aisne et le diocèse de Soissons. Il était précédemment de la généralité de Soissons, du diocèse de Laon, du bailliage de Ribemont et de l'élection de Guise.

L'état civil de cette commune remonte à l'année 1669. Elle fut administrée, pendant la Révolution, par les agents nationaux

---

(1) Cart. MSS. Præmonst, etc

dont les noms suivent : 1792, P. Lefèvre ; — an IV, P. Troulier ; an VII, B. Lécrinier ; — an VIII, N. Lefèvre.

Maires et officiers publics. — An VIII, R. Bailly ; — 1814, M. Lefèvre ; — 1816, Ans. Bonneterre ; — 1835, M. Lefèvre ; — 1848, N.-J. Legrand ; — 1850, — Alf. Déhon ; — 1870, Viéville, en exercice.

Curés et desservants. — Du moyen-âge à la Révolution, la paroisse de Dorengt fut desservie par des prieurs de Prémontré qui y résidaient, et faisait partie du doyenné rural de Guise. Après l'an XI, elle fut comprise dans le décanat du Nouvion dont elle fait encore partie aujourd'hui. Le patron de cette paroisse est Saint-Pierre, et la fête communale, qui dure trois jours, a lieu le dimanche qui suit le 29 juin.

Les ecclésiastiques qui ont desservi Dorengt depuis 1669 sont : Vincent, prieur, 1669 ; — Perdu, prieur, 1672 ; — Porta, prieur, 1678 ; — Le Gentil, prieur, 1684 ; — Robert, prieur, 1714 ; — Blèze Leblanc, prieur, 1715 ; — Delamotte, curé, 1721 ; — Delimoges, curé, 1730 ; — Devillers, curé, 1763 ; — Leduc, prêtre prieur, 1786 ; — Bonef, prêtre prieur, 1805 ; — Hauet, curé, 1807 ; — Masson, curé, 1826 ; — Fournier, curé, 1829 ; — Devouge, curé, 1841 ; — Canu, curé, 1858 ; — Leblant, curé, en exercice.

Instituteurs. — On ignore quel était l'état de l'instruction publique à Dorengt, avant la révolution. Voici les noms des instituteurs qui y ont exercé : Nicolas Chevreux, 17..; — Amand Chevreux, fils du précédent, 1766 ; — N. Fayet, 1822 ; — L. Caron, 1829 ; — Rousseau, 1834 ; — Legros, 1843. — A compter de 1860, l'école mixte de Dorengt devint une école de filles pour Dorengt et La Neuville, et fut depuis dirigée par Mesdemoiselles Oct. Alboucq, 1860 ; — M. Juliart, 1863 ; — I. Willot, 1869, en exercice.

IV. — Agriculture, Industrie et Commerce.

Dorengt est un pays réunissant les différents modes d'exploitation : grande, moyenne et petite culture. Il y a trois fortes exploitations (formant ensemble environ 380 hect.) et deux grandes propriétés en terres arables (l'une de 160 hectares, et l'autre de 100), qui occupent la moitié du territoire ; l'autre moitié se divise par égale proportion entre la moyenne et la petite culture. En général l'exploitation agricole appartient davantage aux fermiers qu'aux propriétaires.

Les terres labourables produisent du blé, peu de seigle et

d'orge, quelques avoines et beaucoup de foins artificiels. On a commencé à faire des colzas. On récolte du cidre de bonne qualité.

La principale industrie du pays consiste dans le tissage d'étoffes en laine et soie, comme châles, mérinos, mousseline-laine ; environ 170 personnes de tout âge et de tout sexe se livrent à ce travail. Les autres habitants trouvent leurs ressources dans les travaux de l'agriculture et quelques-uns dans le commerce des grains.

Il y a trois moulins et une briqueterie. Le nombre des patentables est de 15. — Les grains ne se consomment pas sur les lieux se portent vers Landrecies ; les autres produits sont vendus sur les marchés d'Etreux et du Nouvion.

Population par professions :

Vivent par l'agriculture . . . . 224 ind.
   Id.   l'industrie 300
   Id.   le commerce 16
   Id·   professions libérales 5
Clergé 3
Individus sans profession, etc. . . . . , . . . 12
                                     Total . . . . 560 ind.

V. — Institutions diverses, — Monuments et Curiosités.

La paroisse est desservie par un curé qui y réside. — Il y a un bureau de bienfaisance, jouissant d'un revenu de 660 fr. — L'école communale réunit une moyenne de 75 élèves filles. — La population est d'aisance ordinaire, et il y a une quinzaine de mendiants

L'église est de récente construction ; on y lit, au-dessus du portail, le millésime : 1742. Elle est bâtie simplement, avec une seule nef sans chapelles collatérales ; elle n'offre rien de remarquable et nul souvenir ne s'y attache, que nous sachions.

Le clocher a été restauré en 1869. Il ne renferme qu'une seule cloche, du poids de 460 kilog. Elle porte pour inscription : « L'an 1831, j'ai été bénite par M. Baudet, curé-doyen du Nouvion, assisté de M. Fournier, curé de la paroisse de Dorengt, et nommée Augustine Désirée, par M. Aug. Gerbet, propriétaire du bois de Ribeaufontaine et par Madame Louise Félicité Bailly, épouse de Monsieur Bonneterre, maire du lieu. Hildebrand, maître fondeur à Paris. »

Reconstruit en 1865, grâce au zèle actif de M. l'abbé Canu, et à l'aide des seules ressources produites par une souscription volontaire, le presbytère actuel occupe l'emplacement de l'ancien qui, remontant à une époque reculée, était tombé en ruines. Convenablement approprié et distribué par les soins de M. Canu, cette habitation est composée de cinq pièces, avec cave et grenier; le tout se trouvant édifié sur une superficie de 8 ares 20 centiares de terrain et jardin.

La commune possède une maison d'école achetée en 1840, d'un sieur Ségard, moyennant la somme de 1 200 fr. Bâtie en terre et bois, couverte en chaume, elle laissait beaucoup à désirer. On y a pratiqué pour près de deux mille francs de réparations, et elle ne répond encore que très-imparfaitement aux nécessités de sa destination.

VI
ESQUEHÉRIES.

I — Dénomination.

On trouve le nom de ce village diversement rendu dans les anciens titres : c'était *Scheriis*, en 1157 (cart. de l'abb. de Liessies, arch. du Nord). — *Escheheries*, en 1199 ; — *Esqueheris* en 1200 (cart. de la Seig. de Guise). — *Escherie*, 1228 (arch. nation.). — *Esqueheryes*, 1586 (ibid). — *Queherie-en-Thierasse*, XVIᵉ siècle (Min. de Cl. Huart, not.). — *Esqueherry*, 1630 ; — *Esquerie*, 1643 ; — *Esquecherye*, 1644 (cham. du clergé du dioc. de Laon); — depuis *Esqueheries* (1)

II. — Topographie & Statistique.

Position. — Esquehéries est une commune composée de hameaux et d'habitations éparses, située dans une plaine variée de petites collines et de vallons, sur la route de grande communication n° 14 d'Étreux à La Capelle, la ligne vicinale de moyenne communication n° 20 de Guise à Avesnes, celle n° 21, d'Étreux à Buironfosse, à 54 kilomètres N. de Laon, 25 kilomètres N.-E. de Vervins et à 5 k. S.-O. du chef-lieu de canton. — *Latitude* N. 49° 58' 40"; — *Longitude* E. 1° 54' 5".

Population · 1868 habitants.

Territoire communal. — Configuration : celle d'un triangle assez régulier, reposant au sud-ouest sur l'un de ses angles ; il est borné au nord par les territoires de Boué et du Nouvion, au sud, par ceux de Leschelle et de Lavaqueresse ; à l'est, ceux de Leschelle et du Nouvion, à l'ouest, ceux de Dorengt et de La Neuville. — *Géologie* : Le terrain est connu en géologie sous le nom d'argileux ; il est froid et humide et convient mieux aux pâturages qu'aux terres, qui demandent beaucoup d'engrais. Aussi depuis le cadastre, plus de deux cents hectares de terre ont été converties en pâtures. On trouve de la marne le long du Noirieu ; elle est difficile à extraire, les trous se trouvant facilement envahis. — *Alti-*

---

(1) Matton, Dic. top. de l'Aisne.

tude : La moyenne pour tout le territoire est d'environ 140 mètres; elle est de 159 mètres vers le Petit-Foucommé. — *Superficie* : Le territoire occupe une étendue de 1620 hectares 69 ares 20 centiares qui se partagent, d'après le cadastre, entre les différentes natures de cultures qui suivent :

Terres labourables.	768h	91a	35c
Terres plantées	2	92	45
Prés et pâtures	717	99	35
Bois	32	45	70
Jardins	28	53	90
Oseraies et peupleraies.	»	24	95
Savarts	»	58	20
Étangs	»	40	50
Sol des propriétés bâties	16	65	30
Chemins, rivière, etc.	51	97	50
TOTAL ÉGAL	1620h	69a	20c

le tout réparti en 3050 parcelles groupées sous sept sections.

Agglomération, — dépendances, — population. — Outre le corps du village où sont l'église et le presbytère, la mairie et les écoles, il existe un grand nombre de dépendances, savoir :

La rue des Juifs	96 maisons,	112 ménages,	320 individus.
La rue Berdandouille	6 id.	6 id.	21 id.
La rue des Vanioville	21 id.	22 id.	61 id.
La Planchette	59 id.	68 id.	172 id.
Le Gravier-Maubert.	10 id.	11 id.	46 id.
La Vallée-Vieille	7 id.	7 id.	40 id.
La Voirie	80 id.	91 id.	272 id.
Le Petit-Foucommé.	20 id.	25 id.	68 id.
Le Pré-Cailloux	16 id.	19 id.	47 id.
La Grande Rue	9 id.	10 id.	34 id.
La Petite Rue	61 id.	64 id.	207 id.
Les Quarante Jallois	9 id.	9 id.	26 id.
Sarrois et le Goutier Noulet	42 id.	47 id.	137 id.
Le Salepot	1 id.	1 id.	5 id.
Le Grand-Wé	41 id.	51 id.	131 id.
La Grande-Trouée	9 id.	9 id.	32 id
La Rue des Pires	28 id.	29 id.	85 id.
La Rue des Dorions.	6 id.	6 id.	19 id.
Le Tilleul	2 id.	2 id.	7 id
Hennepieux	8 id.	9 id.	30 id.

Le Chênot . . . . . 13 id. 14 id. 40 id.
En y ajoutant pour le
village . . . 96 id. 112 id. 320 id.

On trouve au total : 565 maisons, 726 ménages, 1868 individus
Population. — En 1760, 372 feux ; — en 1800, 2065 habitants ; — en 1818, 2060 habitants ; — en 1836, 2438 habitants ; — en 1841, 2140 habitants, — en 1846, 2540 habitants ; — en 1856, 2293 habitants ; — en 1861, 2276 habitants ; — en 1866, 2149 habitants ; — en 1872, 1868 habitants, (1) dont :

Sexe masculin { Célibataires . . . . 467 ; Hommes mariés . . . . . 432 ; Veufs . . . . 50 } 949
Sexe féminin . { Célibataires . . . . 390 ; Femmes mariées . . . . 431 ; Veuves . . . . 98 } 919
} 1868

Les anciennes maisons construites pour la plupart en terre et bois, couvertes en chaume, se remplacent au fur et à mesure par de nouvelles constructions en briques et pierres mieux alignées, couvertes en ardoises, et qui finiront par donner au village un aspect plus agréable.

Lieux-dits. — Nous citerons le Clos-Fabien, — les Marlières, — la Voirie, — les Usages de la Voirie, — le Clos des Lavisses, — la Vallée-Vieille, — les Terres à Poux, — le Gravier-Maubert, — la Planchette, — les Prés du Chapître, — la Taille des Maréchaux, — la Boîte, — les Etrives, — le Burcq, — etc...

Cours d'eau. — Le territoire est traversé de l'est à l'ouest par la rivière le Noirieu ; il existe aussi un petit ruisseau appelé le *Calvaire* qui est alimenté par des fontaines et qui vient de l'est ; il se jette au centre du village dans le Noirieu. Cette rivière fait marcher le moulin de la Viarde qui n'a qu'un moteur avec une force dynamique de quatre chevaux, ce cours d'eau étant faible et irrégulier.

Deux autres moulins, celui du Pré-Cailloux et celui du village, sont mus par les eaux réunies du Calvaire et du Noirieu.

« Cette petite rivière du Noirieu prenait autrefois sa source sur le territoire d'Etreux, où elle recevait le Ségril venant de La Neuville-lès-Dorengt ; son lit a été augmenté des eaux de l'ancienne

---

(1) Ce dernier chiffre accuse une diminution de 281 habitants sur l'avant-dernier dénombrement

Sambre sur le territoire de Boué, puis utilisé de 1662 à 1680 pour le flottage des bois de la forêt du Nouvion. Cette rivière prit alors le nom de canal de Braon, du Nouvion à Vadencourt, qu'elle perdit au XVIII⁰ siècle pour prendre celui de Noirieu, à cause de la couleur foncée de ses eaux, qui contrastaient avec les eaux jaunâtres de l'Oise. — Ces eaux ont été utilisées en 1837 par le canal de Sambre-et-Oise, à Etreux, où l'ancien lit, considérablement élargi, constitue le deuxième réservoir de ce canal. (1) »

Moyens de communication. — La commune est desservie par les routes et chemins qui suivent :

1° La route de grande communication n° 14, d'Étreux à La Capelle, passant par le chef-lieu ; — 2° Celle de Sains à Landrecies, n° 32, passant à l'extrémité est dans la direction du sud au nord, par le Grand-Wé ; — 3° la route de petite communication n° 2 d'Esquehéries à La Neuville-lès-Dorengt.

Chemins vicinaux. — Celui n° 4 (première catégorie) d'Esquehéries à Leschelle ; longueur 2780 mètres ; — le chemin n° 5 (ibid.) d'Esquehéries à Lavaqueresse, longueur 2641 mètres ; — le chemin d'Esquehéries à la Petite-Rue, longueur, 1051 mètres ; — et le chemin du Tilleul à Hennepieux, longueur, 562 mètres.

III. — Historique et Administration.

Le titre le plus ancien qui mentionne « la ville de *Scherus* » ne remonte pas au delà de la première moitié du 12⁰ siècle (1157). Toutefois, en présence des débris de l'époque romaine trouvés sur son territoire, nous n'hésitons pas de donner à cette localité une antiquité beaucoup plus reculée. — Il est dit aussi « qu'une foire de huit jours fut instituée à Esquehéries en 1172 par un abbé de Saint-Vincent de Laon, » (2) ce qui suppose nécessairement un centre d'une certaine importance. Malgré cela Esquehéries ne paraît pas avoir joui de bonne heure des avantages d'une institution communale, quoique, comme beaucoup d'autres lieux des environs, il ait été successivement administré par un maire ou mayeur, et par des jurés ou échevins.

Au moyen-âge, cette commune dépendait de Guise, et ressortissait au bailliage ducal et élection de cette ville. Elle était alors régie par la coutume du Vermandois et faisait partie du gouvernement général de Soissons et du diocèse de Laon.

---

(1) A. Matton, Dict. top. de l'Aisne.
(2) Melleville Dict. hist. de l'Aisne

Au 17e siècle Esquehéries appartenait en partie aux Récourt, seigneurs du Sart (aujourd'hui hameau d'Anguilcourt, canton de La Fère); en dernier lieu, il était à la maison de Condé.

Situé entre Guise et Le Nouvion, Esquehéries fut ravagé et en partie détruit en 1486, par les mercenaires de Maximilien d'Autriche. C'est, à n'en pas douter, pour venir en aide à ses malheureux sujets d'Esquehéries que la duchesse de Guise, Antoinette de Bourbon, signa en faveur de la communauté, l'importante concession de 1535. Claude de Lorraine son mari, était alors tout entier au service du roi François 1er, pour les affaires d'Italie, contre Charles-Quint.

Daté du 4 Juin, ce titre porte en substance :

« Antoinette de Bourbon, duchesse de Guise et d'Aumale, agissant au nom et pour le duc de Guise, notre illustre époux, suivant l'humble supplication de nos chers et bien aimez les manans et habitans de notre ville d'Esqueheryes : cédons environ 700 jalois de terres emboschées, pour les tenir en commun, sans pouvoir vendre, aliéner, obliger ou transporter en d'aultres mains, en tout ou en partie, ... à charge d'une redevance annuelle de . . . . chapons et quarante-huit sols six deniers parisis . . . . . . »

Les biens cédés sont ainsi décrits :

« Aulcunes terres du dict terroir qui ont passé cinquante ans emboschées d'épines et aultres bois de nul valeur, et qui à mémoire d'homme, n'ont été labourées, ni mises en labeur, et qui n'ont jamais servi que pour la pauvreté du dict endroict. »

Puis, à la date du 12 juin 1570 :

« Permission de vendre deux cents jallois pour restauration du Fort et de l'Église. » Suit l'indication des lieux-dits de ces terres concédées, dont plusieurs ne sont plus comprises au territoire d'Esquehéries.

1738. — La perception des droits seigneuriaux occasionne des contestations à Esquehéries comme dans les communautés voisines.

Le premier Juillet 1739, les Maire, échevins et habitants d'Esquehéries proposent à S. A. S. de fournir une redevance annuelle de deux cent cinquante livres pour tenir lieu de la taille Saint-Remy. Cette requête est suivie d'une transaction approbative.

1760. — Le 10 janvier, concession à Adrien Compère du droit de construire un quatrième moulin (Pré-Cailloux) sur le ruisseau du Noirieu. Le premier moulin d'Esquehéries (celui du village) dépendait primitivement de la baronnie d'Iron.

1782. — Le 26 février, bail des droits seigneuriaux d'Esquehéries pour neuf années à Remi Rousseau et consors.

1785-1787. — Requête des Maire, échevins et habitants demandant au Conseil de S. A. S. de leur concéder le droit d'affouage. Satisfaction a été accordée (1).

Comprise en 1790 dans le district de Vervins, et le canton de Guise, cette commune fut depuis incorporée dans le canton du Nouvion, l'arrondissement de Vervins, le département de l'Aisne et le diocèse de Soissons.

Les registres de l'État civil remontent à l'année 1670.

Agents nationaux sous la Révolution. — Dussaussois, 1793 ; — Arn. Gourdin, an II ; — Brye, an III ; — Bricquet, an III ; — Dupré, an V ; — Leblanc, an VI ; — Dégon, an VI ; — Moricourt, an VIII ; — Bourgeois, an IX ; — Moricourt, an IX ; — Arn. Gourdin, an X.

Maires. — Arn. Gourdin, 1806 ; — Nicolas Degagny, 1808 ; — J.-C. Dégon, 1811 ; — L.-C.-B. Dégon, 1813 ; — G. Moricourt, 1816 ; — J.-N.-A. Bombart, 1826 ; — Arn. Gourdin, 1831 ; — Moricourt-Viéville, 1835 ; — Caron-Thiéfaine, 1839 ; — J.-B. Viéville Charlemagne, 1846 ; — J.-B. Gourdin, 1850 ; — Bourgeois-Voreaux, 1852 ; — Caron-Thiéfaine, 1852 ; — Charlier-Manassé, 1862 ; — Hauet, en exercice.

Sous le rapport du culte, Esquehéries qui, au XIIe siècle, faisait déjà partie du détroit rural de Guise, fut compris dans le doyenné du Nouvion lors du rétablissement du culte, en l'an XI. La paroisse a pour patron Saint-Martin. La fête communale a lieu chaque année le dimanche qui se rencontre du 4 au 11 Juillet : elle dure quatre jours.

Curés et desservants. — Dix-sept prêtres ont desservi la paroisse d'Esquehéries, depuis 1670, ce sont : Astrand, curé, 1670 ; — Trigault, curé, 1679 ; — Buibail, curé, 1695 ; — Fauconier, curé, 1707 ; — Cadet, curé, 1712 ; — Pailly, curé, 1756 ; — Fréquant, curé, 1777 ; — Bellegarde, curé, 1778 ; Marlot, curé, 1785 ; — Larzillère, curé, 1792 ; — Marlot, (2) curé, 1802 ; — Noiron, curé, 1809 ; — Faucheux, curé de Leschelle, 1815 ; — Bruyer, missionnaire, 1818 ; — Créveaux, curé, 1820 ; — J.-B.-P. Masson, curé, 1838 ; — C. Blot, curé, 1867, en exercice.

Instituteurs. — Aucun renseignement aux archives communales sur l'état de l'enseignement à Esquehéries avant 1789. —

---

(1) Arch. de l'ancien duché de Guise.
(2) Émigré en 1791, puis rentré en 1802.

Huit instituteurs y ont successivement exercé depuis 1737, savoir : Joseph Parent, 1737 ; — Alexis Brye, 1760 ; — Alexis Brye fils, an II ; — Léopold Brognet, an XII ; — Philibert-Narcisse Huvénoit, 1810 ; — N. Lenain, 1841 ; — Triqueneaux (Louis), 1844 ; — Maxime Macaigne, 1844, en exercice.

Institutrices. — Une école publique de filles a été fondée à Esquehéries en 1855 ; la direction en fut confiée à mademoiselle Héloïse Boudréaux, aujourd'hui épouse Magnier, en exercice.

Instituteurs du Grand-Wé. — Une école privée avait été fondée dans ce hameau le 25 novembre 1835 par J. Brotonne ; il eut pour successeur le 18 novembre 1843, L. Triqueneaux, qui passa au chef-lieu en mars 1844. — En mai 1845, l'établissement privé fut créé communal, et fut successivement dirigé par L.-H. Catrin, (1844-45); — Sérouart, 1845; — Williame, 1854; — Mme Bourcq, 1856; — D^{elle} H. Pétré, 1860; — L.-A. Moura, 1866, en exercice.

IV. — Agriculture, Industrie et Commerce.

Esquehéries est un pays de moyenne et petite culture. Il n'y a point de très-grande propriété. Beaucoup de propriétaires cultivent eux-mêmes, mais non pas en général, car il y a beaucoup de fermiers. Les terres arables produisent du blé, peu de seigle, pas d'orge, peu d'avoine, mais des foins artificiels. — L'assolement est triennal.

Il se fait à Esquehéries un commerce assez considérable de peaux de lapins ; il y a aussi quelques marchands blatiers et marchands de fromages.

Mais l'industrie qui occupe le plus de bras est le tissage d'étoffes de laine telles que mérinos, châles, mousseline-laine; près de six cents ouvriers de tout âge et de tout sexe se livrent à ce tissage d'articles de Reims et de Saint-Quentin ; il s'y fabrique quelques tissus de soie, mais peu.

Il y a trois moulins, plusieurs briqueteries, une fabrique à métiers et une filature de laine de récente construction.

Le nombre des patentables est de cent environ. Les habitants fréquentent les marchés du Nouvion et d'Etreux.

Population par professions :
Vivant par l'agriculture	. . . .	675	indivdus
»	l'industrie textile	580	»
»	l'industrie du métal	3	»
»	l'exploitation des bois	126	»

»	l'industrie céramique (potiers, briquetiers, etc.)	9	»
»	l'industrie de l'habillement	155	»
»	l'industrie de l'alimentation	104	»
»	l'industrie des transports	60	»
»	par moyens divers	156	»
	Total	1868 individus	

V. — Institutions diverses, — Monuments et Curiosités.

La paroisse est desservie par un prêtre qui y réside. Il y a un bureau de bienfaisance dont les revenus atteignent annuellement la somme de 957 fr.; — trois écoles communales, dont une de garçons et une de filles, à Esquehéries, et une troisième au Grand-Wé, qui reçoit les deux sexes. Elles sont fréquentées par une moyenne de 200 élèves. Un percepteur, un notaire et une sage-femme y ont aussi leur résidence.

La population est généralement peu aisée et renferme un grand nombre de mendiants.

L'Église portait anciennement le nom de *Fort-Rouge*, ce qui fait supposer qu'il en existait un ou plusieurs autres. On ne trouve aux archives aucun titre y relatif, mais on s'accorde à dire qu'elle date du XIIe siècle. Flanqué de quatre grosses tours, cet édifice, on n'en peut douter, servait autrefois de forteresse aux habitants. Les murs tout en briques très-dures, sont d'une épaisseur peu commune et par suite d'une solidité extrême. On ne peut nier cependant qu'il n'ait été gravement endommagé au XVe siècle, lors du sac du Nouvion par les reîtres de Maximilien d'Autriche; témoin la permission « de vendre 200 jallois de terres emboschées pour restauration du Fort de l'Église et reconstruction du village devenu désert. »

On y fit de la poudre en 1793-94.

Comme église, le monument n'offre rien de remarquable. Il ne comporte qu'une seule nef; cependant, plus de six cents personnes peuvent y trouver place. Une tribune assez élégante est établie sous le clocher. Le tout est très-proprement tenu.

Le clocher n'a point de flèche et ne renferme qu'une seule cloche, du poids de six cent trente kilogrammes. Elle sort des ateliers de M. Guillaume Besson, d'Angers, qui l'a fondue en 1855. Elle fut solennellement baptisée dans les premiers jours de janvier 1856, sous le nom de *Martine*. On y lit les inscriptions suivantes

« Parrain, M. Gourdin (J.-B., fils),
« Marraine, Mme Bombart-Gourdin,
« Curé, M. Masson (J.-B.),
« Maire, M. Caron-Thiéfaine.

Le presbytère est antérieur à la Révolution : c'est la première maison de la Rue-Neuve. Il est assez bien distribué, mais aurait besoin de réparations au point de vue de la salubrité. Il se compose de six pièces au rez-de chaussée; un fournil, un bûcher et quelques autres annexes ferment la cour au couchant. Le jardin y attenant a 6 ares 20 centiares de superficie : il est convenablement exposé et de bon rapport. A l'extrémité nord de ce jardin se trouve une pâture plantée, de 30 ares 40 centiares.

Pendant la révolution, ce presbytère avait été vendu à des particuliers ; mais « Par décret impérial du 22 juin 1810, le maire d'Esquehéries a été autorisé d'acquérir, de la veuve Lefèvre et consorts, moyennant 3950 fr. 62 centimes, l'ancien presbytère et dépendances pour y loger le desservant, et aliéner aux enchères publiques 15 hectares 56 ares 88 centiares de terrains communaux pour payer cette acquisition et frais accessoires » (1).

La maison d'école pour garçons, avec logement de l'instituteur, salle de mairie et cabinet des archives, est assez convenable. Pourtant la classe est trop exigue ; elle a été construite pour cinquante élèves, tandis qu'elle en réunit parfois quatre-vingt-dix. Le logement de l'instituteur, quoique restreint, paraît assez convenablement disposé.

La municipalité fit édifier cette maison en 1857. Le devis se montait à neuf mille quatre cents francs ; mais de fait elle en a coûté onze mille.

Au pignon ouest existe un bâtiment servant de remise pour la pompe à incendie.

L'École communale de filles est établie dans un local loué par la commune (2), ainsi que l'école communale mixte du Grand-Wé.

---

(1) Recueil de la Préf. de l'Aisne, année 1810, p. 175.
(2) La commune est en instance pour la construction d'une maison d'école de filles.

VII

FESMY.

I. — Dénomination.

Le nom de cette localité a été diversement orthographié dans la suite des temps. On trouve : *Fidemium*, 1103 (ch. de l'abb. de Saint-Nicolas-aux-Bois). — Monasterium *Sancti Stephani-Fidemensis*, 1155 (ch. de l'Ev. de Laon). — *Ecclesia Fidemensis*, 1155 (Cart. de l'abb. de Saint-Martin de Laon). — *Faimy*, 1189 ; — *Faimil*, 1211 ; — *Faymi*, 1265 ; — *Fecmy*, 1269 ; — *Faismy*, église *Saint-Estienne-de-Fesmy*, 1334 ; — ville de *Femy*, 1339 (Cart. de la Seign. de Guise). — *Fesmy-en-Thiérasse*, 1575 (min. de Herte, notaire ; — *Fémy-sur-Sambre*, 1606 (Ord. du Prince de Chimay) : Aujourd'hui, *Fesmy* (1).

II. — Topographie & Statistique.

Position. — Village de l'ancien Cambrésis, bâti dans une vaste plaine, sur la rive droite de la Sambre, la route nationale n° 39 et la ligne vicinale de moyenne communication de Fesmy à Prisches (Nord); — à 65 kilomètres N. de Laon, 44 kilomètres N.-O. de Vervins et 8 kilomètres O. du Nouvion. — *Latitude* N. 50° 2' 30''; — *Longitude* E. 1° 21' et 30''; — *Population* : 684 habitants.

Territoire communal. — Configuration : celle d'un pentagone irrégulier, s'élargissant de l'est à l'ouest, en pente adoucie du nord au sud. Il est séparé, au sud, des communes de Bergues et d'Oisy par la Sambre ; les autres communes limitrophes sont : au nord-ouest la Groise (Nord), au nord-est Le Sart, et à l'est Barzy. — *Géologie* : le sol est connu en géologie sous le nom d'argileux; il est froid et humide et a besoin de beaucoup d'engrais pour la partie en terres arables ; mais il est bon pour les pâturages. — *Altitude* : elle est de 149 mètres dans la partie nord-ouest du territoire. — *Superficie* : 1194 hectares 78 ares 55 centiares,

---

(1) Aug. Matton, Dict. topog.

partagés entre les diverses natures de cultures qui suivent :

Terres labourables.	602h	52a	40c
Terres plantées	4	29	80
Prés et pâtures	557	86	70
Bois	3	50	95
Jardins	12	12	30
Oseraies et peupleraies.	»	33	80
Canal de navigation	4	92	20
Savarts.	»	43	30
Étangs	»	60	55
Sol des propriétés bâties	8	16	55
Total égal	1194h	78a	55c

le tout réparti en 2550 parcelles groupées sous quatre sections.

Agglomération, — dépendances, — population. — Avec le centre de la commune où se trouvent l'église et le presbytère, la mairie et les écoles, il y a encore les hameaux suivants :

La Vieille-Ville ou Route de Bergues.	28 maisons,	35 ménages,	113 individus
Saint-Pierre	14 id.	16 id.	52 id.
Carrière-Étreux	12 id.	13 id.	43 id.
Robert-le-Maître	7 id.	8 id.	24 id.
Sans-Fond	7 id.	9 id.	28 id.
L'Hermitage	9 id.	11 id.	40 id.
En y joignant pour le centre	105 id.	125 id.	384 id.

On trouve au total : 182 maisons, 217 ménages, 684 individus

Population. — On trouve les données suivantes aux différents dénombrements : En 1760, 644 hab. (140 feux) ; — en 1800, 699 habitants ; — en 1818, 1188 habitants ; — en 1836, 691 habitants ; — en 1841, 702 habitants, — en 1846, 721 habitants; — en 1856, 736 habitants ; — en 1861, 707 habitants ; — en 1865, 726 habitants ; — en 1872, 684 habitants, dont :

Sexe masculin { Célibataires . . . . 168 ; Hommes mariés . . . . . 154 ; Veufs . . . . 20 } 342

Sexe féminin . { Célibataires . . . . 162 ; Femmes mariées . . . . 156 ; Veuves . . . . 24 } 342

} 684

Grâce aux nouvelles constructions qui s'élèvent chaque année, les rues se dessinent plus régulières et le pays en acquiert plus d'aspect; toutefois il se trouve encore bon nombre de maisons couvertes en chaume.

Lieux-dits. — L'Etang du Sourd, — le Bois-Lévêque, — Robert-le-Maître, — la Vieille-Ville, — la Fontaine-des-Moines, la Carrière-Etroux, — le Pré-du-Gard, — les Haies-de-Lille, — le Marais, — la Tourelle, — le Vivier-Turbot, — l'Abbaye, Sans-Fonds, etc..

Cours d'eau. — Le territoire, avons-nous dit, est limité au sud par la petite rivière de la Sambre ; de plus, il est traversé, de l'est à l'ouest, par le ruisseau de Saint-Pierre, qui prend sa source au village du Sart. Il fait mouvoir à Fesmy un petit moulin à farine, et va se jeter dans la Sambre, au point où elle entre dans le département du Nord.

Moyens de communication. — Les voies de communication traversant le territoire sont : 1° la route nationale n° 45 de Marle à Valenciennes, qui passe à l'extrémité ouest du territoire en allant du sud au nord ; — 2° la route nationale n° 39 de Montreuil-sur-Mer à Mézières, passant vers le nord de la commune, dans la direction de l'ouest à l'est, et croisant la route n° 45 sur le département du Nord, à deux kilomètres de la limite du territoire ; — 3° la ligne vicinale de Fesmy à Prisches.

Chemins vicinaux. — La commune est desservie en outre par deux chemins vicinaux : Celui n° 2 (1re catégorie) de Fesmy à Barzy. Longueur 1498 mètres ; — et le chemin n° 4 (1re catégorie) de Fesmy à Oisy : Longueur 1926 mètres. Ces deux chemins ne sont pas entièrement terminés.

III. — Historique et Administration.

On attribue assez vraisemblablement l'origine de ce village à l'abbaye d'hommes qui fut fondée en ce lieu vers la fin du XIe siècle, par deux nobles anglais, passés en France pour y servir Dieu dans la retraite (1). Ils bâtirent en ce lieu désert quelques cellules et une petite église sous le vocable de Saint-Étienne, patron de l'un d'eux. Des habitations n'auraient pas tardé à s'élever, autour de cette maison religieuse, qui donnèrent naissance au village actuel ou l'accrurent notablement.

L'histoire n'a gardé que des souvenirs très-vagues des commen-

---

(1) L'évêque de Cambrai, Nicolas, et le chapitre de la Cathédrale continuèrent cette construction. Il y eut de longues contestations entre le roi de France Louis VI et le prince de Belgique pour savoir sur quel territoire il était situé. Mais plus vraisemblablement il appartint au diocèse de Cambrai.

cements de ce monastère, qui se soumit à la règle de Saint-Benoit. Il est vrai que jusqu'ici on s'est très-peu occupé de son étude, qui aurait pourtant son utilité. Les auteurs du *Gallia Christiana* lui ont à peine consacré quelques lignes ; mais depuis, un document des plus importants pour l'histoire du pays a été déposé aux archives de la ville de Guise, par M. le docteur Chérubin : c'est une copie du cartulaire transcrite, vers la fin du XVIIe siècle, d'après l'ancien cartulaire, appelé le *Livre-Rouge*. Elle forme un recueil de plus de quatre cents pages in-f°, très-intéressant, qui fait connaître les relations de cette maison avec les seigneurs voisins, et offre de curieux détails sur l'état des personnes et des propriétés au moyen-âge dans nos contrées.

On y voit qu'en 1213 (1) les habitants de Fesmy obtiennent leur affranchissement de l'abbé Gombert, seigneur du lieu.

Entre autres dispositions de la charte de Fesmy, nous croyons devoir rapporter les suivantes :

« Les hommes de la ville, (Fesmy) peuvent habiter et abandonner librement le dit lieu ; — ceux de Bergues ne peuvent s'éloigner qu'après être venus, en face de l'église, payer leur dû et recevoir pareillement le leur en retour ; — de plus, ils ne peuvent vendre leurs maisons et leurs terres qu'aux seuls habitants de Fémy, tout en sauvegardant les droits de l'Eglise (l'abbaye).

« Nul résidant au village (Fesmy), ne paiera d'autre rétribution que celle due à l'Eglise à la Nativité, au jour de Saint-Étienne ; elle sera acquittée selon la mesure légale et conformément aux décisions des eschevins.

« Les troupeaux du village pourront paître partout avec les nôtres (ceux de l'abbé) excepté toutefois sur le pré situé entre notre habitation et la prairie réservée aux vaches ; — excepté aussi le bois de Prestrespesse.

« Depuis le fauchage du pré susdit jusqu'à la Toussaint, les troupeaux du village ne pourront y pénétrer ; et si par hasard ils y entrent à la suite de quelque incursion, sans avoir causé de dommage ils seront expulsés. Après la Toussaint, ce pré sera commun à tous, autant de temps qu'il sera convenable.

« Si par hasard quelqu'un, au temps de la récolte, nous cause quelque dommage, il donnera double mesure, et nous dédommagera selon le jugement des eschevins.

« Depuis le fossé ou limite Ricuart, jusqu'à Oisy, nos hommes

---

(1) Et non en 1215 comme l'a écrit M. Melleville, Dict. hist. de l'Aisne

récolteront l'herbe et le bois (le chêne excepté) ; — et depuis le fossé susdit jusqu'au moulin, ils recevront l'herbe seulement, sans emploi de navire (bateau) ou autre bâtiment de transport ?

« L'Abbé doit placer en son moulin un meunier fidèle et sûr, qui procure à lui (l'abbé) et aux hommes de la ville toute sécurité pour le dépôt des grains et farines. Pour la mouture, l'Église aura la seizième mesure.

Si le corps du moulin vient à être démoli, chaque famille possédant un foyer en la ville, sera tenue d'envoyer pour réparation, et à la réquisition du major, un ouvrier suffisant pour une journée, si cela est nécessaire.

« Chaque année, toute maison fournira, comme elle le doit, pour le travail de nos prés, un ouvrier suffisant, qui recevra le pain du couvent.

« Les hommes habitués amèneront, selon la coutume, par l'entremise d'un fermier, le terrage et le décime qui nous sont dus avant d'enlever leurs récoltes.

« Chaque maison, au jour de Noel, est redevable d'un pain envers l'Église.

« Nos hommes pourront pêcher depuis l'étang jusqu'à l'abbaye ; — et en dessus de la maison de l'ager (?), en dehors du village, les hommes de Femy seuls pourront user de l'eau jusqu'aux seigles.

« Quiconque, venant du dehors, qu'il soit étranger ou originaire de la ville, si l'Église ne lui reconnaît pas le droit de bourgeoisie, ou diffère de le lui accorder, il ne donnera pas le douzième pendant la durée de l'instance. Mais si l'Église le lui accorde, il nous remboursera intégralement comme les autres hommes ; — s'il refuse d'accepter, il rendra seulement le douzième de la récolte de ses blés et un pain à la Nativité.

« Si quelqu'un en injurie un autre, que le fermier en avertisse celui-ci même, et lui procure, de la place publique, des garants pour que justice soit rendue. S'il agit ainsi ce sera bien ; sinon, qu'il mette la main sur l'agresseur, et après qu'il aura appelé au secours, qu'on le tienne et qu'on le mène à l'abbaye pour que justice soit faite. Mais si aucuns refusent de porter secours, qu'ils soient soumis au jugement des eschevins.

« Si les hommes veulent construire dans le village, vers la place publique, près du calvaire, une église de pierre, ils le pourront de manière que l'antique église auprès de laquelle sont ensevelis les corps, soit conservée en bon état.

« En quelque lieu que les hommes du village seront interceptés, soit justement ou non, l'abbé leur portera assistance autant qu'il sera en son pouvoir.

« Nous ajoutons que si l'abbé meurt, son successeur est tenu tout d'abord à procurer la sécurité aux habitants de son village. Les susdits habitants lui rendront avec fidélité hommage et sécurité.

« On traitera toutes choses avec discernement, d'après la loi (1) et le jugement des eschevins ; — et les améliorations s'opéreront en la présence de l'abbé ou de son délégué.

« Nous ajoutons également que toutes les bonnes coutumes utiles à l'Église et au village, qui ne sont pas contenues dans la présente charte, seront maintenues et appliquées par les eschevins. »

Malgré les avantages qui leur étaient concédés, les habitants de Fesmy ne vécurent pas toujours en parfaite harmonie avec le seigneur abbé. Dès 1258, « Robiers d'Audencourt et Adam d'Ors, chevaliers, » étaient pris pour arbitres « des débas contenus es demandes entre l'Église de Femy d'une part et les hommes du dit lieu d'autre, » et prononçaient « par le conseil de bonnes gens que li hommes de Femy ne peuent ne doient devenir bourgois au signeur d'Avesnes ne de Guise tant comme il soient manans à Femy, et se il devenoient, nous (les deux arbitres) disons que li abbas en doit l'amende prendre di ciaus ki le devinroient par ledit des Eskevins de Femy » (2). — Le reste de la sentence confirme ou explique les divers droits et concessions énoncés en la charte de 1213. Nous en relevons encore le *dit* suivant qui témoigne des soins vigilants de la communauté pour la tranquillité de ses membres :

« Et se disons (les arbitres) que nouviaux Sires quant il vient en le signeurie de l'abie doit asseurer le ville par serment sor les saintes parolles del mesel et sour le mesel et li ville le doit asseurer par serment et se disons ke li sires ne li moinnes ne puient ne doient homme de se ville amener en prison puisque il puist pleges livrer de amender son fourmet jusques au dit des Esquevins se n'est pour vilain cas. Et se disons ke li Sires ne puet bans faire ne amendes lever ne prendre en le ville de Faimy si n'est par enseignement d'Eskevins. Et touttes ces choses devant dittes disons nous pour le mieux et par le conseil de bonnes giens, et volons que li

---

(1) Celle de Ribemont.

(2) Cart. de Fesmy, sentence arbitrale de R d'Audencourt et Ad d'Ors, chevaliers, en interprétation de divers articles de la charte accordée en 1213 aux hommes de Fesmy, par l'abbé leur seigneur.

unque partie et autre se tiengne sor cent livres de parisis de painne le moitiet à celui ki li dit tanroit et l'autre moiti et au Vesque de Cambray. »

Malgré les stipulations de cette charte, les seigneurs d'Avesnes finirent par absorber insensiblement les domaines de Barzy, Bergues et Boué, qui formaient depuis 1196, avec Le Nouvion, une châtellenie relevant de cette maison. L'abbaye n'y conserva guère que les bénéfices ecclésiastiques attachés aux droits de collation des églises et chapelles. D'autre part, le domaine de Guise, au 14e siècle, s'étendit même sur la partie sud de la seigneurie de Fesmy, dont la Sambre forma dès lors la limite de ce côté.

Les libéralités des évêques de Cambrai, de Laon, d'Arras, celles des seigneurs laïques des Flandres et du Hainaut avaient donné à l'établissement naissant de Fesmy une assez grande importance ; mais il n'entre pas dans notre plan de consigner ici (1) tout ce qui a rapport à son développement. Nous dirons toutefois qu'il possédait déjà, au 12e siècle, les autels de Bousies et de Croix (1108) ; — de Berlaimont et Sassegnies (1110) ; — de Dorengt et d'Étreux (1114) ; — de Bugnicourt et *Albiniacus* (1117) ; — de Baudegnies (1118) ; — de Floyon (1132) ; — du Nouvion (1178) ; de Marcy (1137) ; — de Saint-Pierre de Marle (1138) ; — de Saint-Gervais de Guise (1142) ; — de Ronchères (1160), etc. ;

Les prieurés de Hondreville sous Marle (1111) ; — de Dorengt (1114) ; — une maison de refuge à Cambrai, une autre près de Saint-Aubert du Cateau, une maison avec ferme à Courcelles, près Guise ;

Des terres et prés à Grandpont (1112) ; — à Dorengt, Helpignies (1133) ; — à Guise (1161) ; — des vignes à Chaillevois et à Presles (1172) ; — la moitié de la forêt de Grandpont ; — des rentes en argent et en nature sur Bohain, — Bohéries, — Hondreville, — Bousies, — Dorengt, — Bonot (Guise) etc..

Il y avait aussi à Berlaimont un prieuré dépendant de l'abbaye de Fesmy. Il rapportait annuellement trois mille cinq cents livres. L'une des charges du bénéficier était de dire la messe comme chapelain du seigneur de Berlaimont lorsqu'il était sur les lieux.

Il existait également à Sainte-Preuve (Sissonne), un prieuré qui

---

(1) Voir la Thiérache, Bulletin de la société archéologique de Vervins, tome II (2) suivants, Notice sur l'abb. de Fesmy-sur-Sambre.

dépendit d'abord de Fesmy, et qui plus tard tut abandonné aux Jésuites de Reims. Il avait eté fondé vers 1115.

Enfin, l'abbaye possédait dès 1107, la terre ou cense d'Aubenton-la-Cour (*Albentum-Curtis*) près Étréaupont. Mathieu de Sains, en était l'avoué, et l'évêque de Laon, Barthélemy de Vir, y possédait un fief, dit l'*alleu de Saint-Etienne d'Aubenton*. En 1121, dans l'année même de la fondation du monastère de Foigny (La Boutcille), l'évêque de Laon lui fit donation de son fief, et sur la demande de ce dernier, Robert, abbé de Fesmy, céda cette même terre d'Aubenton-la-Cour à l'abbaye de Foigny, à titre d'échange et contre un bien équivalent (1). « La cense d'Aubenton consistoit d'abord en terres labourables, pretz, bois et étangs. Les murs de cette ferme ont servi autrefois à l'érection de la petite Forteresse de La Capelle (2). »

Au 17e siècle les revenus de l'abbaye de Fesmy n'étaient déjà plus que d'environ 8000 livres.

Nous avons vu (p. 56, 1re partie) que cette communauté fut supprimée en 1762, sur la demande de Monseigneur Jean de Bonneguise, évêque d'Arras, qui en était alors l'abbé commendataire. Mais il nous reste de l'abbaye de Fesmy plus que des vestiges. La partie nord-ouest du mur d'enceinte, la chapelle (convertie en grange), et une notable partie des bâtiments claustraux subsistent encore aujourd'hui, ainsi qu'une partie du parc et du jardin potager. On remarque également au sud-est de la propriété, entre Fesmy et Oisy, l'emplacement d'un vaste étang (l'ancien vivier) d'une contenance de 15 à 20 hectares, aujourd'hui converti en excellentes pâtures grasses. Ces biens, ainsi que les bâtiments y attenants, sont maintenant la propriété de M. Manesse, petit-fils du dernier receveur de la manse abbatiale.

Série des Abbés. — 1080, Etienne Ier, l'un des deux anglais, fondateurs; — 1092, Rodulphe; — 1098, Robert Ier; — 1137, Gérard, auparavant moine de Saint-Vincent de Laon, et disciple du célèbre abbé Anselme; — 1168, Odon; — 1183, Robert II : il reçut une bulle du pape Lucius III; — 1225, Jacques; — 1241, Jean; — .... Nicolas Ier; — 1259, Egidius; — 1279, Etienne Hennecart; — 1334, Gossuin; — 1364, Simon; — 1383, Rodulphe II; — 1389, Guillaume; — 1410, Jehan de Le Folic; — 1415, Jean dit de Liessies; — .... Nicolas II, dit de Liessies; — 1450, Pierre Paindaveine; — 1473, Jacob I de

---

(1) Am. Pictle, Hist. de Foigny.

(2) Aug Matton, Dict. topog. de l'aisne.

la Pierre ; — 1500, Egidius II, Sandras, institué par l'évêque de Cambrai, Jacob de Croy ; — .... Claudius I le Borgne, mort en 1551 ; — 1551, Philippe de Hénin, nommé par Jules III, souverain pontife, contre Claude de Connelieu, son compétiteur ; — Claude de Connelieu, mort en 1580 ; — .... Roland Buiret ; — .... Bartholomeo de la Fontaine ; — 1595, Jacobus II, mort à Landrecies ; — .... François Dours, dit de Bonniers ; — 1641, Pierre Séguin, bachelier en théologie, du conseil de la reine mère, Anne d'Autriche, doyen de l'église royale et collégiale de Saint-Germain (Autissiodorensis) (1) à Paris. Choisi pour abbé de Fesmy en 1641, par le chapitre, il résilia sa charge en faveur de son neveu ; — .... N. Séguin, neveu du supérieur ; — 1698, Denys Coignet, curé de l'église paroissiale de Saint-Roch à Paris ; — Jean de Bonneguise, évêque d'Arras, et dernier abbé de Fesmy.

Armes de l'abbaye : Elles étaient d'azur à deux crosses d'or passées en sautoir.

Fesmy, du diocèse de Cambrai et du doyenné du Cateau-Cambrésis, relevait du duché de Guise et ressortissait à Ribemont pour la justice.

Cette commune incorporée dans le district de Vervins en 1790, appartint d'abord au canton de Wassigny ; elle en fut distraite et unie au canton du Nouvion par ordonnance royale du 26 juin 1822.

L'État civil de Fesmy remonte à l'année 1669.

Maires et officiers publics. — 1792, F. Caudron ; — an 2 de la république, J.-B. Dehen ; — 1808, P.-C. Druenne ; — 1816, J.-B. Marchand ; — 1816, N. Lenain ; — 1821, L. Poreaux ; — 1831, C. Gillet ; — 1848, F. Milon ; — 1846, P.-F. J. Carrière ; — 1867, J.-B. Waroquet, en exercice.

Curés. — La paroisse de Fesmy paraît être très-ancienne, puisqu'en 1213, il y était déjà question d'une « antique église auprès de laquelle étaient « ensevelis les morts. » Il est à croire qu'elle fut longtemps desservie par les moines de l'abbaye. Saint-Martin est le patron de la paroisse, qui a été desservie, depuis 1669, par les curés dont les noms suivent :

1669, Robert Storion ; — 1704, J.-B. Denoyelle ; — 1719, N. Bériot ; — 1725, J.-F. Adam ; — 1737, J.-F. Dufaucon ; 1779, Ad. Fontaine ; — 1792, Alex. J. Bombart ; — 1802, Ad. Fontaine ; — 1803, N. Feuillette ; — 1810, Prudhomme ; —

---

(1) L'Auxerrois

...., L. Langlet, doyen de Wassigny, en résidence à Oisy, desservant de Fesmy jusqu'en 1812 ; — 1812, J.-B. Locquet; — 1849, N. Goulart ; — 1838, L.-J. Ladeuille ; — 1855, C. Gouge, en exercice.

Instituteurs. — Aucun document, que nous sachions, ne mentionne l'état de l'enseignement du peuple à Fesmy avant la Révolution ; sept instituteurs seulement y ont exercé depuis la seconde moitié du 18e siècle ; ce sont : 1755, E. Draguet ; — 1778, F. Carrière; — 1783, J. Deleau ; — 1789, F. Carrière ; 1827, A. Moreau ; — 1843, L.-E. Dubreuille ; — 1868, H. Blin, en exercice.

Une école de filles a été fondée à Fesmy en 1857 ; elle est dirigée depuis par Melle Disant, institutrice laïque.

Nous devons ici une mention très-honorable à un enfant du pays, M. Théophile-César-Joseph Langrand, né à Fesmy le 10 août 1827, et qui, de simple soldat au 45e d'infanterie de ligne, a su par son intelligence et son courage, s'élever au grade de capitaine de son arme. — Ses états de services accusent neuf campagnes, sur vingt-deux ans de présence au corps : six en Afrique (1854-1859); — une en Italie (1859); — et deux à la défense de Belfort (1870-71).

Nous croyons utile de rapporter ici une citation du journal *Le Siége de Belfort*, du 2 février 1871 :

« Nous revenons encore aujourd'hui sur l'attaque des redoutes des Hautes et Basses Perches, qui a eu lieu le 26 janvier dernier. Hier, nous citions le nom du capitaine Langrand, de la 7e compagnie du 3e de marche du 45 de ligne ; nous allons dire en deux mots les motifs de cette citation. Cet officier parti du faubourg, avec sa compagnie, au bruit des premiers coups de feu, sur l'ordre qui lui en fut donné, se porta aux Hautes-Perches; en arrivant aux tranchées, il les trouva remplies d'hommes qu'il prit d'abord pour des mobiles ; mais s'apercevant bientôt que c'étaient des Prussiens, il cria : « En avant, camarades ! A la baïonnette !! » Ce cri répété par nos braves soldats, et la charge vigoureusement exécutée par cet officier et sa troupe, mettent les ennemis en déroute et leur font changer bien vite leurs *hurrah* en des cris de douleur et en ces mots, *camarates, bons camarates* ! Ceux-là étaient prisonniers. Pendant ce temps, les mêmes résultats étaient obtenus aux Basses-Perches, mais sur une plus grande échelle par le capitaine Du Plessis et le sous-lieutenant Wahl, qui parlementa en allemand et le capitaine Obert. » Ces traits qui honorent tant leurs auteurs, compensent bien largement d'autres faits pénibles et extrêmement déplorables arrivés aux mêmes endroits (1).

IV. — Agriculture, Industrie et Commerce.

Au point de vue agricole, Fesmy est un pays de moyenne et petite culture, le premier mode existant dans la proportion d'environ un tiers. La plus forte exploitation est de 74 hectares et la seconde de 30 hectares seulement. Les propriétaires en général cultivent eux-mêmes. L'assolement est triennal, cependant il a été modifié par la culture de la luzerne et du sainfoin. Les terres labourables produisent du blé, peu de seigle, de l'épeautre et de l'avoine.

Les habitants font le commerce de beurre et de fromages et trouvent pour la plupart leurs ressources dans l'agriculture. Toutefois il existe une vingtaine d'individus fabriquant des tissus de laine pour l'article de Reims.

Il existe à Fesmy un moulin et plusieurs briqueteries. Le nombre des patentables est de 26.

Les habitants vont vendre leurs denrées sur les marchés du Nouvion et d'Etrœux, et s'y approvisionnent des épiceries et objets manufacturés qui leur sont nécessaires.

Population par professions :

Individus (hommes et femmes), vivant par l'agriculture . 390 ;
    id.   id.   l'industrie . . 211 ;
    id.   id.   le commerce . 39 ;
    id.   id.   les professions libérales 18 ;
    id.   id.   sans profession . 26 ;
                              Total 684h

V. — Institutions diverses, — Monuments et Curiosités.

Il y a à Fesmy un bureau de bienfaisance disposant d'un revenu d'environ 2000 francs.

La population est assez aisée ; néanmoins un assez grand nombre de ménages sont inscrits au bureau de bienfaisance. On compte une dizaine de mendiants.

La paroisse est desservie par un curé qui y réside. Il existe deux écoles communales, une pour chaque sexe, réunissant ensemble une moyenne de 80 élèves.

La maison d'école de garçons, qui sert aussi de mairie, a été acquise d'un particulier il y a une trentaine d'années, et n'a par

---

(1) Extrait du journal *Le Siege de Belfort*, (1871)

conséquent pas été bâtie en vue de sa destination actuelle. Elle est d'ailleurs insuffisante, ainsi que le jardin y attenant. L'école de filles est établie dans une maison d'assez récente construction, bâtie par M. Ladeuille, ancien curé de Fesmy, et achetée par la commune en 1857. Elle est convenable et répond d'une manière satisfaisante aux besoins du service.

Quant à l'église paroissiale, elle n'offre extérieurement rien de remarquable. Le chœur en est la partie la plus ancienne, et formait autrefois la chapelle dite de Saint-Martin, qui paraît avoir été donnée à Gossuin abbé en 1329, aux termes d'une convention passée entre ce dernier et un nommé Jehan Agligot du dit Fesmy (1). — Deux bas-côtés furent ajoutés à la nef primitive vers la fin du 17e siècle, mais sans transept. L'église possède un petit orgue à tuyaux et une sonnerie de trois cloches très-harmonieuse.

Grâce aux efforts intelligents de M. l'abbé Gouge, curé actuel de Fesmy, le presbytère est devenu l'un des plus confortables du canton. On y trouve annexés un jardin potager et un verger d'une suffisante étendue.

---

(1) Cart de l'abb. de Fesmy.

VIII

LESCHELLE.

I. — Dénomination.

Voici comment, dans la suite des temps. s'est rendu le nom de cette localité : *Cella*, 1244 (Cart. de l'abb. de Foigny, Bibl. nat.). — *La Celle*, 1248, (cart. de Saint-Martin). — *Le Cele*, 1261 (suppl. de D. Grenier, Bibl. nat.). — *Le Celle*, XIIIe siècle, (cart. de l'abb. de Thenailles). — Chele, la Chiele, 1344 (arch. nat. Trés. des chartres). — *Lecel et Leval*, 1568 (acquits, arch. de la ville de Laon). — Leschielle, 1547 (tit. de l'abb. de Saint-Remy, arch. de la Marne). — *Leschelle*, 1579 (arch. de la ville de Guise). — *La Selle*, 1603 (terrier de Châtillon-du-Temple). — *L'Eschelle*, 1661 (chamb. du clergé du dioc. de Laon). — aujourd'hui, *Leschelle*. (1)

II. — Topographie & Statistique.

Position. — Leschelle est un village de l'ancienne Thiérache, situé sur la petite rivière de l'Iron, la route nationale n° 30 de Rouen à La Capelle, et la route de grande communication n° 32 de Sains-Richaumont à Landrecies, à 63 kilom. N. de Laon, 23 kilom. N-O. de Vervins, et à 7 kilom. S. du Nouvion son chef-lieu de canton. — *Latitude* N. 49° 57' 30". — *Longitude* E. 1° 26' 32". — Population · 1039 habitants.

Territoire communal. — Configuration : Il présente une figure très-irrégulière, s'allongeant du nord-est au sud-ouest, entre les territoires suivants : au nord, celui du Nouvion, à l'est, de Buironfosse, au sud, de Chigny, et à l'ouest, de Lavaqueresse et d'Esquehéries.

Il est en partie boisé et assez accidenté.

Géologie. — Le terrain est connu en géologie sous la dénomination d'argileux. Il est d'une fertilité ordinaire et susceptible d'amélioration par l'engrais; on trouve sur ce territoire de la marne

---

(1) A. Matton, Dict. top. de l'Aisne.

qu'on emploie mais elle est en trop petite quantité.

Altitude. — 102 mètres pour le centre du village, et une moyenne de 120 mètres pour le reste du territoire.

Superficie. — Elle est de 1469 hectares 27 ares, qui se partagent d'après le cadastre, entre les différentes natures de cultures qui suivent :

Terres labourables	547h	54a	95c
Prés et pâtures	347	26	40
Bois	457	27	90
Jardins potagers	18	57	45
Vergers et terres plantées	45	14	55
Oseraies	1	05	20
Pépinières et savarts	»	72	10
Canal	»	91	40
Sol des propriétés bâties	13	20	05
Chemins et rivières	37	57	»»
TOTAL ÉGAL	1469h	27a	»»c

le tout réparti en 2898 parcelles groupées sous cinq sections.

Agglomération, — dépendances, — population. — Outre le corps du village, où se trouvent l'église, le presbytère, la mairie et les écoles, et qui a donné son nom à toute la commune il existe encore dix hameaux ou maisons isolées, le tout donnant ensemble les résultats statistiques qui suivent :

Le Village et Le Val	123	maisons,	172	ménages,	509	individus
Le Vert-Buisson	5	id.	7	id.	22	id.
Voie à cailloux	16	id.	20	id.	53	id.
Rue des Charbons	35	id.	45	id.	114	id.
Rue des Halliers	11	id.	13	id.	43	id.
Dohis	21	id.	25	id.	68	id.
Le Tilleul	11	id.	11	id.	32	id.
Rue Lantelette	3	id.	4	id.	9	id.
La Fontaine-Thomas	2	id.	2	id.	4	id.
La Fontaine à Dieu	3	id.	4	id.	10	id.
Hennepieux	43	id.	58	id.	175	id.
Totaux	273	maisons,	361	ménages,	1039	individus

Population. — En 1760, 236 feux ; — 1800, 1115 habitants ; — 1818, 1282 habitants ; — 1836, 1224 habitants ; — 1841, 1209 habitants ; — 1846, 1215 habitants ; — 1856, 1195 habitants ; — 1861, 1180 habitants ; — 1866, 1105 habitants ; — 1872, 1039 habitants, ainsi répartis au point de vue de l'état civil :

Sexe masculin	Célibataires	217		
	Hommes mariés	249	505	
	Veufs	39		1039
Sexe féminin	Célibataires	227		
	Femmes mariées	250	534	
	Veuves	57		

Les habitations, moitié en torchis, couvertes en chaume, moitié en briques, couvertes en ardoises, sont propres et présentent un aspect général de bonne tenue et d'aisance. Le château actuel, édifié en 1767 sur les fondations de l'ancien manoir, par le marquis d'Hervilly, et habité de nos jours par M. le comte Caffarelli, occupe le centre de l'agglomération et donne à l'ensemble un cachet, un charme tout particulier.

Lieux-dits. — Les principaux sont : le Chêne-Brûlé ; — Vermand ; — la Taille des Maréchaux (1) ; — la Fontaine à Dieu ; — la Bouloy ; — les Marais de le Val ; — les Terres d'Hennepieux ; — les Plaines de Dohis.

Cours d'eau. — Le territoire est traversé de l'est à l'ouest par la rivière de Leschelle, dite aussi l'*Iron*, dans laquelle se jette, au village, le ruisseau de *Le Val*, qui vient de la forêt du Nouvion. Sur le Le Val se trouve le moulin de ce nom avec une roue à augets; ce cours d'eau, bien qu'assez constant, est peu considérable, et ne fournit qu'une force dynamique de cinq chevaux. Deux autres moulins, celui de Leschelle et celui de la Voie-à-Cailloux, sont établis sur les eaux réunies de l'Iron et du Le Val. La première usine a deux moteurs utilisant chacun une force dynamique de quatre chevaux ; la seconde, n'a qu'un moteur avec une puissance de cinq chevaux.

Moyens de communication. — Les voies de communication traversant le territoire sont : 1° la route nationale n° 30 de Rouen à La Capelle, passant à l'éxtrémité sud de la commune, dans la direction de l'ouest à l'est ; — 2° la route de grande communication n° 32 de Sains à Landrecies par le Nouvion, passant au centre du village et coupant toute la commune du sud au nord ; — 3° celle n° 14, du Gard (Étreux) au Grand-Wé et prolongée jusqu'à Buironfosse ; elle passe par les hameaux du Tilleul et de Dohis.

Chemins vicinaux. — Ce sont : le chemin n°1 (première catégorie) de Leschelle à Lavaqueresse ; longueur : 3400 mètres,

---

(1) Où, raconte-t-on, Turenne aurait campé.

— celui n° 2 (première catégorie) de Leschelle à Esquehéries ; longueur : 515 mètres ; — celui n° 3 (première catégorie) de Leschelle à Dohis ; longueur : 2710 mètres ; — enfin, celui n° 5 (deuxième catégorie) du Tilleul à Hennepieux ; longueur : 1223 mètres.

III. — Historique et Administration.

Il paraît qu'au sixième siècle de notre ère le territoire de Leschelle était encore désert et environné de bois, au milieu desquels Saint-Wasnon, l'un des frères de Saint-Gobain (1), serait venu se retirer. Il y aurait bâti dans la suite un oratoire d'où ce lieu prit d'abord le nom de La Celle (Cella). Des habitations se seraient insensiblement établies autour de cette chapelle et auraient donné naissance au village actuel dont le nom de *Leschelle* semble n'être en effet qu'une transformation du mot *La Celle* (L'Chelle comme on dit encore dans le pays).

On présume qu'il y avait anciennement, dans les environs (2), un prieuré appelé du nom de *Vermand*. Après avoir évangélisé la contrée, le saint se serait retiré au monastère de Sainte-Marie (Conai), où il serait mort vers 677.

La terre de Leschelle formait au moyen-âge une châtellenie relevant de la baronnie d'Iron qui, elle-même, dépendait de Guise. Melleville cite plusieurs seigneurs particuliers de Leschelle :

En 1145, Dreux de Leschelle ; — en 1583, Jacques Leclerc, écuyer, seigneur du dit et de Saint-Martin-en-Brie par sa femme, Reine Lhoste ; elle épousa en secondes noces : 1598, N. de Castres, lieutenant au gouvernement de Guise.

Vers 1650, Philippe Michaut ou Michel de la Verrine, seigneur de Leschelle, lieutenant au gouvernement de Guise ; il avait épousé Marie de la Chaussée ;

1660, Louis-Michaut de la Verrine, fils du précédent, seigneur de Leschelle et de Proix ; femme, Marie le Père de Marolles ;

1700, Louis, autrement, Camille Michaut de la Verrine, fils des précédents, chevalier, seigneur dudit, chambellan du duc de Bour-

---

(1) St Gobain et ses deux frères, Etton, qui se retira à Fissault, près Avesnes, Wasnon, à Leschelle, et quatre autres de ses parents, — Eloque (Gergny), — Algis (Saint Algis), — Boétian (Pierrepont), et Momble (Condren), tous gentilshommes Irlandais, avaient fui leur patrie pour se soustraire aux persécutions et à la fureur des Vandales, qui désolaient alors l'Irlande et l'Écosse.

(2) Probablement à Dohis, dépendance actuelle de Leschelle, où l'on trouve

gogne. Eut pour femme Perrette-Augustine Gerbaut de Sailly, (Wattigny, Hirson);

1715, César-Michel de la Verrine, chevalier, seigneur de Leschelle, Dohis et Le Val, fondateur des écoles charitables du dit lieu;

1718, François-Paul le Cat d'Hervilly, seigneur de Sommette, etc., le devint encore de Leschelle par son mariage avec Henriette-Louise, fille de César-Michel de la Verrine, ci-dessus.

Vivait vers 1730 Louis-François le Cat d'Hervilly, leur fils, seigneur de Leschelle, Le Val, Dohis, Devise, Dury, Sons, Housset, etc., page du roi, capitaine de cavalerie. Il avait épousé Antoinette-Renée de Montjean, dont il eut Louis-Michel-César, — Catherine-Henriette, qui devint l'épouse de Marc-Louis de Caulaincourt;

1744, Louis-Michel-César d'Hervilly, seigneur des dits et de La Vaqueresse, baron d'Iron, lieutenant d'infanterie. Il eut pour femme Rose-Adelaide de Castille de Chenoise.

« Il fut en 1790, victime de sévices horribles. Les anciens vassaux mirent le feu à ses bois, tuèrent plusieurs de ses gardes, et le forcèrent d'embrasser le visage pâle d'un de ceux-ci pour lui dire adieu avant d'être pendu. En effet, après avoir été presque assommé lui-même, le trainait-on déjà vers un arbre, quand le maire l'arracha des mains de ses bourreaux pour le mettre, disait-il en prison : c'était pour le délivrer. »

« M. d'Hervilly, âgé de soixante-dix-huit ans, dut émigrer. Toutefois, il figure sur une liste des émigrés rayés de la liste le 4 octobre 1793, comme ayant leur domicile et des biens dans le département de l'Aisne (1). »

1797, Louis-Charles le Cat, comte d'Hervilly seigneur des dits, fils du précédent. Il se distingua en dirigeant la défense des Tuileries le 10 août 1792. C'est lui encore qui commandait à Quiberon (juin 1795) à la tête des émigrés essayant de rentrer en France. C'est là qu'il perdit la vie en combattant contre Hoche;

18.., sa fille, mademoiselle Julienne-Blanche-Louise d'Hervilly, épousa Marie-François-Auguste, comte de Caffarelli, général de

---

encore des restes de vieilles constructions, que la tradition regarde comme étant ceux d'une ancienne abbaye. L'autel en marbre, — très remarquable d'ailleurs, — de l'ancienne église de Buironfosse, provient, dit-on, de l'église de cet ancien prieuré de Temphers.

(1) Arch. de l'Aisne.

division, aide de camp de l'empereur Napoléon Ier, né au Falga (Haute-Garonne) le 7 octobre 1766, qui devint ainsi seigneur de Leschelle. Il termina sa glorieuse carrière au château du dit lieu, le 23 janvier 1849.

Aujourd'hui leur fils, M. le comte Eugène Caffarelli, ancien préfet d'Ile-et-Vilaine, ancien député au Corps Législatif, membre du Conseil général de l'Aisne, pour le canton de La Capelle.

Ce village fut pris et incendié en 1339 par les Anglais, (Guerre de cent ans); pillé et détruit de nouveau au dix-septième siècle, il fut abandonné pendant longues années par ses habitants. Il eut également beaucoup à souffrir durant les guerres de la première République.

Autrefois de l'intendance de Soissons, des bailliage et élection de Guise, diocèse de Laon, Leschelle fut en 1790, incorporé dans le district de Vervins et le canton de Guise; depuis l'an X, il fait partie du canton du Nouvion, de l'arrondisssement de Vervins, du département de l'Aisne et du diocèse de Soissons.

Les registres de l'État civil de la commune remontent à l'année 1669.

Agents municipaux. — 1792, Turquin; — 1793, Dragonne; — an IV, Seris.

Maires. — Les maires qui depuis la Révolution jusqu'à ce jour, ont administré la commune, sont : 1790, Denargannes; — 1791, Hallier; — 1792, Turquin; — 1792, Harboux; — an III, Colas; — an IX, Blavier; — an XII, Turquin; — 1846, Hallier; — 1818, comte Caffarelli; — 1848, Fournier; — 1850, Robiquet; — 1869, Grouselle; — 1872, Colasse.

Curés. — Au XIIe siècle, Leschelle figurait déjà comme paroisse du détroit rural de Guise. Lors de la restauration du culte en 1802, la paroisse prit le titre de succursale du doyenné du Nouvion. Saint-Pierre (29 juin) est le patron de cette paroisse qui a été desservie par les prêtres dont les noms suivent : 1669, Desains; — 1673, Hallier; — 1673, Girard; — 1694, Chabaud; — 1694, Trigault; — 1695, Lambert; — 1702, R.-V. Coppé; — 1722, J. Conon; — 1728, Monpety; — 1771, Féquant; — 1808, Faucheux; — 1850, Vuilbert; — 1851, Leveaux; — 1864, Lançon, en exercice.

La fête patronale a toujours lieu le dimanche qui suit l'Exaltation de la Sainte-Croix; elle dure quatre jours. Il y avait autrefois à Leschelle un pèlerinage très-fréquenté; aujourd'hui, il n'en reste que le souvenir.

Instruction publique. — L'instruction qui, avant la Révolution, se bornait généralement, pour les campagnes, à un peu de lecture, d'écriture et de catéchisme, était donnée à Leschelle dans deux écoles dites de charité fondées par messire César-Michel de la Verrine, seigneur du lieu. Dans un codicille du 23 juillet 1737, le fondateur déclare « qu'ayant établi au dit village de Leschelle des écoles charitables, l'une pour les garçons, l'autre pour les filles, avec des habitations convenables à cet effet, il veut que cet établissement subsiste à toujours, pourquoi il fonde une rente annuelle et perpétuelle de 600 livres, de laquelle, moitié montant à 300 livres sera payée à un prêtre (1) qui sera chargé de l'école des garçons, auquel prêtre sera en outre payé aussi par chacun an douze jallois de blé, mesure de Guise, trois cordes de bois, une corde de lagnettes, un cent de fagots, et les autres 300 livres seront payées aux deux sœurs qui seront chargées de l'école des filles, avec pareille quantité de bois, lagnettes et fagots ; les censives des héritages destinés pour les dites écoles ainsi que les réparations locatives, à la charge des prêtre et sœurs chacun à leur égard, et les grosses réparations ainsi que celles d'entretien, à la charge des seigneurs de Leschelle et à toujours. »

Par suite d'arrangements intervenus entre la commune de Leschelle et les héritiers d'Hervilly, la fondation relative à l'école des garçons, dite fondation *du vicariat*, a été rachetée et réunie à celle de l'école des filles (2).

Quatre ans plus tard (1741) une autre fondation avait été également faite en faveur des écoles de charité de cette commune par une demoiselle Bourdoiseau (Jeanne) du dit lieu ; elle consistait en une maison d'habitation et plusieurs pièces de terre sises au terroir de Leschelle, et dont les revenus, suivant le désir de la fondatrice, devaient être employés «*premièrement* à fournir et entretenir les livres nécessaires aux dites deux écoles de charité de la paroisse ; *secondement*, à fournir et entretenir les rouets et saises (chaises) nécessaires à l'école des filles fileuses. »

La valeur représentative de cette fondation placée à constitution

---

(1) Les fonctions de ce prêtre-instituteur «étaient *premièrement* de veiller conjointement avec le curé de la paroisse, auquel il sera subordonné, sur les écoles, sur les maîtres et les écoliers, et d'y faire tous les jours le catéchisme ; *secondement* de faire dans la dite paroisse de Leschelle toutes les fonctions de vicaire lorsque le curé le jugera à propos, agissant toujours avec dépendance du dit curé, et néanmoins de concert avec lui. »
Dispositions ratifiées par Monseigneur de La Fare, alors évêque de Laon (Transaction du 1er Août 1779, arch. du Château de Leschelle.)

(2) Transaction du 15 Octobre 1863, au Mémoire présenté par M. le comte Eug. Caffarelli au Maire de Leschelle.

sur la famille d'Hervilly, a été remboursée à la commune le 8 octobre 1850 (1).

Instituteurs. — Voici depuis la Révolution les noms des instituteurs de Leschelle :

1808, Bertrand; — 1809, Lahire; — 1818, Bigot; — 1824, Galoin ; — 1825, Brotonne ; — 1832, Lefèvre ; — 1838, Huriez; — 1839, Parent; — 1841, Prud'homme; — 1849, Lefèvre; — 1855, Pécheux; — 1872, A. Delaplace ; — 1873, Lecat, en exercice.

IV. — Agriculture, Industrie et Commerce.

Leschelle est un pays de moyenne et petite culture, le premier mode se trouvant à peu près dans la proportion d'un tiers. Les propriétaires en général cultivent eux-mêmes. Il y a deux grands domaines, l'un en bois, appartenant à M. le comte Eugène Caffarelli et M. d'Hervilly ; l'autre composé de toutes sortes de cultures, appartient à M. le Comte Caffarelli.

Les terres labourables produisent du blé, du seigle, un peu d'orge, beaucoup d'avoine et des trèfles.

Il n'y a presque ni commerce, ni industrie à Leschelle; les habitants trouvent leurs ressources dans l'agriculture pour la plupart (2). Il y a toutefois trois moulins à eau, deux briqueteries, dont l'une fabrique des tuyaux de drainage et autres produits analogues, quelques ateliers de sparterie et de saboterie. Le nombre des patentables est de cinquante-six. Les habitants vont vendre les denrées sur les marchés du Nouvion et d'Étreux, où il s'approvisionnent des épiceries et autres objets manufacturés qui leur sont nécessaires.

Population par Professions	SEXE		TOTAL
	Masculin	Féminin	
Agriculture..........	216	223	439
Industrie............	226	240	466
Commerce...........	22	24	46
Professions libérales.....	6	10	16
Clergé..............	1	1	2
Individus sans profession...	34	36	70
TOTAUX	505	534	1039

(1) Délib. du bureau de bienfaisance de Leschelle du 15 Octobre 1850.
(2) Il existait autrefois, à 200 m. S-E du Château, une manufacture royale de velours, toiles et coton, créée en 1760 par M. le marquis d'Hervilly, dans le but de procurer de l'ouvrage à la population indigente. Elle est tombée à la Révolution.

V. — Institutions diverses, — Monuments et Curiosités.

Bureau de bienfaisance jouissant d'un revenu de 1952 fr. ; — population généralement peu aisée, se composant de beaucoup de manouvriers. On compte une vingtaine de mendiants; soixante personnes environ reçoivent des secours du bureau.

Paroisse succursale et prêtre y résidant. Deux écoles communales, une pour chaque sexe, réunissant ensemble cent vingt-cinq élèves. La maison d'école des garçons, acquise par la commune le 25 octobre 1847, est maintenant assez convenable; elle a coûté de onze à douze mille francs. Il s'y trouve une salle de mairie avec cabinet aux archives. L'école des filles se tient toujours dans le local concédé par M. de la Verrine.

A l'exception de la pierre tumulaire de monseigneur de la Fare, décédé à Leschelle en tournée de confirmation (1741), l'église n'a rien de remarquable. Elle a été réédifiée en 1733 par « M. de la Verrine (César-Michel), prêtre seigneur du lieu, et consacrée le 2 juillet de la même année par ledit seigneur Estienne-Joseph de la Fare, évêque de Laon, second pair de France, comte d'Anizy, etc. ». La cloche, qui ne pèse que cinq cent vingt kilogrammes, a été fondue en 1838, par Joseph Drouot. Elle se nomme *Julienne*, et a eu pour parrain M. Marie-François-Auguste, comte de Caffarelli, pair de France, lieutenant général, grand'croix de la Légion d'honneur, etc., maire de Leschelle, et pour marraine, dame Julienne-Blanche-Louise d'Hervilly, son épouse.

Le presbytère, bâti en 1867, par M. le comte Eugène Caffarelli, à qui il a coûté environ 20000 fr., a été cédé par lui à la commune moyennant douze mille francs, payables en dix annuités, à raison de deux et demi pour cent. Il est convenable et se compose de neuf pièces d'habitation avec jardin spacieux. — L'ancien presbytère, l'un des plus beaux du temps, avait été vendu lors de la Révolution. Il existe toujours.

Le cimetière, l'un des plus remarquables des environs, compte un assez grand nombre de monuments funèbres, parmi lesquels nous devons mentionner les caveaux du château. L'un d'eux renferme le bras de M. Louis-Marie-Joseph-Maximilien de Caffarelli, général de division du génie, mort devant Saint-Jean d'Acre le 27 avril 1799, (1); et le cœur de M. Auguste Begouen, lieute-

---

(1) Ce bras avait été rapporté à la famille par le général Bonaparte lui-même.

nant au 3ᵉ régiment d'infanterie, tué le 17 juin 1860, au combat d'El-Arousne en Kabylie.

Au centre du village, sur les eaux de l'Iron, château du 18ᵉ siècle, (1767) édifié sur les fondations de l'ancien, par M. le marquis d'Hervilly (Lᵘˢ-C.-Mᵉˡ), habité de nos jours par M. le comte E. Caffarelli. Sur la gauche de la route n° 32, presque en face de l'église, on remarque le monument commémoratif élevé en l'honneur du général M.-F.-A. Caffarelli : c'est une sorte d'obélisque pentagonal en pierre blanche reposant sur un socle de même forme, et sur les faces duquel sont sculptés le médaillon du général, les attributs de la marine, de la guerre, de l'agriculture, etc., etc. — De nombreuses inscriptions y rappellent à la postérité les divers titres, les décorations variées et les éminents services du soldat homme d'État

IX
LA NEUVILLE.

I. — Dénomination.

Ce village est désigné de plusieurs manières dans les anciens écrits. C'est : *Nova-villa*, 1207 (arch. nat.). — *La Neufville-Dalès-Wassigny*, 1250 (Arch. de la ville de Guise). — *La Neusville-deseur-Estrées-en-Thieresche*, *Nueville-dalès-Dorenc*, 1329 ; — *Nuèville-à-Dorenc*, *Nueveville*, *Novavilla-juxta-Dorenc*, *Nuefville-en-costé-Dorenc*, *Nueveville-à-Dorenc*, 1335 (cart. de la Seig^e. de Guise). — *Novavilla-de-Dorenc*, 1340 (Bibl. nat.. fonds lat.). — *Neuville-de-Dorenc*, 1346, *Nueveville-à-Dorenc*, *Neuville*, 1347, (Cart. de la seig. de Guise). — *Neville-les-Dorenc*, 1405 (arch. nat.). — *Neufville-lez-Dorenc*, 1411 (ibid.) — *Noefville*, 1432, (Chronique de France, bibl. de Lille.) — *Neufville-lez-Dorent*, 1568, (Arch. de la ville de Laon) *Neuville Dorangt*, 1590 (archives communales de Lesquielles-Saint-Germain). — *Neufville-les-Dorengt*, 1611, (baill. de bois de Guise). — *Neuville-les-Doreng*, 1709, (intend. de Soissons). — *Neuville-le-Dorengt*, 1752, (baill. de Ribemont). — Aujourd'hui, *La Neuville-lès-Dorengt* (1).

II. — Topographie & Statistique.

Position. — La Neuville-lès-Dorengt est un village de l'ancienne Thiérache, situé dans une plaine que traverse le Noirieu, sur la ligne vicinale de moyenne communication de Guise à Avesnes, et la ligne n° 21 d'Étreux à Buironfosse, à 51 kilomètres N. de Laon, 26 kilomètres N.-O. de Vervins et à 10 kilomètres S-O. du Nouvion.

Latitude : N. 49° 58' 45" ; — Longitude : E. 1° 21' 20".
Population : 761 habitants.

Territoire communal. — *Configuration* : Quadrilatère brisé, contournant au nord et à l'ouest le territoire de Dorengt, touchant au nord, celui de Boué, à l'est, celui d'Esquehéries à l'ouest, celui d'Étreux. — *Géologie* : Le terrain est désigné sous

---

(1) A. Matton, Dict. top. de l'Aisne

le nom d'argileux, et une très-petite partie sous celui d'argilo-siliceux ; il est froid et humide et demande pour les terres arables beaucoup d'engrais. Il renferme de la marne dans la vallée du Noirieu, et l'on s'en sert pour l'amélioration des terres froides.

— *Altitude* : Elle atteint la cote de 160 mètres en moyenne.

— *Superficie* : 1088 hectares 40 ares 80 centiares partagés, d'après la matrice cadastrale entre les natures de cultures suivantes :

Terres labourables	723h	03a	05c
Prés et pâtures	269	49	85
Jardins	10	27	70
Vergers et terres plantées	44	34	80
Peupleraies, oseraies, saussaies	1	78	30
Savarts	»	88	»»
Sol des propriétés bâties	7	73	05
Chemins et rivière etc.	30	86	05
Total égal . . .	1088h	40a	80c

comprenant dans leur ensemble 2360 parcelles réunies sous trois sections.

Agglomération, — dépendances, — population. —
Il y a le centre du village où sont situés l'église, la mairie et l'école, et en outre, plusieurs écarts ou dépendances, fournissant les résultats statistiques suivants :

Le Centre	96 maisons,	123	ménages,	420	individus,
Grand-Foucommé . .	45 id.	54	id.	216	id.
La Caurette.	17 id.	22	id.	32	id.
La Junière	9 id.	10	id.	46	id.
Maison-Cinglant. . .	1 id.	1	id.	3	id.
Maison-Hennechart .	1 id.	1	id.	7	id.
Le Petit-Terroir . .	1 id.	1	id.	3	id.
La Briqueterie . . .	3 id.	3	id.	26	id.
Le Gard	2 id.	2	id.	8	id.
Totaux . .	175 maisons,	217	ménages,	761	individus.

Population. — Vers 1260, 86 feux ; — 1760, 136 feux ; — 1800, 561 habitants ; — 1818, 650 habitants ; — 1836, 748 habitants ; — 1841, 802 habitants, — 1846, 901 habitants ; — 1856, 821 habitants ; — 1861, 835 habitants ; — 1866, 814 habitants ; — 1872, 761 habitants ; — Progressive jusqu'en 1846, la population a toujours décru depuis, jusqu'en 1872.

Au point de vue de l'État civil, la population se trouve ainsi répartie :

Sexe masculin	Célibataires 174		366	
	Hommes mariés 177			
	Veufs 15			761
Sexe féminin .	Célibataires 181		395	
	Femmes mariées 178			
	Veuves 36			

L'aspect du village n'offre rien de remarquable ; loin d'être agglomérées, les habitations sont éparses sans ordre ni alignement, et tellement enchevêtrées dans celles de Dorengt, qu'il est parfois difficile de préciser si l'on est sur l'une ou l'autre de ces deux communes. Quelques constructions nouvelles, édifiées en briques et couvertes en ardoises, tranchent sur la masse, qui est bâtie en terre et couverte en paille.

Lieux-dits. — Voici les principaux lieux-dits : La Cornée ; — la Junière ; — le Bosquet-Carré, — la Cense, — le Bois-des-Morts, — le Parc, — la Chandellerie, — Cocréaumont, — la Vallée-Innocent, — la Vallée-Bataille, — les Trois-Femmes. — Il existe aussi un petit bois nommé le bosquet du Fief.

Cours d'eau. — Le territoire est traversé de l'est à l'ouest par le Noirieu, qui vient de la forêt du Nouvion. Il fait mouvoir un moulin.

Moyens de communication. — Cette commune est desservie par les voies de communication suivantes : La ligne vicinale de moyenne communication n° 20 de Guise à Avesnes, gagnant Esquéhéries par les hameaux du Ratentout et du Pré-Cailloux ; — la route de grande communication n° 14 d'Etreux à La Capelle, par le Gard et le Grand-Foucommé, dans la direction de l'ouest à l'est ; — un embranchement de la route vicinale n° 20, coupant le Noirieu à La Neuville, gagnant la Junière, où il traverse la route n° 14. — enfin, la ligne vicinale n° 21, d'Étreux à Buironfosse, par le Grand-Wé.

Chemins vicinaux. — Deux chemins vicinaux : le chemin n° 5 (première catégorie) de La Neuville à Vénérolles ; longueur : 880 mètres ; — et celui n° 6, (même catégorie), de La Neuville au Grand-Foucommé ; longueur : 3040 mètres.

III. — Historique et Administration.

Nous avons dit que ce village est contigu à celui de Dorengt ; nous ajoutons que son nom semble indiquer qu'il n'en fut dans l'origine, qu'une dépendance bâtie postérieurement à lui.

Comme tout le reste du pays, il relevait au moyen-âge du duché de Guise. On cite les noms de quelques seigneurs particuliers de La Neuville-lès-Dorengt, et il est présumable que c'est l'un d'eux, secondé de son suzerain, qui y aura jeté, au 12e siècle, les fondements d'un château-fort. C'étaient,

En 1171, « Simon de Nueville. » Il fut en cette même année condamné par l'évêque de Laon, à payer une indemnité de cent livres à l'abbaye de Foigny, pour lui avoir causé certains préjudices ;

Vers 1250, « Jean de Nueville, seigneur du dit lieu ; »

En 1295, « Robert de Rumigny, seigneur de La Neufville-Dalès-Wassigny. »

En 1423, attaque par Jean de Luxembourg, Hector de Saveuse et David de Poix, du fort de la Neuville, qui fut pris et rasé. On présume que les soldats tués dans l'affaire ont été enterrés sur le lieu même du combat ; car des fouilles pratiquées en 1856 au lieu dit le *Fort*, par M. Bonneterre, pour la construction d'une grange, ont amené la découverte d'ossements humains avec des armures, des épées et des pièces de monnaie se rapportant à cette époque.

Démembrée à la suite de la démolition de son château, la terre de La Neuville paraît n'avoir plus eu de seigneurs particuliers au quinzième siècle (1). Elle fut alors subdivisée en plusieurs fiefs relevant directement de Guise, et dont les principaux étaient ceux de l'Écaille, de Montigny, de Pougette et de Saussay.

En 1436, le 24 août, dénombrement du fief de Saussay, à La Neuville-lès-Dorengt, que Réné Forestier tient en foi et hommage de S. A. S.

On a aussi, à la date du 15 décembre 1602, le dénombrement du fief Pougette situé au terroir de Cocréaumont, commune de La Neuville. Le fief de Cocréaumont (Cocquereaumont, 1644, Baill. de Ribemont) relevant aussi directement de Guise, formait alors une communauté ayant maire et échevins (2).

1718. — Rebellion des habitants de La Neuville-Étreux, contre l'exécution des droits de terrage. Elle est suivie d'un arrêt du Parlement qui maintient mesdames la Princesse et la Duchesse de Brunswick dans leur droit de terrage.

---

(1) Melleville cite toutefois un sieur Jean de Pavant, comme seigneur de La Neuville-lès-Dorengt vers 1580. Il serait mort vers 1595, laissant une fille. Jacqueline de Pavant, qui aurait épousé Antoine de Fay, seigneur d'Athies et de Puisieux.

(2) Aug. Matton, Dict. top. de l'Aisne.

1725. — A compter de cette époque, paiement d'une rente de deux chapons à la communauté de La Neuville-lès-Dorengt par François Carpeau, agissant en qualité de possesseur du fief de Saussay, sis au dit lieu.

1748. — Arrêtés contre les communautés de La Neuville-Francheville, Dorengt et Cocréaumont qui les condamnent à payer les droits de cens, terrages et autres, par eux dus sur cinquante-et-une pièces de terre et prés.

1766. — Acte de foi et hommage d'une partie du fief de l'Écaille, à la Neuville-lez-Dorengt, par Yves Taconnet.

1780. — Du 6 avril, Foi et hommage par Joachim de Villers, à cause de six jallois neuf verges et demie de terre et quarante verges de pré au fief Montigny.

A la même date, pareils actes par Martial Fauconnier, Charles Démont, Hubert Sellier et L. H. Taconnet pour diverses contenances de propriétés aux fiefs Montigny et Saussay.

En 1789, la commune faisait partie de la généralité de Soissons, du bailliage de Saint-Quentin, élection de Guise, et du diocèse de Laon. Comprise l'année suivante dans le district de Vervins, elle fit d'abord partie du canton de Guise. En l'an X, elle fut reportée à celui du Nouvion, dont elle a toujours depuis fait partie.

Point d'archives antérieures à 1669, époque à laquelle remontent les registres de l'État civil.

Officiers municipaux. — Pendant la Révolution, la commune a été administrée par les agents dont les noms suivent :

1792, N. Picart; — an IV, L. Devillers; — an VI, J. Chevalier. Depuis, la communauté eut pour maires :

An VIII, Bobeuf; — 1813, J. Derniame; — 1815, N. Gosset; 1816, P. Taconnet: — 1829, Petithomme; — N. Marolot; — 1832, J.-B. Turquin; — 1849, L.-J.-M. Paringault; — 1866, A. Frémont; — 1867, J. Moret, en exercice.

Curés. — On ignore l'époque de la fondation de la paroisse; au XVIe siècle elle faisait partie du détroit rural de Guise, à titre d'annexe de Dorengt, sous lequel elle passa au doyenné du Nouvion en 1802.

Les curés qui s'y sont succédé depuis la seconde moitié du 17e siècle sont :

1669, N. Lamisse; — 1700, J. Colle; — 1709, L. Petit; 1709, Decorcelle; — 1731, M. Delimoges; — 1734, Carlier; 1744, J.-B. Pierra; — 1755, O. Odent; — 1765, L. Baligant; — Interruption jusqu'en 1805; — 1805, M. Bonef; — 1807, Hauet; — 1826, J.-P. Masson; — 1829, C. Fournier; —

1841, N. Devouge ; — 1858, V. Canu ; — 1871, Z. Leblant, en exercice.

Il n'existe point de pèlerinage à la Neuville. Le patron de la paroisse est Saint-Remi, et la fête, qui dure quatre jours, a lieu le dimanche qui suit le 1ᵉʳ octobre.

Instituteurs. — Nous n'avons rien trouvé aux archives touchant l'état de l'enseignement du peuple antérieurement à la Révolution.

Les instituteurs qui ont exercé à La Neuville sont : 1731, Joseph Chevreux ; — 1773, R. Chevreux, fils du précédent ; — 1808, L. Lefèvre ; — 1829, N. Pierrot ; — 1832, L.-J.-A. Blanchard, en exercice.

IV. — Agriculture, Industrie et Commerce.

La Neuville est un pays de moyenne et petite culture, le premier mode occupant 330 hectares environ et le reste rentrant dans la second. La plus forte partie du territoire est cultivée par des fermiers. Il n'y a pas de grande propriété. Les terres labourables produisent du blé, peu de seigle, de l'orge, des avoines et beaucoup de foins artificiels.

La principale industrie du pays est le tissage d'étoffes en laine, soie, mousseline laine, mérinos, etc. ; deux cent cinquante personnes environ de tout sexe et de tout âge y sont occupées.

A part un moulin de deux paires de meules, il n'existe dans le pays aucun établissement industriel, si ce n'est un atelier de retordement se bornant à la préparation des matières destinées à la fabrication des tissus. Les ouvriers y sont payés à façon. — Le nombre des patentables est de trente-et-un. Les habitants vont vendre les denrées sur le marché d'Étreux, et ils s'y approvisionnent des objets qui leur sont nécessaires.

Population par Professions	SEXE		TOTAL
	Masculin	Féminin	
Agriculture	152	156	308
Industrie	200	228	428
Commerce	6	4	10
Professions libérales	3	2	5
Individus sans profession	5	5	10
TOTAUX	366	395	761

V. — Institutions diverses, — Monuments et Curiosités.

Il existe à La Neuville un bureau de bienfaisance jouissant d'un revenu de 3447 francs 84 centimes. Une demoiselle Simon, native du pays, s'est particulièrement distinguée par ses libéralités en faveur de ce bureau. Outre les dispositions qu'elle a prises en faveur des pauvres de la Neuville, mademoiselle Simon a encore légué à l'Église de Boué des immeubles d'une valeur de 12623 francs 43 centimes.

Les habitants sont de mœurs douces et faciles, laborieux, économes, et se distinguent par leur amour de l'ordre et de la propriété. Ils appartiennent tous à la religion catholique. La grande majorité se compose d'artisans vivant du produit de leur travail; il y a quelques grandes fortunes et la misère y est à peu près inconnue. On compte toutefois une quinzaine de mendiants.

La commune est en ce moment dépourvue de mairie et de maison d'école; la classe se tient dans un local appartenant à un particulier. L'ancienne maison d'école, devenue inhabitable, fut démolie en 1866, et les fondations d'une nouvelle tracées aussitôt; mais les divergences d'opinions ayant mis l'entrepreneur dans la nécessité de suspendre les travaux, ils sont encore aujourd'hui ce qu'ils étaient en 1866. — L'école communale reçoit les garçons de Dorengt et de La Neuville.

Primitivement, l'Eglise de La Neuville n'était, à ce qu'il paraît, qu'une simple chapelle à laquelle une nef assez étendue, mais sans collatéraux, aurait été ajoutée par un des curés du pays, dont on lit le nom au dessus du portail : « O. Odent. » La partie ancienne, le chœur d'aujourd'hui, paraît remonter au 16e siècle. Le 31 .... 1747, les habitants obtenaient de S. A. S. une gratification qu'ils avaient demandée pour la réparation de leur église. — Elle est très-simplement bâtie et sans ornements d'aucune espèce. Néanmoins, la chaire sculptée en bois de chêne, est assez remarquable.

Des trois cloches que renfermait le clocher à l'époque de la révolution, deux ont été supprimées et fondues au profit du gouvernement révolutionnaire. Celle qui reste porte la date de 1747, et pour inscription : « Je suis bénite par M. Antoine Ratau, prêtre, curé de Vadencourt et doyen du détroit de Guise; présents M. A. Carlier, prêtre, et Nicolas Musson, demeurant à Cocréaumont, parrain ; Marie-Marguerite Bouquet de Ribeaufontaine, marraine, m'ont nommée *Nicolas - Remi - Marie - Marguerite*. J'appartiens à la fabrique de La Neuville-lez-Dorengt, Jacques Mariage marguillier et François Mariage, procureur ; Perdry m'a faite, 1747 ».

X

LE SART.

I. — Dénomination.

Les anciens titres désignent ainsi ce village : *Parochia de Sarto*, 1241 (cart. de l'abb. de Fesmy); — *Sartum*, 1406 (arch. du Nord); — *Sart-en-Cambrésis*, 1736 (baill. de Ribemont). — *Le Sars de Fémy*, 1807 (arch. du Sart), aujourd'hui, *Le Sart*.

II. — Topographie & Statistique.

Position. — Village de l'ancien Cambrésis, Le Sart est situé sur le point culminant du plateau qui sépare la Sambre du ruisseau de l'Autreppe, sur la ligne vicinale de moyenne communication de Fesmy à Prisches (Nord), à 70 kilomètres N. de Laon, 35 kilom. N-O. de Vervins et à 8 kilomètres N-O. du Nouvion. — *Latitude* N. 50° 3' 50"; — *Longitude* E. 1° 24' 6". — *Population* 387 habitants.

Territoire communal. — *Configuration* : Celle d'une queue de mouchoir, s'allongeant de l'ouest à l'est entre ceux des communes suivantes : au Nord, du Favril (Nord), au sud, de Barzy et de Fesmy, à l'est, de Prisches (Nord), à l'ouest de la Groise et de Fesmy. — *Géologie* : le terrain est connu sous le nom d'argileux; il est froid et humide, et beaucoup plus favorable aux pâtures qu'aux terres arables. — *Altitude* : 149 mètres au-dessus du niveau de l'Océan. — *Superficie* : 418 hectares 54 ares 30 centiares répartis de la manière suivante :

Terres labourables	98h	66a	20c
Prés	48	99	60
Pâtures	118	05	90
Pâtures plantées	144	40	45
Jardins potagers	3	48	60
Sol des propriétés bâties	4	93	55
Total égal	418h	54a	30c

répartis entre 829 parcelles, groupées en deux sections.

Agglomération, — dépendances, — population. — En plus du centre de la commune où sont l'église, la mairie et l'école, il existe plusieurs dépendances, le tout donnant les résultats statistiques suivants :

Le Centre	82 maisons,	96 ménages,	292 individus,
La Vallée Briolet	3 id.	4 id.	12 id.
Le Lorgne	4 id.	5 id.	13 id.
La Cambotte	12 id.	14 id.	46 id.
Saint-Pierre	6 id.	6 id.	14 id.
Zobeau	3 id.	3 id.	10 id.
Totaux	110 maisons,	128 ménages,	387 individus.

Population. — En 1800, 344 habitants ; — 1818, 356 habitants ; — 1836, 469 habitants ; — 1841, 460 habitants, — 1846, 429 habitants ; — 1856, 452 habitants ; — 1861, 447 habitants ; — 1866, 421 habitants ; — 1872, 387 habitants qui se répartissent de la manière suivante :

Sexe masculin : Célibataires 97, Hommes mariés 95, Veufs 13 — 205
Sexe féminin : Célibataires 72, Femmes mariées 94, Veuves 16 — 182
Total : 387

Il y a un demi-siècle, le centre du village ne se composait guère que de quelques maisons groupées autour de l'église, la plupart des habitations étant alors éparses au milieu des pâturages. Celles-ci ont disparu peu à peu, au profit de l'agglomération principale, qui offre aujourd'hui une rue bien alignée, bordée de maisons d'assez agréable aspect.

Lieux-dits. — Voici les principaux : La Cambotte, — la Genette, — les Prés Simon, — le Fief, — Saint-Pierre, — les Prés du Lorgne, — les Prés des Boules, — la Ruelle Colette, — le Vivier Marclot, — le Pré à Fourmis, — la Vallée Briolet, — etc.

Cours d'eau — Le territoire est traversé du nord-est au sud-ouest par un petit ruisseau qui se jette dans la Sambre à Fesmy, (ruisseau de Saint-Pierre). Ce cours d'eau ne fait mouvoir aucune usine dans la commune.

Moyens de communication. — La route vicinale de moyenne communication n° 39, de Fesmy à Prisches, passant à la Cambotte, à Zobeau et au Sart où elle se soude au chemin de Prisches, près du calvaire.

Chemins vicinaux. — Deux chemins de cette nature desservent la commune : le chemin n° 2, (première catégorie) du Sart à Barzy ; longueur : 1302 mètres ; — celui n° 1 (première catégorie) du Sart à la Groise ; longueur : 520 mètres. Ces deux chemins sont entièrement construits.

III. — Historique et Administration.

Il est à croire que Le Sart n'était autrefois, ainsi que l'indique son nom, qu'un lieu couvert de bois et de broussailles qui aura été défriché par les soins de l'abbaye de Fesmy, dont il dépendait. Son existence comme village ne remonte guère au delà des premières années du 13e siècle, à en juger par une charte de juin 1227, document des plus intéressants au point de vue de l'organisation sociale au moyen-âge, et dont nous donnons ici la traduction littérale :

« Nous, Robers, (1) par la grâce de Dieu, abbé de Saint-Étienne de Fesmy, voulons faire connaître à tous que du consentement de notre chapitre, nous avons accordé à *Isaac Drogon* et *Nicolas*, au lieu dit le Sart, douze mencaudées (melcadas) de terre, que chacun d'eux possédera en fief (2) avec toute justice. Ils pourront avoir chacun quatre hôtes ou ménagers résidant sur leur fief, mais à la charge par les dits hôtes de se soumettre à la loi de Fesmy, dans leurs rapports avec les hommes du dit Fesmy; ceux-ci pareillement, satisferont aux hôtes sus dits en suivant la même loi.

S'il arrive que les trois chevaliers susnommés, ou leurs successeurs, ne puissent par eux-mêmes, faire respecter la loi par leurs hôtes, l'église (l'abbaye) interviendra par la force.

Nous voulons que l'on sache aussi que le fermier de Fesmy recevra de chaque hôte du Sart un pain à la Nativité (Noel), toute autre redevance réservée.

Nous concédons en outre aux dits trois chevaliers le bois, les prés et l'eau, à la charge d'un cens annuel de trois mesures d'avoine, payables à la Nativité : Isaac en paiera la moitié, Drogon et Nicolas le reste. Par contre, Isaac aura une moitié du bois, Drogon et Nicolas l'autre moitié.

S'il arrive que ce bois soit en totalité ou en partie livré à la culture, ils paieront le cens afférent à la culture, avec dîme et terrage; et si les prés, en totalité ou en partie, sont convertis en terres, ces nouvelles terres seront soumises à la dîme et au terrage. Le cens, la dîme et le terrage seront rendus dans nos greniers.

Si le bois est défriché en totalité ; il nous sera payé un cens annuel d'un dernier, monnaie de Cambrai.

Les chevaliers doivent moudre à notre moulin après celui qui est en train de moudre ; quant à leurs hôtes, comme les hommes de Fesmy, ils attendront leur tour.

---

(1) Robert II, abbé de Fesmy.
(2) La concession entière était de 36 mencaudées.

En foi de quoi nous avons délivré les présentes lettres munies et fortifiées de notre sceau.

Fait l'an du Seigneur le mille deux cent vingt-septième, au mois de Juin » (1).

L'organisation ecclésiastique date au Sart de 1241, époque où Guy, évêque de Cambrai, érigea cette localité en paroisse et la sépara de Fesmy. « Que tous sachent » dit le Prélat dans ses lettres d'érection, «que comme le village du Sart, situé en deçà des limites de la paroisse de Fémy, à une distance d'une lieue environ, de l'église paroissiale de Fémy, et que par suite, dans le dit village du Sart, les âmes couroient autrefois des dangers : nous, après avoir pesé cette cause raisonnable et d'autres, et de l'assentiment du religieux abbé, patron du lieu et du presbyter (prêtre) de la dite paroisse avons jugé bien que le village du Sart soit séparé d'avec la paroisse de Fémy, ordonnant qu'à l'avenir il y ait au Sart un curé de l'église paroissiale en résidence, un cimetière, et que l'on distribue en ce même village tous les sacrements de l'église, en respectant en toutes choses, le droit de patronage de l'abbé de Fémy, qui conserve là même tous ses droits de patronage dans les présentations, ainsi que les autres, dans la proportion que l'Église a coutume de les percevoir dans la paroisse de Fémy ». L'Evêque ajoute : « On respectera également la pension annuelle de trois auréus (sous) blancs faite au curé de Fémy, et qui continuera d'être payée chaque année au jour de la Circoncision de N. S. au dit curé du Sart pour présentations, visitations et légations seulement. L'on respectera également tous les divers droits du curé de Fémy dans la perception des décimes et autres choses qui lui appartiendraient. Nous avons aussi ordonné que quinze livres blanches soient à jamais assignées au curé du Sart en rente annuelle, à savoir : cent sous d'argent à la St-Remi, cent sous à Noel, cent sous à la Pentecôte » (2).

Il résulte du même titre que la nouvelle paroisse « s'étendait depuis les chênes situés sur le terroir de Fémy, jusques au territoire de Préces (Prisches) autour du bois du dit Sart. »

Bien que cette disjonction de paroisses ait eu lieu du consentement de l'abbé et du prêtre de Fesmy, il ne s'en produisit pas moins certains conflits entre les pasteurs des deux localités ; et il était difficile qu'il en fût autrement, étant donné l'état de sujétion

---

(1) Arch. com. de Guise, Cart. de l'abb. de Fesmy.

(2) Cart. de l'abbaye de Fesmy, Erection de la paroisse du Sart, séparation d'avec Fesmy.

du Sart à l'égard de Fesmy. « C'est ainsi qu'en 1244 Guy, évêque de Cambrai, intervint entre l'abbé et le curé du Sart, dans une contestation qui s'était élevée entre eux pour une maison sise au Sart, et récemment bâtie par le prêtre de cette paroisse. L'abbé prétendait que la maison avait été élevée au préjudice des droits de l'abbaye ; l'évêque apaisa le différend en assujettissant le curé du Sart à payer chaque année à l'abbé Jean, en signe de sa suzeraineté, un chapon à Noël. La maison et le terrain qui en dépendait devaient rester grevés du même droit, si un laïque en devenait propriétaire dans la suite » (1).

Le Sart eut sans doute aussi à souffrir des guerres des Anglais et des Bourguignons lors du ravage du Hainaut et de la prise du Nouvion décrite par Froissard ; et si le chroniqueur n'en fait pas mention spéciale, cela tient évidemment au peu d'importance qu'avait alors cette localité.

On a fort peu de détails sur les seigneurs laïques du Sart relevant de l'abbaye de Fesmy. Un acte de 1336 accuse toutefois l'existence d'un certain « Gilles dou Sart, escuyer, sire de Sassegnies (Nord) époux de *demiselle* Phélippe de Jauches, qui aurait légué à la paroisse une partie de ses biens pour y fonder une capellenie, où devaient se dire des messes pour le repos de son âme. »

Les trois chevaliers cités plus haut, Isaac, Drogon et Nicolas, possédaient évidemment trop peu de terres, pour qu'on pût les considérer comme seigneurs du Sart. Nous devons aux recherches du savant archiviste de l'Aisne, M. A. Matton, les noms suivants :

..... Arthur de Rivery, écuyer, seigneur du Sart ; 1618, Pierre de Voorde, écuyer, châtelain de Câteau-Cambrésis. Femme, Adrienne de Marquetin. Enfants : Sébastien et Pierre ; 1685, Maximilien du Sart, écuyer; 1716, Jean-Alexandre-François du Sart, écuyer ;

...... Pierre Alexandre-Louis, qui vendit la seigneurie à Jean-Antoine Odelant, greffier de la châtellenie de Cambrai. Femme, Marie-Agnès Milon.

1776, Charles-Ignace-Joseph du Sart, chevalier, conseiller du roi au parlement de Flandre.

Au lieu dit *Le Lorgne*, hameau du Sart, existait anciennement un petit fief, qui aurait appartenu à une ancienne famille de ce nom :

1605, « François Le Lorgne, capitaine d'une compagnie de cavalerie pour le service du roy. Femme, Jeanne-Jacqueline Dillies » ;

---

(1) La Thiérache, IIIe Partie, p. 73.

1626, «Jean Le Lorgne, chevalier ; femme Marie de Rieu » (1).

Avant la révolution, Le Sart dépendait de la province et de l'archidiaconé de Cambrésis, du diocèse de Cambrai, du doyenné rural du Cateau, de l'intendance de Valenciennes et de la subdélégation de Landrecies. Les seigneurs relevaient, avons nous dit, de Fesmy. Uni à cette dernière commune par décret du douze Juillet 1807, il en a été distrait en 1830, pour être érigé en commune.

Les registres de l'État civil remontent à 1611 ; mais ils ne sont signés, par les curés qu'à partir de 1662.

Maires et officiers publics. — Le premier dont les titres de la mairie fassent mention est :

1790, J. Dormay; puis viennent :

1795, Constant Lenain ; — an XII, Auguste Lenain ; — 1806, Jérôme Boidin ; — *Agents nationaux* : an I, Constant Pouillon ; — an VIII, N. Debruyère. — 1807, la commune est réunie à Fesmy. — 1830, Louis Poreaux; — 1844, N-J. Lenain ; — 1870, Bénoni Dauge, en exercice.

Curés et desservants. — Le Sart formait dès le treizième siècle, une paroisse du doyenné rural du Câteau, annexe de Fesmy. Il fut érigé en paroisse succursale par ordonnance royale du 6 octobre 1843. — Les prêtres qui l'ont desservie antérieurement à 1662 nous sont inconnus. Depuis cette époque on connaît : 1662, Louy du Chan ; — 1663, Alexandre Dump, abbé du monastère de Maroilles; — 1719, J. Poirette, curé du Sars-Cambrésis ; — 1726, N. Robin ; — 1732, C. N. Wallerand ; — 1732, B. Michel ; — 1768, F. J. Wautier ; — 1769, F. Guillard ; — 1771, A. F. J. Denaudin, desserviteur du Sart ; — 1772, P. J. Lambert ; — 1775, F. Marchant ; — 1782, N. Mallet, desserviteur ; — 1792, H. Boquet; — Interruption jusqu'en 1830, où on trouve J.-B. Locquet, décédé en 1837 ; — 1839, N. F. Gobert; — 1855, Renoux; — 1856, Canu ; — 1859, Dupont ; — 1862, L. Vignon; — 1867, Alfred Henneault, en exercice.

Instituteurs. — Rien aux archives touchant l'enseignement public au Sart avant la Révolution. Voici les noms des instituteurs qui y ont exercé jusqu'à ce jour :

1766, L. Louvet; — 1779, Étienne Dany ; — . . . . 18.., Saintobert ; — 1855, N. Bourgeois ; — 1858, A. Poindron ; — 1859, Benoît ; — 1863, A. Fournier ; — 1867, H. Blin ; — 1869, A. Vallier ; — 1873, Felmann, en exercice.

---

(1) La Thiérache, T II. p. 76.

IV. — Agriculture, Industrie et Commerce.

Le sol froid et humide du territoire nécessite beaucoup d'engrais pour la tenue des terres arables, dont la proportion diminue chaque année.

Le Sart est un pays de petite culture, les propriétaires, en général, exploitent eux-mêmes, et l'on ne compte aucune grande propriété dans la commune. — On récolte du cidre de bonne qualité; la quantité peut aller jusqu'à 1200 hectolitres dans les années d'abondance.

Les herbages du Sart sont aujourd'hui de bonne qualité, et les habitants se livrent pour la plupart aux travaux qu'ils nécessitent, au commerce et à l'engrais des bestiaux et à la fabrication des fromages dits de Maroilles.

Une vingtaine de personnes des deux sexes tissent en hiver des étoffes de laine pour les fabriques de Reims et du Cateau.

Il n'existe aucune usine dans la commune.

Le nombre des patentables est de quinze.

Les produits du ménage sont, en grande partie, vendus sur place aux coquetiers et aux marchands de fromages des environs; le surplus se porte aux marchés du Nouvion, et les habitants s'y approvisionnent en même temps des produits qu'ils ne trouvent pas chez eux.

Population par professions. — Nombre des individus vivant par l'agriculture (des deux sexes) 250
— l'industrie   id.   97
— le commerce   id.   14
— professions libérales   8
Individus sans profession 18
                                   Total . . . 387 ind.

V. — Institutions diverses, — Monuments et Curiosités.

Paroisse succursale desservie par un prêtre qui y réside; école communale pour les deux sexes : les élèves y sont au nombre de soixante à soixante-dix en hiver. — La population est généralement peu aisée.

La commune ne possède pas encore de maison d'école.

L'Église est située au centre du village et orientée de l'est à l'ouest; elle paraît remonter au quinzième siècle et n'offre aucun caractère architectural à l'extérieur. Point de collatéraux, mais transept avec chapelles dédiées à la Vierge et à Saint-Cornille.

Maître-autel détaché, avec tabernacle surmonté d'une niche fixe et à jour; le tombeau de cet autel, en marbre blanc et bois, le tout ouvragé d'une série de petites colonnettes en faisceaux de trois, d'un bel effet ; chœur lambrissé jusqu'à une hauteur de un mètre quatrevingts centimètres avec panneaux peints en bois de chêne ; mobilier neuf et très-régulièrement disposé ; petit chemin de croix peint sur toile ; tribune dominant le portail sur toute la largeur de l'église; plafonds de la nef et du transept refaits à neuf dans le genre ogival, avec rosaces et pendentifs dorés d'un bel aspect. En somme, petite église très-proprement tenue et l'une des plus remarquables du canton. Longueur totale : vingt-six mètres ; largeur de la nef sept mètres cinquante centimètres; hauteur commune, neuf mètres; longueur du transept, quinze mètres. L'édifice est éclairé par dix fenêtres en plomb, — dont plusieurs avec sujets, — et une rosace.

La cloche porte la date de 1773 et s'appelle *Marguerite-Joseph* Elle eut pour parrain Jacques-Joseph Manesse, et pour marraine Marguerite Lenain. On y lit l'inscription suivante :

« Saint-Cornille et Saint-Eloi, Sainte-Elisabeth, patrons et patronne de la paroisse du Sart, à qui j'appartien. Me P. Félix Marchand, Curé du dit lieu, natif de Montrecourt. Joseph Le Veaux, Maieur ; Louis Poupelles, Lieuxtenant Maieur ; Pierre Balleux, Echevin. »

Sur l'un des côtés, on trouve encore :

« Faite par Villotte et Clément Drouot. »

Le chœur de l'église renferme deux pierres tombales, l'une d'un curé du Sart, (F.-J. Wautier, 1768), et l'autre d'une dame du Lorgne (Jeanne-Jacqueline Dillies, 1605), n'offrant d'ailleurs rien de bien remarquable. Mais la chapelle latérale de gauche présente, encastrée dans la muraille, une pierre bleue portant une inscription du plus haut intérêt et datant des commencements du 14e siècle. Nous en empruntons la traduction au T. II du Recueil *La Thiérache*, p. 77.

« Sachent tous que maître Bernard du Sart, jadis chanoine de
« l'église Notre-Dame de Cambrai, a laissé pour faire son obit en
« l'église de céans, à toujours et perpétuellement, en la manière
« que ci-après s'ensuit : C'est que le prêtre et le clerc de cette
« église auront chacun par an, à toujours. cinquante-deux sous
« tournois, à prendre sur une maison, 14 mencaudées de pré et
« 45 mencaudées de terre ou environ, qui ailleurs sont détaillées,
« où et combien par pièces, et écrites en la ville de céans. Et
« moyennant ce, le prêtre et le clerc seront tenus, à toujours, en
« chaque semaine, faire un obit, par eux ou par autrui, pour l'âme
« du dit maître Bernard, et pour ses ancêtres. Le prêtre doit

« anoncer à son Ventale (1) le jour qu'on fera l'obit ; le dimanche
« précédent, le clerc doit les vêpres, et avant sonner les cloches.
« Doivent le prêtre et le clerc, à ces vêpres, dire leurs vigiles à
« neuf leçons ; le lendemain, pardevant la messe, faire les recom-
« mandations, messe de *Requiem* après. Et s'ils manquaient à
« quelque chose de cet obit, ainsi qu'il est dit ci-dessus, ils se-
« raient tenus en 12 deniers pour la journée, chacun pour sa part,
« lesquels seront appliqués aux pauvres du Sart, à répartir par le
« Conseil de la Ville. Ce fut fait l'an de grâce 1321, le jour de la
« Saint Martin en hiver. »

On trouve le nom d'un Bernard du Sart figurer dans un titre de 1292 (2). Il est présumable que le fondateur de l'obit que nous venons de rapporter est le même que le Bernard désigné dans ce titre.

FIN.

---

1) Grille ou balustrade fermant le chœur.

(2) « Lettres de Nicolas, abbé de Fesmy, accordant en fief à Bernard du Sart, clerc, 8 mencaudées de terre situées à Zobiau, 1292, le samedi avant la fête des Saints Simon et Jude, apôtres. » (Cart. de l'abb. de Fesmy).

TABLE DES MATIÈRES

TROISIÈME PARTIE

I. — LE NOUVION-EN-THIÉRACHE.

Pages

I. — **Dénomination** 3

II. — **Topographie et Statistique.** — Position. — Territoire communal. — Configuration. — Géologie. — Superficie. — Agglomération et Dépendances. — Population. — Lieux-dits. — Cours d'eau. — Voies de communication. — Chemins vicinaux 3

III. — **Historique & Administration.** — Origines — Châtellenie. — Commune. — Paroisse. — Suzerains. — Duché de Guise. — Administration civile. — Maires. — Cultes et Curés. — Justice de Paix. — Instruction publique. — Instituteurs. — Maîtres de Pension . 6

IV. — **Agriculture, Industrie & Commerce.** — Industries diverses et détails par classes et par professions des résultats relatifs aux patentes. 17

V. — **Institutions diverses, Monuments & Curiosités.** L'Église paroissiale. — Le Presbytère. — L'Hôtel-de-Ville. — Le Château moderne. — La Croix des Veneurs 19

NOTES sur les origines des Hameaux. — Beaucamp. — Lalouzy. — Malassise. — Marlemperche. — Le Moulin-Lointain. 25

II. — BARZY.

Dénomination. — Topographie. — Statistique. — Historique, etc. . . 28

III. — BERGUES.

Mêmes détails 35

IV. — BOUÉ.

Ibid. 42

	Pages
V. — DORENGT.	
Dénomination. — Topographie. — Statistique. — Historique, etc.	51
VI. — ESQUEHÉRIES.	
Ibid.	59
VII. — FESMY.	
Ibid.	68
VIII. — LESCHELLE.	
Ibid.	80
IX. — LA NEUVILLE.	
Ibid.	90
X. — LE SART.	
Ibid.	98

GUISE. — IMP. BARÉ. — TYPOGRAPHIE & LITHOGRAPHIE.

www.ingramcontent.com/pod-product-compliance
Lightning Source LLC
Chambersburg PA
CBHW060753230426
43667CB00010B/1556